士不可以不弘毅，任重而道远。仁以为己任，不亦重乎？死而后已，不亦远乎？

——《论语·泰伯》

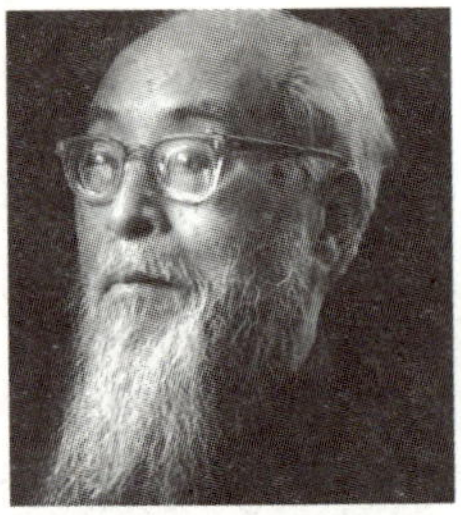
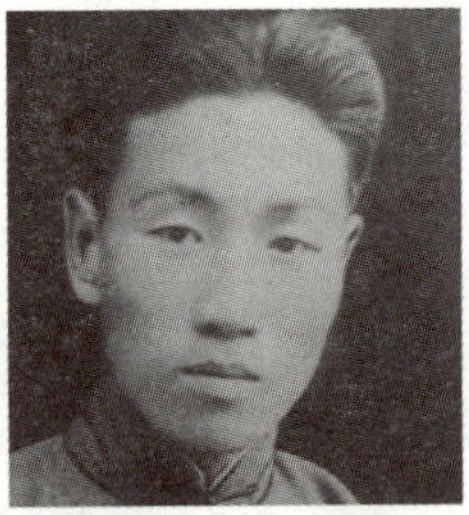
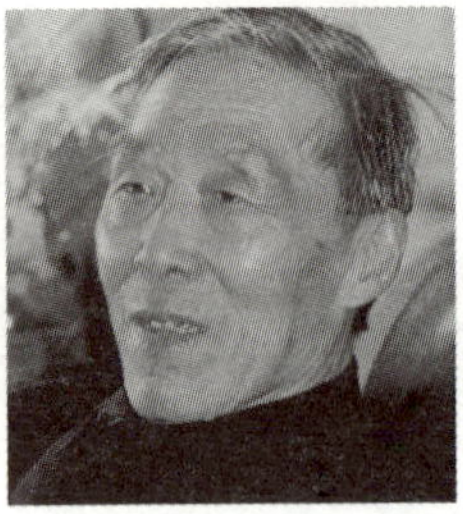
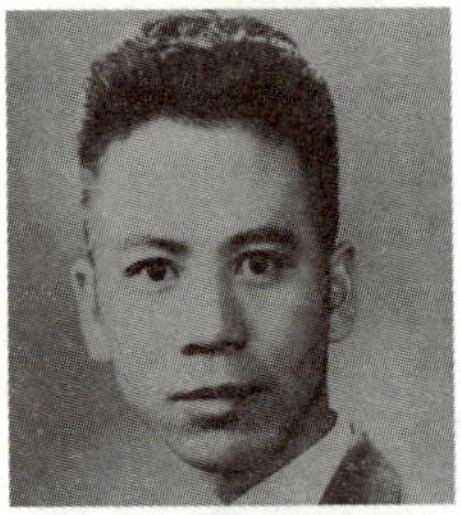
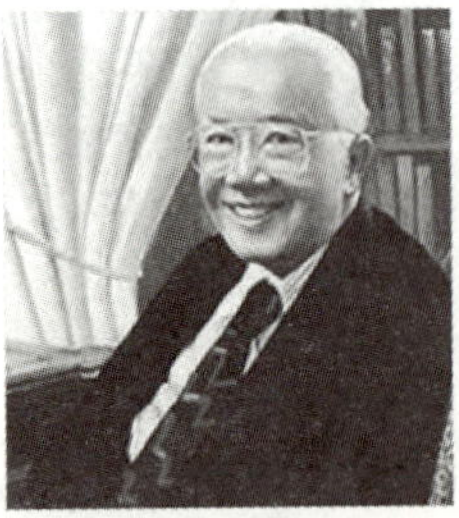
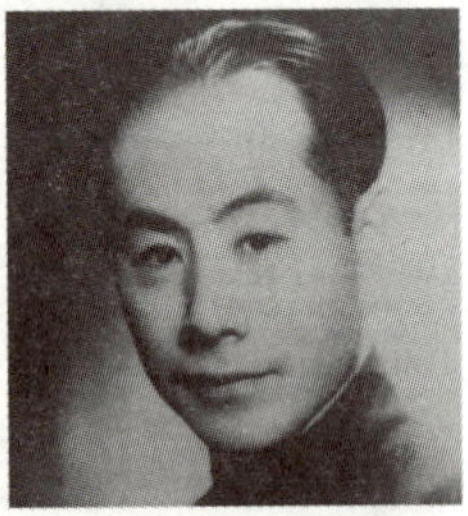
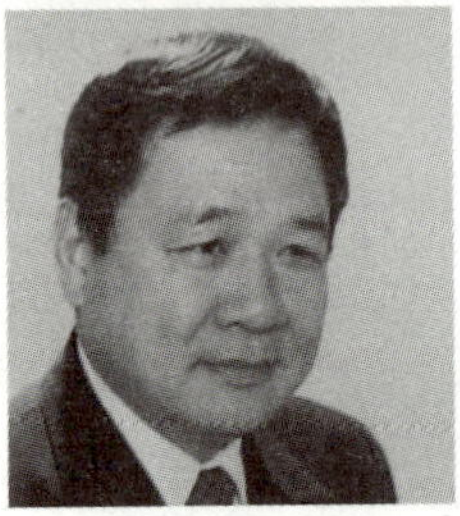
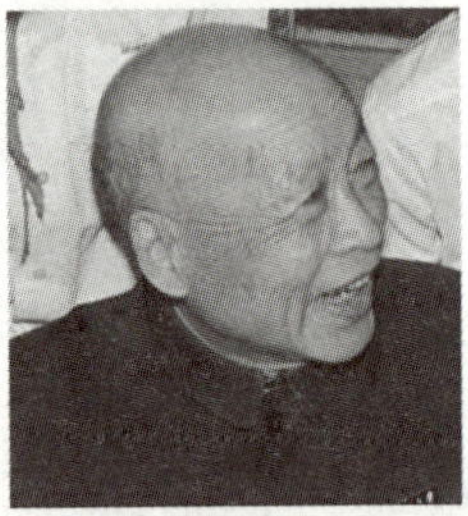
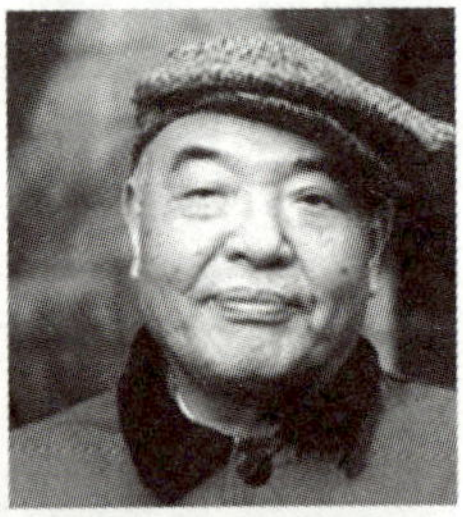
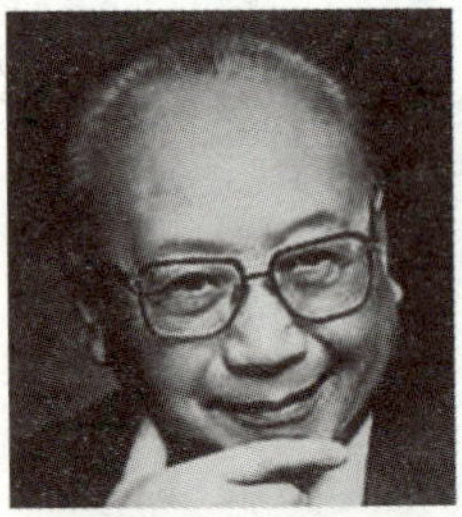
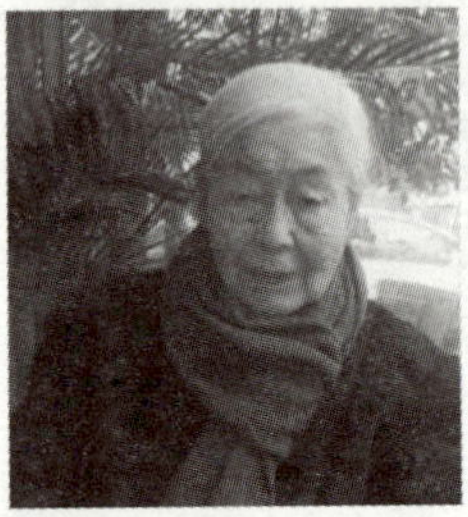
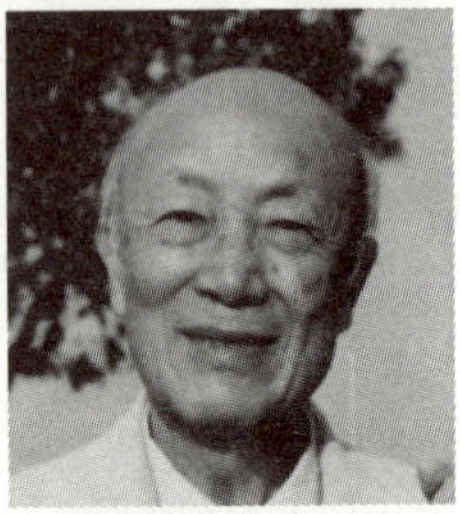
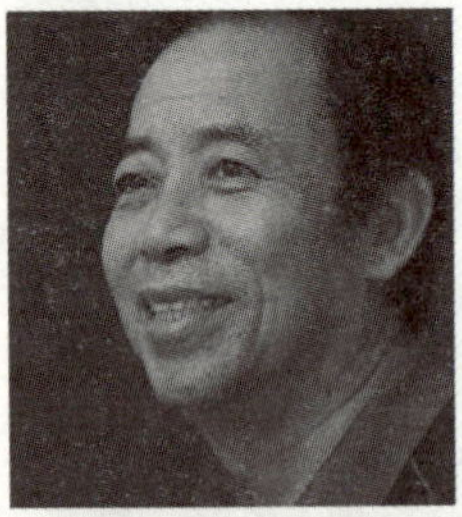
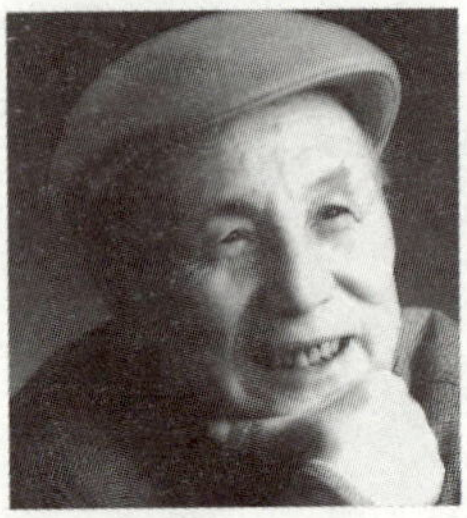
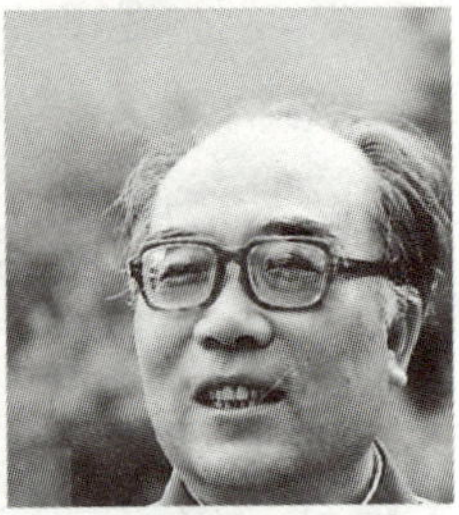
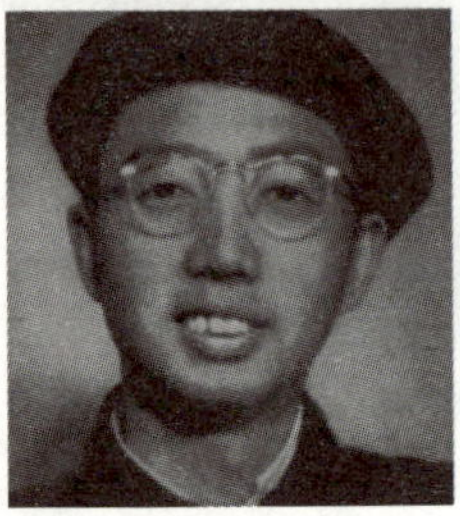
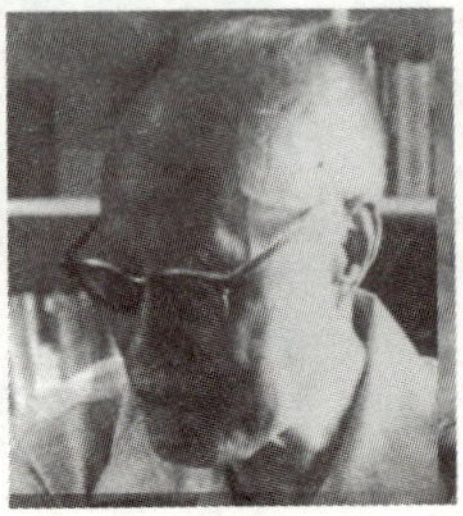

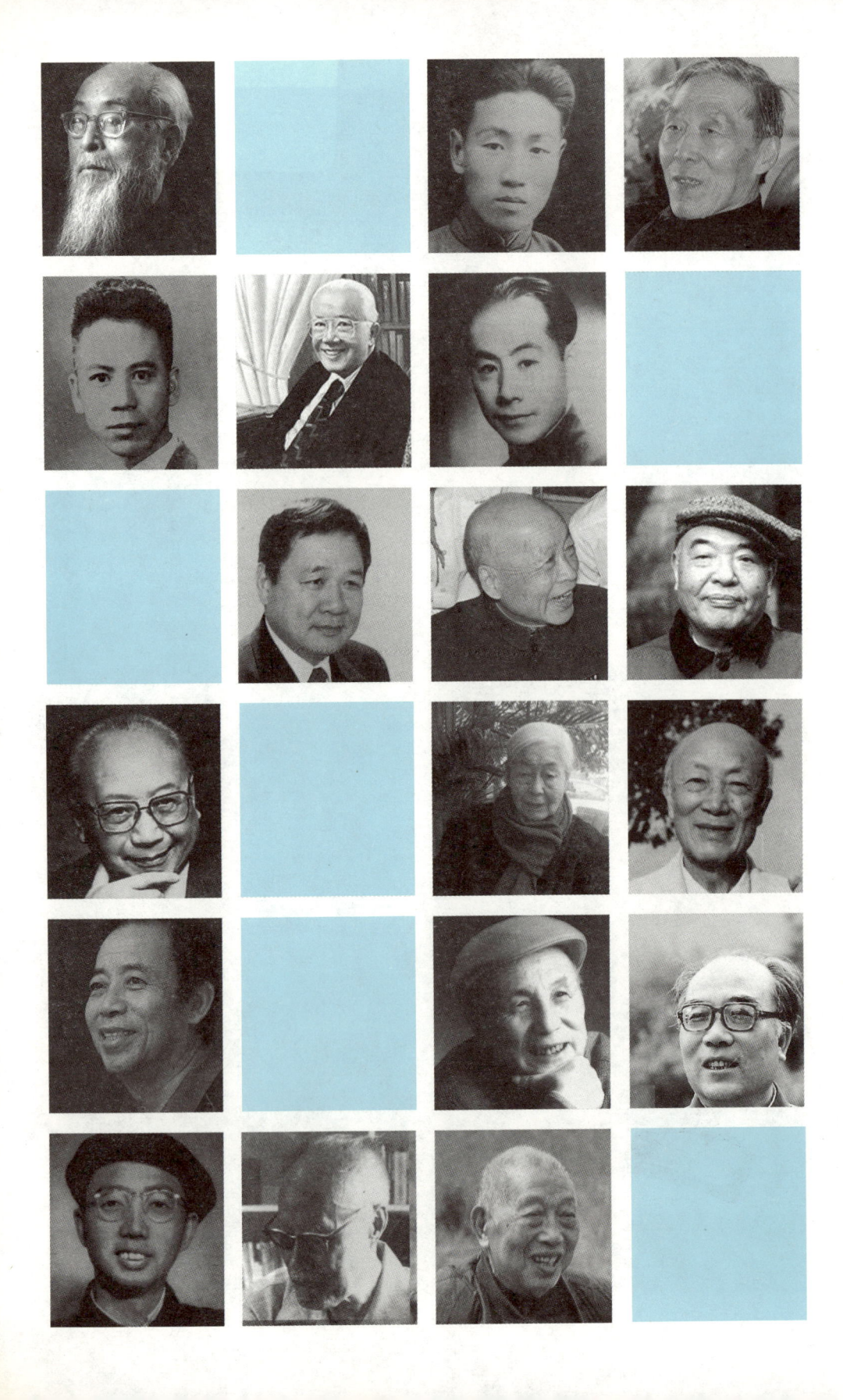

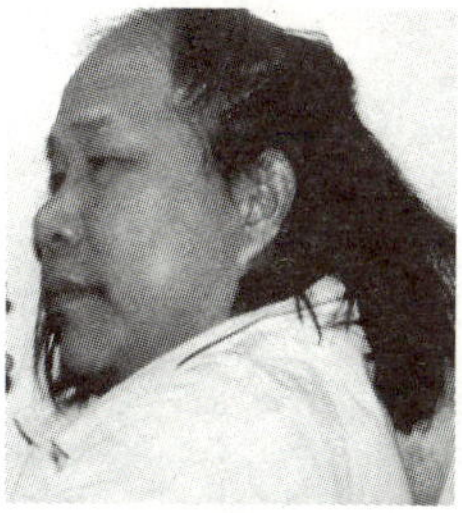
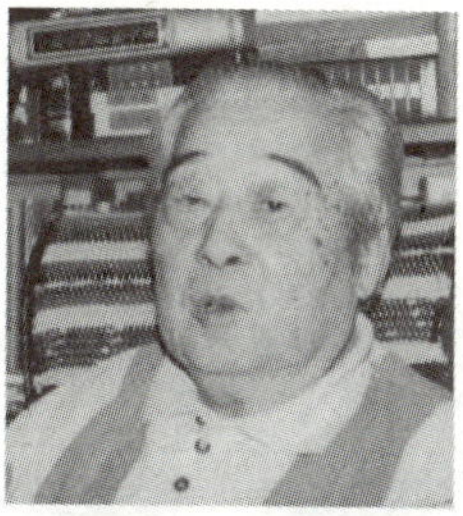
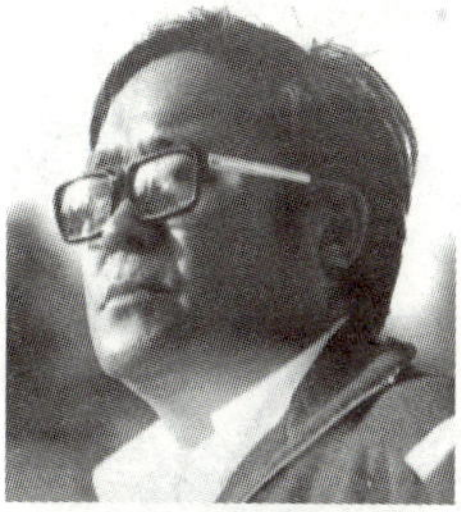
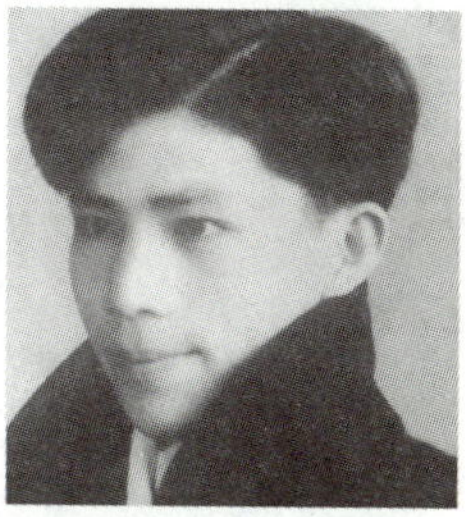
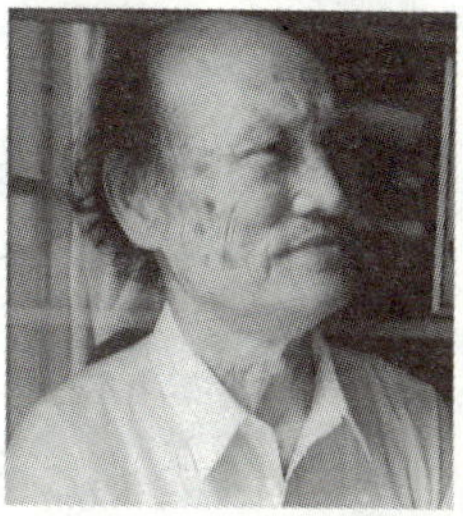
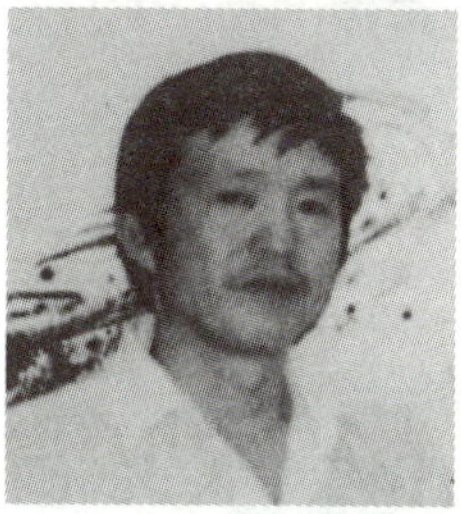
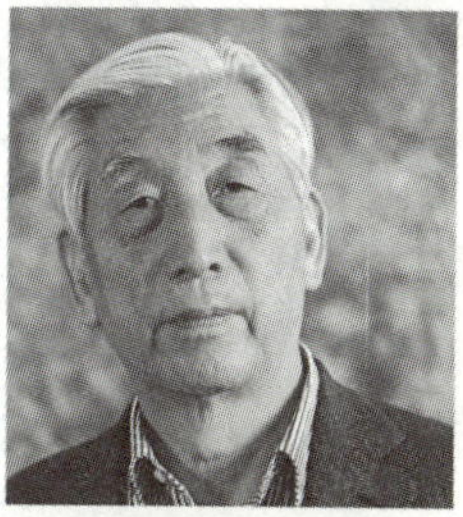
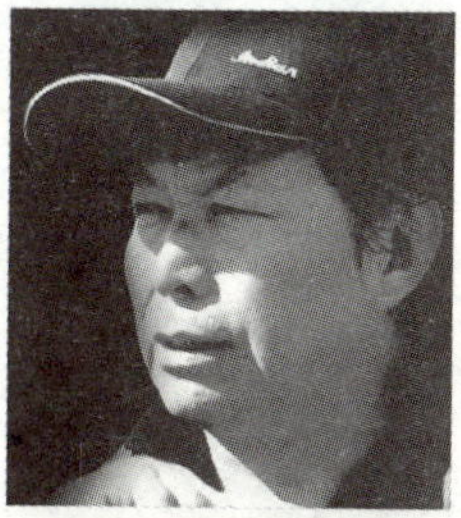
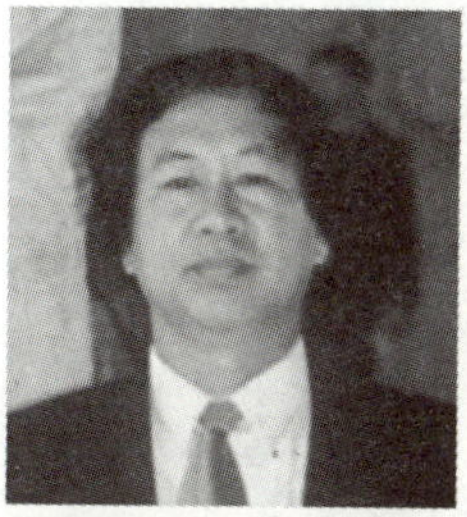
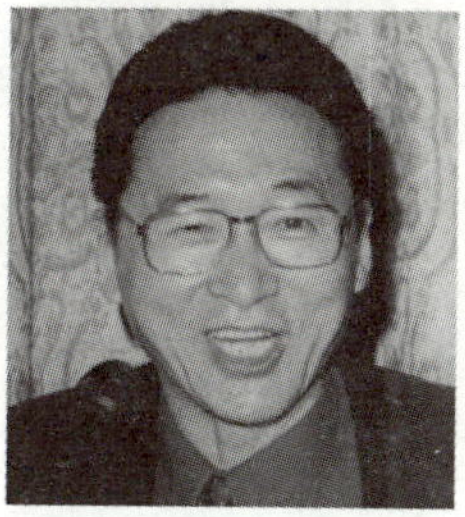
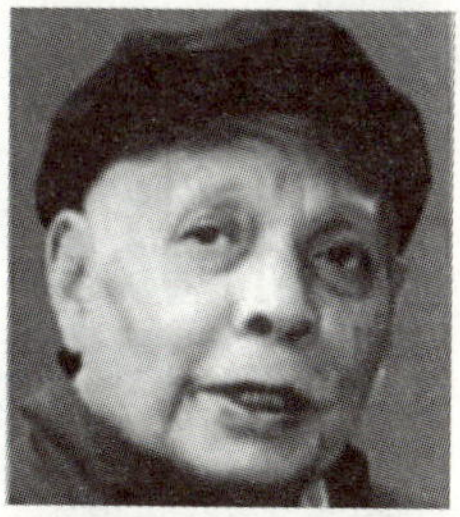
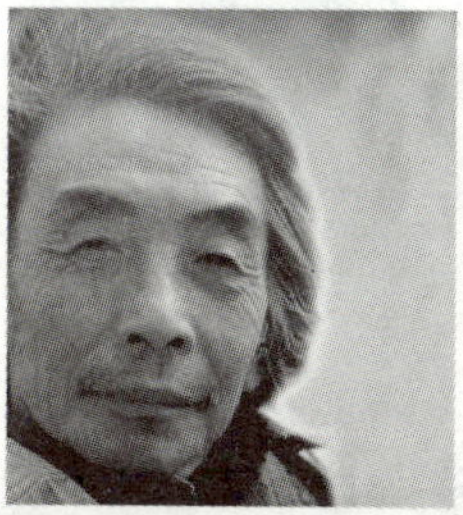
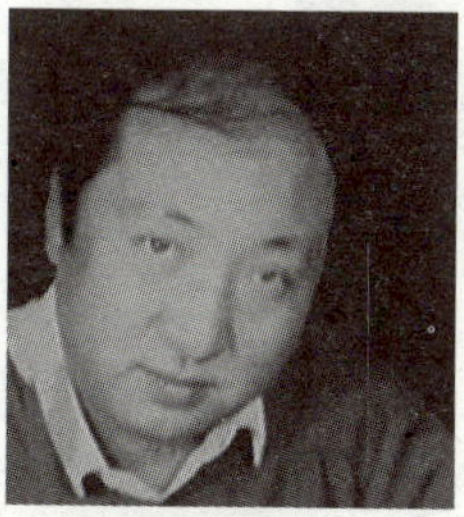
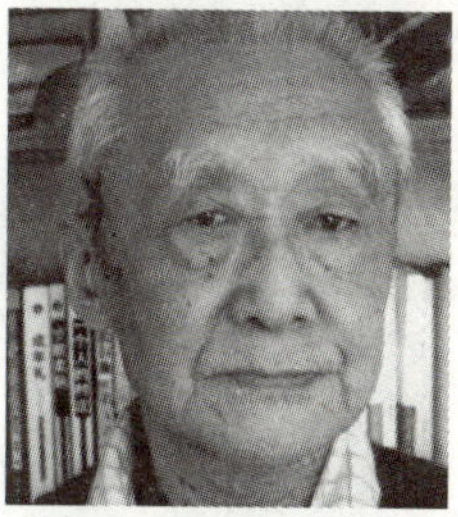
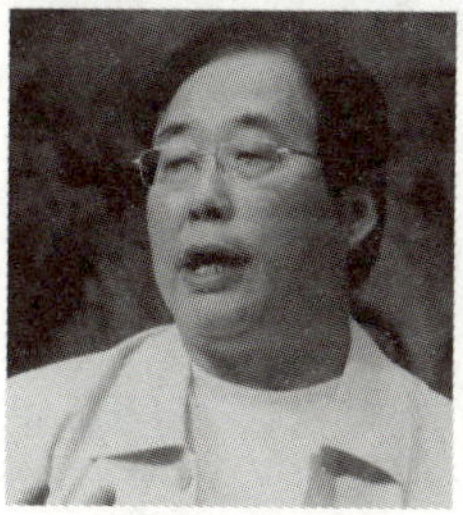
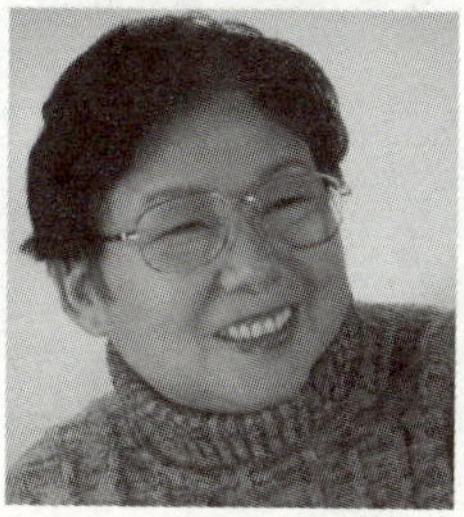
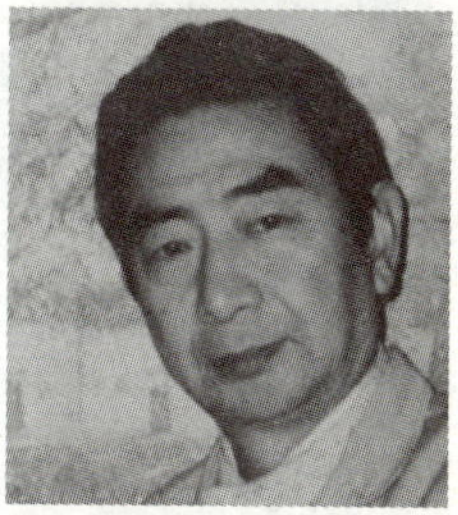

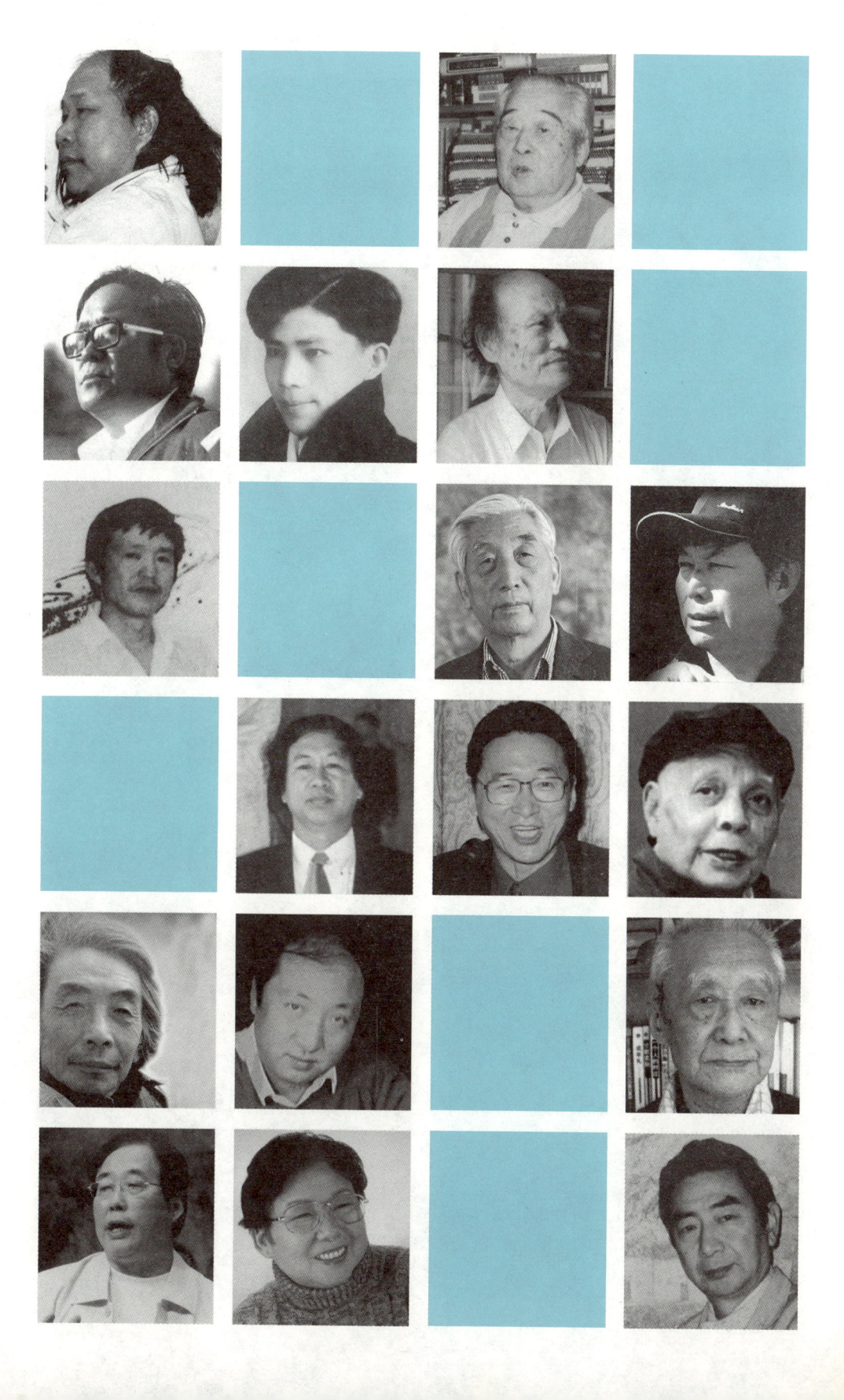

》**35** 位文化名人
　　　　横跨两个世纪
　　　　　　兼具传与评的双重特色

王幅明　著

追忆与仰望
——35位文化名人探访

中原出版传媒集团
大地传媒

大象出版社
·郑州·

图书在版编目（CIP）数据

追忆与仰望：35位文化名人探访／王幅明著.— 郑州：大象出版社，2016.7
ISBN 978-7-5347-8922-9

Ⅰ.①追… Ⅱ.①王… Ⅲ.①文化—名人—访问记—中国 Ⅳ.①K825.4

中国版本图书馆 CIP 数据核字（2016）第 147414 号

追忆与仰望

——35位文化名人探访

王幅明 著

出 版 人	王刘纯
责任编辑	王晓宁　石更新
责任校对	张迎娟　牛志远　安德华
装帧设计	王莉娟

出版发行 大象出版社（郑州市开元路 16 号　邮政编码 450044）
　　　　　发行科　0371-63863551　总编室　0371-65597936
网　　址 www.daxiang.cn
印　　刷 河南新华印刷集团有限公司
经　　销 各地新华书店经销
开　　本 787mm×1092mm　1/16
印　　张 27
字　　数 451 千字
版　　次 2016 年 7 月第 1 版　2016 年 7 月第 1 次印刷
定　　价 58.00 元

若发现印、装质量问题，影响阅读，请与承印厂联系调换。
印厂地址　郑州市经五路 12 号
邮政编码　450002　　电话　0371-65957865

序一

孙皓晖

善作善成　善始善终
——读王幅明文化人物大作《追忆与仰望》

王幅明先生的这本人物大作，既别开生面，又不拘一格。

别开生面者，所写人物之类别出新也。此书所记人物，作者的选择标准基本是两个：一是与自己有过生活交集或工作交集的文化名人，二是自己所熟悉的现当代河南籍文化名家。也就是说，不以"史有定论"的名人伟人为对象，而以自己的真实了解度为基础来确定人物的取舍，是这本书最重要的出新点。写法之不拘一格者，因人而异也。对实际交往甚多或有共事之经历者，作者笔触之细致、记事之清晰，确有"青史不移"之风格；对相对熟悉的本土文化名人，作者则既有传记式纪实，又富适当的诗意的境界揭示。两种风格交相辉映，这本书自然就活了起来，在林林总总的人物著作领域生成了一片自己独有的气象。

在这本书中，我是幅明兄记录的最后一个人。

我与幅明兄的人生交集，因工作而开始，因了解而融合，是典型的君子之交——淡若清风，深如静水。在幅明兄的人生中，多年出版社社长的经历，应该是最为核心的人生时段了。所谓最为核心，一是这段经历最充分地体现了幅明兄的文化价值追求，二是这段经历最充分地体现了幅明兄的任事风格与工作精神。但最重要的一点是，幅明兄在任期内殚精竭虑，凝聚河南文艺出版社上下同心，克服重重难关，成功推出了六部十一卷本长达五百余万字的大型历史小说《大秦帝国》。这一时期，河南文艺出版社成为全国历史小说出版的重镇，业绩彪炳，在全国出版界的位次大大前移，实现了历史性的提升。应该说，为官一任，价值有成，幅明兄不枉文化事业之俊杰也！

作为一个学者作家，《大秦帝国》是我耗时16年磨砺的旨在厘清中华文明史症结的一部作品。这段时光，我正处在43岁到59岁的人生盛年之期。唯其如此，这部书的逐步出版，也是我至为关注的最重要的事情。这部书出版到第三部（六卷）时，发生了变数；出版到第四部（八卷）时，出现了停顿。基本原因是对作品内容的删改问题。此时，王幅明到任了。总体状况是，从那时起直到2011年幅明兄卸任，《大秦帝国》的出版进入了快车道，整套十一卷本于2008年在郑州图书博览会一举推出。其后3年，典藏版、纪念版又相继推出。这一时期，我们的合作很愉快，甚至形成了一定程度的默契。

也就是说，我们是在人生的秋天不期而遇的。

从性格上说，我与幅明兄的交叉处很少。幅明兄不喝酒，不抽烟，不饕餮，温文尔雅，少言木讷。我则是又喝酒，又抽烟，又饕餮，遇事从不讳言的粗豪之客。有段时间，我住在郑州修订最终书稿，住地河南省总工会宾馆距离河南老字号"合记羊肉烩面"老店很近。大对胃口之下，我每天中午一顿结结实实的大碗羊肉烩面，晚上则是自由小吃。其间，责任编辑许华伟基本天天来陪我，偶尔幅明兄也亲自出马陪吃一顿。有次吃过烩面之后，我们同游炎黄广场。将近黄昏，我已经饥肠辘辘，幅明兄却揉着肚皮皱着眉头说，中午的羊肉烩面太顶人了。随后，他慢言慢语地说出了一个典型论断："羊肉烩面一周一次差不多，咋能天天吃？"许华伟立即表示赞同，连说："对对对，我都陪不住孙先生了。"我不禁恍然大悟，开心大笑不止。

两极相遇而能聚合，心乎？性乎？诚难料也。

幸运的是，我们都已经成熟了。我们都没有固执己见，都没有听任性格驱使，都在大局本位的基础上寻求着最为妥当的结合点。"选准切口，顽石可破"，此之谓也。久则解人，同年而长我一个月的幅明兄，原是那种古人非常赞赏的刚毅木讷的真君子，是兼听于纷乱而明决于内心、讷于言而敏于行的弘毅之士也。正是基于这种外在风格的随和谦逊，幅明兄独能聚集人心于散乱之际；正是基于这种坚毅明断，幅明兄独能乱云不惑正向前行。用古话说，幅明兄是一个善作善成又善始善终的厚才。厚德载物，此之谓也。

我们相互磨合着，相互理解着，一步一步地顺利走过来了。

可惜，宥于中国当下"一刀切"的退休制度，幅明兄在最有出版掌舵经验的盛年之期退休了。这里，我们不须假设历史的延长线。但是，这条延长线一定是令人向往的。在出版界，我对另外一个出版家——上海世纪出版集团的总裁陈昕先生同样抱有此种遗憾。陈先生拥有坚实的业绩、丰厚的阅历、非凡的精力、过人的才华、罕见的作品辨识力与策划力，但在最为巅峰的时段，也不得不按制度谢幕了。什么时候我们的制度能够达到"具体分析"的境界，我们对人才的鉴识与使用也就相对完备了。人不尽其才，是历史的遗憾。

宁静致远，是幅明兄性格中的天然禀赋。

相信幅明兄在工作业绩之外，一定会辟出一个人生的新天地。

2015年深秋于海南积微坊

序二 石楠

一串明珠熠熠光
——序王幅明先生新著《追忆与仰望》

王幅明先生写信给我，说他的新著《追忆与仰望》刚刚完稿，已列入大象出版社2016年出版计划，要我为他这部厚重的大作写篇序文。随信发来了书稿目录和后记。

我和幅明先生相识于2005年。金秋10月，中国传记文学学会、河南文艺出版社和《名人传记》杂志联合主办的中国当代优秀传记文学作家颁奖活动在郑州举行。我荣幸地名列"中国当代十大优秀传记作家"之中。幅明先生时任河南文艺出版社社长，河南文艺出版社是活动合作举办方，又是承办这次活动的东道主，幅明先生自然非常辛苦和忙碌，我们只在座谈和参观时有过简短的交谈。印象较深的是他在研讨会上宣布河南文艺出版社拟出版一套"当代优秀传记作家文库"，要我们每人选出一部自己得意的书稿交给他们出版。这是个了不起的决策，一个大胆的决定。我之所以这样说，是因为阅读的潮流和形势已发生了变化，纸质读物市场正在滑坡，书籍的印数普遍上不去，十本这样的巨制，投资可不是个小数，需要很大的勇气和超凡的魄力。他那种出版家的卓见和大气概让我深受感动，印象深刻，一直难忘。我的《中国的女凡·高——杨光素传》也因之得以与更多的读者见面，而且出得非常大气、漂亮，不论排版、装帧、设计还是印制，都是一流水平。我至今感激在心。

我与幅明先生的交往是几年以后的事。

2009年5月，台湾"中国新闻学会"和《传记文学》杂志社邀请中国传记文学学会代表团一行10人赴台进行学术交流。我和幅明先生有幸成为代表团成员。在台湾的十来天中，我们一起参观访问，一同出席两岸学术交流，同车同行，在近距离的接触中，幅明先生给我留下很多深刻记忆。他非常刻苦勤奋，笔和记事本随身带，走到哪里记到哪里，且速度极快。例如，出席传记文学学术研讨会的对方成员的姓名、简历、发言的内容，他都有详细的记录，而我是一听而过，事后什么也记不得，就是对方给了我名片，我也对不上号。他对台湾"故宫博物院"的展品看得很细，记得详尽。就是在行车途中同行者间的交流，只要是有关学问和文化的，他也默默记下。他言语很少，却做到了人到哪里学到哪里，可谓处处留心皆学问的楷模。参观图书馆和书店，是他这位出版家进行阅读调研和图书市场分析的好机会，平时言语不多的他这时话就多起来，向书店经理和图书管理人员问这问那，并认真地记在本子上。除了记录，就是阅读，一路上，他就像块海绵那样不停地吸纳知识。看到好书，他就购买。从他那里，我学到了很多东西。我对他的人品和学识深感钦佩。我们开始了不多的交往。相互赠书，我先后赠寄给他线装宣纸影印我先生用毛笔小行楷抄写的我的作品《画魂——潘玉良传》（三卷本）、《刘海粟传》（八卷本），他赠我他的作品和他们出版的一些重点图书，比如《大秦帝国》这样的巨著和他主编的"21世纪散文诗"丛书。

2011年秋，我收到了他赠我的墨宝，是张四尺长的条幅："乙酉菊月十树花，媒体聚焦传记家。一卷画魂名遐迩，才力犹如春笋发。十六大传写苦难，古今强者誉中华。大爱情怀春秋笔，人生有涯艺无涯。"款识："乙酉仲秋，当代优秀传记作家颁奖会在郑州举行，石楠女史为十位获奖作家之一。己丑年初夏，有幸与石楠大姐同访宝岛台湾，多日亲聆教诲，受益匪浅，终生难忘。特草俚诗一首，以资纪念。书呈石楠大姐雅正。"

我十分珍爱他的赠予。宝之爱之，不是因他对我多有褒奖，也不仅因为他的诗才和书艺，更多的是因为他为人为艺的谦逊品格和做学问的真诚态度。

在与之交往中，我也更多地了解了他。他多年从事期刊编辑和图书出版工作，并担任领导职务，在河南文艺出版社社长任上6年多，主持出版了很多好书；他们的《名人传记》广受国内外读者欢迎。1998年他被评为河南省十佳出版工作者，2010年又获河南省期刊行业突出贡献奖。他不仅是位出色的出版家，还是评论家、诗人和书法家。他对散文诗的贡献是巨大的，不仅有多部散文诗集和理论专著出版，还主编过大型选本《中国散文诗90年》及多套散文诗丛书，因而在2007年获中国散文诗重大贡献奖。他的著作有《中外著名散文诗欣赏》《中外著名朦胧诗赏析》《爱的箴言》《美丽的混血儿》《诗的奥秘》《自由女神的故乡》《无法忘记》《男人的心跳》《天堂书屋随笔》等10多种。他多才多艺，不但诗情澎湃，文章写得好，他的书法艺术也有独特的气韵。他钟爱行草、章草和楚简，他是中国作家协会会员，也是中国书法家协会会员。

因为眼睛疾患，我早就不再为人作序了，因之得罪了不少亲朋。但幅明先生之请，我不敢轻意说不。在我选择性地读了幅明先生新作部分书稿，了解到这部《追忆与仰望》全书内容后，我即复信给他，欣然应下了。因为这不是一部普通的书，而是他数十年间不停磨砺、擦拭又串缀起的一串闪耀着励志光芒的明珠。何以这样说？幅明先生在这本书中写了35位名人，无不是学人和文学艺术家。他按人物年龄排序，冯友兰、曹靖华、张伯驹、成舍我、苏步青、苏金伞、张中行、姚雪垠、钱伟长……我就不一一列举了。这些名字会让我想到天上那些灿烂的星辰，他们大多是幅明先生的作者和朋友，在与他们的交往过程中，幅明先生记下了让他感动的点点滴滴，摄下了他们那些感人的闪光点，写成文章。这些文章，有的只展现了文化名人的一个侧影，有的只记述了几件打动他的小事，更多的文章则展示出幅明先生对这些人物的研究成果。这些长短不等的文字，无不写出了他们在某个领域或行当中骄人的贡献，折射出励志的光芒。这些文章大多在报纸、杂志上刊发过，受到广大读者的欢迎，经过数十年积累，就有了数十万字，幅明先生在整理出版《天堂书屋随笔》之后，着手完成了这部大书。我读了一些篇章后，爱不释手。这是本洋溢着正气和厚重品格的书，是部激励人去创造美好人生的励志之书，是本极具阅读价值的好书，也是幅明先生捧给读者的一颗火热的心。好书大家读，我作为第一个读到它的人，将它推荐给广大读者。我衷心感谢幅明先生的真诚奉献！

2015 年 10 月 19 日于石楠书屋

一组用充满诗意和深情的文字雕塑而成的现当代文化名人群像。35位人物，横跨两个世纪。色彩凝重，兼具传与评的双重特色。重在诠释传主的独立人格、担当意识、上下求索和淡泊名利的士人情怀，以及在不同领域里做出的杰出成就，从而破解实现中华民族伟大复兴的文化基因。

目录

001　冯友兰：阐旧邦以辅新命

017　曹靖华：不涉官场的翻译大家

030　张伯驹：国宝千秋

043　成舍我：舍我其谁

055　苏步青：越过人生三关

061　苏金伞：大音希声

074　张中行：布衣哲人

085　姚雪垠：一生一部大书

101　钱伟长：国家需要就是我的志愿

109　朔望：只因一只彩蝶

116　赵浩生：游子家国情

122　柯蓝：唯一的财富是真诚

133　魏巍：终生书写"最可爱的人"

142　穆青：母校未了情

150　屠岸：大爱诗翁

161　耿林莽：写散文诗是天命

173　陈天然：羊肠小道通浩空

186　王尔碑：只做减法

203　李耕：耕耘者，燃火者

216　李準：万里写入胸怀间

229	张守义： 用逆向思维创作	313	周俊杰： 书坛俊杰
237	痖弦： 弦歌不绝，故乡情深	327	张海： 墨海弄潮领航人
253	鲍加： 让生命飞翔	345	黄健中： 四代影人举兄台
263	王酩： 难忘今宵	359	朱峰： 黄山之子
269	李敖： 历史有真也有假	368	庞中华： 硬笔书法开拓者
276	李铁城： 中原文化守护者	380	徐刚： 谁在门外呼喊
289	许淇： 文图并茂春秋笔	392	孙皓晖： 矢志为大秦还魂
301	石楠： 歌唱苦难	412	后记

冯友兰
（1895—1990）
哲学家、教育家

冯友兰：阐旧邦以辅新命

一、乡贤

乡贤是故乡人的共同骄傲。如果较起真来，其中大多数人未必真正与乡贤有多少联系，但在心理上，总想借此沾一点光，沾一点灵气。去蜀南参加一个笔会，当地领导敬酒，问起家在何处，我答河南唐河，他立刻兴奋起来："你是大哲学家冯友兰的老乡？"我平静地说："是的。"此时的我，便是这样一种心理。这也许是一种虚荣。但在某些时候，特别是阅读冯先生著作"贞元六书"，顿生高山仰止之感后，也会静下心来扪心自问：称冯友兰为老乡，你，配吗？

我与冯友兰同县，他家在祁仪乡，我家在上屯镇，属于广义上的老乡。

脑海里有关乡贤冯友兰的印象，最初来自大学生活。1972年春，我来到位于古都南京东郊孝陵卫的一所理工科大学求学。担任材料力学课的老师20世纪50年代毕业于北京大学，是周培源先生的高足。他是一位健谈者。课余，他谈起大学时代的老师显得神采飞扬："印象最深的老师？冯友兰。他是你们河南人。他教中国哲学史。因为是公共课，大课，物理系全系学生都去听。用的是最大的教室。听课的人除了学生，也有教师，还有一些外国大使馆的文化参赞。座位全坐满，过道上还有不少人站着听。"几十年过去，因为改行从文，老师在课堂上讲的课几乎全忘掉了，课下讲的关于这位乡贤的逸事却还清晰地记得。我颇感惊奇。一个老师能赢得如此多的听众，应该属于学富五车的大师。但对他的学问，我却一无所知。1974年，全国掀起"批林批孔"运动。政治课除了讲授马克思、恩格斯和毛泽东的著作，又加入"批林批孔"的内容。此时，冯友兰的大名在课堂上被政治课老师提及。老师说，老一代学者过去绝大多数都尊孔，包括郭沫若、冯友兰等，但通过"批林批孔"运动，不少人转变了，比如冯友兰最近就发表了批孔的文章。这是表扬的话。但这个紧跟政治形势的举动，却为他的晚年带来莫名的痛苦。

冯友兰木刻肖像

1995年深秋，唐河县文联举办纪念冯友兰诞辰100周年笔会，我有幸受邀参加。冯友兰已经去世5年，这位世界知名的世纪学人生前颇具争议，按照中国习俗，此时终于可以盖棺论定了。这是家乡对一位乡贤的特殊礼遇。会上，听到对冯友兰的生平介绍和有关冯氏的一些珍贵信息，我颇感震撼。印象最深的有三点：其一，冯友兰一生获得的博士和荣誉博士学位竟然有30多个。其二，抗战期间，国民党政府号召国民读两本书，一本是蒋介石写的，另一本是冯友兰写的（记不清是哪一本了，大概是"贞元六书"中的一种）。其三，冯友兰晚年重获自由后，于1980年（85岁）开始，用10年时间完成《中国哲学史新编》七册。写完两册后，由于眼疾严重，几近失明，不得不采用完全口述，由助手记录的方式。行动不便、生活不能自理，加上各种疾病的困扰（仅1989年8月至1990年7月，一年之内就曾五次住院治疗），所有这些困难都未能阻挠《中国哲学史新编》写作的进程。一次，家乡人去看望他，因他正在口述，不便打扰，就在旁边静听等候。冯友兰在口述新段落前，先口述改正前一天的个别内容，然后再口述新的口容，包括用什么标点，何时另起一段，都交代得清清楚楚。90多岁的老人尚有如此惊人的记忆力和超常的毅力，如果不是听他的亲属的直接介绍，实在令人难以置信。在完成这部哲学史巨著几个月后，哲人便与世长辞。冯友兰以高度的使命感和拼命精神，创造了文化史上的一个奇迹。

我在纪念冯友兰诞辰100周年笔会上建议县政府出资，修复冯友兰先生的故居，作为唐河县一处重要的人文景观对外开放。笔会专门安排与会代表去祁仪乡冯友兰故居参观。看了才知道，冯家旧宅已被拆除，不复存在。冯家原来家业很大，是祁仪乡有名的士绅之家。冯友兰的祖父冯玉文大约有1500亩土地，家里经常有二三十口人吃饭。冯家祖上是清初从山西省高平县到河南省唐河县做小生意的，日久就落户在祁仪乡了。大概因为祖上没有功名的缘故，冯家特别注重读书应考获取功名。不负祖辈的期望，冯友兰的伯父冯云异、叔父冯汉异都考中秀才，而最有出息的则是冯友兰的父亲冯台异。

王幅明在冯友兰故居前
（1995年9月）

他是清光绪戊戌（1898年）科进士，后被委派为湖北武昌方言学堂会计庶务委员（相当于总务长）、勘测粤汉铁路的"弹压委员"，最后被委派到湖北崇阳县任知县。不幸的是，大约在1908年前后，冯台异患脑溢血死在县官任上。那年，冯友兰只有13岁。

据说他家的仓库曾经当过乡镇电影院，也被拆掉。冯氏故宅及临街的老门店已经片瓦不存。看到这些，大家颇有些失望和遗憾。好在院子里留下了一棵树龄180多年的银杏树，还有一棵冯友兰小时候亲手种下的蜡梅树，给人以慰藉。这两棵默默无声的植物，见证了冯氏故里的百年沧桑。大家争相在已经受到保护的银杏树和蜡梅树前合影留念。

我们还参观了一所学校。冯友兰20世纪80年代曾捐资为该学校兴建了一座教学楼。我们远远就看到冯友兰亲笔题写的以他母亲名字命名的"清芝楼"的牌匾。1982年夏天，冯友兰出访美国在机场候机时写过一首打油诗："早岁读书赖慈母，中年事业有贤妻。晚来又得女儿孝，扶我云天万里飞。"因为年事已高，行动不便，这次出访由女儿宗璞随行，故有"扶我云天万里飞"之句。诗中洋溢着他对母亲吴清芝、妻子任载坤、女儿宗璞的感激之情。因为少年丧父，他的早期教育都是由母亲一手安排的。这座教学楼寄寓了冯友兰对母亲的深切缅怀。

二、结缘哲学

参加纪念冯友兰的笔会，使我萌发了一个想法：阅读冯友兰。作为家乡人，这也许是对乡贤最好的纪念。最先购买的是他的"贞元六书"。20世纪90年代，读书界曾有过关于人文精神的讨论，不少文章读过之后不甚了了，阅读《新原人》中关于人生四境界的论述，使我眼前一亮，茅塞顿开。后来有幸收到河南人民出版社友人惠赠的第二版《三松堂全集》（14卷）及附录《冯友兰先生年谱初编》（冯友兰女婿蔡仲德著），如获至宝。由于公务繁忙，虽然此套大书一直摆在书柜中醒目的位置，但真正认真翻读，则是在退休之后。全集首卷收入作者写于1981年的回忆录《三松堂自序》，亦可看作冯友兰的自传和全集的总序。冯氏位于北京大学的寓所，庭中有三棵松树，他便以此寄意。冯友兰在这篇长达20多万字的长序中，详细记述了他一生求学、教学和著述的经历。颇值得玩味的是，通常的自序都是在全集编定之后，而此时，《中国哲学史新编》才刚刚完成前两册，后面还有更艰巨的写作任务。而冯先生是将《中国哲学史新编》视为生平最重要著作，将《中国哲学史新编》的写作视为晚年的头等大事的。他为什么不等《中国哲学史新编》写成

后再写《三松堂自序》呢？这正是《三松堂自序》的不同寻常之处。

新中国成立后的前30年，他大多是在接受批判、自我批判和"改造思想"的过程中度过的，基本上遗失了自我。作为一位思想自成体系的哲学家，却放弃了独立思考，其教训是深刻的。冯友兰在《三松堂自序》中真诚地解剖自己，总结教训，从而提出"修辞立其诚"的原则，决心今后"只写我自己。……对于中国哲学和文化的理解和体会，不再依傍别人"。在《中国哲学史新编》的写作中，他以此思想作为指针，逐步做到不依傍别人，而作出自己的结论，故《中国哲学史新编》新见迭出，每与时论相违。他越写越感到自由，写到最后，感到了"海阔天空我自飞"的大自由，充分显露了他作为哲学大家的本色。由此可见《三松堂自序》对于全面理解冯友兰具有何等重要的意义。《三松堂全集》博大精深，阅读后让人由衷产生敬仰之情。

冯友兰的一生，是充满传奇、误解的毁誉参半的一生，是以自己的生命之火去点燃中国哲学和文化希望之光的一生，是不倦追求真理的一生。

1895年12月4日，冯友兰出生在河南省唐河县祁仪乡一个世代书香之家。祁仪乡因祁河、仪河而得名。其实，这两条河在镇上已汇合而称为清水河了。冯友兰家就坐落在清水河畔。冯友兰在祁仪乡老家度过了无忧无虑的童年时光。朴实的农村环境，敦厚的民俗民风，对这位未来哲学家的成长产生了深远的影响。按照冯家大家庭的规矩，男孩从7岁起开始上学接受教育，冯友兰也不能例外，从7岁起便在家庭设立的私塾里接受传统教育。他在《三松堂自序》里回忆："在我上学的时候，学生有七八个人，都是我的堂兄弟和表兄弟。我们先读《三字经》，再读《论语》，接着读《孟子》，最后读《大学》和《中庸》。"因父亲冯台异在武昌有了固定的差使，9岁的冯友兰便与胞弟景兰、胞妹沅君随母亲从唐河老家迁居武昌。这是冯友兰第一次由农村

冯友兰与夫人任载坤（1937年）（上图）
冯友兰与印度总理尼赫鲁（1951年）（中图）
毛泽东与冯友兰亲切握手（右后为周扬）（1963年）（下图）

来到城市。在武昌，冯友兰没有上附近的小学，"因为父亲相信，在学新知识以前，必须先把中文学好。他认为，没有一个相当好的中文底子，学什么都不行"。冯台异对儿子的要求，为造就一位未来的哲学史家奠定了语言文字方面的坚实基础。冯友兰接受的传统教育，基本上是在家庭内部完成的，尤其是在母亲的关怀下，循序渐进，从未间断。冯友兰随父母在武昌住了3年。冯友兰12岁的时候，他的父亲出任崇阳知县，这时才有了正式聘请的教书先生。在崇阳县衙内生活的一年，教师爷规定的功课冯友兰半天即可完成。少年冯友兰大部分课外时间都消磨在父亲的签押房里。他是一个读书迷，总是趴在床上翻看那些新旧书籍。他特别爱看专门介绍世界知识和国际情况的《外交报》。这种新旧兼备的启蒙教育，为冯友兰日后的成长，特别是为其东西文化融会的学养提供了丰沃的土壤。可惜的是，冯友兰的父亲在知县任上只做了一年，便与世长辞了。父亲的早逝为冯友兰的学习和教育蒙上了阴影。家里失去了顶梁柱，培养子女的重担便完全压在了母亲身上。冯友兰与弟弟景兰、妹妹沉君随母亲迁居唐河老家。在家乡，冯友兰连续读了两年家塾，至1910年15岁时考入唐河县立高等小学预科。从此，冯友兰结束了私塾的传统式教育。小学只读了不到一年，冯友兰便又考入开封中州公学中学班。读了不到一年，辛亥革命爆发，清朝皇帝被推翻。此时冯友兰还不满16岁。由于时局动荡，学校关闭，学生也纷纷回家，于是冯友兰又回到了唐河。1912年夏天冯友兰转入武昌中华学校。年底，又由武昌考入上海中国公学。

中国公学在中国近代教育史上占有重要地位。这不仅是由于该校一直是孙中山、黄兴等革命党人活动的阵地，为中国资产阶级革命散播了火种、培养了不少人才，更重要的是它为中国学术界培养了胡适、冯友兰等一批时代的巨擘。冯友兰在晚年一提起中国公学，便常常引为自豪。因为这位哲学家与哲学结缘正是从这里开始的。他深深爱上了逻辑课，并进行了刻苦的学习。冯友兰在中国公学得到了初步的逻辑训练，由此他走上了一条学院哲学家的道路。对逻辑的偏好，使冯友兰在以后的学术活动中，能自觉地运用逻辑分析方法研究中国传统哲学，并且把中国文化与西方文化融会贯通起来，这都得力于他在中国公学时对逻辑的选择。冯友兰在成名之后，多次谈到逻辑的作用和力量。他认为，西方哲学对中国哲学的永久性贡献，就是逻辑分析方法，它的传入"给予中国人一个新的思想方法，使其整个思想为之一变"（《中国哲学简史》）。

1915年夏天，冯友兰结束了中国公学的学业，带着对逻辑与西洋哲学的浓厚兴趣考进了北京大学。冯友兰与北京大学结缘的因由也是哲学，因为当时只有北京大学有哲学系，当时称为哲学门。当时的北京大学有文、理、法、工四科，报考文科的预科毕业生很少，因为文科毕业生没有什么出路，只可当个"教书匠"。冯友兰报考北京大学是为了学习西方哲学。当时的北大招生章程上说，哲学门包括中国哲学门、西洋哲学门和印度哲学门。但因为缺少师资，实际上只开了中国哲学门的课程。本来立志学西洋哲学的冯友兰踏进了中国哲学的大门。汪洋无际的传统哲学的大海，使这位从小熟读"四书五经"的青年学子眼界顿然开阔。他进入了一个崭新的天地。

新文化运动始于北京大学，接着迅速席卷全国。此时，一大批新旧学者、革命家、教育家云集北大，有些则直接兼任哲学系的教授。蔡元培在冯友兰入学的第二年，即1916年接任北大校长。蔡元培一到任，便以自由主义教育家的宏大气魄，除旧布新，兼容并蓄，大刀阔斧地改革封建的教育体制，扫除陈腐习气，立志创办一所具有"学术思想自由"的最高学府。蔡元培聘请主编《新青年》的陈独秀为北大文科学长，主管文学、哲学、历史等系。冯友兰在北大受到现代思潮的影响，这为他日后成为哲学大家奠定了坚实的学术基础。1918年6月，冯友兰结束了在北京大学的学习生活，走向社会。

三、海外归来

早在1915年，经中国公学的同学介绍，冯友兰认识了辛亥革命的前辈任芝铭先生的女儿任载坤。任女士当时正在北京女子师范学校读书，比冯友兰年长一岁。经过相互了解、自由恋爱，两人很快订下婚事。为了学业，他们订婚三年之后才结婚，结婚一年多又各奔东西。冯友兰与任载坤相依为命近60载，可谓良缘佳偶。结婚后，冯友兰任河南第一工业学校语文教员，任载坤则任河南女子师范预科算术教员。

1919年，五四运动的烽火熊熊燃起，冯友兰虽因已离开北京大学没有直接参加火烧赵家楼的活动，但却在思想上、行动上与五四运动息息相通。为了寻找救中国的真理，这一年，冯友兰参加了河南省的考试和教育部的复试，取得了官费留学美国的资格。到美国哪个大学去好呢？冯友兰曾就此问题请教过胡适。胡适当时给了他一个可能的选择：哈佛大学和哥伦比亚大学哲学系都是有名的，但哈佛大学的哲学是旧的，哥伦比亚大学的哲学是新的。听了胡适这番话，冯友兰就拿定主意要上哥伦比亚大学了。这年冬天，冯友兰在上海乘中国邮船公司的"南京"号海轮，驶向大洋彼岸。1920年1月22日，冯友兰与张奚若同往哥伦比亚大学研究院办理入学手续，2月初正式在哥伦比亚大学研究院上课。哥伦比亚大学是纽约重要的知识文化中心，原为国王学院，建于1754年，美国独立战争后的1784年被命名为哥伦比亚学院，1896年改为哥伦比亚大学。冯友兰可以说是经胡适指点慕名而来。哥伦比亚大学不仅为美国造就了一大批才华横溢的经世致用之才，而且为中国贡献了不少知名的学者，仅胡适与冯友兰二人就足以使其母校骄傲了。冯友兰师事新实在论者蒙塔古和实用主义大师杜威。冯友兰是官费留学生，名额由教育部给，费用则由家乡河南省出。在他留美的最后一年，河南的官费不能按时寄来，他不得不出去打工挣钱以维持学业。他想向学校申请奖学金，为此他给杜威先生写了一封信。杜威立即给校方写了一封很长的信，信的最后一句是："冯君这个学生是一个真正学者的材料。"不知什么原因，冯友兰没有得到奖学金，但这句评语却一言九鼎，给了冯友兰莫大的鼓励。他自觉到了自己的天分与使命。从此后，他便努力去实现自己的使命。1982年，当他回到哥伦比亚大学接受名誉文学博士学位的时候，冯友兰曾深情地说："倘若杜威教授今天还在，看到这个学生还没有完全辜负他的赞许，也许会高兴吧。"

1923年夏，冯友兰的博士论文《天人损益论》通过了答辩。一年之后，论文改名为《人生理想之比较研究》，由商务印书馆出版。该书出版后冯友兰获哥伦比亚大学研究院哲学博士学位。1926年，《天人损益论》与冯友兰另一部论人生观的小册子《一种人生观》合二为一，形成了《人生哲学》，作为新学制高级中学教科书，由商务印书馆出版。

从美国学成回国，冯友兰就任开封中州大学哲学教授兼文学院院长。1925年，冯友兰到广州任广东大学教授。次年，冯友兰到燕京大学任教授，讲授中国哲学史，同时还在美国人办的华语学校用英语讲授《庄子》，后出版《庄子》英译本。1928年8月，应罗家伦之邀至清华大学任教，讲授中国哲学史，历任校秘书长、哲学系主任、文学院院长。成名作《中国哲学史》上下卷分别于1931年和1934年出版。这是近代中国学术研究的重要成果，确定了冯友兰作为中国哲学史学科主要奠基人的地位。该书用西方逻辑分析的方法，对中国古代哲学进行梳理，从而向世人证明，中国不仅像西方一样有哲学，并且同样博大精深。作为中国哲学史的开山奠基之作，《中国哲学史》后经美国人卜德翻译为英文，几十年来，一直成为西方世界学习中国哲学的通用教材，至今仍在多国出版。

1933年8月，冯友兰在清华大学服务已满五年，按照学校章程，校方安排他休假一年，游学欧洲。他先后在世界著名的剑桥、牛津、爱丁堡等大学讲学，还同许多欧洲知名哲学家如维特根斯坦、罗素等进行了交流。此后，冯友兰赴意大利、德国、法国等国观光，后又获准访问苏联。在大英博物馆准备讲稿之际，冯友兰第一次比较系统地阅读了马克思、恩格斯的一些著作，并接受了历史唯物论的部分观点，这些观点不仅对于他"释古"而且对于"喻今"都有不少帮助。按照苏联旅游局的安排，冯友兰到列宁格勒、莫斯科、哈尔科夫、基辅、敖德萨5个城市参观访问。实地考察让他对社会主义产生了好感。谁也没有料到，此行后来竟给他带来了麻烦。1934年回国后，他应邀发表演讲，介绍访苏印象，传播历史唯物论，引起国民政府不满。11月国民政府将冯友兰逮捕，后迫于舆论压力，加之查不出他以中共代表身份赴苏的证据，旋即又释放了他。此番遭遇令冯友兰一夜闻名，成为进步教授。

1936年，冯友兰还有过在家中藏匿共产党人的逸事。是年，北平的学生运动如火如荼，有一次，当局要逮捕几个学生，派军队包围了清华大学。学生在体育馆据守，军警准备攻打体育馆。这时候，梅贻琦校长打电话通知冯友兰去开会。冯友兰刚要出门的时候，来了两个学生，显然是来他家躲藏的。他说："好吧，请进来吧。"就出门开会去了。会上，梅贻琦说："看情况随时都可能发生大事，校务会议的人都不要走，等着随时应付。"后来，他们找到了北平市长，市长又找了北平当局的最高负责人宋哲元，宋哲元下令把军警撤出了校园。冯友兰回家后，妻子任载坤对他说，那两个学生在客厅的大沙发上睡着了，鼾声特别大。任载坤害怕出危险，就把学生叫醒，让他们藏在后院的厨房里。新中国成立后，在一次会议上，冯友兰碰到当年清华学子姚依林。姚依林告诉他说，当天在冯家躲藏的两个学生，其中一个就是他。

1937年，卢沟桥事变爆发，冯友兰随清华大学被迫迁至湖南长沙；1938年，由长沙迁至昆明，任西南联大哲学系教授兼文学院院长。在此期间，他一方面从事教学和行政工作，一方面著书立说，先后出版了著名的"贞元六书"——《新理学》《新事论》《新世训》《新原人》《新原道》《新知言》，历时8年。这六部书吸取西方的理性主义传统，挖掘中国人生哲学资源，构建了一个新理学哲学体系，完成了中国哲学由传统向现代的进化。他的人生四境界说——自然境界、功利境界、道德境界和天地境界——论述了由低到高的人生追求之路，影响深远。"贞元六书"又名"贞元之际所著书"。冯友兰自称取"贞下起元"之意。"贞元"来自《周易》"乾卦"的卦词：元，亨，利，贞。有学者认为此句可以理解为春夏秋冬的循环。所以，"贞元之际"就是冬天通往春天之际。抗战时期犹如长夜，也是民族复兴和觉醒的前夜。"贞元六书"旨在通过对中华民族传统精神的反思，阐述作者的哲学见解，以创立新理学的哲学体系。六本书都有一个"新"字，道明作者求新的意图，对传统哲学，不是"照着讲"，而是"接着讲"。"贞元六书"是一个整体。作为哲学家的冯友兰，其哲学思想主要体现在"贞元六书"所建构的思想体系中。冯友兰认为哲学的对象有三大部分：自然、社会和人生。《新理学》主要讲自然，《新事论》讲社会，《新世训》《新原人》讲人生。《新原道》是一部中国哲学简史，就哲学境界这一中心观念而言，它又是《新原人》的延续和发挥。《新知言》是专门讨论哲学方法的著作。面对中西文化之争，冯友兰深思慎取，挖掘传统道德的现代价值，处理现代化与民族化的关系，探索中国走向自由的道路。

西南联大的8年，是冯友兰一生中最辉煌的时期。这8年中，他的学问达到了炉火纯青的境界，他的影响力遍及华夏并波及海外。同在西南联大的另一位著名哲学家贺麟称冯友兰为抗战以来国内"影响最广声名最大的哲学家"。抗战期间，冯友兰多次到重庆，为国民党中央训练团宣讲"中国固有道德"。1944年冬，冯友兰母亲吴清芝去世。1945年1月，冯友兰收到"母故速归"的电报，匆匆安排了文学院和哲学系的事宜后，便和弟弟冯景兰踏上了奔丧之路。回乡葬母，冯友兰赤脚拉棺，感动乡间。所作《先妣吴太夫人行状》和《祭母文》，感情真挚，文辞华美，气势宏大，表达了赤子之心和拳拳之情，是冯友兰流传久远的杰作。

1945年8月，抗战胜利。1946年5月4日，西南联大完成了它的历史使命，全体师生陆续返回北方。作为纪念，学校留下了一块永久的纪念碑，冯友兰撰写了激情洋溢的碑文。同年9月，冯友兰接受卜德教授的邀请，到美国宾夕法尼亚大学任客座教授，同时继续与卜德合作，翻译《中国哲学史》的第二部分。在美国讲学一年，冯友兰的学术成果甚丰。《中国哲学简史》英文版由麦克米兰公司出版。除浓缩《中国哲学史》两卷本的内容外，冯友兰还补充了他的新理学的内容。他力图向西方学者表明，中国古代哲学的传统后继有人。此书后有法、德、意、日、朝鲜等12种语言的译本出版，堪称现代学术史一大奇观。它与《中国哲学史》一样，几十年来一直是世界各大学学习中国哲学的通用教材。由于冯友兰的学识声誉，在美国他不仅拥有优裕的学术待遇和生活条件，并且获得永久居留美国的签证。可是，冯友兰婉言谢绝了各方挽留，于1947年底毅然回到祖国。1948年秋天，冯友兰当选为南京中央研究院院士和评议会委员。12月，北平和平解放前夕，冯友兰被推举为清华大学校务会议临时主席。1949年9月，冯友兰辞去清华大学哲学系主任、文学院院长、校委会委员等职。

四、"传这团真火"

中华人民共和国成立，中国进入一个天翻地覆的时代。冯友兰期盼了多年的"建国梦"实现了，他对中国共产党、毛泽东寄予厚望。1949年10月5日，冯友兰致函毛泽东，说他过去讲封建哲学，帮了国民党的忙，现在决心改造思想，学习马克思主义，力争在5年之内用马克思主义的立场、观点、方法，重新写一部中国哲学史。8天之后，毛泽东即给他复信，肯定了他的表态，提出"也不必急于求效，可以慢慢地改……"1950年冬天，冯友兰与清华的师生一起参加了土改，开始自我批判，检讨新中国成立前自己的言行。1951年，冯友兰访问印度、缅甸，获德里大学名誉博士学位。1952年，大学院系调整，冯友兰调任北京大学哲学系教授。1954年，他"试开"中国哲学史课，被评为一级教授，并受特邀出席政协二届一次会议。1955年，他受聘为中国科学院哲学社会科学部委员。1957年他还应邀到毛泽东家中做过客。

这一时期，冯友兰的学术地位不能算低，但说起成果则徒有其名。冯友兰几乎每年都在撰写和发表新的学术论文，但最终都变成了大批判的材料。在屡遭批判的艰难环境中，冯友兰始终坚持他的哲学研究，陆续出版了《中国哲学史论文集》《中国哲学史论文二集》《中国哲学史史料学初稿》，并开始撰写《中国哲学史新编》。"文化大革命"开始，冯友兰被北大哲学系以"资产阶级反动学术权威"之名揪出批斗。后又与冯定、翦伯赞、朱光潜一起，被称为"四大反动权威"，罪加一等。无中生有、任意上纲的各种斗争之苦，并未让他气馁。稍有可能，他仍继续写作《中国哲学史新编》。他是一个达观者。在每次前往批斗场所时，他总是事先做好准备：吃饱，穿暖，养好精神。被批斗完回家后，对妻子准备好的饭菜则照吃不误。当翦伯赞夫妇不堪凌辱双双自杀之后，北大的当权者遭到"上头"的申斥，急忙去探视冯友兰，请他发表"感想"。冯友兰拿出早就准备好的"思想汇报"交给他们，申明自己绝对不会自杀。冯友兰绝非甘愿受辱，而是他具有哲人的洞见：闹剧早晚是要收场的。1973年，出于对领袖的热爱，冯友兰受命参加"批林批孔"运动，撰写批判孔子的文章，又被聘为"梁效"写作小组的顾问。"四人帮"倒台后，冯友兰接受组织审查达一年之久。因查不出他与"四人帮"有实际牵连，随后冯友兰便恢复了自由。他因写批孔文章和接受审查，名誉颇受争议。《三松堂自序》出版后，真相大白，毁谤之词渐渐消减。

1982年1月,《中国哲学史新编》修订本第一册出版。冯友兰在自序中表示:"我决心再继续写《新编》的时候,只写我自己在现有的马克思主义水平上所能见到的东西,直接写我自己在现有的马克思主义水平上对于中国哲学和文化的理解和体会,不依傍别人。"同年,冯友兰赴美访问,接受哥伦比亚大学名誉文学博士学位。冯友兰为母校赋诗一首:"一别贞江六十春,问江可认再来人?智山慧海传真火,愿随前薪作后薪。"这一年,冯友兰已87岁。在最艰难的日子里,冯友兰为何信念不灭?这首诗为我们提供了答案。人类几千年积累下来的智慧如山如海,像一团真火,而冯友兰是用"生命作为燃料以传这团真火"的人。此后,他陆续出版《三松堂自序》、《三松堂学术文集》、《中国哲学史新编》(第三、四、五、六册)、《三松堂全集》(第1—7卷)、《冯友兰学术精华录》。1990年7月,他又以95岁高龄完成《中国哲学史新编》第七册。同年11月26日,冯友兰因肺炎逝世。

1990年12月4日是冯友兰95岁华诞。北京大学哲学系已经为这个生日做好了庆典的一切准备。著名学者汤一介是冯友兰的老同事汤用彤的公子,他子承父志,也走上了哲学研究的道路,当时正主持中国文化书院的工作。书院筹备召开"冯友兰哲学思想国际研讨会",会议就定在12月4日开幕。海内外很多著名的哲学史家、文化史专家都预定要来参加这个会议。很遗憾,寿筵最终变为葬礼。12月4日至6日,冯友兰哲学思想国际学术研讨会在北京隆重举行。12月22日,冯友兰夫妇及其小儿子冯钟越安葬仪式在北京西郊万安公墓举行。墓碑为不规则形花岗岩,墓碑由高尔泰书写。碑阴正中以甲骨文刻"三史释今古,六书纪贞元"。冯钟越(1931—1982)是航天工业部功勋级专家,因积劳成疾,英年早逝。耄耋之年的冯先生,亲自给爱子撰写挽联:"是好党员,是好干部,壮志未酬,洒泪岂止为家痛;能娴科技,能娴艺文,全才罕遇,招魂也难再归来。"真情文字,感人至深。

作为一位杰出的教育家,冯友兰从事高等教育60余年,为我国文史哲各学科培养了一代又一代学者。他在清华工作20年,又曾主持清华校务,对清华的基本建设、教授治校、学术自由均有贡献。他任文学院院长17年,于中文系兼注重外文修养,于外文系兼注重国学造诣,使清华文学院在全国高校中独树一帜。1938年,他在任西南联大文学院院长时,破例聘请钱锺书为教授一事,被教育界传为美谈。按清华旧例,刚从国外留学回国教书,只能先当讲师,由讲师升副教授,然后升为教授。钱锺书当年从欧洲回国时,许多地方争着聘他,最后还是清华大学占得上风。此事全由冯友兰一手促成。冯友兰向梅贻琦校长力荐钱锺书，梅贻琦采纳了他的建议。钱锺书晚年称冯友兰是他的"五大恩师"之一。

冯友兰93岁有联云"阐旧邦以辅新命，极高明而道中庸"，上联系自道平生志事，下联述所求理想境界，其人其学，于斯可见。他经常引用《诗经》中"周虽旧邦，其命惟新"这两句话，作为自己的座右铭。他说："'旧邦'指源远流长的文化传统，'新命'指现代化和建设社会主义。阐旧邦以辅新命，余平生志事盖在斯矣。"（《康有为"公车上书"书后》）后句语出《中庸》第27章："故君子尊德性而道问学，致广大而尽精微，极高明而道中庸，温故而知新，敦厚以崇礼。"儒家以中庸为最高的道德标准。这也是冯友兰所追求的思想境界。中庸，也指方法上的不偏不倚，调和折中。这是儒家的辩证法，后来被北宋大儒、哲学家张载发挥为"一物两体"。在冯友兰看来，就现在说，"中国就是旧邦而有新命，新命就是现代化"。因此，他的努力，即是在"两点"上进行，明显区别了非中庸的一点论思维。1990年3月，冯友兰为自己预拟了95岁的寿联："三史释今古，六书纪贞元。""三史"，指的是冯友兰三部哲学史著作：《中国哲学史》《中国哲学简史》和七卷本《中国哲学史新编》。"六书"，即冯友兰哲学著作"贞元六书"。十个字，概括了他一生的学术成就。

五、成一家之言

三部哲学史著作，冯友兰下功夫最大、耗时最长的一部，无疑是七卷本的《中国哲学史新编》。从1960年起，他开始以马克思主义的学术观点和历史方法撰写《中国哲学史新编》。1962年，出版了《中国哲学史新编》第一册，1964年出版了《中国哲学史新编》第二册。"文化大革命"开始，他的工作被迫停止。1980年开始修订与续写，1990年竣工，前后时长达30年。所谓修订，实际上等于重写。为什么要重写？其中一个重要的原因，是他认为书中有些地方有"依傍别人的地方，是从道听途说得来的"，不是独立思考的结果，不符合"修辞立其诚"的原则。此时冯友兰已经85岁。有人好意向他提出建议：趁先生身体硬朗，索性从第三册写起，以便在先生有生之年完成七卷本《中国哲学史新编》的写作计划。冯友兰并未采纳。在他看来，如果不修订第一、二册，写作就无法进行下去。因为中国哲学史是一部系统的历史，人们可以用不同的方法去研究它，但不可以在同一部历史中用不同方法去写作，否则历史就会变成一个杂乱无章的拼盘。他要遵循"吾道一以贯之"的精神，写出他心中本来的历史。《中国哲学史新编》前三册完成时，冯友兰已是90岁高龄的老人，此时他的听力、视力及身体的其他部位均已出现生理障碍。但所有这些困难都阻挡不住冯友兰学术创作的生命冲动。当有人问起"是什么想法和力量支持着您的努力"时，他用"情不自禁，欲罢不能，火的燃烧要靠薪，文化的承传要靠生命"作答。他以一种顽强的信念和生命力支撑着自己进行《中国哲学史新编》的写作。

宗璞在《蜡炬成灰泪始干》一文中回忆："父亲最后十年的生命，化成了《中国哲学史新编》这部书。""他并不以写这部书为苦，他形容自己像老牛反刍一样，细细咀嚼储存的草料。他也在细细咀嚼原有的知识储备，用来创造。这里面自有一种乐趣。父亲著述还有一个特点，就是不做卡片。曾有外国朋友问：'在昆明时，各种设备差，图书难得，你到哪里找资料？'父亲回答：'我写书，不需要很多资料，一切都在我的头脑中。'这是他成为准盲人后，能完成大书的一个重要条件。更重要的是他的专注，他的执着，他的不可更改的深情。他在生命的最后两年中不能行走，不能站立，起居需人帮助，甚至咀嚼困难，进餐需人喂，有时要用一两个小时。不能行走也罢，不能进食也罢，都阻挡不了他的哲学思考。一次，因心脏病发作，我们用急救车送他去医院，他躺在病床上，断断续续地说：'现在有病要治，是因为书没有写完，等书写完了，有病就不必治了。'当时，我为这句话大恸不已，现在想来，如丝已尽，泪已干，即使勉强治疗也是支撑不下去的。而丝未尽，泪未干，最后的著作没有完成，那生命的灵气绝不肯离去。"（引自《旧事与新说——我的父亲冯友兰》）

《中国哲学史新编》150多万字，共分81章。根据冯友兰的总体设计，《中国哲学史新编》全书讲七个时代思潮，即先秦诸子、两汉经学、魏晋玄学、隋唐佛学、宋明道学、近代变法、现代革命。书中对汉代春秋公羊学，作出了新的评价。历史上，解释《春秋》的有三家：《左传》《穀梁传》与《公羊传》。三家中唯有公羊一派提出"大一统"思想。冯友兰评价说："《公羊传》一开始就赞美一统，这是当时历史趋势的反映。《公羊传》这样说，表明它对于这个趋势的支持。"《中国哲学史新编》第六册最精彩的部分，是对洪秀全及太平天国的评价。冯友兰认为，洪秀全向西方学习，学来的不是工业化和科学技术，而是西方的宗教。西方的宗教同专制主义一样，不但不能把中国引向前进，反而会把中国拉向倒退。在中国向西方学习的过程中，这是一个最大的历史教训。冯友兰对洪秀全及太平天国的这种评价,是中国近代史研究中极少见的,同时它又涉及对曾国藩的评价。冯友兰说:"这个评价把洪秀全和太平天国贬低了,其自然的结果是把它的对立面曾国藩抬高了。曾国藩是不是把中国推向前进是可以讨论的,但他确实阻止了中国的倒退,这就是一个大贡献。"对曾国藩的这种评价也是中国近代史研究中鲜见的一家之言。《中国哲学史新编》第七册中,有许多新的阐发和新的议论。冯友兰认为,毛泽东对中国革命的一大贡献,即是提出和制定了工农联盟、农村包围城市的理论和政策,使党的组织下乡,找到了天然同盟军,结成了工农联盟。但"农民本来不代表新的生产关系,这样也跟着共产党代表新的生产关系了"。工农联盟的结果,使共产党如虎添翼,最后取得了政权,建立了新中国。但农民不代表新的生产关系,因此也就为后来的革命进程带来了迂回与曲折。1958年出现的人民公社和"共产风",即是迂回曲折的具体表现。此外,冯友兰还对中国旧民主主义革命、辛亥革命、社会主义革命等历史阶段作了具体分析和评价,提出了地主阶级当权派与不当权派的官绅转化论、民族资产阶级与地主阶级绅权联盟论,以及毛泽东思想发展的"三阶段论"等。这些都是冯友兰在独立思考下提出的新观点。

第八十一章是全书的总结。总结分两部分。第一部分为从中国哲学史的传统看哲学的性质及其作用,第二部分为从中国哲学的传统看世界哲学的未来。他说:"在中国古典哲学中,张载把辩证法的规律归纳为四句话:'有象斯有对,对必反其为;有反斯有仇,仇必和而解。'(《正蒙·太和篇》)这四句中的前三句是马克思主义辩证法思想也同意的,但第四句马克思主义就不会这样说了。它怎么说呢?我还没有看到现成的话可以引用。照我的推测,它可能会说:'仇必仇到底。'""现代历史是向着'仇必和而解'这个方向发展的,但历史发展的过程是曲折的,所需要的时间,必须以世纪计算。联合国可能失败。如果它失败了,必将还有那样的国际组织跟着出来。人是最聪明、最有理性的动物,不会永远走'仇必仇到底'那样的道路。这就是中国哲学的传统和世界哲学的未来。"冯友兰在临终前提出了和谐世界的构想。这是他对后人极为宝贵的贡献。

关于冯友兰在中国哲学史上的地位,李慎之有一句十分准确的评价:"中国人了解、学习、研究中国哲学,冯友兰先生是可超而不可越的人物。"资中筠说:"现在经常说西化和传统文化,但能具有深厚的传统文化底蕴、对西方文化有透彻的理解,并把这二者融合起来形成自己的思想体系的人,在当代实在很少,冯先生是其中的佼佼者。"

六、荫庇后世

无意间在网络上看到一则消息，唐河县相继开工建设了友兰湿地公园、冯友兰纪念馆，命名了冯友兰大道，成立了冯友兰研究会和冯友兰艺术研究院，推动社会各界学习冯友兰哲学，促进唐河发展。欣喜之情不言而喻。我相信，这不仅仅是我个人，也是成千上万家乡文化人的共同期盼。这体现出社会的进步。前辈优秀的文化精神需要传承，而建立名人纪念馆和名人公园，是最直观、有效的传播方式。

2013年国庆长假期间，兄弟几人相约，回唐河老家探亲，顺路参观友兰湿地公园和冯友兰纪念馆。友兰湿地公园位于县城西侧唐河西岸，原本是一片荒滩，如今成为一个面积近两千亩的美丽公园。公园划分为文化旅游区、休闲活动区、生态景观区、滨河休闲区4个区域，集湿地生态和厚重人文于一体，壮美大气。冯友兰纪念馆位于公园中央。从湿地公园北门走出，对面便是唐河县革命纪念馆。整个唐河西岸，构成了一道独特而亮丽的景观，既有精神文化家园，又有与大自然亲近的生态景区。多年未回唐河，变化实在太大了，眼前的一切几乎不敢想象。

我们先到冯友兰纪念馆参观。前面是一个广场，中间有冯友兰先生的半身雕像，一侧竖立着友兰湿地公园游览路线示意图。纪念馆采用传统的四合院样式，由正房区域、学堂区域和辅助用房三部分组成，分为"竹苑""兰香""梅村""菊芳"几个院落，再现了冯友兰故居的原始风貌。冯友兰父母的居室、冯友兰与其弟冯景兰的居室等一一还原。这是对祁仪乡故居未能保留的弥补。读《三松堂全集》第14卷"书信集"，方知冯友兰先生在1986年12月27日答唐河县祁仪乡乡长的信函中，已放弃了对故宅的使用。信中说："党和政府对于侨眷的关注，甚感。镇上原冯家的那所住宅，在20世纪30年代大家庭分家的时候已经按老三门分为三部分了。二门分得的是以白果树院子为中心的那一条线上的房子。我是二门，我只能就那一部分房子说话。我在北京大学工作，居住条件已有适当安排，不需用老家旧宅，该屋乡镇机关已使用多年，现在可继续使用，不必变动。"（该卷第691页）这是先生的高风亮节，也是对故乡的关爱与支持。

走进纪念馆，首先看到大门上方悬挂着大清光绪二十四年立下的"钦命唐县冯台异为戊戌科三甲进士"的匾额。这是书香门第的标志。冯氏三兄妹友兰、景兰、沅君继承了父亲，又都超越了父亲。冯景兰（1898—1976），留美硕士，著名地质学家、教育家，中国科学院地学部委员。冯沅君（1900—1974），著名作家、学者、

冯友兰为清芝楼题名

教育家，山东大学副校长。论及在国内外的影响，还要数兄长冯友兰最大。冯氏三兄妹的成就，不仅令家乡人自豪，亦可称为现代学界的佳话，除了周氏三兄弟，少有与此比肩者。大门上写着"文魁"，两边悬挂着冯友兰自撰的明志联："阐旧邦以辅新命，极高明而道中庸。"展室内陈列着冯友兰的生平介绍，各种著作、手迹和照片。另一间展室是冯氏少年时代读书的学堂。还有展室陈列冯友兰与家乡的血脉亲情，以及冯氏家族的事迹、雕像、遗物，遗物中有冯友兰早年用过的床头柜和晚年用过的沙发。一间展室的墙壁上醒目地展示着冯友兰写给家乡的一段话："我是吃东河水长大的。我们兄妹三人能有今天，忘不了老家的左邻右舍，忘不了祁仪镇上的父老乡亲。"纪念馆还有一间展室介绍唐河的历史、名胜及当代其他唐河名人的事迹。

走出冯友兰纪念馆，来到友兰湿地公园漫步。不少年轻人在此驻足、嬉戏。有一些家长带着孩子在儿童乐园里游玩。秋高气爽，其乐融融。唐河水在一旁静静地流淌。这条曾经以不羁的个性给两岸人民带来祸害的河流，如今显出几分温柔，可是受了冯友兰"仇必和而解"哲学的启迪？这正是冯友兰生前所向往的境界。他也许没有想到，家乡会以如此厚重的方式纪念他。过去，唐河有一处古文化地标，即被称为全国九大古塔之一的泗洲塔。而今，冯友兰纪念馆及友兰湿地公园建成，成为唐河新的文化地标。新的文化自然景观，让游人对唐河刮目相看。

冯友兰的读者遍及世界，冯友兰著作的文化精髓惠及世界。韩国总统朴槿惠精通中文，尤其钦佩冯友兰。她在当选总统后说，20多岁时她曾面临难以承受的考验和痛苦。在艰难的岁月中，《中国哲学史》给予了让她变得正直和战胜这个混乱世界的教诲与智慧。她在一篇文章中写道："在我最困难的时期，使我重新找回内心平静的生命灯塔是中国著名学者冯友兰的著作《中国哲学史》。""中国哲学将来一定会大放异彩！"韩国总统朴槿惠的人生经历，为他的遗言做出了注释。

（原载《时代报告》2015年第11期）

曹靖华
（1897—1987）
翻译家、教育家、散文家

曹靖华：不涉官场的翻译大家

一、寄语家乡青年

《河南青年》杂志因"文化大革命"停刊13年之久，于1979年6月复刊，是粉碎"四人帮"之后河南首批复刊的杂志之一。为提高杂志的品位，编辑部首先想到向北京几位德高望重的河南籍作家约稿。著名翻译家、教育家、散文家曹靖华是其中之一。曹老是豫西伏牛山区卢氏县人，生于1897年，此时已年过八旬，因不知他的身体状况如何，我们只好抱着侥幸心理试试看了。约稿信是写给北京大学的。令编辑部惊喜的是，曹老很快给了回信。信是从广东从化温泉疗养院寄出的，可见曹老当时正在疗养治病。出于乡情，也出于老一代作家对文学青年的关爱，曹老的信让人备感亲切。信的全文编发在当年的第5期（10月号）上：

《河南青年》《豫西文艺》编辑部同志们：

你们好！巧得很，你们惠寄的刊物和信，同时到达。这对我，确是双喜临门，分外高兴。为方便计，我就合并作复了。

得到家乡的信，同见到亲人一样，欢快之情，实难言喻。这是一种动力，它激励着我，更加千百倍地奋然前行，在党所指引我的大好形势下，工作到廿一世纪，直至瞑目而后已。而今百龄正童年，来日方长，愿和同志们携手奋进吧。

来函索文，初学为文，不堪入目；加之现在此养病，忙于"整修机器"，有机会时再说吧。

我对家乡青年同志们提一点希望，即他们风华正茂，好像刚出山的太阳，应乘此时机，集中精力，学点工程技术、自然科学等具体、实用的东西，即先掌握一技之长，为社会所用，行有余力时，及于文艺。鲁迅先生遗嘱中，也希望孩子长大，找一点技术之类谋生，毛主席也曾劝人少读书，说越读越糊涂（均大意），我体会，这是指文学的。因为文学浩如烟海，不易捉摸，往往头发白了，还是半吊子，尤其各抒己见，不知所从。不如自然科学，开门见山，准确切实，易见成效。

这些偏见，万勿相信。久病手颤，书不成字。

祝同志们好！

曹靖华

于从化温泉宾馆，八、十五

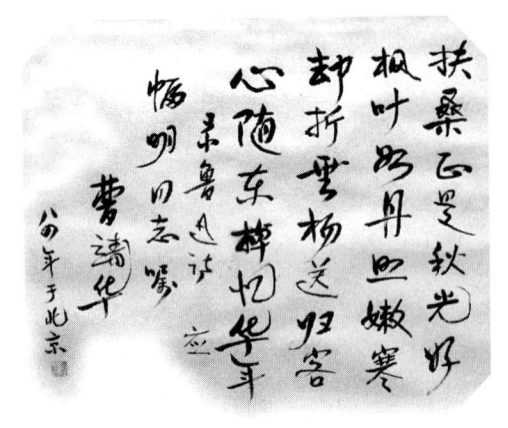

曹靖华赠王幅明书法

曹老的信刊出后，广受读者好评。大家觉得曹老像一位和蔼的长者，丝毫没有名教授的架子，所言亲切实用，为一些不切实际的青年开出了良药。但也有几个喜爱文学的青年读者来信说，他们读了曹老的话，好像一盆冷水泼在头上，茫茫然不知所从。其实他们并没有真正理解曹老告诫的含意。针对大量读者来信，杂志开办了"青年信箱"栏目，选择有代表性的问题，由编辑或有关专家作答。杂志1980年第3期刊登了我写的一封回信《怎样对待业余爱好》，其中便谈到如何正确理解曹老的告诫，处理好本职工作与业余爱好的关系，实现工作与业余爱好两不误、两出彩。

1984年2月，我与同事一起去北京木樨地24号楼，看望并采访了曹老。他为《河南青年》题词"青年是人类的希望"，并赠我书法，内容是鲁迅先生写给日本友人的诗作《送增田涉君归国》："扶桑正是秋光好，枫叶如丹照嫩寒。却折垂杨送归客，心随东棹忆华年。"

二、创办《青年》的学生领袖

1981年12月底，曹靖华在睡觉时不慎落地骨折，入住北京医院治疗长达一年半之久。他原在朝阳区居住，因生活不便，给胡耀邦写信，请求批一套住房，很快得到落实。出院后便住在木樨地国务院机关事务管理局直属的宿舍楼。这两栋楼被称为落实政策楼，上面住着许多名人。另一位河南籍作家姚雪垠就住在该地22号楼。请假不上班专门照料父亲的曹苏玲说，关于这套新房，杨尚昆也帮忙说了话，并来看望过父亲。杨尚昆1927年留学苏联中山大学时，曹靖华担任过"军事学"课堂翻译，那时他们就认识。曹苏玲还说，她弟弟曹彭龄是军人，在中东国家当武官，无法请假，照料父亲只有靠她了。她在人民文学出版社当编辑，也是位俄语翻译家。

我问起曹老的休息情况，他说："睡觉很好，就是梦多，全是往事，多次梦见鲁迅。一次在梦中与特务对打，特务一拳把我打翻在地。梦醒，已经骨折了，只好住院。过去都是在朝阳医院治疗，这次他们不敢收，后来通过黄树则，才住进北京医院。"

曹靖华原名联亚，1897年生于河南省卢氏县一个远距县城、四面环山的小山村。祖父早逝，父亲曹培元（字植甫）是晚清秀才，因痛恶时政腐败，中举后毅然放弃功名，终身从事山乡教育。

曹靖华6岁时跟随父亲到离家乡30里的朱阳关义校读书，几年之后考上县城的高等小学。他最早从父亲那里接受新思想的启蒙。小学毕业后，曹靖华怀着对自由和光明的向往，凑了些费用，肩扛行李，步行四天到达洛阳，从那里搭火车到开封，顺利考入河南省立第二中学。

《铁流》初版封面（上图）
全家福（1941年，重庆）（下图）

1919年，轰轰烈烈的五四运动把广大青年学生从不问政治的沉睡中唤醒。曹靖华受《新青年》《新潮》《少年中国》等进步报刊和北京学生运动的影响，积极投身到反帝反封建的行列中，发传单、游行、抵制日货。他和几位同学组织成立了以宣传新思想、传播新文化为宗旨的青年学会。青年学会吸收会员不受省别的限制，有多个外省同学加入学会中，如安徽芜湖第五中学的蒋光慈等。芜湖第五中学的师生旗帜鲜明地反对旧礼教，该校被誉为安徽第一进步学校。学会还创办了会刊——《青年》半月刊。这是一张8开报纸，由当时北京高等师范附中部分进步同学的组织"少年学会"代印，每期印5000份，发行全国。曹靖华为刊物撰写了《我的个人革命观》《强盗杀人》《男子去长衫女子去裙》等多篇文章。几个连学校的伙食也搭不起的穷学生，为了理想，竟挤出钱来创办刊物，还亲自上街宣传、叫卖。1920年夏，随着青年学会的主要发起人毕业离校，这个团体也就自动停止了活动。1920年5月，全国学联第二次代表大会在上海召开，曹靖华作为河南省出席会议的两名代表之一参加了大会。他在会上见到了李达等名人。之后，他由上海回到开封，参加完毕业考试，便结束了中学生活。曹老十分怀念那段生活，1981年，由女儿陪伴，曹老专门到开

杨尚昆到病房探望曹靖华（1983年）（左图）

出席中国人民政治协商会议第一届会议文艺组合影。前排左起：艾青、巴金、史东山、马思聪；后排左起：曹靖华、胡风、徐悲鸿、郑振铎、田汉、茅盾（右图）

封寻找当年的开封二中。当年的省立二中现在已改为开封五中，当年的建筑只剩下一座教师楼。

中学毕业后，因无钱继续升学，又遇家乡大旱，盗贼横行，回家无门，曹靖华便决心去上海谋生。途经南京时，适逢那里的高等师范正在办暑期补习班，由胡适、陶行知、李达等知名教授讲学。他求知心切，就进入了补习班。学校不提供食宿，他住在免费提供住宿和茶水的青年会，每日以大饼充饥。两个月的学习结束，他又去上海投奔在学代会期间结识的泰东图书局编辑张静庐。经张静庐举荐，他在泰东图书局谋得校对员的差事，这使他在工作之余，有机会接触、阅读各种书稿。由于工作繁重，又经蒋光慈介绍，曹靖华到安徽青阳县大通镇和悦洲女子小学任教。12月末，辞去教职重返上海，考入新成立的渔阳里外国语学社学习俄语，同时加入社会主义青年团。

1921年五一节后，学校突然通知一部分同学每人拍一张半身照，置装，准备去苏联学习，这消息实在出乎意料，大家都很兴奋，向往已久的梦想终于要实现了。同行者有刘少奇、任弼时、肖劲光、蒋光慈、韦素园、吴葆萼等，王一飞带队，在上海乘轮船辗转多地于当年秋天到达莫斯科，进入莫斯科东方劳动者共产主义大学学习。这是第三国际为东方各民族培养革命干部创办的学校，分中国、朝鲜、日本、蒙古等班。中国班由俄籍教员授课，瞿秋白、李宗吾等任课堂翻译。在东方大学虽只有一年，这一年却是曹靖华终生难忘的一段岁月，确立了他一生的奋斗方向。学习期间，在莫斯科召开过一次远东大会，他在会上见到了革命导师列宁。瞿秋白以《晨报》记者的身份参会采访。在另一次红场集会上，曹靖华还见到了斯大林。

因水土不服，身体一直生病，1922年夏，曹靖华等人经批准回国。回国后曹靖华先护送吴葆萼去青岛住院，之后回到家乡卢氏养病。不久母亲病逝。12月，他接到韦素园自北京写给他的信件，重返北京，进入北京大学当俄语系的旁听生。当时蔡元培主政北大，力主大学校门向社会开放，使得许多无力缴纳学费的青年学子有机会进入大学旁听，无须办任何手续。俄语系当时有三位俄国籍教授，直接听通晓汉语的俄国人讲课，使他的俄语水平显著提高。课余，他开始试着翻译契诃夫的剧本。

三、与鲁迅的师生战友情

除旁听俄语外，曹靖华坚持在沙滩红楼的北大文学院听鲁迅先生讲中国小说史。鲁迅知识渊博，讲起课来言简意赅，见解深刻，入木三分，在其他学校很难听到。课后，他常常和韦素园等人结伴，到宫门口三条鲁迅寓所，聆听先生教诲。

曹靖华从事翻译事业的引路人是瞿秋白。1923年，瞿秋白从莫斯科回国，住在北京他叔叔家里，曹靖华常去看他。一次，曹把处女作——契诃夫的独幕剧《蠢货》译稿交给瞿秋白。瞿秋白看后认为不错，就在他主编的《新青年》季刊上发表了。他对曹靖华说，中国文艺田园太贫瘠，希望多学习、多介绍进步的苏俄文学，做一个"引水肥田的农夫"。曹靖华终生牢记瞿秋白的嘱托。1923年底，为庆祝北大建校25周年，俄语系用俄语演出了《蠢货》，曹靖华扮演了剧中地主一角。1924年秋，瞿秋白去了上海。曹靖华把译完的契诃夫的三幕剧《三姊妹》寄给他，经他修改后又交给郑振铎，列入"文学研究会丛书"出版。

曹靖华与鲁迅的合作始于1925年春天。为协助苏联汉学家王希礼（瓦西里耶夫）翻译《阿Q正传》，他开始与鲁迅通信。当时，王希礼任开封国民革命军苏联顾问团中文翻译，他让曹靖华给他推荐一篇有影响的中国现代文学作品。曹向他推荐了鲁迅先生的《阿Q正传》。他读后赞不绝口，立即着手将它译成俄文，后于1929年由列宁格勒激浪出版社出版。这是《阿Q正传》的第一个苏联译本。曹靖华把翻译中遇到的疑难列举出来，写信向鲁迅请教，信中并附上王希礼给鲁迅的信件。鲁迅复信详细解答了问题，还专为俄译本写了自传、序言，并提供了一幅近照。从通第一封信到1936年10月19日鲁迅逝世，仅据鲁迅日记记载，11年中，他们之间的通信多达292封。曹靖华成了鲁迅夫人许广平之外收到鲁迅信件最多的一个人。鲁迅逝世前，还发给曹靖华一封信。等到曹靖华收到信时，鲁迅已经去世了。仅从通信的频率就可以看出，曹靖华与比他年长16岁的导师之间有着不同寻常、贯穿终生的深厚友谊。他把鲁迅给他的书信看作"天地间仅有的一份珍宝"，总是随身携带，精心珍藏。"七七

王幅明与曹靖华

事变"后北平沦陷，他又把这批书信藏在衣服里，当作包裹邮寄到外地。抗战期间他在重庆，把这些信装在手提箱中，随时放在手边，日机大轰炸时则日夜不离身旁。为了更好地发挥鲁迅书信的作用，他在精心整理、誊抄后，于1965年7月郑重地将自己保存的鲁迅致他的85封书信手迹和他的抄稿一并捐献给鲁迅博物馆。

1925年秋天，曹靖华参加了鲁迅先生创办的未名社，成为其中重要的一员。未名社是一个进步的出版机构，成员有韦素园、台静农、李霁野和韦丛芜。最初，鲁迅先生拿出200元，其他成员每人交50元作为"公积金"。大家秉持"立志不做资本家的牛马"的共识，从写文章到跑印刷厂，事无巨细，都是亲自动手干。他们以一丝不苟的职业精神，出版了一批广受读者欢迎的图书，如《呐喊》《彷徨》等。图书大多用道林纸精印，封面设计尤其别致，书页多不切边，鲁迅自称是"毛边党"。曹靖华早期翻译的爱伦堡等人的《烟袋》、鲍·拉夫列尼约夫的《第四十一》等，也是由未名社出版的。

在国民党白色恐怖统治下，曹靖华用汝珍、亚丹等化名与鲁迅保持通信联系。在苏联工作期间，他尽心代鲁迅搜集革命书籍、版画、插图等资料，范围十分广泛，从古典到当代，从苏联到西欧，凡有政治、艺术意义，足供我们借鉴和利用的，都在搜集之列。当年不管如何繁忙，他每周至少挤出半天时间逛书店，唯恐错过好书画。到他1933年夏天离开列宁格勒回国之前，除了邮寄途中丢失的，鲁迅先生收到的"原版的木刻画，至少有一百余幅之多"，鲁迅说"真是连自己也没有预先想到的"。曹靖华把鲁迅的大量作品推荐给苏联作家，让鲁迅为苏联人民所知，同时又将苏联文学的译作，连续不断地寄给国内的鲁迅。对于曹靖华和他的译作，鲁迅以甘为人梯的为师之道，付出了极为繁重的劳动，帮其面世。曹靖华的翻译成名作《铁流》，即是应鲁迅先生之约，在苏联列宁格勒着手翻译，经鲁迅亲自编校并由鲁迅约请瞿秋白为译本补译了涅拉陀夫的《铁流》长序。《铁流》中译本的问世凝聚着他们三人的共同心血，体现了他们三人的革命友谊。

在风雨如磐的旧中国，以鲁迅、瞿秋白为代表的左翼文艺工作者把介绍俄罗斯文学和苏联文学当作庄严的革命任务，把它比作"给起义了的奴隶偷运军火"。曹靖华充当了"偷运军火"的马前卒。他翻译的苏联文学作品有绥拉菲莫维奇的《铁流》、阿·托尔斯泰的《保卫察里津》、卡达耶夫的《我是劳动人民的儿子》、瓦希列夫斯卡的《虹》、费定的《城与年》、列昂诺夫的《侵略》等近30种，约300万字。这些作品鼓舞激励着成千上万的读者投入革命的洪流，为中国人民的解放事业立下了不可磨灭的功绩。曹靖华也以自己卓越的翻译成就走进翻译大家的行列。林伯渠曾经说过："延安有一个很大的印刷厂，把《铁流》不知翻印了多少版、印了多少份，参加长征的老干部，很少没有看过这书的。"肖华将军也曾提到苏联文学在中国工农红军中流传的情况。它们伴随着工农红军跋涉了万水千山，完成了两万五千里长征。尤其是《铁流》让参加长征的老战士们备觉亲切。它以火焰般的革命热情，鼓舞着处在艰难险阻中的工农红军，使这些爬雪山、过草地的英雄们把自己的英雄行为当作中国的"铁流"。抗战时期，从太行山区敌人包围中突围出来的革命战士把一本油印的苏联小说《第四十一》送给译者曹靖华，告诉他，战士们在生死关头，随身携带的一切都可以抛弃，唯独把这本书和枪留在身边，或者冲出重围将它们带走，或者同归于尽。

　　1934年年初，已从国外回到北平的曹靖华专程赴上海，看望他深切怀念的鲁迅先生。久别重逢，两人都异常兴奋，竟做通宵之谈。他带去了一袋鲁迅喜爱的北方小米。对于此前曹靖华寄去的卢氏家乡珍品猴头，鲁迅极为珍惜，舍不得吃，称它闻所未闻，说等到有重要客人来时再食用。对这一次晤谈，曹靖华留下了终生的遗憾。当时总觉得来日方长，后会有期，有些话未能放开畅谈，就匆匆而去，谁知竟成诀别。1936年10月，鲁迅的病情已十分严重，在最后的日子里，他顽强地振作精神，以"赶快做"的态度很快为曹靖华翻译的《苏联作家七人集》作了序。序中称赞曹靖华"然而也有并不一哄而起的人，当时好像落后，但因为也不一哄而散，后来却成为中坚。靖华就是一声不响，不断的翻译着的一个"。他觉得为曹靖华的译作写序，"是一幸事，亦一快事也"。他在10月17日写给曹靖华的最后一封信中告慰挚友："此病虽纠缠，但在我之年龄，已不危险，终当有痊可之一日，请勿念为要"，并转告曹靖华："兄之小说集，已在排印，二十以前可校了。"不料此信于18日发出，一天之后，鲁迅先生便溘然长逝。曹靖华在北平收到此信已是20日。得知鲁迅逝世的噩耗，曹靖华禁不住放声大哭。他痛哭中华民族顿失精神栋梁，痛哭自己失去了一位难得的师长和战友。因远在北平，曹靖华未能赶去上海，但他仍与蔡元培、宋庆龄、史沫特莱、沈钧儒、茅盾等同为鲁迅先生治丧委员会委员。在极度悲痛中，他没有倒下，每天应各进步报刊之约撰写纪念文章，与各学校师生座谈、演讲，介绍、宣传鲁迅先生。

　　曹靖华特别感念鲁迅为他的父亲曹植甫先生撰写教泽碑文一事。1934年深秋，适逢曹植甫先生65岁寿辰兼从事山村教育45年，弟子们感念先生教育恩泽，商量之后决定集资为老师立碑祝寿,并推举曹靖华撰写碑文。曹靖华心想:老同学的好意不能推却,但是儿子给父亲树碑立传,很难落墨。他想到了鲁迅。他代表伏牛山区的老同学给鲁迅写了封信,表达了大家的共同愿望,并附了一份从山区寄来的有关父亲任教事迹的材料,请鲁迅撰写碑文。鲁迅历来尊师重教,看过山区学子反映的情况之后,对植甫老人产生了深深的敬意,在8天之内,抱病命笔,写成《河南卢氏曹先生教泽碑文》,寄给了曹靖华。曹靖华又立即寄往卢氏。那些少年时代的同窗好友捧读鲁迅手稿,大喜过望,爱不释手。鲁迅在碑文中热烈赞颂曹植甫"品节卓异","秉性宽厚,立行贞明。躬居山曲,设校授徒,专心一志,启迪后进,或有未谛,循循诱之,历久不渝,惠流遐迩。又不泥古,为学日新,作时世之前驱,与童冠而俱迈"。这全是他们想说而未说出的话,由鲁迅之笔酣畅淋漓地表达了出来。他们立即派人购来碑石,准备镌文竖碑,但被曹植甫先生闻讯制止了。他说:"我是一个小人物,没有资格在活着时接受你们立碑赞扬。"他当场指挥运输队把碑石运往村中磨盘附近的水井旁边,作为乡民们汲水用的垫石。

《河南卢氏曹先生教泽碑文》是鲁迅著作中唯一一篇教泽碑文,在杂志上发表后,于当年年底收入《且介亭杂文集》。谁也没有想到,这篇教泽碑文受到了毛泽东的关注。1945年8月的一天,重庆文化界在中苏文化协会举行鸡尾酒会,欢迎赴渝参加国共和谈的毛泽东一行。当时,曹靖华任中苏文化协会常务理事。在酒会上,中共重庆办事处负责人王炳南向毛泽东一一介绍与会者,他刚报了曹靖华的名字,毛泽东便一把握住曹靖华的手问:"那么,曹葆华是……"曹靖华明白主席的意思,想问同样搞俄文翻译的曹葆华和他是不是兄弟。"曹葆华是四川的,我是河南卢氏人。"曹靖华说。毛泽东又问:"卢氏有位曹植甫老先生,一生献身教育工作,鲁迅先生曾为他作教泽碑文。""那是家父。"曹靖华回答。毛泽东惊奇地说:"现在可弄清楚了。父子……那真是不朽之文,传不朽之人。可惜我没去过卢氏,倘有机会到那里,一定去看望曹老先生。"

四、愿当教授不做官

1925年,曹靖华受李大钊同志派遣,赴开封任国民革命军第二军苏联顾问团翻译,开始了戎马生涯。大革命失败后,曹靖华再次赴苏,先后在莫斯科中山大学、列宁格勒东方语言学院等院校任教。1933年秋,曹靖华回国,1935年一二·九运动前后,在国立北平大学女子文理学院、东北大学、中国大学等院校任教。

1937年7月7日，卢沟桥事变爆发，揭开了全国抗战的序幕。北平被日本人占领后，不愿当亡国奴的有识之士，千方百计地逃向外地。曹靖华上完最后一课，便离开了北平，经天津、烟台、济南、徐州，于深秋到达西安，在西北联大任教。这是北平大学、国立北平师范大学（即现在的北京师范大学）、国立北洋工学院（原北洋大学，即现在的天津大学）迁到西北后临时组成的联合大学。1938年3月27日，中华全国文艺界抗敌协会在汉口举行成立大会，标志着文艺界抗日民族统一战线的形成，大会推举周恩来为名誉主席，老舍、郭沫若、曹靖华等45人为理事。夏天，西北联大因战事吃紧，由西安迁到汉中。一天，曹靖华忽然得到电报，连夜赶赴武汉见到周恩来。周恩来说急需翻译人员，希望曹靖华到任。曹靖华服从党的调遣，但需要回学校把工作安排一下。10月初，他回到汉中。国民党政府教育次长由四川到汉中，当面给曹靖华等人扣上在学生中"宣传与三民主义不相容的马克思列宁主义"的帽子，宣布解除聘约。1939年春天，曹靖华离开西北联大，带领一家四口越过"难于上青天"的蜀道，到达重庆八路军办事处。周恩来对他说："你的事情全知道了。你被解聘了，那是早料到的事。你挖国民党的墙脚，国民党解聘你。这是他们的'理所当然'。你被解聘了，没关系。中苏文化协会改组了，你是改组后的理事，是我们提名的，你就到那里去吧。你会俄语，这工具正用得着，在那里公开介绍反映十月革命和反法西斯的文艺作品吧，这对中国读者、对中国革命有用……"4月9日，全国文艺界抗敌协会改选第二届文协理事，曹靖华当选，并任《中苏文化》和生活书店的编委。在中苏文化协会工作期间，曹靖华主要负责编译苏联抗击法西斯侵略的文学作品，主编由中苏文化协会组稿的苏联反法西斯文艺联丛，一共出版了几十部作品。当时，曹靖华全家住在郊区沙坪坝的一间小土屋里。他三天在城里处理事务，三天在家从事翻译工作，度过了抗日战争时期艰苦的岁月。

抗战胜利后，曹靖华随中苏文化协会迁往南京。1948年，曹靖华应聘至清华大学任教。1949年后院校调整，曹靖华调到北京大学。

1949年2月，北平解放后，周恩来委派诗人艾青找到曹靖华。3月29日，曹靖华与丁玲等人一道前往巴黎出席保卫世界和平大会。因故中途改赴布拉格第二会场，后又飞抵莫斯科，会晤费定、卡达耶夫、拉夫列尼约夫等苏联作家，拜谒绥拉菲莫维奇陵墓。

1949年7月，曹靖华作为平津代表团团长，参加了在北平怀仁堂召开的第一次全国文代会。代表们来自全国各地，满怀着对新中国的憧憬，气氛无比热烈。9月21日，作为文艺界代表之一,曹靖华参加了在中南海召开的中国人民政治协商会议第一届全体会议。10月1日,曹靖华陪同苏联文化代表团团长法捷耶夫登上天安门城楼观礼台,出席中华人民共和国开国大典,晚上又陪代表团出席国庆招待会。10月2日,曹靖华出席中苏友好协会总会成立大会,任理事及总会研究出版部主任。会后,曹靖华陪同苏联文化代表团连夜赶赴天津,参加庆祝中华人民共和国成立的广场群众大会。

新中国成立后,周总理专门向曹靖华征求意见,问他同不同意到文化部工作。他对总理说,只愿在学校做一名教授。父亲就是教书的,愿意继承父亲的事业。周总理尊重他的选择。八年抗战在重庆及后来在南京,曹靖华都是直接在周恩来的领导下工作。革命成功了,他要想谋个官位是没有问题的,但他为自己定下的底线是绝对不涉足官场。他认为教书才是他的本色。

20世纪50年代初,院系调整,曹靖华由清华大学调入北京大学。当时,北大尚无俄语系,俄语仅是设在西语系的一个组——俄语组。1951年7月,北大正式成立俄罗斯语言文学系,曹靖华出任系主任。也可以说,他是北大俄语系的创办人。他在北大一干就是30多年,系主任职务直至1983年才卸任。

1951年7月25日,他随中央人民政府老根据地访问团赴以瑞金为中心的赣南几县慰问。其间专程去福建长汀,凭吊瞿秋白就义地。有感而发,曹靖华写了散文《三五年是多久》《罗汉岭前吊秋白》,成为他20世纪60年代大批量散文创作的发端。

整个50年代,曹靖华多次出访苏联,承担了中苏友好文化使者的角色。1951年10月22日至12月22日,他以中国作家访问团副团长的身份访问苏联,时间长达两个月,出席红场观礼等晚会,参观莫斯科等多个城市,与费定、卡达耶夫等苏联作家晤面。此后,又分别于1956年2月、1958年9月、1959年6月访问苏联,除参加正式活动外,每次都要抽出时间看望苏联作家和汉学家,看望老朋友。60年代后,由于国内外形势变化,出访中断了。1956年,在周恩来总理的关心下,由冯雪峰和邹鲁风当介绍人,曹靖华光荣加入了中国共产党,结束了自己党外布尔什维克的历史。1959年,经茅盾推荐,曹靖华出任由《译文》改版的《世界文学》杂志主编。1960年8月,曹靖华当选为第三届全国文联委员、中国作协书记处书记。在教书育人和其他社会活动的间隙,曹靖华继续着他的翻译生涯。新中国成立后,他翻译出版的作品有凯尔升的《粮食》、克雷莫夫的《油船"德宾特"号》、肖洛霍夫的《死敌》、高尔基的《一月九日》,以及《契诃夫戏剧集》《盖达尔选集》《致青年作家及其他》等，编译苏联民间故事《魔戒指》《列宁的传说》《斯大林的传说》《夏伯阳的传说及其他》《蓝壁毯》等。新中国成立前的主要译作《铁流》《保卫察里津》《虹》《第四十一》《城与年》等，在多家出版社再版或重印，几十年间长销不衰。

20世纪60年代，曹靖华已年逾花甲，却接连写出数量不菲且受到好评的散文，在翻译家和教育家之外，又多了一项桂冠：散文家。这源于他深厚的文学功底和丰富的生活阅历。他的散文题材不拘一格，叙事、状物、写人、述怀，一花一草，均信手拈来，如行云流水，娓娓道出。其中对革命前辈的缅怀，对艰辛岁月的追思，除了文学价值，还有宝贵的文献价值。最初结集成散文集《花》（1962），董必武读后大加赞赏，欣然题七绝诗二首相赠："愿花长好月长圆，幻景于今现眼前。洁比水仙幽比菊，梅香暗动骨弥坚。""已见好花长在世，更期圆月照中天。谢庄作赋惟形象，愿否同名喻续篇。"之后，曹靖华于1973年出版了《春城飞花》，1978年出版了《飞花集》，1983年出版了《曹靖华散文选》等。

1966年6月，"文化大革命"刚刚开始，曹靖华便首当其冲受到迫害。先是被关押起来，接着是戴高帽子、挂牌子游街，一天被批斗七八次，不批斗时就到臭水坑劳动，打扫厕所。其家被抄，还被扣上"黑帮分子""资产阶级反动学术权威"等帽子，横遭诬陷。曹靖华生性耿介，刚正不阿，他在逆境中不赶风头，对于那些诬陷和诽谤之词，他据理驳斥，坚持一字不写所谓揭发材料。虽然年已古稀，身体衰弱，但曹靖华在极端困境中还时时关心别人。那时，他每月只有十几元的生活费，依然坚持按"文革"前的工资比例交纳党费。曹靖华坚持记日记，后来被诬为"变天账"抄走了。1967年冬天，曹靖华被解除在学校的集中管制，可以回家住，但仍需每天到校接受批判，"交代问题"。1968年冬天，北大俄语系造反派从他寓所抄走数十年间曹靖华与苏联作家交往时的笔记、照片、对方亲笔书信、资料、图书等，其中包括阿·托尔斯泰、绥拉菲莫维奇、法捷耶夫、列昂诺夫、拉夫列尼约夫、费定等苏联老一辈作家的珍贵书信。造反派还把曹靖华蒙眼从家中绑走，送至学校秘密关押。后来经周恩来总理过问，最终才得以获释。"文革"期间，中苏关系冷若寒冰，但苏联友人并未忘记曹靖华对传播苏联文学所作出的特殊贡献。1972年夏天，苏中友协、苏联作协、苏联科学院远东研究所在莫斯科友谊之家联合举行晚会，祝贺曹靖华诞辰75周年。晚会由齐赫文斯基院士主持，费德林作《苏联文学的挚友》的主旨发言。1973年冬天，"四人帮"精心炮制出"考教授"的花招。这是对老一代知识分子的蓄意羞辱。曹靖华那时已获准回家去住，学校特意派车把他从城里接来参加"考试"。俄语系的四名应考教授并坐一排,彼此相顾而笑,心领神会。以曹靖华为首,四个人走出考场时全都交了白卷,令监考人目瞪口呆。曹靖华当时已经76岁,老而弥坚,面对"四人帮"及其爪牙的倒行逆施,他始终保持了一个文化人应有的操守和尊严。后来,"四人帮"被粉碎,冤案得到平反,但"文革"的阴影还常常笼罩在心头,纠缠着他,折磨着他。特别是被暴徒抢走的那些书信一直没有退还,成为他永远无法释怀的痛。它们或者流落民间,或者已经永远消失,致使他晚年撰写中俄文学有关回忆录的愿望化为泡影。

五、在医院接受友谊勋章

1976年10月,是中国人民万众狂欢的日子。在臧克家的张罗下,十几位文艺界老前辈于前门全聚德欢聚一堂,为茅盾和曹靖华祝寿,欢庆党和国家获得新生。茅盾在臧克家赠给曹靖华的锦册上挥笔写下祝词:崖畔芙蓉,愿人长寿;涧底青松,愿国长荣。

虽已进入耄耋之年,但曹靖华不服老,创作热情高涨,他戏称自己"而今百龄正童年"。他的一系列散文相继在《人民日报》《光明日报》等报刊发表,其中《小米的回忆》被选入高中语文教材,《花》及他翻译的《七色花》等篇,在中央人民广播电台和北京人民广播电台配乐播出。他的社会活动有增无减:担任第五届、第六届全国政协委员,中国文联委员,国务院学位委员会委员等职。1982年秋,他出任《俄苏文学史》主编,主持编委会工作。这是我国自行编写的第一部俄苏文学通史统编教材,由北京大学等9所高校40多位教师集体编写,其中的第一卷《俄国文学史》曾获全国高校优秀教材特等奖;1995年,《俄苏文学史》获得全国高校外国文学教学研究会首届优秀著作奖。1983年10月13日,北京大学举行曹靖华从事文化、教学六十年庆祝会。首都文化、教育、翻译界著名专家、学者、作家前往祝贺,高度评价了曹靖华在文化、教育事业等多方面的贡献。庆祝会还举办了曹靖华著译展览。庆祝会后,国内外友人、报刊社纷纷致函、致电或登门祝贺。

骨折后,他的身体开始走下坡路,多次住院。在病床上,他依然坚持撰写文章、审阅文稿、接待来访,直至生命的最后一刻。

1986年6月,曹靖华最后一次住进医院。这时

晚年的曹靖华

从家乡传来的一个喜讯令他颇感欣慰。1986年9月6日,在全国第二个教师节前夕,为感念曹植甫终身致力于山区教育事业,卢氏县政府在五里川中学竖起了"曹植甫先生教泽碑",并举办隆重的揭碑仪式。其时,从鲁迅亲书碑文到碑石落成,已过去半个世纪。曹植甫先生1958年长眠在出生地,也已过去28年了。毛泽东当年所言"不朽之文,传不朽之人",终为现实所佐证。

1987年5月7日,北京大学、中国作家协会等8家单位召开纪念曹靖华90诞辰学术讨论会。5月15日,"鉴于曹靖华对发展科学、人民教育及人类知识进步作出的卓越贡献",苏联国立列宁格勒大学学术委员会授予曹靖华国立列宁格勒大学名誉博士学位。苏联驻华大使特罗扬诺夫斯基在北京医院代表列宁格勒大学向曹靖华颁发了学位证书,宣读校长梅尔库里耶夫的信,并致祝词。8月8日,在北京医院举行授勋仪式,曹靖华接受苏联最高苏维埃主席团颁发的各国人民友谊勋章,苏联驻华大使特罗扬诺夫斯基宣读授勋令,北大副校长罗豪才、中国作协党组书记鲍昌参加仪式,齐赫文斯基院士等致电祝贺。

1987年9月8日凌晨,曹靖华与世长辞,终年90岁。9月22日,在北京八宝山革命公墓礼堂举行遗体告别仪式。曹靖华遗体上覆盖着红旗,上面书写"一代宗师"四个金色大字。邓颖超、习仲勋、李鹏、杨尚昆、胡启立及苏联驻华大使特罗扬诺夫斯基等出席仪式,首都各界数百人为之送行。北京大学治丧办公室收到挽联及海内外唁电唁函三百余件。他的骨灰起初被安葬于八宝山革命公墓,1996年被迁回故乡卢氏县,安葬于卢氏县烈士陵园。

1989年至1993年,11卷本的《曹靖华译著文集》由北京大学出版社、河南教育出版社出版。文集囊括了曹靖华一生的主要译著,约380万字。前八卷是他的译作,后三卷是他的散文创作、评论、书信、年谱及其他。该文集是作者60多年间呕心沥血、辛勤笔耕的智慧结晶,是他留给后世的无价遗产。

2007年10月30日,"曹靖华先生诞辰110周年纪念会暨俄罗斯文学国际研讨会"在北京大学隆重举行,100多位国内外学者参会,气氛感人。与会者不少是一代宗师的亲传弟子。他的老友季羡林先生因高龄未能与会,特为研讨会写了题词:"曹靖华先生是我生平最尊敬的师辈学者之一。他那种反对蒋介石法西斯统治的斗争精神,震动了全国。至今说起来,还虎虎有生气。他永远是我学习的榜样。"

(原载《名人传记》2015年第12期、《时代报告》2015年第12期)

张伯驹
（1898—1982）
收藏家、诗人、
戏剧家、书法家

张伯驹：
国宝千秋

一、千古壮举

张伯驹以收藏家名世。20世纪90年代曾播出电视连续剧《大收藏家》，张伯驹便是该剧的主人公。电视剧生动再现了张伯驹历尽艰险收藏国宝，新中国建立后又慷慨捐献给国家的感人事迹。

孔子说，三十而立。张伯驹立志以艺术作为人生之路也恰好在30岁那一年。30岁之前的经历他不常谈起，似乎认为不值一提。

张伯驹出身富贵之家。父亲张镇芳（实为伯父——张伯驹小时生父张锦芳将他过继给伯父）是袁世凯哥哥的内弟，晚清进士，署理直隶总督，民国初期任河南都督。张伯驹家境的富足可想而知。张伯驹从小受到良好的教育，幼年时于家塾读书，后与袁世凯的几个儿子同入新学书院学习。辛亥之秋，父亲转任民国河南都督，伯驹随父回河南家乡，并入河南陆军小学就读。不久，父卸任，他随父入京考入袁世凯兼任团长的中央陆军混成模范团骑兵科。袁世凯死后，黎元洪继任团长。伯驹20岁毕业，是年，张勋复辟，张镇芳被委任为内阁议政大臣、度支部尚书。复辟失败后，张镇芳被捕入狱。时京畿发生水灾，赈灾督办派人传信给张镇芳，如捐款助赈，他愿出面营救。伯驹受父之托以己之名毁家助赈，共捐40万元。张镇芳遂被发往前敌效力，官司得以了结。

之后，张伯驹在军界任职。本想为国效力，可几年的所见所闻令他大失所望。他看到上层一些大人物对外奴颜婢膝，对内敲诈勒索，彼此间又尔虞我诈。物以类聚，人以群分。他觉得自己与他们不是一类人，在一起厮混，令人窒息。决心一下，他便辞去一切挂名差事，离开了旧军队。张镇芳是民国早期的民族资本家、著名的盐业银行的创办人。离开军队后，母亲很想让儿子在金融界干一番事业，可伯驹对此也没有太大的兴趣。他曾任盐业银行的董事兼总稽核。父亲去世后，他本来可继任董事长，但他嫌麻烦，只挂了一个常务董事之名。

　　30岁那年的一天下午，张伯驹从京城西河沿的盐业银行红楼拐到琉璃厂，在小摊上溜达，一件清代书法作品映入他的眼帘，是只有"丛碧山房"四个字的横额。他眼睛一亮，仔细看看，二话不说，便以一千块大洋的价钱买了回来。那是康熙皇帝的手迹。而立之年，张伯驹把自己的字改为"丛碧"，并将居住在弓弦胡同一号的宅院命名为"丛碧山房"。这是他开始自觉收藏后使用得最早的斋名，也是他收藏家生涯的开端。之后的30年间，他把书画鉴赏和收藏当成他的主业。他收藏的目的很明确："予所收藏，不必终予身，为予有，但使永存吾土，世传有绪。"（《丛碧书画录》）为此，他倾尽两代人的家产，全部投入"抢救国宝"的事业中。

　　张伯驹是一位执着的学者和艺术家。对于热爱的诗词、书画、戏曲及文物鉴赏，他从不满足于浅尝辄止，而是有了疑问就穷追不舍，或向前辈和同道求教，或自己钻研深究，不达到精通的地步决不撒手。做收藏家相对容易，雄厚的资金是第一要素，不懂真假可以请顾问。鉴赏家则不同，全靠自己的真本事、真学问。刘海粟称张伯驹为"鉴藏家"，即鉴赏家兼收藏家，其气魄之大、学养之厚，是许多收藏家望尘莫及的。由于张伯驹在文物鉴赏方面造诣超群，20世纪40年代，他被任命为故宫博物院专门委员；新中国成立后，任文化部文物局文物鉴定委员会委员。

　　张伯驹平生收藏了许多价值连城的古代书画珍品，其中最有名的藏品，要数西晋陆机的《平复帖》和隋展子虔的《游春图》。张伯驹另外两个斋名"平复堂"和"展春园"，即从此来。

　　《平复帖》是我国存世最早的书法真迹，系西晋大文学家陆机(261—303)所书，距今已有一千七百多年的历史，比东晋王羲之的《兰亭序》帖还早六十多年。该帖是陆机向友人问候疾病的一页信札，因信的开头有"彦先羸瘵，恐难平复"一句话，后人称之为《平复帖》。帖很小，纵23.7厘米，横20.6厘米，均不足一尺，麻纸，9行，84字。字迹奇古，在章草与今草之间，是书法史上汉隶向草体转变的明证。帖上有宋徽宗的瘦金题签、双龙宝玺及"宣和""政和"印玺。明代书画家董其昌在此帖上题跋"右军次前，元常次后，惟此数行，为希代宝"。上有明清多人的收藏印。清末，这件珍宝为溥仪堂兄溥儒所藏。1936年，溥儒把唐韩干的名画《照夜白图》卖给外国人（现收藏在美国大都会博物馆），张伯驹在上海得知此事后，曾设法阻止，但为时已晚。他深恐《平复帖》再流入海外，为此天天心神不宁，托人向溥儒请求出售。溥儒开出了20万大洋的高价。张伯驹哪能筹到这么多的钱呢！力

潘素（1937年）

不能胜，只得作罢。次年，张伯驹又托张大千出面交涉，溥儒仍坚售20万元，未能成交。七七事变后，张伯驹终于等到了机会。当时，溥儒丧母急需用款，一时又筹不到款。张伯驹拜托友人傅沅叔去跟溥儒洽谈，最终以4万元大洋买下了《平复帖》。张伯驹后来写道："庆幸此宝未被商贾转手流出国外，遂欣喜若狂了好几天。"一天，一个名叫白坚甫的古董掮客找到张伯驹，说如出让《平复帖》给日本人，可得大洋30万，当场被张伯驹断然拒绝。

1941年的某日，张伯驹在巷子里被一伙经常靠绑票发大财的歹徒绑架。他们派人给张家送信，说必须交付300万元，否则就"撕票"。突如其来的打击把张伯驹夫人潘素吓坏了。家里没有多少钱，钱都让张伯驹花在购买文物上了。潘素到处哀求，也借不到这笔巨款。无奈，她派人到警察局报案。可警察局的人说先交10万元立案费，可以协助查办；否则，他们也没有办法。正在心急如焚之时，歹徒忽然派人送信，说张先生连日绝食，已经昏迷不醒，歹徒撬开张伯驹的嘴也喂不进食物，只好请夫人一见。

夫妻二人见面时，张伯驹已极其虚弱，但他仍暗暗关照妻子说：宁可死在魔窟，也决不能变卖所藏的古代书画赎身。为国宝捐躯，值得；如果以国宝换取生命，活着也不会安心。坚持了8个月后，歹徒绝望了，要价降到40万，并写恐吓信给潘素，要她离开上海，另觅出路。潘素找到张伯驹的同道好友，经多方借贷，凑足了40万，将张伯驹赎了出来。张伯驹当时已被折磨得不成人形，是被人抬出监闭室架到车上的。张伯驹重国宝级文物甚于生命的事迹，夫妻间同舟共济的爱情，一时成为奇谈和佳话，在文化界广为传颂。是年秋，因日本人占领上海，张伯驹举家来到西安。为防不测，他将《平复帖》缝入衣内，时刻不离身边。

张伯驹珍爱《平复帖》，但从不以此为私人物品。在专家研究需用时，他会慷慨示人。1947年，故宫博物院文物专家王世襄想对《平复帖》进行著述，苦于无实物研究，张伯驹得知后借帖给王一个半月之久。此举令王世襄终身难忘。

《游春图》是6世纪后期北齐至隋初著名画家展子虔的传世名作，是现存国画中最古的一幅，也是卷轴山水画最早的杰作。卷首有宋徽宗赵佶的题签，钤有"宣和"连珠玺，后纸有元、明、清皇室成员印和皇帝题诗，收藏者题诗、题跋等。《游春图》

原藏故宫，是皇室藏品，20世纪30年代被溥仪带到吉林。1946年，在东北地区陆续发现一些故宫散失的书画，北京琉璃厂的古玩商先后到东北"淘金"。《游春图》为玉池山房马巨川所收，马巨川对外索价800两黄金。张伯驹闻讯后立即与故宫博物院联系，要求故宫收归，但故宫无钱收购。张伯驹担心流到国外，决心自己收藏。经墨宝斋马宝山出面磋商，以黄金220两定价。张伯驹因屡收宋元名迹，手头拮据，只好把心爱的"丛碧山房"（据说是李莲英旧居）出售，换成黄金220两。马巨川贪得无厌，借口金子成色不好，又加20两。潘素见丈夫日夜不安，无奈之中将首饰变卖，以了此愿。一月之后，总统府秘书长张群来京，愿出黄金500两求购此画，被张伯驹拒绝。

为收藏古代名画，张伯驹到了舍生忘死、倾家荡产的地步。新中国诞生后，他将《游春图》原价让售于故宫博物院，将《平复帖》连同李白的《上阳台帖》等唐宋元名家名帖八件国宝无偿捐献给国家。这些绝世珍品一度在故宫博物院的绘画馆展出，张伯驹观后有说不出的兴奋，写了一篇《把个人收藏化私为公》的文章勉励国人。凡看过该文的人无不为之感动。

二、京剧名票

张伯驹是著名的戏剧家，在戏剧界享有很高的声誉。他不是职业演员，却多次与京昆名家联袂演出，赢得喝彩；他不是职业编导，却凭记忆组织、指导、复排了多出历史名剧，且有学术专著传世。

张伯驹早年师从京剧须生泰斗、余派艺术创始人余叔岩，得其秘传。二人既是师徒，又是挚友。余氏为梨园世家，其祖父余三胜、父余紫云皆清末名伶。余叔岩年轻时任袁世凯总统府内尉副官，经府内税务司长王锦章介绍得拜谭鑫培门下。余叔岩曾患嗓病，康复后重登舞台，声名鹊起。晚年的谭鑫培观余氏演出后，感叹地说："他日传我衣钵者，莫非余（叔岩）乎？"余叔岩虽拜谭为师，但谭刻意传授的是其儿子小培，余所学谭戏，大都是偷学来的。有心人终成谭氏继承人。谭小培天资缺乏，一生演技平平，未能领会父亲的艺术精髓，倒是他的儿子谭富英比他更有出息。京剧须生一行，故有"余派"一说。

20世纪20年代，余叔岩住北京宣武门外椿树上头条胡同，与四大名旦之一的尚小云为邻。张伯驹常为余宅"范秀轩"的座上客。余氏为瘾君子，每于演戏之后，总要吞云吐雾过过烟瘾。众人进入梦乡之时，却是余叔岩精神最饱满之时。他兴致勃勃为张伯驹说戏,既教唱腔念白,又教身段做派。张伯驹晚年在《红毹纪梦诗注》一书中记述当年所学戏五十余种,尚不包括未排身段的一些唱段。他写道:"余三十一岁从余叔岩学戏,每日晚饭后至其家,叔岩饭后吸烟过瘾,宾客满座,12时后始说戏,常至深夜3时始回家……如此者十年,叔岩戏文武昆乱传余者独多。"张余二人为莫逆好友,不是常人眼中所谓公子与戏子、名票与名伶的关系,而是不以利害相交的情趣相投的知己。余叔岩是一位文化修养很高的艺人,他曾向一些名士学习音韵和书法。张余二人曾合作撰写出版过《乱弹音韵》一书。余叔岩逝世20年时,张伯驹又将其增补订正,改名《京剧音韵》出版,以纪念亡友。

张伯驹与余叔岩曾多次共同登台演戏。最有名的一次是张伯驹40岁生日时,梨园界许多名角演戏给他祝寿。时逢河南旱灾,余叔岩倡议为赈灾义演一场《空城计》。张伯驹粉墨登场,扮演主角诸葛亮。几个配角都是当时舞台上叱咤风云的人物:余叔岩饰王平,杨小楼饰马谡,王凤卿饰赵云,程继仙饰马岱。这么多名角儿给一个票友当配角,历史上前所未闻。人们说这是因为张伯驹人缘好,他与余叔岩友情深厚。另外很重要的一点是张伯驹精通戏曲,真诚支持戏曲事业,赢得了戏剧界同仁的普遍爱戴。许多京华名士都前往观看,演出轰动一时,也是梨园多年不遇的盛事。演出结束,章士钊先生特作打油诗戏赠张伯驹:"坐在头排看空城,不知守城是何人。"这可视为张伯驹作为一代名票的巅峰之作。许多年后,当他回忆这段往事时,仍然陶醉于其中。他亦有诗记之:"羽扇纶巾饰卧龙,帐前四将镇威风。惊人一曲《空城计》,直到高天尺五峰。"演出后不久,即发生了"七七事变"。接着,余叔岩患溺血症,经诊断为膀胱癌。一年后,癌细胞扩散,余叔岩终因不治而病故。当时,张伯驹在西安不能离身,托友人转去挽联一副:"谱羽衣霓裳,昔日悲歌传李峤;怀高山流水,只今顾曲剩周郎。"张余的友谊,成为中国近代戏剧史上一段令人难忘的佳话。

张伯驹因先天嗓音低窄,无下海成名之求。但他在京昆艺术上有很深的造诣,

张伯驹所画梅花(上图)
张伯驹在"丛碧山房"(下图)

广为同道者敬重。杨宝森创杨派之前，曾随张伯驹进修余派唱法。孟小冬、李少春都是叔岩入室弟子，说到唱腔火候、吐字准确、台风书卷气，皆叹服伯驹。出于友情，余叔岩把平生演技绝艺大都传给了张伯驹。张伯驹则无保留地传给同道。著名余派老生张文涓，未赶上拜余叔岩为师，她会的余派戏全靠余叔岩生前录制的18张半唱片。"文革"过后，沉默了十年的张文涓焕发了艺术的青春，在京沪舞台重演余派剧目，观众如潮。张伯驹观后大为激赏，认为她是当今最好的余派传人，特写信给予鼓励，并表示愿把自己所会的余派戏传授给她。张文涓得信大受鼓舞，即专程从上海赶到北京拜伯驹为师。她虚心向老师求教，前后学了二十多出余派名剧并全部录音。经张伯驹悉心指点，文涓艺事大进，成为继孟小冬之后独领风骚的余派女老生。文涓多年如一日，对恩师毕恭毕敬。1982年伯驹逝世，她立即前往北京洒泪祭奠。20世纪90年代张文涓赴美定居，余派戏一时成为绝响。

20世纪30年代，张伯驹与梅兰芳、余叔岩、齐如山一起发起组织国剧学会，对振兴京昆戏曲产生过影响。"七七事变"后，平津沦陷，国剧学会被迫停办。新中国成立后，张伯驹任京剧基本研究社副主任理事，为京昆戏曲事业做过不少有益的工作。除《京剧音韵》外，他还著有《京剧源流探讨》《空城计研究》及京剧剧本《出师表》等，成为极有影响的戏剧专家。

1956年，中央提出"双百"方针，北京一批禁戏开放。张伯驹感到欢欣鼓舞，他认为只有这样，许多老艺人的绝活才不会失传。他热心张罗著名花旦筱翠花（于连泉）复演其拿手好戏《马思远》。戏只在内部试演，并邀请了中央领导审查观看。反右派斗争开始后，该戏即被作为坏戏受到批判。张伯驹被划为右派，并被戴上一顶"戏曲界头号保守派"的帽子。一连串的厄运随之而来。20年后，他在记述他平生所观所演之戏逸闻的诗集《红毹纪梦诗注》中写下了"啼笑皆非《马思远》，中州断送老词人"的诗句，注文有这样一段话："《马思远》为清代戏，余以支持于连泉演出，而受误，世换景移，不应再谈戏曲矣。"

《马思远》是一出清代案情戏，据实事编写。其剧情是：马思远的饭店中的一个帮厨，归家时被与人私通的妻子杀害，作案时恰被藏匿暗处的盗贼看到。帮厨的妻子（筱翠花饰）诬告饭店老板马思远害死丈夫。后盗贼将实情说出，冤案终于昭雪。戏的女主角是一个淫妇，这显然与当时文艺要突出政治的气候相悖。回首往事，张伯驹的心绪依然沉重。

三、诗词大家

张伯驹是一个极富诗人气质的学者和艺术家。他以诗的情怀看待世界,却为此而遭受不测。可谁也不曾想到,诗,最终又为他的人生带来传奇。

张伯驹9岁即能作诗,天赋极高,记忆力惊人。凡读过的诗文,过目不忘。他在青年时代便有诗名。"项城才子"的名声,大概缘于他的诗才。在所有的嗜好中,他最看重的是诗。读诗、谈诗、吟诗、赋诗,伴随他的一生。

刘海粟先生评曰:"伯驹诗词,向来是写而不作,多是涌现,不用挤。每见题画,随手成章。绝句小令,律诗中调,写而不作,古诗及长调词,偶然作出,亦无斧痕,仍有写出之自然趣味。天赋勤奋,难得兼美。""丛碧词优于诗,虽周旋于遗老之间,亦崇尚二主,从《花间》屯田、美成、少游、白石、易安辈胎息出来,但才调均高,以才使气,学力又足副之,得北宋人气息,似不着力而得风流,晨吟夜削,下过苦功夫。"也有评家认为,张伯驹的诗词颇有清代词人纳兰性德之风。

袁克文(字寒云)与张伯驹是好友,常在一起演戏、饮酒、写字、唱和。他对伯驹的人品诗才极为钦佩,曾书赠伯驹一副对联:"十有九输天下事,百无一可眼中人。"张伯驹认为有溢美之嫌,从来没有悬挂过。辛未岁春,寒云病逝,张伯驹作挽联赠之:"天涯漂泊,故国荒凉,有酒且高歌,谁怜旧日王孙,新亭涕泪;芳草凄迷,斜阳暗淡,逢春复伤逝,忍对无边风月,如此江山。"

张伯驹平生敬重章太炎先生。一次,章太炎先生到北京,伯驹请他到家小酌、写字。当他看到伯驹咏秋草诗"已尽余生还弗道,犹拼垂死待燎原"时,连连赞赏。诗句暗刺当时的南京政府。有感而发,章太炎特为伯驹篆书杜诗一联:"盘剥白鸦谷口栗,饭煮青泥坊底芹。"

张伯驹早年名作《丛碧词》,蜚声词坛。他曾与诸多诗词名家结成蛰园诗社。日本投降后,他受聘于华北文法学院,任国文系教授,主讲诗词。他还在北京西郊展春园组庚寅词社,不定期集会,主人备馔,事先寄题,交卷后油印分寄参加者互评。老辈词人如汪仲虎、夏枝巢等均乐意参加。如此豪举,为当时所仅见,也为同好者所钦敬。

除《丛碧词》外,张伯驹还先后结集出版过《春游词》《秦游词》《秋碧词》《雾中词》《无名词》《续断词》《丛碧词话》《诗钟分咏》《续洪宪纪事诗补注》《红毹纪梦诗注》等。后两种于20世纪80年代出版后,影响较大,因它们既具有艺术价值,又具有史料价值。

20世纪50年代,河南安阳豫剧团到京演出,有同乡约张伯驹观看,并请为之题词。演出剧目是《桃花庵》与《对花枪》,这是他孩提时代早已了然于心的名剧。看家乡戏,他感到格外亲切,也使他联想到河南音韵对中国诗词与戏曲的贡献,故谱"风入松"一首:"孩时忆看赵玄郎,风度自昂藏。至今都念中州韵,更何分北曲南腔。岂畏金元气焰,犹存宣政文章。《桃花庵》与《对花枪》,无独亦无双。喜闻千里乡亲到,是安阳,不是钱塘。正在百花齐放,好须歌舞逢场。"张伯驹解释说:"上词言元时之《中州音韵》《中原音韵》,以中州中原为名,仍是根据北宋之音韵,以迄于今而无变。即元曲中任杂以他族之语,亦不能消灭汉民族之音韵。"

除诗词外,张伯驹还钟情于对联。对联应属格律诗的一种。因它具有实用性的功能,历来受到文人们的青睐。张伯驹于对联有很深的研究,曾撰写《中国对联史话》《素月楼联语》等书。

陈毅元帅喜好诗词和书法,乐意与有此同好的知识分子交朋友。20世纪50年代,陈毅在一次明清书法展览会上结识张伯驹,建立了真诚的友谊。陈毅赏识张伯驹博学多才,将他请至家中,畅谈诗词和书法。陈毅说:"你的词很有北宋风度,情采可观,不可多得。"张伯驹被划为右派后,陈毅深切关怀,把他安排到吉林省博物馆任第一副馆长。张伯驹临行前到陈毅家辞行,陈毅用好酒款待。席间,陈毅对张伯驹说:"当今中国的词人,我最喜欢两个人的东西,一个是毛主席的词,博大宏远,气势磅礴,不拘成格。再一位便是伯驹先生的词,言近旨远,音韵铿锵,字字功夫。"他勉励张伯驹不要丢下手中的笔。

"文革"期间,陈毅受到林彪及"四人帮"的迫害,张伯驹也被指控为"现行反革命",身心受到严重摧残。但他坦然面对,不屈不挠,默然坚持。他写信慰问陈老总:"我公功在国家,尚且被辱,我何足道?!所指我之罪名,皆是莫须有之事,只可一笑置之!"隔离审查了八个月之久,未能罗织多少罪名,最后做出"敌我矛盾,按人民内部矛盾处理"的结论,将他送到舒兰县农村安家。农民们一看来了一对丧失劳动能力的老人,更不相信材料上所定的罪名,拒绝接收。他们只好回到北京当"黑户",在异常艰难中度日。

听到陈毅逝世的消息,张伯驹极度悲痛,挥泪

张伯驹观看夫人潘素作画

写下挽联:"仗剑从云,作干城,忠心不易,军声在淮海,遗爱在江南,万庶尽衔哀,回望大好河山,永离赤县;挥戈挽日,接尊俎,豪气犹存,无愧于平生,有功于天下,九泉应含笑,伫看重新世界,遍树红旗!"

陈毅不会想到毛泽东去参加他的追悼会,而张伯驹更不会想到毛泽东会注目他写的挽联。可是,奇迹出现了。毛泽东带病突然来到陈毅追悼会现场,令众人惊喜,也深为感动。毛泽东看了看中央各机关送的挽联,最后,目光停留在排在最不显眼处的一副挽联上。这便是张伯驹写的那副。毛泽东深情地说:"这副挽联写得好哇!"他询问陈毅夫人张茜:张伯驹来了没有?张茜回答,不允许他参加。张茜向毛泽东谈到陈毅和张伯驹的交情,介绍了他们夫妇没有户口、没有工作的困难处境。毛泽东感叹一声,当即关照身边的周恩来给予妥善安排。11天后,张伯驹被聘为中央文史馆馆员,户口和住房也随之得到落实。

毛泽东是伟大领袖,也是伟大诗人,鉴赏眼界之高,可以想见。张伯驹的作品能得到毛泽东的首肯,难能可贵,也可视为他诗词创作的最高荣誉。

撰写对联是张伯驹的绝技,特别是嵌字联。本属于高难度的命题作文,可经他随口一吟,便可交卷,且又能做到天衣无缝,恰到好处,常常令受联者惊喜不已。由于兴致高,他在晚年每年要作嵌字联百副以上。如他给老友王樾的儿子王兵作联:"王佐器材高管晏,兵书韬略法孙吴。"给作家吕鹏作联:"吕端小事糊涂了,鹏举孤忠气节全。"给画家柯文辉作联:"文采拈毫千载继,辉光转烛四时同。"后者是张伯驹的对联绝笔,亦可用来赞美他的文品和人品。

张伯驹的诗词创作一直坚持到他临终之前。1982年1月,他因患感冒引发肺炎并发症住院。他在医院茶饭不思,一直处于昏迷状态,靠输液维持生命。2月15日,是他虚岁85岁生日。这天上午,身居台湾的国画大师张大千的孙儿张晓鹰受爷爷、父亲之命前来看望。张大千是张伯驹早年的挚友,已分别40多年未能相见。得知详情,老人紧握张晓鹰的双手泣不成声。他支撑着病体与张晓鹰合影,用依恋的目光送走客人。客人走后,一幕幕往事像潮水一样在他的心中翻滚,两首佳作也随之诞生。他已无力取笔写字,只好请友人将他吟成的诗词录下。他赠送张大千的是一首七律:"别后瞬经四十年,沧波急注换桑田。画图常看江山好,风物空过岁月圆。一病翻知思万事,余情未了前缘。还期早息阋墙梦,莫负人生大自然。"由对友人的思念,联想到海峡两岸的现状,企盼着"早息阋墙梦",祖国早一天统一。在他看来,祖国的统一,就像兄弟之间虽不和可最终会团圆一样,是天经地义的事情。而他期望着这一天早日到来。另一首是词，生日感言。词牌为"鹧鸪天"，题目是《病居医院至诞辰感赋》。词曰：

> 以将干支斗指寅，回头应自省吾身。
> 莫辜出处人民义，可负生教父母恩？
> 儒释道，任天真，聪明正直即为神。
> 长希一往升平世，物我同春共万旬。

此词可视为张伯驹的夫子自道。笔录者录完全词，已被老词人的赤子之诚深深感动，大颗的泪珠滴落在稿纸上。他为祖国作出了那么巨大的贡献，却受到那么多不应有的委屈，但他并没有一句怨言，临终之际还在"自省吾身"。这是何等崇高的境界！11天之后，张伯驹逝世。这首词成为他词人生涯的绝唱。

四、翰园奇木

如同他的诗才，张伯驹的书法在青年时代就已有名气。学者刘叶秋先生在《张伯驹先生绿梅书画扇》一文中记述并评价了他收藏的一帧扇面："书兼行草，圆劲挺秀，卓然大家风范，与画可称双璧，弥足珍贵。"这是张伯驹34岁时的作品。刘先生认为张伯驹的早年之书，殊见功力。晚岁作书，屈曲盘旋，如鸟虫篆，盖因力衰手抖所致，誉之者谓自成风格，他则不予苟同。

张伯驹早年学王羲之，中年学钟繇。1940年，他以4.5万元大洋的巨资，购得宋四家之一蔡襄的自书诗册。从此，他对蔡书手摹神追，书风为之大变。他曾在20世纪60年代著文记述此事："余习书，四十岁前学右军十七帖，四十岁后学钟太傅楷书，殊呆滞乏韵。观此册始知忠惠为师右军而化之，余乃师古而不化者也。逐日摩挲玩味，盖取其貌必先取其神，不求其似便有似处；取其貌不取其神，求其似而终不能似。余近日书法稍有进益，乃得力于忠惠此册。假使二百年后有鉴定家视余五十岁以前之书，必谓为伪迹矣。辛丑岁有友人持米字卷来求跋。余视之伪迹，而为高手所作者，又不能拒，因题云：'宋四家以蔡君谟书看似平易而最难学。苏黄米书皆有迹象可循，而米尤多面手，极备姿态，故率伪作晋唐之书。然以其善作人之伪，而人亦作其伪耳。'余此跋明眼人自能辨之。世多苏黄米伪书，而伪蔡书者不多，乃知蔡书于平平无奇中而独见天资高积学深也。"（《宋蔡忠惠君谟自书诗册》）

这段话既写出了张伯驹的学书经历和师承，又道出了他与众不同的书法美学观。世人学苏、黄、米字的多，而学蔡字的少，因前者个性外露，有迹可循；后者含蓄，看似平淡无奇，实则平中寓深，所以更难入手。明代王世贞在评价宋四家时说："惟蔡忠惠奕奕神会，得晋人笔。"张伯驹是极重传统的书家，他眼中的蔡襄，是深得右军精髓，又能进入化境的典范。

1956年，张伯驹将这件无比珍爱的法书，连同他自认为最贵重的7件国宝，一起献给了国家。

张伯驹的夫人潘素是职业画家。潘素的画作常由张伯驹的诗词书法作配，诗情画意，珠联璧合。艺术大师刘海粟是张伯驹的知交。海粟先生看重张伯驹的诗词和书法，其多幅巨作特请张伯驹题诗。

评家称张伯驹晚年的书法为鸟羽体，面目与众不同，自创一格。当然，也有不同的看法，前举刘叶秋语，即是一例。

说起书家张伯驹，不能不提及他对书法事业的贡献。中华人民共和国成立初期，他任燕京大学艺术系导师，讲授书法史，曾出版《中国书法欣赏》一书，后发起组织北京中国书法研究社，任副社长。当时没有全国性的书法组织。这是新中国成立以来的第一个书法组织，开创了现代书法组织的先河。章士钊、陈云诰、叶恭绰、郑诵先等都是研究社的重要成员。张伯驹是热心人，常亲自出面，参与研究社的活动，开讲座，办展览。1957年春，研究社曾组织举办过一次明清书法展，因展品多方征集，名迹甚多，蔚为大观。后来，随着反右派斗争的开始，研究社的一些成员受到批判，活动也随之冷落下来。"四人帮"垮台后，各项事业复苏，一股巨大的书法热潮在全国兴起。老一代艺术家重新受到社会的尊重。1981年，中国书法家协会在北京成立。成立大会上，张伯驹应邀题字，并当选为名誉理事。

张伯驹亦能制印。1931年，他曾同梅兰芳一起拜陈半丁为师学习篆刻。他请半丁先生为自己刻了一方名印，文曰"重瞳乡人"。此印他不常用，只在作画题字时偶尔用之。他的故乡项城春秋时为项子国。项城旧属陈州府，陈曾为舜都。项羽的祖上被封于项城。《史记·项羽本纪》云："吾闻之周生曰'舜目盖重瞳子'，又闻项羽亦重瞳子。"张伯驹自称"重瞳乡人"，是以身为两位古人之后为荣。他对故乡的骄傲之情溢于言表。

张伯驹也是画家。他是中国美术家协会会员、北京中国画研究会名誉会长、中山书画研究社社长。作画不是他的职业，他也无意以画名世，只是兴之所来，偶尔为之。他曾用《论语》"绘事后素"句刻一印章，自谦画在潘素之后。他爱画梅兰竹菊，再用鸟羽体写上自作诗词，别具一番风韵，其境界非一般书画家可臻。刘海粟说他"运笔如春蚕吐丝，笔笔中锋，夺人视线，温婉持重，飘逸酣畅，兼而有之，无浮躁藻饰之气。目前书坛，无人继之"。

五、绝世风流

张伯驹于 1982 年 2 月 26 日去世。他在书法、绘画、文物鉴赏、戏曲、诗词等多个领域里的卓见尚未总结，卷帙浩繁的《唐五代宋元明清词选集评》还未脱稿。他的离去使学术界和艺术界无限惋惜！

20 多年来，海内外纪念张伯驹的文章从未间断过。在他 95 岁及 100 岁诞辰之际，有关部门举办了纪念活动。与会者用感人的话语，充分表露了对逝者的思念和仰慕之情。

近距离看不清一个人，甚至，看不清一个社会。随着岁月的流逝，随着大浪淘沙，留下来的东西渐渐变得清晰。时间能帮助人们更加公允更加准确地评价那些已成为历史的人物。

张伯驹就是其中的一位。随着一些回忆文章的发表，我们可以多角度、远距离地认识他。老实承认，笔者是饱含着热泪读完某些有关张伯驹的回忆录的。作为一个中原人、张伯驹先生的同乡，我为河南能向中国贡献这样一位奇人深感骄傲。当然，他不仅仅为河南同乡所缅怀，他是所有有良知的中国文化人的骄傲，也是一切爱国者的典范。读张伯驹，常有一种登高望远、山风涤胸之感，在感慨莫名之中，心灵受到洗礼和净化。

应该如何给"项城才子"张伯驹定位呢？

张伯驹逝世后，刘海粟先生曾撰长文缅怀张伯驹的一生，开头是这样一段话："丛碧兄是当代文化高原上的一座峻峰。从他广袤的心胸，涌出了四条河流，那便是书画鉴藏、诗词、戏曲和书法。四种姊妹艺术互相沟通，又各具性格。堪称京华老名士，艺苑真学人。"（《诗卷留天地　博闻鉴古今》）

称张伯驹为"项城才子"，语出 20 世纪 20 年代。当时有"项城二才子"之说。另一位是袁克文——袁世凯的次子。张伯驹是袁克文的表弟，又是好友。张、袁二人同工诗词书画，喜收藏，同为"民国四大公子"，是戏剧界无人不知的京昆两大名票。

笔者着意称张伯驹为"项城才子"，是想让河南读者感到亲切。张伯驹是全中国的大才子，但他出生在河南，根在河南。虽久居京城，乡音无改，终生以"中州张伯驹"自称。

黄永玉是艺术界的大人物,他在忆及张伯驹时,用的却是极为谦恭的语言:"余生也晚,然前贤文章轶事,亦有幸涉猎,故于伯驹先生行止极生兴趣,乃知今世有如斯大妙人实千秋江山之福祉也。文化之与文化人、文化人之与国家极大极深之微妙关系存焉。""大见识,大手笔,博闻风雅,慷慨大方,京华之张伯驹,言之口舌莲花生矣。"(《大家张伯驹先生印象》)

启功先生评价张伯驹:"前无古人,后无来者,天下民间收藏第一人。"(1998年春,为张伯驹诞辰100周年题词)

笔者眼中"国宝"级的文人,是这样一些人:他们不仅在某些文化领域高居金字塔的塔尖,在人格道德上,又堪称后人的楷模。中国传统文化之所以生生不息,因有他们在。

对于张伯驹,我不称之为"收藏家""诗人""书家""戏剧家",而以"国宝"冠之。

(原载《名人传记》2004年第7期,后由《书法导报》多期连载)

成舍我
（1898—1991）
报人、教育家

成舍我：舍我其谁

一、独立创办"世界"三报的办报奇人

成舍我祖籍湖南湘乡，与晚清名臣曾国藩家毗邻。成舍我的祖父随曾国藩弃耕从戎，曾在曾国荃麾下任幕僚，后携眷居南京，1900年病逝。1898年，成舍我出生于南京下关，原名希箕，又名汉勋。1900年随父移居安庆。父亲是九品小官，家境清贫。他从小跟随父亲学习古文，直到11岁时才得以进安庆"湖南旅皖第四公学"就读，一年之间即升入中学，后因无力缴纳学杂费而辍学。14岁开始给报社投稿。1913年，15岁的成舍我被安庆的《民嵒报》正式聘为外勤记者，从此开始了近80年的新闻记者及报人生涯。1915年，安徽省督军倪嗣冲大肆逮捕国民党人，成舍我避祸远走辽宁，任《健报》校对，后升任副刊编辑。第二年又回到安庆，旋即遭倪嗣冲逮捕，拘禁三日后释放，远走上海，与刘半农等人靠卖文为生。后与《民国日报》总编辑叶楚伧相识，被聘为该报编辑。1917年成舍我辞去《民国日报》编辑职务，于1918年年初靠翻译所得稿酬一百元大洋北上，拟入北京大学深造。因无中学文凭不能报考，于是他草书万言，致函校长蔡元培，请求通融。蔡元培准以同等学力资格报考旁听生。是年，经北京大学文科学长陈独秀特批，无学历无资格参加入学考试的成舍我，辗转成为北京大学学生；又经北京大学图书馆主任李大钊推荐，担任《益世报》总编辑，一边工作，一边读书。1921年夏天，成舍我完成了北京大学学业。

五四运动时期，年纪不过20来岁的成舍我开始在新闻界崭露头角。他跑新闻，写社论，编副刊，样样都干。因为白天上课，报社的事务让他常常工作到凌晨。实在太累，只好辞去总编辑，改任主笔。1919年5月23日，他以笔名"成舍我"为《益世报》写了题为"安福与强盗"的社论，抨击北洋政府当局，结果报纸被当局查封，总编辑潘云超被判刑一年。后来，报纸复刊，销量骤增，成舍我不仅没有被革职，反而代理了一年的总编辑。笔名"舍我"语出《孟子·公孙丑下》："如欲平治天下，当今之世，舍我其谁也？"透出其人以天下为己任的宏大襟怀。除此之外，他还用过"一丁""丁一""百忧""戊戌生""大衷"等多个笔名，终以笔名"舍我"传世。

当时，军阀之间连年混战，报纸成了军阀官僚争权夺利的工具。成舍我看到这种情况，决定辞去《益世报》的职务，办自己的报纸，并暗暗许下办报的愿望：说自己想说的话，说社会大众想说的话。

1924年4月，成舍我靠节衣缩食积攒的200块大洋，办起了自己的第一份报纸《世界晚报》。他给晚报立下四项宗旨：言论公正，不畏强暴，不受津贴，消息灵确。在那个时期，要真正做到这些是很困难的，但《世界晚报》孜孜以求，努力为之。报纸创办不久，遇到北京各校学生在天安门集会，纪念日本帝国主义向袁世凯卖国政府提出"廿一条"的国耻日，结果，不少学生被军警打伤。晚报即以头版头条位置披露了惨案详情，并在时评中抨击北洋政府的暴行，受到广大青年读者的青睐，令人刮目相看。为节约费用，报馆设在北京手帕胡同成舍我自家寓所，他的妻子杨璠也成为他的得力帮手。报社没有印刷设备，就请私人印刷局代印。

1924年秋，直奉战争爆发，曹锟为阻止奉军入关，派吴佩孚为统领，吴调张福来任前敌总指挥，以为"福来"即能旗开得胜。《世界晚报》发出头条新闻《前敌总指挥张福来今早出发》，因校对不慎，将"福"误为"祸"，"张福来"变为"张祸来"。成舍我在外看报后感到大祸临头，急忙回报馆与龚德柏一起到位于东交民巷的六国饭店避祸。当晚报馆被宪警查封。第三天冯玉祥临阵倒戈，包围北京城，软禁曹锟，很快同意《世界晚报》复刊。复刊后，报纸销量一路飙升，名声大噪。没想到一字之差，不仅未闯大祸，反而因祸得福。这个极富戏剧性的事件，终成新闻史上一段佳话。

在晚报声誉日隆之际，成舍我又着手创办一份新的报纸——《世界日报》。1925年2月10日，《世界日报》正式面世，社址迁至北京西城石驸马大街甲90号，办报宗旨承袭《世界晚报》，龚德柏任总编辑。一个多月后，龚辞职，吴范寰任经理，张恨水编辑晚报副刊《夜光》，兼编日报副刊《明珠》。同年5月，上海发生了震惊中外的"五卅惨案"。成舍我利用日报陆续刊发了大量披露真相的新闻和照片。接着，他本人又以"舍我"笔名，发表了《段政府尚不知悔祸耶》等时评，喊出了时代的强音。

1925年10月1日，成舍我又将《世界日报》第五版的画报版改成单张画报《世界画报》。至此，成舍我成了我国新闻史上第一个独立创办三家报纸的奇人。三家报纸均以"世界"为名，可以看出办报人的世界性眼光。

二、敢于叫板汪精卫的独立记者

成舍我"不畏强暴"的办报宗旨，多次给自己惹祸，甚至险遭杀害。

1926年，冯玉祥的部队败走南口，奉军进驻北京。一些进步的民间报纸不满军阀的混战，以老百姓的口气对奉军冷嘲热讽。军阀张宗昌向他认为几个爱闹事的报馆举起了屠刀。《京报》社长邵飘萍、《社会日报》社长林白水接连遭到杀害。《世界日报》详细报道了林白水遇害的经过及新闻界的反响，激怒了张宗昌。他派人逮捕了成舍我。成舍我被捕的消息很快传遍了北京城。一时乌云密布，险象环生。英国路

成舍我在办公室（上图）
1979年，成舍我与长子思危（右二）、二女幼殊（左二）、三女嘉玲（右一）、幼女露茜（左一）相聚于美国洛杉矶（下图）

透社抢先发出电讯："成氏已被处决。"但谁也没想到，成舍我最终还是逃出了鬼门关。原来，成舍我被抓后，他的夫人杨璠想方设法来到曾任国务总理的孙宝琦家中，泣跪哀求。孙素对为人正直、主持公道的成舍我深有好感。他刚上任总理期间，常遭曹锟周围官僚的攻击，不少媒体跟着煽风点火，独有《世界晚报》对他表示了同情与支持，对此他铭记在心。这次成舍我夫人前来求救，他便答应前去解救。孙宝琦直接赶到张宗昌家，提出释放之事。张宗昌碍于情面，同意释放。成舍我得以生还。

1927年10月，成舍我在南京创办了《民生报》，自任社长。起初日出四开一张，以后增加到日出两张，为国民政府统治下首都南京最早的一份民营报纸，销量曾一度超过《中央日报》。1928年6月，成舍我重回北平，继续主持世界报系。1929年，成舍我任北平大学区秘书长，与夫人杨璠离婚，但仍维持友谊和交往。1930年4月至1931年2月，成舍我偕程沧波赴欧美多国游历，详细考察了英、法、比、美的新闻业。在美国，他们还访问了密苏里新闻学院。欧美之行影响了成舍我的办报思想，回国后他马上采用欧美报社科学管理的资本主义经营方式，成立了总管理处。欧美

之行也启发了他创办新闻学校的念头。1933年，成舍我在北平创办北平新闻专科学校，自任校长，副校长是吴范寰。成舍我提出了"德智兼修，手脑并用"的校训，注意学习理论与实习并重，使毕业的学生既能当新闻记者，又能从事排字、编辑、校对工作。该校1933年2月招收初级班，招生40名（报名者竟达438人）；1935年招高级班，招生42人；1937年决定开设本科班，续招初、高级班，后因北平沦陷，学校停办。

1934年5月，《民生报》因揭发行政院政务处长彭学沛贪污舞弊案被封闭，不许复刊。成舍我也因惹恼汪精卫被拘禁40天，并被禁止在南京办报。彭学沛是成舍我第二任夫人萧宗让的姑父，亲友考虑到亲戚关系，劝成舍我放弃揭露彭学沛，但成舍我没有答应。汪精卫派人传言，只要他肯写一封向汪精卫道歉的信，汪即可收回成命。不料成舍我严词拒绝，说出一句载入中国新闻史的名言："我可以做一辈子新闻记者，汪先生不可能做一辈子行政院长！"

世新大学校园里的舍我楼（上图）
成舍我创办的报纸（下图）

1935年9月，成舍我与友人在上海合资创办《立报》，自任社长兼总经理。他确立的办报宗旨是：对内督促政治民主，严惩贪污；对外争取国家主权独立，驱除敌寇。到1937年，《立报》发行量超过20万份，创下战前中国报纸最高发行纪录。

1937年发生"七七事变"，抗战全面爆发。8月，北平《世界日报》停刊，其资产被日寇劫夺。11月，上海《立报》停刊。日军攻占北平前，成舍我以身家为代价，拒绝进入"维持会"，誓死不当汉奸。北平被占领之后，成舍我抛弃一切财产，费尽周折，去香港办报。《立报》在香港复刊，成舍我自任社长兼总编辑，萨空了任经理，运用报纸宣传抗日救国思想。1941年，香港沦陷，太平洋战争爆发，《立报》被迫停刊。文化人中，除有些去了陪都重庆或延安等抗日根据地外，绝大部分内迁到了桂林，桂林成为抗战后期著名的文化城。1942年春，成舍我在桂林创办了桂林世界新闻专科学校，简称"桂林世新"，成舍我任校长。该校借用原广西省政府干训班校址及校舍，学制仍沿用北平新专旧制，分初级班、高级班、本科班，学员以流亡学生为主。桂林失守后，成舍我转到了重庆，重新办起《世界日报》和《世界晚报》。1945年8月，抗战胜利。成舍我于9月从重庆飞回南京，以记者身份参加受降典礼仪式，旋到上海，接收《立报》资产。11月，北平版《世界日报》复刊。1949年2月25日，北平《世界日报》由北平市军事管制委员会接管。

1949年4月，囊中羞涩的成舍我带着妻女返回香港。在香港，成舍我与一拨号称"第三势力"的知识分子往来相处。他们既反对中共，又不欣赏国民党，故而暂时流亡在港澳一带，没有随国民党政府入台。北平和平解放时，军管会将《世界日报》当作国民党系统的报纸没收了，这使成舍我一直耿耿于怀，也最终促使他日后由香港辗转前往台湾。

三、世新大学，永恒的遗产

1952年冬，成舍我携妻及二女由香港前往台湾，拟在台复刊《世界日报》。由于台湾当局实行"报禁"，办报旧梦难圆，他只好在台湾多所大学任教，以教书为生，间或为报纸写些评论。

"报禁"使他断了办报念头，于是他想办一所新闻学院或新闻专科学校。但当时台湾当局对大学和专科学校的设立严加管制，成舍我只好同于右任、王云五等19人一起，在1955年2月，发起筹备世界新闻职业学校的倡议。3月4日，成舍我又以"立法委员"身份，在"立法院"第十五次会议上发表了《人权保障与言论自由》的演讲，向当时的"行政院长"俞鸿钧提出质询，为失踪五年的龚德柏和被捕三年的马乘风鸣不平，提出"何以不审、不判、不杀、不放"，并质问新办报纸杂志何以不许登记。经过多方筹措，成舍我将自己的住宅拿去向银行抵押贷款，择定台北郊区木栅沟子口为校址，建立了一幢校舍及一座实习印刷厂，并购置了一些教学必需的设备，招收高级部、初级部各一班。成舍我自任董事长兼校长。

1956年10月15日，世界新闻职业学校开学。在开学仪式上，成舍我向首届63位新生表示："尽管大家看不起这所小学校，但是我以年将60岁的老人身份，敢向同学们保证，我将我未来的生命，全部贡献给这个学校。""我一定尽量充实学校的设备，聘请最好的老师，加强国文、英文、数学的教学，使你们能升学；加强新闻技能的学习，使你们能就业；尤其品德陶冶，决不忽视。我们一定要符合校训，做到'德智兼修，手脑并用'。""我有信心，靠着这些努力，会使学校升格，由职校，而专科、学院、大学以至研究所。"

校长的话音在山谷中回荡，像强大的山风，久久不息。几十年后，他的话应验了。当年那所不起眼的小学校果真成了全台湾可以颁授博士学位的传播类综合大学。

正像老校长所言，当时岛内公认的一流专家学者纷纷到校任教，而王云五、胡适等德高望重的大师也来校做专题演讲。在校方的悉心努力及众多重量级人物的鼎力相助之下，世新逐渐站稳脚跟。校方对于当时遭到政治迫害、无人敢用的知识分子，不计较其身家背景、思想主张、社会经济地位，只要有能力、有学识，一律邀请任教。在白色恐怖的年代能有此等胆识难能可贵，让诸多落难的知识分子心生温暖，甘愿贡献才力。因此，世新大学被人誉为台湾在戒严时期唯一的"自由学府"。

1960年，该校升格为世界新闻专科学校。在三女嘉玲、幼女露茜的鼎力协助下，成舍我于1991年将该校改制为世界新闻传播学院。1997年8月，在女儿成嘉玲校长任内，学校又改制为世新大学。学校现有4个学院（传播学院、管理学院、人文社会学院、法学院）、3个研究所、16个学系，有博士生、硕士生、本科生8000人。50多年来，培养了5万多名学生，可谓桃李满天下。不少人功成名就，身居要职。世新大学近年在台湾私立大学中佳评如潮，强大的师资力量尤其令人赞不绝口。大陆观众通过央视国际频道"海峡两岸"栏目，目睹过世新大学多位名嘴的风采。

成舍我性格刚毅、果敢、倔强，除了在社会政治领域保持独立见解，生活中也我行我素。1969年，已丧偶多年的成舍我与韩镜良女士结婚。韩镜良的前夫因"匪谍罪"被台湾当局处决。成舍我不避嫌疑的举动令一些人颇感惊奇和不解。刚直不屈的个性脾气并不妨碍成舍我在办学生涯中秉承"兼容并包"的精神。研究成舍我的一位台湾学者说，尽管他晚年的政治倾向趋于保守，然而，在他晚年30余年的办校生涯中，始终未曾放弃"兼容并包"的办学精神，对台湾的民主运动有着间接的贡献，也造就了今天自由、民主、多元的世新大学。

到台湾后，成舍我发过誓："'报禁'一日不解除，成舍我一日不办报。"1988年1月1日起，台湾当局正式解除长达37年的"报禁"。是年7月，成舍我以90岁高龄创办台湾《立报》，成为世界上最高龄的报纸创办人。他去世后，由她小女儿露茜接手。这份报纸至今仍在世新大学出版。

成舍我一生节俭，谢世前他曾跻身于《福布斯》首份台湾富豪榜，可他每天依然乘坐台湾产的旧车。成舍我的"吝啬"在台湾是出了名的，坊间流传着许多关于他的故事。当年台湾教育部门的督学要来世新视察，承办人员送了一份公文给他，大意是说，督学要来，要准备"茶点"招待，所以需要一些经费。成舍我先生看了公文，就把"茶点"的"点"字画掉，改成"水"，"茶点"变成"茶水"，这样一来，就用不着经费了。他理直气壮地说："督学是来视察的，不是来吃东西的嘛！"

成舍我自奉甚俭，且公私分明。他有自己的私人账本，巨细靡遗。他住在花园新城，有专车接送他到世新上班，但太太要搭他的便车去南门市场，就只能坐到景美换车。他的原则是："搭校长便车可以，但不能用校长的专车去买菜。"他的勤俭特质与其"独立、自由"的信念互为表里。因为只有勤俭，才能做到无欲则刚。他坚持不负债、不借贷，精打细算，省吃俭用，用绝不浪费一分钱的理念处理经济问题。世新办学一向坚持财务独立，不靠财团，不靠政府。成舍我认为，有了独立的经济权，才可以理直气壮地做人做事。无论办报、办学校，他都坚持从"勤俭起家"做起。在事业发展上，他并不小气。为创办发行台湾《立报》，他购买了当时最昂贵、最先进的印刷设备，不惜斥巨资兴建大楼。他的主张是："不该花的钱不花，该花的一块钱都不能少。"曾经担任校长秘书的蒙京溥回忆，在那个连电视台都没有的时代，世新却花180万，购买了现在放置在广电系地下室的放映系统，因为世新学生将来都是电视台的主人，怎么可以连机器都不认识？蒙京溥笑着说："老先生硬是咬着牙买下来。"

成舍我终身反对"台湾独立"。对他来说，到台湾后的几十年，故国情怀如影随身。世新大学校园内，有一副他写的对联，镌刻在长青亭柱上："国难方殷，壮志不随双鬓白；中兴在望，孤忠永共万山青。"对联中虽有令人费解的"中兴"，或可理解为政见不同；但他心中只有一个中国的思绪，清晰可辨。20世纪70年代，世新学校在台湾已很有名，且资产殷实。有人劝他将财产转移到美国，并申请在美国的永久居留权，成舍我当即拒绝。他说，他的事业在台湾，他绝对不去美国当寓公。

2006年深秋，世新大学迎来50年校庆。创校校长成舍我纪念馆隆重开馆。舍我纪念馆暨新闻史研究中心位于世新大学舍我楼12楼。舍我纪念馆暨新闻史研究中心的宗旨是纪念成舍我在办报、兴学、问政三方面的努力与贡献，内容包括成舍我文物展示、成舍我纪念网站及成舍我新闻研究。舍我纪念馆暨新闻史研究中心收藏了有关成舍我的许多文物，包括日记手稿、问政时期的各种证件、采写新闻时的录音设备等。馆中装有4台液晶电视，分别播放访问成舍我的家人和世新大学校友、教授的影像，从多个层面呈现成舍我一生的风骨与风范。舍我纪念馆馆长成露茜特别整理出父亲成舍我写于1951年至1991年间的作品，汇编成《成舍我先生文集——港台篇》出版，在开馆时首发。

四、儿女传奇，光耀两岸

成舍我不仅自身成就卓著，成为20世纪中国文化名人，他还教子有方，其1子4女都成长为多个领域的优秀人物，创造了少见的光耀两岸的家庭传奇。

成舍我一生有过3次婚姻。1922年与杨璠结婚，育有两女：长女成之凡1923年生于北京，次女成幼殊1924年生于北京。1929年因与杨璠性格不合离婚。1934年与留法归国的萧宗让结婚，生有一男二女：长子成思危，1935年出生于北平；三女成嘉玲，1937年出生于天津；四女成露茜，1939年出生于香港。1964年，萧宗让因癌症病逝于台北。1969年，成舍我与台北中兴大学教授韩镜良结婚，相依为伴。

成舍我对子女实行"三不干涉"政策，即一不干涉子女的政治倾向，二不干涉子女的职业选择，三不干涉子女的婚姻家庭。他对子女志向的尊重，使得五个子女分属不同党派，各有发展和成就。

1999年2月16日，是农历己卯年新春佳节。新年的钟声刚刚响起，一位远在大西洋彼岸的旅法华人领袖通过互联网，向中央电视台春节联欢晚会现场发来了热情洋溢的贺信。贺信说："值此新春佳节来临之际，我谨代表我的先生贝尔罩及我们的孩子，代表巴黎所有华人社团及所有旅法侨胞，向祖国人民致以最诚挚的祝福。"这位女士便是成舍我的大女儿成之凡。成之凡自幼受多才多艺的母亲影响，学习钢琴、舞蹈，年仅11岁即考入上海音乐专科学校。毕业后，成之凡曾任教于上海音乐学院。1949年随父移居香港。在这里，她的音乐才华得到了极大的发展，音乐作品成了大众传媒争相传颂的精品。1951年成之凡旅居法国，1953年底与法国建筑工程师贝尔罩结婚，加入法国国籍。1960年，成之凡获巴黎市政府颁发的艺术家银质奖章，不久出任欧洲音乐学院教授，开设中国古代音乐史课程；发起创办法国成道协会，在巴黎市郊兴建追霞庄，为当时欧洲唯一的中国道观。她从事绘画事业，经常举办画展，进行服装设计，积极从事社会活动。她于1981年、1988年和1995年三度参加法国总统竞选，大声疾呼"选我就是选和平"，成为法国家喻户晓的华人，被誉为"华夏女杰""翱翔在法兰西政坛上空的中国凤凰"。她以老子名著《道德经》为蓝本自编自演的大型音乐节目《道之乐》，在西欧乐坛引起轰动。她在美术创作、服装设计上也显示出独到和不同凡响的创造力。她的多件画作被收藏在巴黎东方博物院和法国国家现代艺术博物馆；她的时装设计在世界时装之都独领风骚，长久不衰。

成幼殊少儿时期先后就读于南京、香港，1942年考入上海圣约翰大学。1945年，成幼殊曾为新四军第七师做交通工作，并加入中国共产党。1946年起，成幼殊在上海、香港、广州当外勤记者。1948年，她和大学同学、后来成为外交家的陈鲁直结婚。她是新中国第一代职业女外交官，曾先后外驻新德里、纽约、哥本哈根等地。成幼殊是20世纪40年代活跃于诗坛的女诗人，曾以金沙为笔名写出了许多让人们传抄的好诗。抗战胜利后她所写的纪念昆明"12·1"死难烈士的歌曲（词作）《安息吧，死难的同学》及《姐妹进行曲》曾广为传唱。新中国成立后在新闻及外交工作之余，成幼殊仍痴迷于诗，几十年不间断。晚年，她把几十年的诗作连同背景照片编成《幸存的一粟》出版，颇受好评，荣获第三届鲁迅文学奖诗歌奖。除此之外，她还出版过《成幼殊短诗选》等著译。

在几个子女中，成思危是成舍我唯一的儿子，是具有特立独行个性、取得突出成就的热血男儿，也是著名的经济学家、备受尊敬的国家领导人。幼年的成思危受到了良好而又严格的家教。取名"思危"，就是要他居安思危。12岁生日时，成思危兴致勃勃地走到父亲的办公室去讨要生日礼物，结果，成舍我挥笔写下了"自强不息"四个大字，成为其终生不忘的座右铭。后来他的女儿12岁生日时，他仿效父亲，同样送了"自强不息"四字给女儿。1951年，新中国百废待兴。香港的地下团组织向香港的青年团员们发出了回内地建设祖国的号召。这年7月，刚刚读完中学、只有16岁的成思危怀着一腔报国热血，带着简单的行装，未给父亲通报，义无反顾地来到了广州。他被派遣到广东省总工会工作。第二年，成思危被选送到华南工学院读大学，之后又转入华东化工学院。毕业后被分配到沈阳化工研究院工作，从事硼化物研究和教学。"文革"中，成思危离开实验室，当起了锅炉工。在困境中，他曾几度徘徊。但他坚信，历史的车轮一定会回到正常的轨道。他利用这段"难得"的时光，在锅炉旁学习锅炉学，并自学四门外语。1972年，他的处境意想不到地出现了转机。这一年，美国总统尼克松访华，紧张的中美关系开始"解冻"。在美国工作的小妹妹成露茜随美籍华人参观团访问北京时，受到周恩来总理接见。她提出希望能找到失散多年的哥哥。在总理关心下，终于有了结果。周总理与成舍我有渊源，在重庆时曾经共事。周总理请成露茜代向她父亲问好，并说成舍我属于民族资产阶级。从此，成思危摘下了令他痛苦万分的官僚资产阶级的帽子。不久，他由沈阳调入北京，到化工部石油化工科学研究院工作。

1979年，成思危因公赴美进行考察。年届81岁的父亲成舍我闻讯从台湾赶到了美国。他与儿子时隔28年相见，恍若隔世。父子感慨万端。成思危最难过的一件事，是母亲萧宗让辞世时他不在身边，他听妹妹说，母亲弥留之际还在病榻上念着他的名字。成舍我没有责备儿子当年的选择，只是考虑到自己年事已高，希望儿子能去台湾，接手经营他的"新闻帝国"。成思危没有答应，选择继续留在大陆。1981年，成思危作为访问学者，来到美国加州大学洛杉矶分校管理学院学习。由于辛勤努力，他获得了美国经济研究及教育基金会奖学金，1983年8月获得了工商管理硕士学位。一些知名公司和研究机构纷纷向成思危发出邀请书，并许以优厚的条件和报酬。成思危没有半点犹豫，再一次选择了回国。他被国家委以重任，担任化工部副总工程师、副部长等职务。成思危是最早获得MBA学位的中国人之一。改革开放以来，许多科学领域不同程度地取得了一定的研究成果，但管理科学还是一片空白。成思危将自己研究的重点放在管理科学和宏观经济领域。

1994年，已经59岁、即将退休的成思危仍然是无党派人士。这一年，他听从民建中央主席孙起孟老先生的建议，作出了一个重大选择：加入民建。他想让他的研究成果以一个党派的名义传达到国家最高层，以便引起重视，更好地报效国家。1996年，成思危出任国家自然科学基金会管理科学部主任。在他的主持下，基金会为避免我国卷入东南亚金融危机作出了重要贡献。1996年12月，成思危接任民建中央主席。1998年3月，成思危当选为第九届全国人大常委会副委员长；5月，当选中国软科学研究会理事长。在全国九届政协一次会议上，成思危以民建中央的名义，向大会提交了一份尽快发展我国风险投资事业的提案，引起了各方的关注，被列为这届政协的"第一号提案"，成思危因此被誉为"中国风险投资之父"。从此，成思危迎来了他一生中最辉煌的10年。2002年9月，成思危担任中国科学院管理学院院长、博士生导师。他推动建立的虚拟经济学科为当下的经济发展和研究指出了新的方向。2003年，成思危当选为第十届全国人大常委会副委员长。

1988年，成思危携妻女与父亲会面于香港。在祖国统一问题上是个乐观派的成舍我特意要儿孙们陪他到落马洲隔岸远眺深圳，他说，待到条件允许时，一定要争取回大陆看看。成思危也一直在盼望着父亲的大陆之行。遗憾的是，成舍我并未等来这一天。1991年4月1日，成舍我病逝于台北。成舍我病重期间不能发声，每日挣扎着手书"我要说话"四字。这是他留给世人的绝墨，也成为先生毕生志业的写照。

成舍我病危及过世时，成思危曾先后两度赴台探望，之后因为担任国家要职，遭台湾当局拒绝入台。卸下公职后的2009年6月，两岸关系缓和，他接受世新大学邀请，参访世新大学，出席两岸如何应对金融海啸学术研讨会，并在会上发表专题演讲。他赞许："两妹妹学校办得好。我没回来是对的。"

成嘉玲，台湾大学经济系毕业，留学美国，获夏威夷大学经济学博士学位。1968年出任世新教务主任，因建议未被父亲采纳，她以"不能真正发挥"为由求去。之后20年，任凭父亲说破嘴，也不肯回世新。她任东吴大学商学院院长，成为台湾大学中第一个女院长。1989年，在成舍我病重之际，成嘉玲放下东吴大学教职，回到世新协助父亲完成改制的心愿，出任台湾世界新闻传播学院院长。1991年，她成为改制学院后的首任校长、世新大学第6任校长。她为光大父亲的新闻教育理念苦心经营，立下"十年之内发展成为一所精致的综合大学"的宏伟目标。到2001年，成嘉玲就任10年，世新不但顺利升格，而且在台湾教育部门的各项评比中全数拿到"优等"。这时，成嘉玲选择激流勇退，决定辞去校长，交棒新人。成嘉玲现任世新大学董事长、台北南开科技大学董事长、台湾新闻评议委员会主任委员、台湾"中国新闻学会"理事长、台湾私立大学院校协会理事长等。另外，她和妹妹成露茜成立"萧宗让基金会"，在青海、山西、辽宁、江西等地乡村建立多所爱心小学，学校均以母亲萧宗让的名字命名。10多年来，成嘉玲作为台湾的知名教育家，应大陆邀请参加过许多重大活动，包括奥运会的开闭幕式、国庆阅兵典礼和晚会、上海世博会开幕式等。她多次率团与大陆的大学和新闻传媒对口交流；和中国记协建立了战略合作伙伴关系，并经常进行互访。她在参加上海世博会开幕式时，受到胡锦涛总书记的亲切接见。经成嘉玲的努力，世新大学与大陆院校建立了互派学生机制，现在校11000名学生中，大陆来的学生有一千多人。

成露茜，台湾大学外文系肄业，美国夏威夷大学社会学学士，美国芝加哥大学图书资讯学硕士，美国夏威夷大学社会学硕士、博士。成露茜任教美国加州大学洛杉矶分校社会系逾30年，受聘为终身教授，致力于华侨华人方面的研究等。中美关系好转后，她帮大陆学校设立英语训练中心。1991年，她接受父命接办《立报》，任发行人兼社长，开始她的报人生涯。与她的父亲成舍我一样，成露茜在短短20年间书写了自己的报业传奇。1995年，成露茜创办《破报》。《立报》和《破报》长期坚持批判的、多元的、教育的、社运的观点，在台湾众多商业取向的媒体之外，提供了另类的选择。2006年，成露茜创办台湾第一份越南文与泰文月刊《四方报》，为在台的国际移工与新移民中的女性发声。成露茜赋予其报纸诸多"文人办报"的理想，她坚守媒体道德底线的立场受到尊敬的同时也备受挑战。

王幅明向舍我纪念馆赠送书法

成露茜一生有浓厚的左翼情怀，为华人社会作出不少贡献。和其兄长一样，她也笃信马克思，除了终其一生为弱者出头、为弱者发声之外，她还分析资本流动与世界体系的关系。

早年在美国求学期间，成露茜便受到民权运动的启发，通过书写与行动，为弱者争取发言权。她的努力受到美国学界重视，她很年轻时就获聘为洛杉矶加州大学"亚洲美国研究中心"主任。她还创办了《亚洲行动》刊物，此刊当时是美国唯一的亚裔学术刊物。虽然有浓厚的左翼情怀，但成露茜终生远离政治，是一个纯粹的报人与学者。2000年之后，台湾媒体环境日趋恶化，身体虚弱的成露茜，依然担任世新大学传播学院院长职务，为培养更多优质媒体人才而努力。

台湾著名文史刊物《传记文学》在主编刘绍唐2000年去世后，由世新大学接办，成露茜出任社长。2009年5月，她一手促成中国传记文学学会参访团访台，成功举办了"两岸传记文学座谈会"。笔者有幸参加。为缅怀一代报人成舍我，我草就了几句诗并写在宣纸上，敬献给舍我纪念馆："自强不息创世新，刚正不阿办报人。民族情怀两岸颂，后继桃李已成林。"成露茜愉快地接受。

天妒英才，只让女侠活到71岁。2010年2月27日，一个大大的"侠"字悬挂在台北世新大学大礼堂的入口处，成露茜追思会在此举行。追思会的主题简单而温馨："再见，Lucie。"作为亲属代表发言的，是来自海峡对岸的逝者的兄长成思危。

成思危致辞说："今年1月27日，我正在瑞士达沃斯出席世界经济论坛时，传来小妹成露茜病逝的噩耗。我感到十分震惊和悲伤。71年的往事，历历在心头……这次是我继1991年参加父亲的葬礼后，第二次到台湾参加亲人的葬礼。父亲教育我们要为理想自强不息，舍小我成大我，将民族、国家利益置于个人利益之上。小妹露茜继承了父亲的精神，我希望我们的下一代，也传承这种精神。"

（原载《时代报告》2015年第10期）

苏步青
（1902—2003）
数学家、教育家

苏步青：越过人生三关

一、读书不忘救国

1983年11月，踏着满地枫叶，我与同事李秋海一起，去复旦大学访问著名数学家苏步青教授。

听说苏教授已不再担任复旦大学校长，只担任名誉校长的职务。我们原想到苏老的家里去，没有想到，这位年逾八旬的老人在学校的办公室里热情地接待了我们。听学校的同志说，他还担任着上海市人大副主任和许多学术职务，仍然天天到学校上班。仅此一点，已足使我们这些晚辈肃然起敬。

我们请他给青年读者谈谈如何学习和立志。

苏步青不仅是数学家，还是教育家，所教的学生有很多驰誉中外。人们自然会猜想他自幼天赋过人。对此，他矢口否认，说自己谈不上聪明，能力、才干也都不如别人，成绩全靠勤奋得来。"1902年，我出生在浙江平阳一个偏僻的山村，父亲靠种地为生。童年时代我是一个放牛娃，喂猪、割草什么农活都干。9岁那年，父亲挑上一担米当学费，带我到100多里外的县一小当了插班生。开始玩心大，期末，考了全班倒数第一名。可能你们不相信，可这是事实啊。后来教地理课的陈玉峰老师开导我，给我讲牛顿勤学的故事，又说我父亲母亲省吃俭用供我读书，嘱托老师千万不能让他们失望。开窍后我开始发愤，牢记老师的话，当天要做完的事必须当天完成，不能拖到第二天。我比别的同学付出多，也多了一分收获。一年后考取了全班第一名。"

12岁时，苏步青以优异的成绩考进浙江省立第十中学。他逐渐地显露出数学才华，受到老师的器重。上初三时，学校来了一位刚从东京留学归来的数学老师杨霁朝。第一堂课杨老师没有讲数学，而是讲故事。他说："当今世界，弱肉强食，世界列强依仗船坚炮利，都想蚕食瓜分中国。中华民族亡国灭种的危险迫在眉睫。振兴科学，发展实业，救亡图存，在此一举。天下兴亡，匹夫有责，在座的每一位同学都有责任。"他旁征博引，讲述了数学在现代科学技术发展中的巨大作用。这堂课的最后一句话是："为了救亡图存，必须振兴科学。数学是科学的开路先锋，为了发展科学，必须学好数学。"苏步青一生不知听过多少堂课，但这一堂课使他终身难忘。杨老师的话深深地打动了他，给他的思想注入了兴奋剂。从此，他的兴趣从文学转向了数学，并从此立下了"读书不忘救国，救国不忘读书"的座右铭。不管是酷暑隆冬、霜晨雪夜，苏步青只知道读书、思考、解题、演算，几年中演算了上万道数学习题。现在温州一中（即当时浙江省立第十中学）还珍藏着苏步青的一本几何练习簿，用毛笔书写，工工整整。中学毕业时，苏步青门门功课都在 90 分以上。有一次，苏步青用 20 种不同的方法证明了一条几何定理。校长洪岷初得知后，高兴地把苏步青叫到办公室，拍着他的肩膀说："好好学习，将来送你留学。"苏步青中学毕业时，洪校长已调到北京教育部任职，但他没有忘记当年的承诺，给苏步青寄来了 200 元大洋，资助他去日本留学。

　　到日本后，经过一个月的日语补习，苏步青于 1920 年 2 月参加东京高等工业学校招考，被录取到该校电机系学习。1923 年 9 月 1 日，东京发生大地震，他从灾难中逃生。1924 年，他又以第一名的成绩考入日本东北帝国大学数学系，成为该校罕见的中国留学生，师从著名几何学家洼田忠彦教授。这所名牌大学入学考试很严，解析几何、微积分合格后才准许体格检查。他由于准备充分，临场万无一失。"把困难看得大点、事情考虑得周到些，这样可以尽量减少失误。"苏步青说，这是他的格言。有同学见他忍饥耐寒地苦学，劝他："毕业后有只饭碗就成了，何苦拼命呢？"他答："我到这个岛国来，仅仅只为寻到饭碗吗？怎么不想想受难的祖国呢？"

　　1927 年，大学毕业后，他又在课余卖报、送牛奶、当杂志校对和家庭老师，用挣得的钱做学费，免试升入该校研究生院做研究生，并以坚强的意志刻苦攻读，接连发表 41 篇仿射微分几何和射影微分几何方面的研究论文，开辟了微分几何研究的新领域，被数学界称作"东方国度上升起的灿烂的数学明星"。1931 年 3 月，他以优异的成绩荣获该校理学博士学位，成了陈建功之后获得本学位的第二个外国人。

二、严师才能出高徒

　　1931 年春季，苏步青应著名数学家陈建功之约，载着理学博士的荣誉回国，受聘于国立浙江大学，先后任数学系副教授、教授、系主任，浙大训导长和教务长。其间，与陈建功一起创立了"微分几何学派"。他回国时，清华大学正在招贤，用比浙大高 3 倍的薪金聘请他，但他没有去，最后还是选择了浙大。"浙江是我的故乡，浙大牌子老，陈建功教授是我的良师益友，出国留学前我们就约定，回国后一起到浙大，花上数年时间，共同把浙大数学系办成世界第一流水准的数学系，为国家培养人才。"当时，浙大的教学条件很差，图书资料奇缺，基本没有实验设备，教师的工资不能按月发出。他被聘为副教授，聘书上写着"月薪大洋300元"，可4个月下来，没有领到一元钱。他在代理校长的帮助下，克服困难，坚持教学和科研工作。他和陈建功先生开创数学讨论班，用严格的要求培养自己的学生。他一个人开4门课。他还利用暑假假期去日本抄资料，一个假期就抄回20多万字的最新文献资料。

抗日战争爆发后，浙大西迁至贵州省的遵义、湄潭办学，苏步青携全家长征几千里随浙大西迁，过着颠沛流离的艰苦生活。他跟随竺可桢校长，把教学科研搞得热火朝天，在湄潭的山洞里还为学生举办讨论班，使之成为世界数学发展的前沿阵地，为国家培养了一大批栋梁之材。当年的学生，不少人如今都成了卓有成就的数学教授和研究员。1944年11月，英国驻华科学考察团团长、剑桥大学教授李约瑟到遵义和湄潭，参观了浙江大学理学院数学系，连声称赞道："你们这里是东方剑桥，值得看的东西太多了！"后来，他又撰文介绍观感："在湄潭可以看到科学研究一派繁忙紧张的情景……它是中国最好的四所大学之一。"这是对苏步青和陈建功的莫大褒奖。

在十分艰苦的岁月里，苏步青还是抓紧时间写作、整理研究成果。在射影微分几何学方面，他用富有几何意味的构图来建立一般射影曲线的基本理论。1945年版的《射影曲线论》一书，就是他对这一理论的综合报告。他还研究了许多重要类型的曲面和共轭网，得出内容丰富的几何构图，特别在闭拉普拉斯序列和构图（T4）方面，研究了周期为4的拉普拉斯序列。这种序列在国际上被称为"苏链"。1946年他出版了专著《射影曲面概论》。

1952年10月，全国高校院系调整，苏步青调到了复旦大学，任数学系教授、系主任，后任教务长、副校长和校长。苏步青推动复旦大学数学学科快速发展，使之成为中国数学领域的中心，并在国际学术界享有盛誉。临别浙大时他依依不舍，十分留恋工作过21年的浙江大学。从那以后，苏步青每年都回浙大，竭力谋求复旦和浙大的共同发展。

几十年来，苏步青一直献身于祖国的科学和教育事业。从1926年起，他一共发表了150多篇数学论文，写了《一般空间几何学》等十几部专著，在数学上作出了杰出的贡献。他是一位受人爱戴的名师，在半个多世纪的教学生涯里，培养出了许多闻名遐迩的高徒。他的学生中，有许多国内外知名数学家。有人做过统计，在全国十多个名校里，有25位数学系正、副主任是苏步青的学生。时任复旦大学校长、著名数学家谷超豪教授便是他的学生。1981年春，苏步青从事科学和教育事业50周年之际，五代弟子和传人同到苏宅，衷心祝贺他对中国教育事业的巨大贡献。

说到名师，苏步青谦虚地说："人家说我是名师，我不承认。我承认自己是一个严师。名师不一定出高徒，严师才能出高徒嘛！我这个人还是有点自知之明的。我的名气大得不得了，党和人民给了我很高的待遇，我住的地方很好，又有汽车。可实际上我的贡献并没有多大，许多人对数学的贡献比我大。为什么给了我这么高的待遇呢？我想，无非是我们党、人民，认为我在抗日战争那么困难的岁月、'四人帮'干扰破坏的10年，也没有忘记教育培养青年一代……"

这段话可以使我们看出苏老的人品。他的谦虚精神是很感人的。是的，人民不会忘记他对我国教育事业的贡献。我们听说，"文化大革命"期间，苏步青受到过毛泽东的点名保护。他被下放到一家造船厂劳动改造，接受工人阶级"再教育"。造反派说他的微分几何是伪科学。他并不辩驳，而是用实际行动解决了厂里的技术难题，受到了工人们的尊重，他也培养了许多热爱科学的工友。

他是一个平易近人的老人，衣着朴素，目光炯炯有神，思想锋利，声音低沉而洪亮。听他讲话，人们不会相信他已近82岁。几十年来，苏步青为国家培养了一代又一代又红又专的科技人才。这些人既是业务上的骨干，又具有强烈的爱国主义思想和主人翁精神。这与他的教育思想是分不开的，他主张教育学生要红专结合。只有红专结合，才能为祖国培养有用的人才。

我们请他谈谈如何处理红与专的关系。他呷了一口清茶，满怀感慨地说："红与专的问题讨论多少年了，我想，大家不会有什么争议了吧？这个问题，主要通过学校的老师来解决。老师既要教书，又要教人。在教人里面，把这个思想灌输进去。老师要用自身的行动，潜移默化地进行教育，光讲道理是不行的。"

1977年8月，分管教育的副总理邓小平召集30位专家到北京开座谈会。有人告诉苏步青，要他准备发言。他第一个发言，提了几条建议，邓小平当场拍板采纳。"邓小平同志说，红不等于专，而专呢，必须要红。为什么呢？专了以后，看你为不为祖国服务，为不为四个现代化服务。这就是红的检验标准——很简单。学生毕业以后，是要过几个大关的。要不要服从分配就是第一个大关。派你出国留学，到了指定时间看你回不回来，这就是红不红的表现呢！这是非常重要的，弄不好就会出问题。只专不红，有什么用呢？专来专去，结果为敌人服务。出国深造，学问学好了，可是不回来，给人家服务。他要利用你侵略中国，派你当汉奸。这种人确实有的呀，我的同学里面就有。这几年，学生有，讲学的老师也有。这是很令人痛心的……"

三、人生三关

苏步青认为，红的问题最基本的一点是看你爱国不爱国。他讲起他曾给一些学生讲过的人生中的三关。

第一关。他得了理学博士，日本人要请他当教授，薪水很高，又有舒适的生活条件。而当时中国的大学呢？四个月欠薪水，工资发不下来。在这种情况下，一个请当教授，一个没有饭吃，要不要回来？这一关他过了。他没有忘记自己是炎黄子孙。祖国再穷，毕竟是养育自己的母亲啊！在祖国需要知识分子的时候，他怎能不顾自己的祖国呢？他不但自己回国，并且把日本籍的妻子和两个孩子都带了回来。

第二关。抗战开始，日本的岳父打电话来，要苏步青带妻子一起到日本去。妻子的家人怕他们在中国不安全，所以让他们赶快到日本。当时苏步青在杭州，看过电报，毫不犹豫地对妻子说："你是日本人，你带孩子们去日本吧，我不能走。"妻子坚定地说："我也不回去！我要跟你走，不管到哪里，我也要跟着你。"于是他们都留下了。

回忆起这段生活，苏教授激动地说："这句话讲起来容易呀，8年啊，日子苦得不得了。就是在这艰苦的8年中，我做了不少工作，包括我写的几十篇论文。这个功劳，一半应归于我的老伴。当时到日本去是没有道理的，它要来打我们，怎么还能到那里去？这不等于投敌吗？"

日本鬼子将要打到杭州时，他的房东对他说："你不要走。日本人来，不会搞你的，因为你的太太是日本人。"苏步青没有听他的。他告诉我们："日本人占领杭州是10月底，我9月初就走了，把家属都带到浙江我的家乡去。留下来还不是进入维持会，变成汉奸？这个关很难过，我还是过来了。"

他的妻子松本米子是一位优雅且坚强的日本女性。她出生在书香之家，父亲是东北帝国大学教授。她爱慕苏步青有责任心有抱负，但因苏步青出身低微，又是个中国人，父亲一开始不赞成这门婚事。

青年时代的松本米子

苏步青与小学生

在米子的一再坚持下，父亲最终还是妥协了。1928年，这对热恋的异国情侣在仙台牵手走进婚姻殿堂。1931年初，东北帝国大学向苏步青发出聘书。松本一家都希望他留在日本工作。但理解丈夫的米子支持丈夫回中国服务，并随后也来到中国。抗战8年，米子陪丈夫在贵州度过，同甘共苦。因生活困顿，他们的一个幼子在湄潭夭折。新中国成立后，苏步青的工资虽然不低，但因子女多，经济负担大，勤俭持家的米子，几十年没有添置过新衣。1979年，在阔别家乡43年之后，米子才在丈夫陪伴下回到思念已久的日本故里。她是新中国最先取得中国国籍的外籍人士之一。

第三关。解放前夕，国民党当局动员苏步青到台湾去，因为当时他是中央研究院的院士。他没去，坚定地留了下来，过了第三个大关。

他意味深长地说："给学生们做报告，我不空谈道理，就讲这三关。结果学生们都很注意听，有的还录了音，拿到校外放。我问他们：这三关放在你们身上，会怎么样？好，你们看，有些人到美国讲学，不回来了。一些派到外国进修的，跑到台湾去，连第一关都没有过啊！"

苏步青认为，"红"的问题属于精神文明的方面，做好比较难。应从小事做起，由小到大。一个连一堆垃圾都不愿打扫的人，怎么能谈"红"的问题呢？能指望他为国做出大事来吗？

苏老还谈到"专"的问题。他认为"专"的问题相对要容易些。他对学术上的崇洋媚外之风非常反感。他经常对学生讲，"专"的方向应该有所选择。学问虽然不分国界，但也要看看对我们的"四化"有没有用处。有些人跟在洋人的屁股后面转，用从洋人屁股后面搬来的东西夸耀自己，简直是笑话。做学问，应该老老实实，踏踏实实，从实际出发，理论联系实际。

苏步青曾任中国科学院学部委员（院士），中国民主同盟中央委员会副主席、名誉主席；1988年和1993年，分别当选为第七届、第八届全国政协副主席。2003年3月17日苏步青在上海逝世，享年101岁。

（本文部分内容原载《河南青年》1984年第2期）

苏金伞
（1906—1997）
诗人

苏金伞：大音希声

一

春天来了。

我从偶然发现的柳枝的胎芽上，听到了春天的信息。

感受春天可以有不同的角度、不同的方式，诸如"春江水暖鸭先知""吹面不寒杨柳风"等，而以胎芽感受春天，则前所未闻。这是老诗人苏金伞告诉我的：

这是春天的第一个声音
是生命的第一次撞击
就像婴儿的第一颗乳牙
就像戳纸窗
企图向外探视的小手指

（苏金伞《胎芽》）

当我在金水河岸边漫步，欣喜地看到胎芽，感受到春天就要到来，我便想起这首诗，引起我对苏老深深的怀念。

1984年5月，为纪念毛泽东《在延安文艺座谈会上的讲话》发表42周年，河南省文联举办了一次诗歌朗诵会。不少诗人登台献艺。著名朗诵艺术家殷之光先生专程从北京赶来参会，把此次活动推向了高潮。他朗诵了一首马雅可夫斯基的作品和我国诗人郭小川的《秋歌》，赢得了长时间的热烈掌声。我以为节目到此结束，想不到殷之光话题一转，把"球"踢向了苏老。他提议苏老朗诵自己的诗作。苏老欣然接受。他说他不会朗诵，只是向大家背一首自己尚未发表的新作。他还简洁地说了几句他与郭小川不同的创作观。他说郭小川的诗讲究押韵，有很强的音乐性。而他则坚持诗不押韵。他说押韵属于歌。古代诗与歌不分。现在，新诗已与歌分家了，诗应靠自身的内韵赢得读者，尽量不去借音乐的光。接着，他背读了《胎芽》。

苏老不是谦虚。他的确不会朗诵。他依然用他浓重的豫东口音，一字一句、不紧不慢地把他的新作念给大家。虽然音调不高，我还是听清了每一个字。我发现，大家都被他征服了，被一个78岁的老人征服了。他赢得了热烈的掌声。

许多年过去了。回忆起那次朗诵会，清晰如同昨天。我被苏老的诗深深打动了。好久没有听到这么美妙犹如天籁之音的诗作了。不，确切地说，我是第一次听到如此清新高雅且意味深长的诗作，如同听到"春天的第一个声音"。后来，我以"大巧之朴，浓后之淡"为题，写了一篇千字短评，简析《胎芽》的艺术特色，寄给《郑州晚报》副刊发表（这篇短评后又发表在《诗刊》1994年第7期）。我认为《胎芽》包含了诗人从发表第一首诗作至今，60年来始终不渝的艺术追求：朴素。运用技巧而不见技巧，感情浓烈却字面淡然，这是一种很高的境界。"巧"和"浓"隐藏在诗句的背后，只在品味之中才能感受到。我确信《胎芽》是苏老最好的作品之一，是可以传之久远的精品。果然，1996年8月，《诗刊》在《名家经典·苏金伞诗选》栏目里重新发表了《胎芽》，并作为其代表作之一。6首代表作，《头发》《地层下》写于20世纪40年代，其余4首全是他70岁以后的作品。

我至今保留着苏老当时写给我的一封短信。我把写评论的想法告诉他，请他把《胎芽》的全诗抄给我，以便与评介文章一起发表。我把他在《河南青年》发表的作品同时寄给他。

下面是他复信的原文：

王幅明同志：

剪诗收到，谢谢。前两天事多，没有及时誊出寄上。请谅！

一稿不能两投，乃作者起码的道德，因此你写评介时，请特意声明此稿是从什么朗诵会上听到，而且已为《人民文学》留用。这样，将来别人看到，好不至于引起议论。即祝

刻安

苏金伞
1984.6.11

苏老所说的"作者起码的道德"，在当今的年轻人看来，也许会感到不可理解。这便是一位老诗人的文德，是永远值得我们晚辈敬重和学习的。

二

由于工作关系，我与苏老有过多次接触，大多是约稿、取稿，有时也向他请教有关诗和散文诗的问题。有一次，刊物开办"当我年轻的时候"专栏，我去向他约稿，

交谈中他回忆起青年时代的生活。这也使我对他的经历有了更多的了解。

苏老1906年2月出生在豫东睢县周营村一个农民之家。1914年，村里成立了一个国民小学，8岁的苏金伞成为该学校第一批学生。当时虽已废除了科举，私塾逐渐遭到淘汰，但国民小学仍然具有半私塾的性质。除国文、算术课程外，还有一个上了年纪的私塾老先生教四书五经、《古文观止》、《唐诗三百首》和《千家诗》，还保留了每天仿写一张毛笔字的习惯。他的祖父格外重视写字，总是每天来到学校站在苏金伞背后监视。严厉督促最终收到了回报。苏金伞成为全校写字方面的佼佼者。到10岁的时候，他已经可以为全村的乡亲写春联。国民小学四年毕业，苏金伞考上了睢县高等小学，一直读到高小毕业。

1920年，是少年苏金伞难忘的一年。他考入省城开封著名学府第一师范。开封，农村人都叫它汴梁城，离睢县180里。周营村去过汴梁的人屈指可数。能到开封去上学，苏金伞是第一人。这时，五四运动的余波方兴未艾，强烈的爱国主义感情、高涨的民主思潮冲荡着每一个青年人。进入学校不久，苏金伞便投入到炽烈的学生运动中去。国文老师嵇文甫讲授新文学，讲鲁迅、胡适、陈独秀等人的文章，是对他进步人生观的最早的启蒙。该学校的校友中出了两位诗人，一位是高四班的徐玉诺，在校时已是成名诗人；另一位是于赓虞，后来也成为新月派的诗人。那时苏金伞有三个爱好：打球、绘画与写诗，且都很痴迷。他刚入校时，学校处于停课状态。除了一些集体的爱国活动，他整个白天都在学校的操场上踢足球，雨雪天也不例外。后来，他成为学校著名的足球队员，这为他以后考入体专打下了基础，也为他之后十多年的体育教师生涯埋下了伏笔。到了二三年级，他踢球已很出名，因为踢球勇猛，当时国文课有一篇《大铁椎传》，老师刚讲过，一个同学便向着他喊"大铁椎"，同学们一呼百应。于是，"大铁椎"从此成了他的外号，很快传开。每逢赛球，他一踢球就有人叫好。他走在街上，往往一群孩子跟在后面喊"大铁椎"。使很多同学望尘莫及的是，除了踢球，他的绘画同样是全班第一，他还具有非凡的诗才。刚刚萌芽的新诗令他着迷，读得多了便尝试自己创作。秋天，他和同学到开封西郊去玩，回校后写了一首关于秋天的诗，同学觉得不错，加了评语送到校刊编辑室，校刊录用了。这是他的习作第一次发表。校刊发表诗作对他是一个不小的激励，他接着便试着向报刊投稿。他对自己的起点要求较高，不在本省投稿，只往外地一些著名的报刊投。经历了许多次退稿的痛苦之后，终于在20岁时他在《洪水》杂志发表了第一篇作品。

1927年4月12日，蒋介石发动反革命政变，血腥屠杀共产党人。这年，苏金伞先后在开封第九小学、两河中学任体育教员，因为参加进步活动被特务盯梢而被捕入狱。1928年12月，韩复榘任河南省政府主席，颁布新政，清查遗案。苏金伞虽在单间隔离，但没有口供，没有参加共产党的人证物证，经河南高等法院裁处，判处他有期徒刑半年。可他已在狱中度过一年零两个月，所以判决后就通知他出狱。

出狱后，他突然感到没有着落，不知该往哪里去。他无法再回到两河中学。他成为一个失业者。在恩师李钦亭等人的帮助下，苏金伞重谋职业，先后到河南多所中学和大学任体育课教师。

他说，虽然有三个爱好，但几十年坚持不辍的只有新诗创作。

三

苏金伞与夫人道铎

1932年秋，苏金伞在龙亭后面新建的河南省体育场任教练，兼教水利专门学校的体育课，有两份不错的收入。有了较为稳定的生活，爱神开始来敲门了。他与比他小8岁、即将从北仓女中毕业的女生道铎一见钟情。龙亭湖两岸的杨柳见证了他们的甜蜜约会。一年之后，这对新人走进婚姻的殿堂。他们在相传孟夫子当年见梁惠王的旧址游梁祠街租了房子，建立爱巢。任教之余，苏金伞继续他的诗歌创作。

1934年，对苏金伞来说是难忘的一年。该年度《现代》杂志6月号发表了苏金伞的诗作《出狱》：

挟着三年前的旧行囊，
熟识的看守押我出了狱门。
眼前的街，生疏而又悠茫，
犹豫着，往北还是往南呢？

像返阳的幽魂，
侧身在墙下行走。
走了一条街又一条街，
又穿过许多小巷。

这首诗写他出狱后的真实感受，朴素感人，开始显露他几十年始终如一的诗风。随之，他的诗作不断发表在由萧乾主编的上海《大公报》文艺副刊、沈从文主编的天津《大公报》文艺副刊、王统照主编的上海《文学》月刊、戴望舒主编的上海《新诗》等报刊上。1935年发表于《新诗》上的《雪夜》成为他的成名作，被闻一多选入《现代诗抄》。

1937年卢沟桥事变爆发，打碎了他较为平静的生活，他的诗风也为之一变。发表在胡风主编的文学刊物《七月》上的《我们不能逃走——写给农民》，标志着他诗歌创作新时期的开始：

……
为了报复这些污辱与仇恨，
我们也不能逃走，
要拿起家伙跟鬼子拼一拼！
一个人是一个铁圈，
扣在一块，就是坚强的铁缆；
把那载我们的大船锁靠牢稳，
永远不叫毁灭人类的海盗击碎，
等把那鬼子赶跑了，
再细细品尝那蓝天下的
倚着锄头时的一管烟的滋味。

该诗发表后，迅速引起关注。西安《国风日报》副刊《十字街头》很快予以转载。从华中前线到西北重镇，这首诗在读者中广泛传播。这是一首鼓动抗战的诗，但与那些只有爱国抗日激情、缺乏群众生活、直抒胸臆地呐喊高歌的传单诗截然不同。它凭借刻骨铭心的艺术形象，步步深入打动人心，从而唤起千百万农民的斗志，激励他们拿起武器进行抗争。这是一首承前启后的力作。

战事越来越紧，日寇侵占了河北和山东的许多城市，步步逼近开封。1937年12月，他携妻子和两个小女儿向相对安全的南阳盆地流亡，在当地学校任教。1939年春，他接到河南大学的聘书，约他到已迁至嵩县深山潭头镇的河南大学任体育系主任。20世纪30年代初期，他曾迷恋打球，写诗是业余活动，到河南大学后，他的兴趣全转到写诗上，打球只是谋生的手段。他爱豫西伏牛山里的黄牛，它和农夫相依为命，性格也像农夫。他试着用诗句为黄牛画像。一首全用素描、生活情趣盎然的《眼睛都睡红了》，日后成为诗界广受好评的名作。苏金伞这一时期的诗作多发表在重庆、桂林、昆明等地的报刊上。某天晚上，他与嵇文甫一起散步，惊喜地听到恩师的赞誉。嵇先生认为他近几年的诗作较

苏金伞夫妇与他们的"五朵金花"（1949年）

抗战前的作品有很大进步。诗的内容真实地反映了现实，诗的形式也更自由了，读后给人以感染和鼓舞。老师的鼓励给了他新的动力。

蒋介石对共产党人的迫害愈发加剧。河大越来越多的师生遭到逮捕和绑架。1944年春，苏金伞收到恐吓信，并被河南大学解聘。他只好到洛阳中学任教。洛阳、嵩县沦陷后，他又辗转跋涉到内乡。黄河水利工程专科学校已搬到这里。他继续担任体育教员。黄河水利工程专科学校随后又搬迁到陕西宝鸡乡下。他是在宝鸡乡下黄河水利工程专科学校借居的茅舍里和同事们一起听到日本无条件投降的消息的。他们一起碰杯庆贺，一起狂欢。学校师生无不归心似箭，急着早日搬回已阔别8年之久的古都开封。颠沛流离的生活没有浇灭他的诗情，苏金伞的创作力反而更加旺盛。

回到开封，他继续他体育教员的生涯。水专并入河大的农学院，他又成为河大的职员了。1946年，他创作了两首堪称经典的诗篇：《控诉太阳——哀闻一多先生》和《头发》。前者是对黑暗独裁政府在光天化日之下以卑鄙的手段刺杀民主斗士闻一多的控诉，该诗构思奇特，情感犹如火山喷发，撼人心魄；后者以父亲、母亲和"我"的头发为线索，辛辣地写出旧中国农民悲惨的宿命。这一时期，他写了数量不菲且产生强烈影响的政治讽刺诗。

多年后，他在回顾创作历程时说：20世纪40年代，是他发表诗最多的一个时期，也写得比较好。当时有三种思想感情在心中鼓荡与交织着：一种是反对日本侵略者的爱国心；一种是国民党不断发动反共高潮，卖国投降的嘴脸日益暴露，对知识分子、进步人士残酷迫害，无情镇压，因而激起了他心中的仇恨；一种是对共产党的倾慕。苏金伞从1946年到1948年这两年写的诗，全部内容都表达着这三种思想感情。他1947年出版的《地层下》和1948年出版的《窗外》，把这一时期的诗都收进去了。《地层下》是苏金伞的第一本诗集，收入臧克家主编的"创造诗丛"，上海星群出版公

司出版，虽然只有薄薄的32页，却是一本颇具特色的诗集。臧克家在序言中热情推介："苏金伞诗作的读者很多，而印象却只有一个：朴素。朴素的不仅是诗的外貌，还有贯彻了整个诗体的那个灵魂。……他的句子看上去很素净，没有斧凿的印痕，可是，味道却极醇，有点'土心'气，然而这却不是什么冲淡，反之，他的情感是颇为浓烈的。"《窗外》作为巴金主编的"文季丛书"的一种，由上海文化生活出版社出版，收入他写于20世纪40年代的更多的代表性作品。

1948年6月22日，开封解放。苏金伞与河南大学著名学者嵇文甫、王毅斋、李俊甫等开封文化教育名人一起来到豫西解放区，加入到革命队伍中，开始了崭新的生活。之后，组织决定派他到冀中历史名城正定县城内的华北大学工作。在正定，苏金伞结识了艾青、张光年、贺敬之等延安诗人，写出了曾被编入中学语文课本的名作《三黑与土地》。

1949年初，北平和平解放。苏金伞等一批文化人随着解放军进城，被编入军管会下设的"文化接管会"，参加接管北京师范大学的工作。这年7月，北平召开了全国第一次文代会。苏金伞以华中地区文化代表的身份参加了这次盛会。他被吸收为中国作家协会会员。10月1日，他又荣幸地参加了开国大典，目睹了毛泽东向全世界宣告新中国诞生的历史性一幕。

四

那时，负责文化工作的周扬给苏金伞初步安排了新的工作，准备调他到全国文联民间文学研究会任职。此时河南省委书记吴芝圃来到北京，向中央组织部要人，点名调苏金伞、郭晓棠等人回河南工作。中央同意了。苏金伞回河南的首要工作是筹建河南省文联，主编河南的文艺刊物。省文联组建后，苏金伞被任命为河南省文联副主席，他全身心地投入了文化领导工作。之后，又兼任河南省文化局副局长。他为组建河南的作家队伍四处奔忙。何南丁、李凖、徐慎、张有德等人都是经他调入文联的。这些人很快就成为知名度很高的作家。他筹办了省文联的刊物《河南文艺》和《翻身文艺》。工作之余，苏金伞坚持写诗。1951年3月，华东人民出版社出版了他的诗集《入伍》。1957年1月，作家出版社出版了他的诗集《鹁鸪鸟》。

晴朗的天空不时会出现乌云。著名文艺理论家胡风首先遭难。胡风仅仅因为某种文艺观点而被定成"反革命分子"。凡与胡风多少有点关系的，均受到株连。苏金伞曾在胡风主编的《七月》上发表过作品，加上同所谓"胡风集团"的骨干牛汉

晚年的苏金伞

等人关系密切，在劫难逃，被迫停职交代问题。好汉胡风救了他。胡风说：我跟苏金伞没什么联系。一句话，把苏金伞开脱了。但胡风最终未能救下苏金伞。一位德国汉学家到河南访问，苏金伞奉命接待。这位外国人对胡风问题很不理解，认为对知识分子"太过分"了。这话引起了苏金伞的共鸣。适逢全党开展整风运动，号召全国人民建言献策。在一次座谈会上，苏金伞愤愤不平地说："胡风有什么问题，处理得这样重！德国汉学家就很有意见，国际影响不好啊！"天真的诗人怎能料到，他坦荡直率的发言无异于自投罗网。一句真话瞬间改变了他的命运：他被定性为漏网胡风分子。职务没有了，行政级别由11级降到17级。可怜的妻子也一同被划为右派、开除公职。1958年秋天，他们夫妻二人携带两个小女儿，来到大别山区的新县农村，接受劳动改造。当年，这里是鄂豫皖革命根据地的中心，而今，成了苏金伞一家的流放地，连户口也一同转到这里。他们住在农民家里，天天和农民一起上山种田。好在山里人厚道，大多数人并不歧视他们。妇女主任还常来看望道铎和孩子们。

这段曲折的经历，最终化为诗人的精神财富。他说："把我划为右派，下放到农村劳动改造数年；'文化大革命'中又被赶到'五七干校'。这对我虽是惩罚，却给我的生活培了土，当时虽然不能写东西，但过后却反而成为我写东西的一个源泉。"

1962年，苏金伞被摘掉右派帽子。令人哭笑不得的是，摘掉右派帽子仍是右派，只不过变成"摘帽右派"。虽然回到了郑州，原来的职务不能恢复。新的工作是河南省图书馆管理员，职责是整理古籍。到了"文化大革命"，他又面临更大的劫难。除了胡风分子问题、右派问题，因为坐过牢，又被加上新的罪名：叛徒。接受批斗和挂牌游街成了家常便饭。批到最后，他又带着全家到黄泛区的西华县"五七干校"劳动改造，重回人生的炼狱。

自由诗是苏金伞的长项，旧体诗只是偶尔为之。进入古稀之年，苏老感慨万端，吟成律诗一首："学诗无成已七十，抚摩双鬓欲何之？俯首新贵觉气短，坐待焚尸嫌日迟。出门常恐遇冷眼，闭窗唯有读古诗。相信东风终会来，树老犹能开几枝！"他是幸运者，终于等到了金秋十月的全民狂欢。

老树开花分外艳。压抑的激情一旦打开，犹如清泉出山，一路飞奔。

　　在那苍鹰飞不到的悬崖上，

　　在那蝙蝠挂不住脚的绝壁上，

　　人们在飞来飞往。

　　腰间一条长绳索，

　　就是他们的翅膀。

　　……

——《绝壁上》

这首诗发表在1978年刚刚复刊的《诗刊》1月号上，是苏金伞到林县红旗渠采访的成果，也是他重获自由后，首次在全国大刊亮相，迅速引起了读者关注。《人民文学》1979年1月号发表了他在大庆油田写成的《缆绳》。同年，他的右派问题得到彻底改正，失掉的职务、级别、工作全都得以恢复。

他珍惜来之不易的这一切。被错划成右派的不少好友未能等到这一天。王毅斋教授已含冤逝世。刘国明已上吊自尽，其弟刘世明在下放商城劳动时从牛背上掉下来摔死。他们是同乘一辆卡车从开封奔赴解放区根据地的。作为幸存者，对失去的20年光阴，他决定用加倍的劳动来弥补。他不相信创作的青春只属于青年。

　　……

　　站在山口，调整一下呼吸，

　　试试想象力是否丰富，

　　快些进山去吧！

　　山口不过是春天的咽喉。

——《山口》

写《山口》时，苏金伞已经75岁高龄。这哪像老人的诗句呀，分明是一个壮年登山者在山间发出的一声长啸！

1983年3月，人民文学出版社出版了《苏金伞诗选》。1993年3月，百花文艺出版社出版了《苏金伞新作选》。同年，河南省作家协会举办了庆祝苏金伞创作68年研讨会。时任河南省委宣传部部长的于友先做了《河南人民的骄傲》的主题讲话，对苏金伞一生的人品和文品作了中肯的评价。他说："对诗性、诗情的执着追求，使得苏金伞同志的诗歌创作能够始终具有强大的生命力和撼人的艺术力量。近70年来，他不仅以诗歌为生命，而且以生命铸造诗篇。无论作诗、做人，无论坦途、困境，都能够不媚俗、不苟营，始终以赤子之心去体悟乡村情感和中原精神，朴素自然、含蓄深沉。古语所谓'归真返璞'，大概指的就是这种做人、作文的境界。"

五

苏老的书房里充盈着高雅的文人气息。他虽然不作画，但高品位的收藏品不时地悬挂在他的书房，令来访者眼馋，总想多看上几眼。苏老的书法颇见功力，显然与他的童子功密不可分。也偶尔看到他参加书法界的活动。我向他求字，他笑着答应。几天后，便收到他寄来的墨宝，用行草体写了四句诗："漠漠冬夜里，凝望北斗星。楚汉荒城下，黄河静无声。"从诗的内容看，应该是20世纪40年代的作品吧。书法法度谨严，又不失书卷气息，我曾多次悬挂，也多次受到观赏者的好评。它成为我最重要的珍藏品，每看到它，便想起苏老的音容笑貌。

在苏老生病住院期间，我与文友和同事一起多次看望过他。1996年新年过后，我带了一个签名本到省中医院，请他写几句话做纪念，没想到他写了这么一段话："幅明是一个很有见解的诗评论家，见解深刻，语言有活力。他评论我的诗，深得我心。苏金伞。"

看了苏老写的话，我既惭愧又感动：惭愧的是，直到如今，我只写过一篇有关苏老的评论，便是那篇微不

苏金伞赠王幅明书法

足道的千字文；感动的是，苏老竟然一直记在心上，且称我为"诗评论家"。我虽然出过几本有关诗和散文诗鉴赏和评论的书，但都很肤浅，从来不敢以"诗评论家"

自居。这是对我莫大的鼓励。我心里似有一股热流涌动。

他拿出台湾友人寄给他的《新诗三百首（1917—1995）》给我们看，毫不掩饰他的喜悦之情。这是台湾诗人编选出版的一部新诗选集，时间跨度长达80年。也许出于占有资料和审美眼光的原因，该选集台湾诗人入选的比例较大。难得入选的大陆诗人中有苏老。他的早年代表作《头发》不但入选，且获得很高的评价。余光中先生在此书序言中写道："我一向认为苏金伞是早期诗人中虽无盛名却有实力的一位，却未料到他能写出像《头发》这么踏实有力、捣人胸臆的好诗，并且立刻认定，此诗虽短，撼人的强烈却不输鲁迅的小说。"余光中身为教授，说话是严谨的，如此评价绝非溢美之词。选取一个司空见惯的物象，通篇近乎俚语，却表现一个沉重且震撼人心的主题，非大手笔不能为也。若说技巧，这可能属于最高的一种：看不见技巧的技巧。此诗源于他深刻的人生体验。诗中"我"的叛逆性格，是诗人真实的自我写照。

一个月后，是苏老90寿辰。我和同伴带着生日蛋糕去府上看望。客厅的桌子上有一个签名本，他的女儿让我们留言。我想了想，写了四个字：大音希声。我觉得这四个字最能概括苏老的人品和诗品。这是人生的最高境界。他历来做人低调，从不哗众取宠，可从他的作品里，我们感受到高贵的人格和宏大的气场。读他的诗，犹如吸进清新的氧气，可以给贫瘠的心灵增加营养；又如聆听朴素优雅的天籁之音，躁动的心会顿时安静下来。苏老见到我们，紧紧握着我们的手。90岁的人了，握起手来还这么有力。我想，只有感情深厚的人才会是这样。

诗属于青年。因为青年人最富于想象力。不少诗人中年以后就不再写诗，改写散文或别的文体。80岁以上很少有人再写诗，包括艾青和臧克家。苏老是一个奇迹，不仅在中国，可能在世界诗坛都是个奇迹。他的不少代表作写于晚年，如71岁写下《绝壁上》，74岁写下《寻找》，75岁写下《蒲公英》《山口》，78岁写下《胎芽》，81岁写下《早晨与孩子》《大海的梦》，84岁写下《小轿和村庄》，86岁写下《被埋葬的爱情》。90岁时他仍在写诗。1996年4月，他在《病中寄克家、艾青老友》中写道：

  二十一世纪

  新诗将从幽谷中

  走上新的境地

  二十一世纪

也许能成为诗的世纪

这是一个视诗为生命的老人对诗的命运最美好的祝福。苏老希望能活到21世纪。我们都期望他活到21世纪，不断读到他的新作。但是，天命难违。命运只让他享年91岁。当然，对于我们大多数人来说，这已经是一个令人羡慕的年龄。1997年1月24日，苏老平静地走完坎坷而充满诗意的人生之旅。

苏老是带着些许遗憾离开我们的。精选他70多年创作历程优秀成果的《苏金伞诗文集》，是在他去世后出版的。1998年5月，在河南省文联举办的该书发布会上，编者之一李铁城满含热泪讲述了出书的经过。李先生是一位曾有过坎坷经历的学人，出自对苏老人品和诗品的热爱，萌发了编辑此书的念头。经过多方努力，愿望最终变成了现实。看着印装精美的《苏金伞诗文集》，回忆苏老的音容笑貌，李先生不禁感慨万千。讲者哽咽，听者也无不为之动容。新书发布会最终变成了缅怀苏老的座谈会。会后，我握住李铁城的手说："谢谢你，铁城兄。你做了一件非常有意义的事。热爱苏老的人都会感谢你。"我拿着刚刚在发布会上受赠的新书，让李铁城在扉页上签字。他写了这样一句话："让我们永远记住，在中原大地上曾有过这样一位诗人。"

无疑，苏金伞已经成为历史人物。但他的诗不会消失。在未来的读者中，他仍然会有知音。他在河南诗坛乃至中国诗坛的地位，无人能够取代，因为他是其作品无法克隆的少数诗人之一。他与生俱来的质朴与亲切，他独特的语言和风格，都会使人读之难忘，产生强烈的共鸣。他始终保持诗的纯洁性，从不让其受到污染。读他的诗，会使人想到"清水出芙蓉，天然去雕饰"的意境。这是一种真正的艺术享受。

他属于乡土诗人。他的诗总是弥漫着田野的气息。青少年时代的记忆刻骨铭心。"我生长在农村。……这很重要，影响了我一生的创作，决定了我写诗的题材主要是农村，连我写诗的风格也朴素得和北方的农村一样。""诗贵朴素，我终生追求的就是这两个字。因为我土生土长，身上和灵魂都浸透了泥土的气息。一切华丽的外衣对我都是不相称的。"（《我是怎样写起诗来的》）20世纪80年代初期，他在一首名为"蒲公英"的诗中写道：

……
沉重的牛蹄和马蹄，
一再把它们踏碎，
不久在蹄窝里又绽出绿意。

冬天盖上一层厚厚的白雪，
雪化了又结成冰，
它们的根在下面微微翕动。

蒲公英植根在农民的心上，
烂入农民的记忆，
又在农民的坟地上生生不息。

这首诗是苏老与农民血肉感情的深层写照，是我们理解苏老作品的一把钥匙。他多么像一株田野里的蒲公英！他的名字"金伞"，就是诗意的蒲公英。苏老的乡土诗不仅征服了大陆许许多多的读者，在海峡对岸，他同样有不少崇拜者，南阳籍诗人痖弦便是其中之一。当年，痖弦带着仅有的精神食粮——苏老的诗集《窗外》漂流台湾岛；阔别家乡 40 年后回故乡省亲，他又是带着那本《窗外》在郑州与苏老相见。这是海峡两岸一段感人的文坛佳话。痖弦对苏老说："思乡的时候，把你的诗拿来读一读，就像回到了故乡。"苏老的诗竟成了漂泊游子治疗怀乡病的良药。大陆常有代沟之说，也确有代沟存在。但在台湾，苏金伞的崇拜者包括几代人。1996 年，一位台湾青年诗人自费在台出版《苏金伞诗选》。苏老在收到赠书后，深为他的诗能得到晚辈的理解而感动，也为他的诗能超越时空而欣慰。

春天在悄无声息中到来。

我凝视柳枝上的胎芽，静静地聆听"春天的第一个声音"，企盼着"绿色的滋长"最终变成"烟柳溟蒙"。

这是苏老的企盼，也是我们大家共同的企盼。

（原载《名人传记》2015 年第 2 期、《莽原》2015 年第 3 期）

张中行
（1909—2006）
学者、作家

张中行：布衣哲人

一、耄耋之年成名

张中行称得上20世纪中国知识分子中少有的传奇人物，传奇处主要有两点：

一是一生布衣。张中行出生于农家，大学毕业后在中学和大学教书，任过文学院国文系助教、讲师。1951年起，张中行长期在人民教育出版社任编辑。张中行从未当过教授，也未在出版社任过要职。张中行经历坎坷，晦气缠身。因为工资不高，为了贴补家用，张中行曾帮助一家语文杂志编稿审稿，每月可得30元报酬。1952年，"三反""五反"运动开始，因为这点工资外收入被定为"贪污分子"而停发了工资，只发很少的生活费。日子很难打发，老伴只好去给人家看小孩，到街道摆小摊，挣几个小钱度日。张中行也不申诉。半年多后弄清了真相，单位又给他恢复了工资。1969年，张中行花甲之年随出版社同事下放到安徽凤阳的"五七干校"，一天给食堂挑几十担水，某次不慎将水桶掉到井里，结果以"搞破坏"之名接受批判。有次夜里起来看彗星，换来的则是一顶"想变天"的帽子。两年后，干校生活结束，被退职遣返原籍，户口迁回老家香河劳动改造。一个60多岁的老人独自住在农村，其艰难可想而知，他却能宁静面对。而且，他还写了不少诗词。直到1979年古稀之年，他才被落实政策返京，回到人教社工作，重操编辑旧业。这时的张中行早超过了退休年龄，无法参加职称评定，工资也不能晋升。1984年，张中行获聘"特约编审"。如此高龄的老人，每日乘公交车上班，一直工作到88岁。1994年，85岁高龄的张中行才第一次拥有属于自己的住房：一小套简朴的三居室。套房没有装修。曾经有一个深圳的读者要出钱为他装修，他谢绝了。他喜欢自然的状态。之前，他一直与女儿在北大燕园同住。张中行喜欢在未名湖畔散步，因而被列入"未名四老"。

二是晚年成大名。张中行是语文教育家，单独和与人合作编写过多部语文教材，如《古文选读》《古代散文选》《文言文选读》等；出版过语文教育著作《非主谓句》《紧缩句》《文言津逮》《作文杂谈》等。语文教育之外的著述始于1983年出版的《佛教与中国文学》一书，是年他已74岁。77岁时张中行出版《负暄琐话》（1986），好评如潮。接着一发而不可收，《负暄续话》（1990）、《禅外说禅》（1991）、《诗词读写丛话》（1992）、《顺生论》（1993）、《负暄三话》（1994）相继问世。"负暄"三话被誉为"今世之《世说新语》"，"描画'逝者如斯'而寓悲天悯人之怀、惜古怜今之趣，书格之奇，文笔之高，为近年所罕见"。一个散文大家横空出世。而在此之前，除了熟人圈，读书界很少有人知晓张中行。他编选过的语文教材多不署名，语文类著作又多用笔名。代表作《顺生论》奠定了他的哲人地位。20世纪90年代，他的多部著作进入畅销书榜。1995年，中央电视台《东方之子》栏目播出上下两集《张中行》，主持人白岩松说："北京街头，读不读张中行，仿佛是检验一个人文化水准的标志。"从1983年到2006年2月他去世的20多年间，张中行著书近20种，几乎年年都有新作出版，各种选本30余种。张中行逝世后，各大媒体用"国学大师"称之，不吝版面刊发追忆缅怀文章，多家出版社争相重印他的著作。

《负暄琐话》封面

学林大家给予张中行极高的评价。

季羡林说他是"高人、逸人、至人、超人"，"在现代作家中，人们读他们的文章，只需读上几段而能认出作者是谁的人，极为稀见。在我眼中，也不过几个人。鲁迅是一个，沈从文是一个，中行先生也是其中一个"。

启功："他既是哲人，又是痴人。""他博学，兼通古今中外的学识；他达观，议论透辟而超脱，处世'为而弗有'；他文笔轻松，没有不易表达思想的语言。""至于说他也是痴人，理由是他是一位躬行实践的教育家。"

周汝昌："读他老的文字，像一颗橄榄，入口清淡，回味则甘馨邈然有余。这里面也不时含有一点苦味。"在读《负暄琐话》后，周汝昌赋诗一首："甘苦相交橄榄芳，负暄促膝味偏长。传神手擅三毫颊，掩泪心藏一瓣香。笔洁诵诗还读史，格高荌莠只存良。好书自展风前页，忽睹微名喜附骧。"

二、剪不断的"余永泽"

张中行出生在河北省香河县一个农人之家。父亲文化程度不高。母亲是称职的家庭主妇，做事有条有理，潜移默化中传给儿子处事严谨的美德。对张中行一生影响最大的是他的外祖母。她信教，说常做好事可以得到好报。这些教育引发张中行对处世的思考，最终导致他的兴趣由文史转向人生哲学。他兄弟二人。大哥小学毕业，考上通县师范，毕业后在小学任教，做过县小学校长。他选择走大哥走过的路，上完小学后也上了师范学校。小学老师刘瑞墀（字阶明）是个秀才，他教的是共和国教科书，但坚持认为"四书五经"才是真正的学问，利用晚上时间给弟子们讲《孟子》。与大哥不同的是，张中行师范毕业后没有教书，而是继续求学，并且考上了北京大学。大学几年，在红楼的学术空气里生活，张中行深受其影响，形成了终生都没有改变的生活态度：努力在学术上有所成就，看淡金钱和权力。

张中行原名张璇，字仲衡。七七事变后北京沦陷，他不愿再沿用原名，便取了"仲衡"两字中每个字的一部分，把"仲"的"人"字去掉，把"衡"中间的"鱼"字去掉，改叫中行，语出《论语·子路》中"不得中行而与之，必也狂狷乎？狂者进取，狷者有所不为也"，意思是不能找到行中道的人，退一步狂狷也可以，这是孔子推崇的。

张中行一生有过三次婚姻。17岁时，受父母之命，在家乡娶沈氏为妻，属于包办婚姻，无幸福可言。恪守孝道的张中行认为父母之命不可违。最后，他选择了逃避，在外求学，很少回家。妻子任劳任怨，一直住在家乡，伺候张家一家老小的生活起居，直到20世纪80年代才去世。对此张中行十分感念，但他认为酿成这杯难咽苦酒的不是他自己，而是那个时代和社会。到北京大学读书后的第二年，张中行与杨沫相识并同居，4年后分离。1936年，27岁的张中行在保定育德中学教书，与同岁的李芝銮结婚。夫妇俩感情甚笃，相濡以沫，共同经历了长达67年的人生风雨。李芝銮乃李家独女，清秀温婉，长他一个半月，两人都属猴，张中行一直对夫人以"姐"相称。张中行曾对人说："我的夫人人品非常好，待人忠厚，对谁都非常好，很难得。我们虽然没有卿卿我我的感情，但一生平静。夫人能忍，无论环境如何、境遇如何，都能泰然处之。"他还曾吟咏诗句"乞米求新友，添衣问老妻"，并解释："吃饭我不知饱，老妻不给盛饭，必是饱了；穿衣不知冷暖，老妻不让添衣，必是暖了。"夫妻情深溢于言表。李芝銮2003年仙逝，比张中行早走3年。此事4个女儿一直瞒着父亲，对他说母亲在医院里。他也信以为真。熟人到医院里看望他，他对熟人说，他出院后还要写散文出书，挣稿费给妻子看病用。

张中行虽只与杨沫共同生活过 4 年，但很多人知道他是杨沫小说《青春之歌》中余永泽的原型，津津乐道。作为令人讨厌的某类文化人的标签，"余永泽"令他有口难辩，啼笑皆非。不少人把他当成余永泽，保持一定距离。深谙世情的张中行，只能默默咽下这个苦果。晚年，他在回忆录《流年碎影》中深情提及这段生活："我现在回顾一生，也有这样的花期，仅仅一次，就是我们由相识到共朝夕的前两年，仅仅这两年，是难得忘却的。"

考上北京大学后，张中行住在沙滩大丰公寓。一天，经朋友介绍，年轻的叛逆女性杨成业（杨沫原名）闯入了他的世界。那年，杨沫 17 岁，在西城大乘巷温泉女中上高中。她从小得不到父母之爱。后来家道中落，父亲逃亡，不知去向，母亲强迫她嫁给一个小军阀当姨太太。她为抗婚逃出家门，决定不再上学，谋求自立，但苦于无人帮助，漂泊无依。在山穷水尽时，她遇到了张中行。张对她深表同情。也许对包办婚姻之害感同身受，他能体会求助者的孤独与凄凉。站在他眼前的女子，身材丰满，眼睛明亮有神，言谈举止清爽、脱俗，是有个性有理想的文艺女性。他向在小学当校长的哥哥求助，为她谋得一个教员的职位，解了燃眉之急。张中行对杨沫一见钟情，两人依依惜别后鸿雁传书。他恨不得立即化百里为咫尺，并且不再分离。杨沫眼中的张中行一表人才，一身书卷气，有学问，为人豪爽仗义，像她的老师。1932 年春，她来到他的住处，因相爱而同居，度过了两年穷困但不失幸福的时光。后来杨沫通过她当演员的妹妹白杨认识了许多东北流亡学生和革命青年，又结识了共产党员，开始向往革命，向往新的生活。而张中行却是一个本分的读书人，只想夫妻两人安安生生过日子。于是两人矛盾不断，又互不妥协，争吵不休。"道不同不相为谋"，4 年后，他们终于各奔东西。

七七事变后，杨沫奔赴晋察冀边区，参加了革命。1942 年起，杨沫曾任《黎明报》《晋察冀日报》等报编辑和副刊主编；1951 年发表了描写抗战生活的中篇小说《苇塘纪事》；1958 年出版了长篇小说《青春之歌》，这部小说一时风靡全国，成为她的代表作。此时的张中行只是出版社一名默默无闻的编辑。有人把他和《青春之歌》里那个自私落后的余永泽联系起来，认为书中有些事是在影射他，怂恿他出面辩诬。张中行摇摇头："人家那是写小说，何必去对号入座？"据他所知，杨沫所写的《青春之歌》初稿并不是现在这个样子。初稿可能因为小资产阶级味道比较浓，有人提意见，修改时突出阶级矛盾，最后改成了这样。初稿中张中行的真实影子可能多一些，后来越改越少，离现实也就越来越远了。"文革"中，杨沫遭惨烈批斗，她单位的人来外调，四堂会审，威吓、辱骂，让张中行按照他们的要求揭发杨沫的"罪行"。他不说，后来让他写文字材料，他就写：她直爽，热情，有济世救民的理想，并且有求其实现的魄力。"那时候我不革命，杨沫是革命的。"写的材料全是说杨沫的好话。后来杨沫平反，得知一切，又惊讶又感动，还特地给他写了封感谢信，说想不到张中行还说她的好话，对他的公正表示钦佩。他看了信，一阵苦笑，心里想，原来我们并不相知。20世纪70年代末，他们唯一的女儿徐然知道了"余永泽"是谁，认了亲生父亲。他与杨沫也恢复了来往。

1994年，杨沫出版了与女儿合著的《青蓝园》。杨沫在《我一生中的三个爱人》中回忆她与张中行婚姻关系时说："他农村的家中有妻子，当时深受'五四'思想影响的我，并不大在乎，因为那是包办婚姻，他们之间没有爱情。"这是真实的。"张玄（中行）发现我与马五江的关系，不禁大怒，踢翻了火炉上的蒸锅。"这似乎说明她要求分手的理由很充分。这种小说笔法伤害了张中行。为了浮名，竟至于这样。他感到若有所失。她不再是或早已不是昔日的她。1995年12月11日，杨沫去世。他没有参加告别仪式。他认为，告别应有两种来由，或情牵，或敬重，也可兼而有之。对于她，他两者都没有，而又想以诚相见，所以这"以诚相见"的最后一面，他还是放弃了。

"余永泽"虽然是一个小说人物，但许多年间，张中行一直在被动地扮演着余永泽，成为余永泽"剪不断，理还乱"的沉重化身。

三、造访说梦楼

张中行晚年"暴得大名"，看似偶然，实则是他厚积薄发的必然。当然，也离不开时代的大背景和当时的社会需求。中国优秀的人文传统、五四精神、西方的科学理性，在中断了几十年之后，忽然在一位耄耋老人笔下闪耀出异彩，与流行的文风迥然有别，让人们惊喜地发现一片新的天地，深切地感受到"文化"的魅力。盖棺论定，人们开始为张中行定位。出版家钟叔河的话颇具见地："先生的生平行事和文章思想，都说明他能实副其名，称中行而无愧。"（《得中行而与之》）"狂者进取"，张中行对此或有不足；"狷者有所不为"，适合他，他既是有所不为的狷介之士，更是得中行大道之人。孔子不薄狂狷，更看重中行。

因为工作关系，我有幸多次目睹张中行的学者风范，亲聆先生高见，收藏他的墨宝及赠书，成为难忘的记忆。

第一次拜见先生是1991年12月7日。我与同事段海峰相伴进京组稿，张中行先生是计划中的一位。看到他经常在《读书》杂志发表文章，便请《读书》同行帮助联系。因有预约，张中行在人民教育出版社的办公室热情地接待了我们。他爽快地答应了约稿，并在我们随身带去的他的著作上签字，在题词本上题词。他认真地用毛笔书写，并加盖"负暄野老"的印章。他以"负暄野老"自称：一个背晒太阳的乡野老人，意在表明他是一介布衣。但他的谈吐、题词的内容却是十足的贵族、绅士味。他在《禅外说禅》的扉页上写道："王幅明先生不远千里持拙作命署名，即遵命，并乞教正。作者辛未大雪于京华说梦楼。"

张中行与启功（上图）
张中行与夫人李芝銮（下图）

我突然意识到今天是大雪节气，先生对二十四节气了然于心。他的题签也让我们得知，我们的造访之地正是说梦楼。几年之后，他在《说梦楼谈屑》一书的序言中解释了说梦楼："先解'楼'。我一向推重以诚对人，这一次也没有说谎。就作息之地说，我狡兔三窟。一个作息的地方在母校北京大学的旧址，也是红砖楼，只有两层，在第二层。一个工作的地方在同一个院内，楼五层，在第四层。从众，还要有伴儿，伴儿，女性，在哪里，哪里就是家，仍是楼，十有六层，在第三层。这样说，楼字不假。然后解'说梦'。不翻成语词典的人也知道，说梦之前还有两个字，是'痴人'，说梦的意义正是'痴人说梦'。……梦更多是偏于理的，表现为有所见，有所闻，喜欢分辨高下、好坏、是非、对错，并希望下升为高，坏改为好，非变为是，错化为对，这显然也是梦。明知是梦而仍想、仍说、仍写，所以是不折不扣的痴人。"这段话很重要，不但解释了楼在何处，更解释了说梦的内容，是打开先生所有著作之锁的一把钥匙。这里是先生晚年主要的说梦地之一，也是奇迹诞生之地。他在我的题词本上题写了他的自作诗："坐夜忧生促，迎春叹梦虚。残年何所欲？不复见焚书。辛未大雪节后书俚句，应王幅明先生台命。张中行。"看后心里一阵沉重。后来得知，这首诗名《七九年尾颂辞》，写于1979年，正是他刚从农村返京的这一年，有感而发。短短20字，隐含着文化老人大半生的苦难经历和忧患。颂词应多甜语，可读此诗，苦多于甜。他给杂志的题词也是录他自作的一首五绝："岁暮谁相问，途穷我自知。仍愁欢会少，况是客居时。"依然苦多于甜。

说起《禅外说禅》，他说，对佛教，他并非虔诚的信徒，此书只是学习心得。这是谦虚话。从《负暄琐话》中得知，他在20世纪40年代后期即主编过佛学刊物《世间解》，并写过此类文章，此前又出过《佛教与中国文学》，对佛学有几十年的深厚积淀。此著内容丰富，包罗万象，着笔则深入浅出，是学术著作，却用随笔写出，读来不觉枯燥。对于初学者，它是入门书；对于入门者，它又是升级版。不同层次的读者都可从中找到自己的需求。启功先生更有高见："读《琐话》如在读《说禅》之前，它便可作读《说禅》的阶梯；读《琐话》如在读《说禅》之后，它便可作读《说禅》的注脚。"（《禅外说禅读后记》）他认为张中行先生笔下的人与事都有禅境在，两书有相通之处。

较之《禅外说禅》，张中行先生更看重他刚刚完稿的另一本书：《顺生论》。他说此书有一个人生哲学的体系，是他几十年思考的结晶。我对书名颇觉好奇，就问："怎么理解顺生？"他说："简单地说，人活在世上，就要顺应大自然和社会发展的固有规律。大自然有四季变化，春种秋收，每个季节该干什么，应该遵守。男婚女嫁也是自然规律，男女都不来往，人类如何延续？社会发展应该建立在民主与法治的基础之上。所有人都必须接受法律的约束。贤人政治靠不住，它只能保证一时。"我随口说："你的理论我接受。"

他的办公室还有一位中年同事，名叫张厚感。他称张中行为"行公"，并说自己"与行公是忘年交"。老先生在签字时，他帮助挑选印章。张厚感先生得知我们来自河南，颇为兴奋，说河南有一个很优秀的刊物《中学生阅读》。我想他很可能是《中学生阅读》的作者。该刊高雅大气，是同类刊物中的佼佼者。我们心满意足地告辞。82岁的老先生坚持送我们到大楼门口，说是"第一次见面"。在人民教育出版社的牌子前，张厚感先生帮我们拍了合影照。

1993年秋天，我又一次赴京拜见张中行，也带了他的书让他签字。《时代青年》已刊发了他的题词和多篇文章，其中《欲赠书不得》后来收入《负暄三话》。此文开头写"郑州《时代青年》的编辑诸公过访……"记载了初次会面，也等于把他与《时代青年》的交往永久载入到他的著作里。那次，除了见面，我们还在一起聚了餐，由青年作家靳飞做东。他称靳飞"小友"，靳飞称他"行翁"。席间，靳飞一口气背出张中行许多首诗，令我惊奇。那次聚会给了我一个很深的印象，张中行的读者遍及几代人，而他的朋友也是几代人都有。他与年轻人相处得十分融洽，这是他心态年轻的见证。

四、出版佳话

张中行红于京城，但他的成名作《负暄琐话》却由边远的黑龙江人民出版社出版，颇令一些读者不解。多年之后，该书的责编孙秉德说出了其中的缘由。出版《负暄琐话》，颇像"无心插柳柳成荫"，其出版过程也非一帆风顺，问世之前险些"胎死腹中"。

孙秉德1972年来黑龙江人民出版社做编辑，80年代前期，他曾经组织编写了一套汉语知识丛书，请黑龙江大学吕冀平老师任主编，其中一本是《文言和白话》，吕冀平推荐由张中行撰写，因为吕冀平、张中行二人50年代曾一起在北京编写中学汉语教材。1984年，他赴京与张中行商谈《文言和白话》的撰写事宜。那时候张先生已经75岁了，依然在人教社默默无闻地干着编辑工作。那时，张中行家住西郊燕园女儿家，离人教社很远。考虑到他年过七旬，人教社为他在单位准备了一间小屋，平时吃住就在单位。有时误了食堂的饭食，就到附近小店随便吃一点。张中行在一家小店招待孙秉德，说那里的馅饼好吃。后来才知道那家夫妻店是张中行老家的人开的。店老板一见张先生来，便高声寒暄。我们从这件小事中可以感知到张中行浓厚的乡情。孙秉德从北京组稿回来不久，收到吕冀平转来张中行的一部书稿，但不是《文言和白话》，而是《负暄琐话》。孙秉德已有十几年的编龄，编的书也有上百种，打开这部书稿，他立刻感觉到这不是一部普通的书。一篇一篇看下去，爱不释手。他不再以职业的眼光审读，而是完全成为一个痴迷的读者。全书六十则随笔，全是追忆老北京、老北大几十年前的往事的，是史，又是诗。孙秉德按捺不住心头的兴奋，立即将书稿列入出版程序。

当时出版社实行的是选题备案制。《负暄琐话》顺利被列入出版计划，三审也很快通过，前期运作一切顺利。但是，眼看着就要出书了，却遇到了麻烦。图书市场萎缩，图书订数急剧下降。《负暄琐话》也遇到了同样的问题。黑龙江省新华书店汇总上来的订数只有670本，这与社里规定的最低开印数相差甚远。对于征订数太少而将造成较大亏损的书稿，社里一般是停印、退稿，给作者适当的补偿了事。孙秉德面对《负暄琐话》的订单，一时傻了眼。那时，图书发行改革刚刚起步，基本上还是新华书店一家独揽市场。爱书心切，但又无计可施。孙秉德想起吕冀平的话："这本书你们印必赔钱，但赔钱你们也要印，以争取将来有人说，《负暄琐话》

是你们出版社印的。"他找省新华书店负责发行业务的林仲琦帮忙，苦口婆心介绍这本书如何好。林仲琦善解人意，最后破例以寄销的方式追加了3000多本，解决了起印数不足的难题。1986年9月，《负暄琐话》终于付印出版。两个月后，转机出现了。《读书》杂志上刊登了谷林关于《负暄琐话》的书评《尔未尝往也》，对其充分肯定；后来，《光明日报》《博览群书》等陆续发表书评，盛赞《负暄琐话》。张中行因此书成为文坛"新秀"，继而成为令人瞩目的文化名人。10年内，《负暄琐话》重印七次。可以说，《负暄琐话》的出版改写了张中行晚年的历史，张中行对黑龙江人民出版社满怀感激之情，名声大了，他的好多书稿依旧交给该社出版。后来，该社陆续出版了《文言和白话》《负暄续话》《禅外说禅》《负暄三话》等书。接着，人民教育出版社、中国人民大学出版社、中国社会科学出版社、中华书局、中国文联出版公司、人民日报出版社、北京出版社、长江文艺出版社、百花文艺出版社、作家出版社、中国青年出版社、北京师范大学出版社、河南文艺出版社、浙江文艺出版社等数十家出版社相继出版张中行的新著和选集。其中，中国社会科学出版社出版了六卷本《张中行作品集》，收入张氏著作14种。

五、不解养生偏得寿

1998年4月初的一天，段海峰相约晚上到他家陪客。他设家宴招待张中行。段海峰是张老的铁杆粉丝，写文章套路亦仿效张老，成果明显，令不少读者刮目。利用这个机会，我就把几本张先生没有签过字的著作带上，请他签字。他在三本书的签字均有所不同，其中一本上写"于郑州段海峰宅"，显示出文史家的细心。每当重读这本书，看到张老题签，当时场景便即刻重现。段海峰准备了多个家常菜，颇合老人的胃口。年近九旬的高龄，张老并无忌口，既吃了红烧肉，还喝了少量白酒。饭后，张老谈兴甚浓，说了足球，还对霍金的"黑洞"说发表了高见。他此时的心态，很难与他的年龄画上等号。

我向他请教长寿之道。他沉吟片刻，说："我的长寿之道，是从来不考虑长寿的问题。一切顺其自然。"一句话让我茅塞顿开。

1999年年初，我主编的《新世纪青年必读——现代人综合素质纵横谈》一书进入终校。为推销这部书，拟请一些文化界人士写几句推荐语，印在书上。听说张中行为审读他的一个选本，正在郑州小住，我便去他下榻处拜见。我把书的简介和想法告诉他，他欣然答应。我在客厅等候，不一会儿，他便从房间走出，把写好的推荐语交给我。他写的是:"生在跨世纪的青年可以说是幸运,有旧世纪的经历,不可意的,送走它;可意的,带着走入新世纪。但向前,要具有新的知识和素质。《新世纪青年必读》是一本引路的书,要细心读,以期走入新世纪,能够成为带头人。"令我喜出望外的是,他同时还赠我一本新出的诗词集《说梦草》,并已写好题签。

《说梦草》奠定了他诗人的身份。有专家认为,在张中行所有著作中,此书可排第一。这当然只是一家之言,但从中也可以看出在同好者的心目中,他诗词创作所达到的高度。张中行曾赠我一幅书法作品,写的是一首五绝:"逝水知何处,诗篇纪古今。秋风红叶尽,夜色自沉沉。"这首诗名为《秋意》,已收入《说梦草》。

张中行赠王幅明书法

据我的观察,他赠别人的书法,基本上都是写他自己的诗词。这是文人书法的传统,也提升了收藏的价值。他写于1980年的五律《自伤》,似为整个诗集定调:"大道叹多歧,龟蓍问所之。中原常水火,下里少胭脂。有感皆成泪,无聊且作诗。乐清仍履浊,惭愧寸心知。"

张中行一直到95岁还在写作。后来因为身体虚弱,才被迫停下手中的笔。但即便在医院,他还坚持为前来探访的记者或文友签名。只要有人要求他,他一定会满足别人的需要。在他的眼中,去看他的人全都是朋友。他交了很多的朋友,包括许多"小友"。每年生日,都会有很多的朋友陪他一起度过。他97岁的生日是在医院度过的。他朋友们听说他住院,就赶到医院,去为老人祝贺生日。

他有语文教育家、杂家、佛学家、散文家、编辑家、哲学家、思想家、国学大师等多个称谓,他唯独接受"思想家"的称号。他终生都是一个思想者、怀疑者。他在为母校九十华诞所写的纪念文章《怀疑与信仰》中说:"我以很偶然的机会,走进北京大学的门,在母校的培育中生长,学会了怀疑;不幸半途而废,虽然也希望,却没有能够'终于信仰'。""我的心的一半,已经超过半个世纪,是在母校怀疑精神的笼罩下,摸索着走过来的。这使我有所得,但没有大得,因为未能'终于信仰'。

这样说，对于母校，我的心情也就不能不分而治之：有时感到惭愧，因为没有成才；有时也感到安慰，因为没有忘本。"他看待任何事情都是思辨的。在所有作品中，《顺生论》是张中行最费力气也最喜欢的一本。这本书里，有他对人生的所有看法。所有看法又都源于《中庸》里的一句话"天命之谓性，率性之谓道"。他易古人的"率性"为"顺生"，意在阐发自己关于"怎样活才好"的种种人生见解。他本人则可视为顺生论的一个标本。1957年，不少人在"大鸣大放"中翻了船，被划为右派。几次参加座谈会，他都守口如瓶，一句不说。一定要说，就说些"这件事对我教育很大"之类的话，神奇地躲过一劫。他说，《民贵文辑》一书最能体现他的思想。他是以人为本的"民活主义"者，认为对小民，首要是想办法活着，要能活，并能活得好一些。其民本思想、小民意识贯穿他的所有著作，包括诗词。

《流年碎影》是张中行的自传，启功先生评价说，这是"写思想的自传"。别人的自传都是写事，但张中行的自传是写思想，这是他和别人的不同。他写文章坚持以真面目示人，不怕破坏自己的形象，也不为自己辩护。他的人生履历也有不光彩的一页，在生计压迫下，他曾在日伪的一个文化组织挂过名、拿过钱，虽然没干过坏事，但它是张中行一生扔不掉的历史包袱。他在《流年碎影》中如实写出。

张中行的文风，上承魏晋风骨，下受周作人的影响。他对老师并不护短，在《苦雨斋一二》一文中，说老师小事不糊涂，大事糊涂。20世纪50年代，坐落在八道湾的苦雨斋凄清冷落，车马稀少，只有张中行这个旧日弟子每个星期去看望一次。魏晋古风，谁言已绝？

张中行活到97岁，无疾而终。天命成就了他，使他成为这个时代少有的另类。试想，如果他未能活过古稀之年，世上有几人知道张中行？

10年过去了。张中行的著作仍在重版，仍在坊间销售，"张迷"有增无减。他成为名副其实的长寿者。

姚雪垠
（1910—1999）
作家

姚雪垠：一生一部大书

一、超级畅销书

20世纪70年代末期，老作家姚雪垠是当时中国文坛最红的明星之一。他写的长篇历史小说《李自成》第一、二卷成为超级畅销书，受到各阶层读者的喜爱。虽然已年近七旬，但他精神矍铄，创作力旺盛，在坚持创作的同时，也不时接受媒体采访，应邀到大专院校讲学。

最早听到有人议论《李自成》，是在20世纪70年代中期的大学求学期间。某一日，学校图书馆解禁了一批文史类图书，同学们纷纷借阅。一位同学借了历史小说《李自成》（第一卷），读完后迫不及待地向我谈他的读书印象。他对此书评价极高，认为"场面大，描写细腻，大有《斯巴达克斯》之风，让人欲罢不能"。《斯巴达克斯》是意大利19世纪著名作家拉法埃洛·乔万尼奥里一部杰出的历史小说，讲述发生在公元前1世纪古罗马时代的一场大规模奴隶起义。小说塑造了出身于角斗士的起义领袖斯巴达克斯的不朽形象。故事传奇，引人入胜。在上海"开门办学"期间，几位同学轮流阅读了这部奇书，记忆尤深。听到同学将《李自成》与《斯巴达克斯》相提并论，我不由得对这部小说刮目相看。

1977年，我国文学界出现了许多新的气象，其中一个引人瞩目的事件，即《李自成》第二卷的出版和第一卷的修订再版。这部长篇历史小说引发了读者极为热烈的反响。新华书店出售这部小说时，每每出现排长队购买的盛况。初版30万部很快脱销，为满足广大读者的愿望，全国有18个省、市、自治区的出版社向中国青年出版社租型重印，一时洛阳纸贵。一部小说受到读者如此热烈的欢迎，在中外出版史上也是少见的。到1981年第三卷出版前，《李自成》前两卷的总发行量已突破400万套，成为当时中国最畅销的小说。

1981年5月，姚雪垠载誉回到家乡河南，应邀去开封、郑州、洛阳等地讲学，被聘为河南师范大学顾问、郑州大学名誉教授。他在郑州大学讲学期间，我有幸成为听众。课堂选在郑大小礼堂，小礼堂约能容纳200人。听课的人有中文系的师生和省会新闻界、文化界人士。他演讲的题目是"走中国气派的道路"，共分四讲，每天上午讲2至3个小时，连续四天讲完。我听了三讲，且做了笔记，印象极深。演讲人的风度和学养征服了我。一个中等身材的老者，鹤发童颜，浓眉大眼，讲起话总是面带笑容，沉稳自信。他没有讲稿，只拿一个纸片，上面写着演讲的提纲，以便掌握时间和进度。他有惊人的记忆力，满腹经纶，所举诗词都能流畅背出，而且还能大段背诵《红楼梦》的经典段落。

为了写好《李自成》，他做了长时间的充分准备。除了哲学和历史的准备，他还精心阅读了古今中外有关战争的名著。他为自己定下目标：要写出一部雅俗共赏，有中国味道、中国气派的小说。他认为，五四新文化运动开始阶段是向外国学习，积极意义不可低估，但由于国家落后，有些人存在民族自卑感，产生了民族虚无主义，出现一些偏激的思想。如钱玄同就反对读中国书，主张根本"废灭汉字"，学生从小学起就要学习英文，认为这是社会革命"根本之根本"。胡适也说过，把线装书都烧掉才能闹革命。如何把中国优秀的民族文化遗产继承下来，发展为新的文化？这个问题当时没有解决，半个世纪后也未能很好解决。20世纪30年代后期，左翼作家提出了大众文学的口号，就是对欧化文学的反省。经过许多年的探讨和实验，出现了《李有才板话》《王贵与李香香》等一批优秀的作品。他认为中国的新文学应该像中国画一样，有东方的色彩、东方的样式。中国古代的长篇小说，可分为三个发展阶段：第一个是孕育、萌芽阶段，从宋朝到元朝，说话人讲的长篇故事，主要是供人听的，靠传奇故事征服人。第二个阶段是元明之际，产生了《三国演义》《水浒传》等作品，属于"英雄传奇"阶段，故事的主角大多为英雄。第三个阶段开始于《金瓶梅》，完成于《红楼梦》，是成熟期，开始写市井平民生活，接近了大众，通过日常生活刻画人。可惜《金瓶梅》境界不高，色情描写过多，影响了它的流传。到了清代，出现了三部小说，真正进入看的阶段。第一部是《儒林外史》，通过写生活写活了几个人。第二部是《歧路灯》，写了不同阶级、不同行业、不同人物的生活，是一部封建社会后期的社会风俗史，表现了地道的河南风味。最后一部是《红楼梦》。《红楼梦》故事性不强，完全靠人物的性格、命运变化来吸引人。它是完完全全"看的小说"。《李自成》如何师法古典？姚雪垠说，他是从三个方面去努力的：一是吸收"英雄传奇"的写法。二是写日常生活，第二卷中写了大量的风俗人情。三是学习明清小说的语言，让小说中的人物各说各话，不去故意雕琢。他在

《李自成》中用了大量口语，以河南方言为主的口语。他对河南很熟悉，写河南方言得心应手。同时注意了人物对话的阶级身份和时代色彩。士大夫、大官僚各有各的语言习惯。皇帝讲话就不能用白话来写。皇帝下的诏书一般要讲究对仗，词句典雅。他为了写皇帝结婚的情节，翻阅了大量资料，还专门找过专家把关。《李自成》里的诗词，只有几首是原有的，姚雪垠适当作了修改，其余的都是他根据人物身份重新创作的。走中国气派的道路，并不排斥对外国文学的借鉴。托尔斯泰的《战争与和平》是他受到启发最多的一部世界名著。描写战争场面，他扬弃了《三国演义》的一些写法，而采用了《战争与和平》的写法，按照战争的本来面目来写战争。

他谈及创作《李自成》的艰难。写《李自成》的想法最早萌发于40年代抗战期间，真正动手则始于1957年。而在这一年，他被错划为"极右派"，随时准备接受批斗。批斗以后做什么？难受，哭？那怎么行！经过思想斗争，他决定写《李自成》。对于一个受到监管的人，要写，只能秘密写、偷偷写。他买了个活页本的牛皮夹子，别人问，就说是写检查材料；人一走，再接着往下写。70年代前期，他在"五七干校"偷偷写《李自成》第二卷。别人夜晚打扑克贴纸条，他在被窝里用手电筒照明写《李自成》。他自嘲说："不瞒大家，年过七旬，至今不会打扑克。不是学不会，而是没有时间学。《李自成》未写完，我哪有心思打扑克？"

有读者认为前两卷对李自成的形象拔得过高，甚至有一幅漫画，题目叫"李自成在党支部"。他对此作了解释："有人问我，你把李自成写得那么好，怎样写他终于失败呢？这并不矛盾。我写李自成总的基调是现实主义。李自成有很多美德，比如不爱财、不贪色，都有史书记载，连他的敌人都赞扬他，我们为什么要抹黑呢？说农民起义都是反封建的，这是唯心主义、教条主义的观点。李自成的观念恰恰是封建正统观念。第一卷和第二卷上半卷，正是李自成备尝甘苦的时代，受到最严峻的考验，他要尽量表现自己的才干和优点，因而他跟士兵的关系，跟老百姓的关系，都是亲密无间的，别人可以喊他闯王，也可以喊他自成。到第三卷，起义以后，他成了大元帅，手下有十万人马的时候，关系就开始起变化了。这个变，有主观原因，也有非主观原因。主观原因是以为自己高于一切了，非主观原因是周围有人包围着他，在他周围打了高低不同的墙，这使他开始脱离群众。李自成到第三卷开始有变化，但是他到死不曾变化到反面，只是缺点暴露了。这里面有规律性的问题。为什么他在崇祯十三年冬天进入河南的时候，老百姓那么欢迎他；清兵进关以后，他却不能号召老百姓跟他一道打清兵呢？因为他号召不起来。老百姓所需要的，他没有给予满足。老百姓是真正的英雄,决定历史的命运。他进入河南时,老百姓生活在水深火热之中,他的政策能够满足群众的愿望。后来群众盼望有一个安定生产的环境,李自成却没有重视。"姚雪垠认为,将来全书出齐后,给读者留下最深印象的人物,可能是崇祯皇帝。他把皇帝还原为一个普通人,写出了崇祯皇帝灵魂深处的东西,细腻深刻地描写了皇帝的宫廷生活。

他用一首七言绝句作为演讲的结束:不同流派同千载,白发宁甘输众贤。三百年前悲壮史,豪情和泪著新篇。

课后听到某些同学对演讲者负面的评价,主要针对他自负、不够谦虚的一面。有人对他所说在"五七干校"的被窝里写作嗤之以鼻。这令我大为不解。本来应该受到尊敬的人,却变成了被嘲笑的对象。这也许即报纸上常常说起的代沟?

1982年春天,《李自成》被全国中学生评为"我所喜爱的十本书"之一。

1982年12月,首届茅盾文学奖揭晓,《李自成》第二卷榜上有名。

短短几年时间,关于《李自成》的评论铺天盖地。上海文艺出版社出版了《关于长篇历史小说〈李自成〉》(1979年),宁夏人民出版社出版了《〈李自成〉人物谈》(1981年),上海教育出版社出版了《〈李自成〉赏析》(1982年),人民文学出版社出版了《精湛的史诗艺术——论〈李自成〉(第一、二卷)》(1982年)。作为中国当代文学研究资料丛书的一种,黄河文艺出版社出版了《姚雪垠研究专集》(1985年)。

1984年至1994年期间,笔者多次赴京拜访姚雪垠,对他的经历和创作有了更多的了解。

二、"土匪"生涯的赐予

姚雪垠原名姚冠三,字汉英,1910年10月出生于河南邓县姚营寨一个破落地主家庭。他的家乡闭塞、落后,溺婴之风盛行。他呱呱落地时,差点儿被母亲扔进尿罐中溺死。因为在姚雪垠出生之前,他的母亲已生过两个孩子,即他的大哥冠杰、二哥冠洛。再有孩子,母亲实在没有条件和精力来抚养,因而下决心将孩子生下后就溺死。慈爱的老祖母成了他的救护神,他刚出生就被祖母抱走,交给隔壁院中的堂四奶奶喂养。几天后,他重新被抱回家中,一双水汪汪的大眼睛凝视着母亲,人们夸他长得像"神娃儿"。母亲的心肠顿时软了下来。一出生就遇大难,且大难不死,印证了一句古诗:"自古雄才多磨难。"姚雪垠不寻常的人生之路开始了。长大成名以后，姚雪垠专门写了一篇题为"我的老祖母"的散文，详细记述老祖母善良、勤劳和孤苦的一生，作为对老祖母的报答，也作为永远的纪念。

因家庭生活窘困，姚雪垠长期失学，只读过三年小学和半年初中。1923年，他的大哥停学后到洛阳吴佩孚的部队当学兵去了。1924年夏天，14岁的姚雪垠在邓县鸿文高等小学以优异的成绩毕业后，怀着朦胧的"军事救国"的思想，跟随一位比他年龄大的姓杨的同学来到洛阳，雄心勃勃地要进吴佩孚的兵营当兵。但当他到洛阳西工兵营见到他的大哥以后，他的想法却遭到大哥坚决的反对。他大哥含着眼泪把兵营的黑暗情形告诉他，不准他入伍，并托一位朋友送他到信阳西门外教会办的信义中学读初中。不久，适逢第二次直奉战争爆发，信阳一带兵荒马乱，有变为战场的危险。学校提前放寒假，让学生离校。姚雪垠同他的二哥，还有两个同乡同学，从信阳向北走到驻马店，再往西转，奔往他的家乡邓县。走到泌阳境内，离家还有两百多里，他们突然遇到土匪，被抓去做了"票子"。从此，姚雪垠开始了他一生中永远难以忘怀的、对他以后进行小说创作具有重要意义的百日土匪生活。

姚雪垠胆大、英俊、伶俐，在杆子中被大家所喜欢。过了三天，他被一个姓王的头目从"票房"中要出做了义子。这个头目不久走了。他又被另一个姓薛的头目要去做了义子。在大约一百天中，他既是"票子"，又是"贼娃"。他的义父和那一大群叔叔们待他非常好，不叫他的名字，而叫他"娃儿"。他们破寨，他随在他们的后边冲进寨去；他们烧房子，他跟着点火。虽然每次看见他们打死抵抗他们的红枪会农民时心中凄然，但他又认为他的义父和手下的叔叔们都是好人，心地善良，是迫不得已才拉杆子的。他从心眼里喜欢他们，敬佩他们作战勇敢。他们向地主要款子和催促赎"票子"的信，都是他俯在小桌或磨盘上写的。他看到了杆子们从成立到发展壮大，也看到了大杆子内部的矛盾、杆子与地主豪绅之间又对立又勾结的复杂关系，还看见了大杆子与各派地方小军阀之间的复杂关系。一次，两派小军阀争着要收服这支大杆子以扩充自己的实力，杆子得罪了一派地方小军阀，遭到这个小军阀的部队和几千名红枪会成员的追击和围攻。被追击时，他随时有被流弹射死的可能。总首领的"二驾"看见，大声命令："娃儿，快牵着我的马尾巴！"他牵着马尾巴渡过了河，方知中了计。他们被包围在一座大庙中，四面到处是红枪会和地方军阀部队的旗帜。一位叔叔猛一下将他拉下墙头，骂道："娃儿！要打死你了！"责备他做了军阀的靶子，很容易中弹死去。第三天，他随着杆子在黑夜突围，辗转跑到义父的村子里隐藏起来。几天以后，他的义父派人送他回到邓县家中。这时已是1925年的春天。屈指算来，他在土匪窝里竟然度过了一百天！他大声地呼唤着娘。母亲听见他的呼唤，立刻在病床上哭着说："哎！三儿的魂灵回来了！"

1929年春天，姚雪垠从家乡去省会开封，考入河南大学预科。就在这一年，他在《河南日报》副刊上，以笔名"雪痕"发表了处女作短篇小说《两个孤坟》。次年，姚雪垠因参加中国共产党所领导的政治斗争及学潮被捕。不久出狱，因"思想错误，言行荒谬"的罪名被学校开除。得知将再次被捕，姚雪垠逃往北平，从此开始投稿生活，并刻苦自学历史和古典文学，为此后的文学创作生涯打下了坚实的基础。1935年起，姚雪垠陆续在北平《晨报》、天津《大公报》发表短篇小说。1937年8月北平沦陷后，姚雪垠由北平回到开封，参与创办《风雨》周刊。1938年冬，姚雪垠在鄂北襄樊参加文化工作委员会，在湖北均县举办抗战文化工作讲习班。1941年，姚雪垠在大别山主编文艺刊物《中原文化》。1943年初，姚雪垠到重庆，被选为中华全国文艺界抗敌协会理事，并担任创作研究部副部长。1945年初，姚雪垠去四川三台，任东北大学中文系副教授。

姚雪垠与夫人（上图）
姚雪垠与茅盾（下图）

姚雪垠的成名作、短篇小说《差半车麦秸》，1938年初在茅盾主编的《文艺阵地》（香港）发表，迅速引起整个文坛的注意。当时，标语口号式的作品充斥文坛，《差半车麦秸》的出现使读者眼前一亮，耳目一新。这篇作品运用新鲜生动的群众语言，成功地塑造了一个农民抗日游击队员的典型。评论界公认这是一篇优秀的抗战文学作品。后来，这篇小说被译成多种文字，在国外也同样获得了好评。从1942年起，6年间姚雪垠相继出版了《牛全德与红萝卜》、《新苗》、《重逢》、《春暖花开的时候》、《戎马恋》（一名《金千里》）、《长夜》等中、长篇小说。《牛全德与红萝卜》是一部反映抗战初期游击队生活的长篇小说，《春暖花开的时候》《戎马恋》等作品反映的是国统区一部分小资产阶级知识分子的生活。在这些中、长篇中，写得最好的一部当属1947年在上海出版的《长夜》。这是中国第一部真实、深刻地描写农村"土匪"生活的现代长篇小说。由于少年时代的特殊经历，作者对当时豫西一带多如牛毛的"绿林"人物和"杆子"生活很熟悉，因而这部充满乡土气息和传奇色彩的作品写得非常生动感人，为旧中国农民的悲惨命运和自发斗争留下了史诗般的形象描绘。然而，这样一部优秀的作品，由于种种原因，发表后竟未受到应有的重视。在20世纪80年代初重见天日后，《长夜》令许多读者和研究者刮目相看。他们认为，在阅读了《长夜》之后，才更深刻地认识了作者的生活道路和创作历程，窥测到从《长夜》到《李自成》之间的联系和发展。

抗日战争后期，姚雪垠计划写三部曲小说：《黄昏》《长夜》和《黎明》，以艺术手法再现旧中国农村生活的巨变。他先写了《长夜》，抗战胜利后在上海一家报纸上连载，没有载完就出了单行本。因为要拿稿子换钱吃饭，没有条件再展开故事、精雕细刻，留下了某些遗憾。《黄昏》《黎明》均未写成。他后来不无感慨地写道："我从前绝没料到，我在少年时代的一段杆子生活和《长夜》的写作，对我中年以后写《李自成》会有帮助。我的义父和几位勇敢的叔叔，在《李自成》的人物身上有着淡淡的影子。比如说，我的义父的性格就淡淡地投影到高一功身上，一个名叫赵狮子的叔叔的性格也影响到我所塑造的袁宗第。我当然没有机会参加李闯王的孩儿兵营，但是每当构思和描写那些孩儿兵的战斗生活时，老年的心中不能抑制地奔腾着少年时代的热血、一股古老时代的浪漫主义感情。"

他在为人民文学出版社重印《长夜》致读者的信中说："这是一部带有自传性质的小说。小说的主人公陶菊生就是我自己。我是农历九月间生的，九月俗称菊月，所以我将主人公起名菊生。这故事发生在1924年的冬天到次年春天，大约一百天的时间。这正是我被土匪捉去的那段时间。""我在写《李自成》时，取自《长夜》中的生活经历不少。……《李自成》中有些故事情节和人物可以在《长夜》中找到影子或原型。"

三、《李自成》传奇

《李自成》从开始写作到全部出齐，历经42年（1957—1999）。从1963年第一卷出版，到1999年出版第四、五卷，历时36年。在当代中国小说史上，没有哪一部作品经历如此漫长的时间。此外，此书的写作中途遇到"十年动乱"，侥幸得到最高领袖的支持，才免于夭折；此书出版后产生了巨大影响和争议；等等。所有这些，使它成为小说史上少有的传奇。

新中国成立后，姚雪垠立志专事创作，但一直不能如愿。1950年春，他在不惑之年任上海大夏大学教授，兼任副教务长和代理文学院院长。1951年夏天，他果断地辞去教职，回到故乡河南省文联当一名专业作家。途经南京，他谢绝了南京大学中文系主任方光焘的邀聘。以后若干年中，几乎每年都有高等院校中文系前来邀请他去教书。面对这些邀请，包括新成立的郑州大学校长嵇文甫的邀请，他都一一谢绝了。1953年，中南作协成立，他由郑州迁居武汉，继续从事创作。但在当时的历史条件下，他的许多重要创作计划都化为泡影。以河南镇平的彭锡田和内乡的别廷芳为原型的长篇小说《小独裁者》，已写出10万字，自己不满意，一把火给烧掉了。以新乡通丰面粉厂的历史为素材的长篇小说《白杨树》，他写了20万字，因受阻挠，愤而将其烧毁。1957年春天，他赴京修改《捕虎记》，拟交给作家出版社出版，后因反右派斗争开始而泡汤。

为响应党的号召，姚雪垠本着"知无不言"的精神，在《文艺报》上发表了《打开窗户说亮话》一文，对文艺界的某些领导提出了善意的批评。然而，由于这些"逆耳忠言"（包括1956年发表的《打破清规戒律》、1957年发表的《惠泉吃茶记》和同年在一次座谈会上的发言），姚雪垠竟遭大灾，被划为极右分子，横遭批判斗争，并一度被送往农村监督劳动。直到22年之后的1979年，沉冤才得以大白，有关部门郑重宣布予以改正。

姚雪垠被划为极右分子后，单位的领导在大会上宣布："给你一碗饭吃，让你活下去，作为反面教员。铲除右派的毒草，壮大左派的鲜花。以后不能让你发表文章，也不能出你的书。"就在这时，一种使命感异常强烈地撞击着他。姚雪垠决定动笔创作长篇历史小说《李自成》。他没有奢望写成能够在生前出版，只想着死了以后，后人将这部稿子交给国家。一年后，他在被"孤立"的状态中，秘密完成了《李自成》第一卷的草稿和第二卷的部分草稿。1958年8月，经湖北省委批示，他被正式划为极右分子，下放到武汉郊区东西湖农场劳动。当时提倡写"改造思想"的日记，他在日记中偷记有关历史问题的思考和小说艺术构思。白天干的尽是修公路、挑塘泥、运砖石一类的重体力活，夜晚成了他的黄金时间。他躲在蚊帐里，守着电石灯，把白天想到的情节写到草稿上。一次，他得了急性关节炎，不能走动，坐也坐不住，只能拄着双拐艰难行动，因而被批准回武汉看病。他回到作协，住进一间空房，顾不上去医院诊治双腿，而是利用这难得的机会抓紧整理第一卷的草稿。1960年，中央对右派分子的政策有了松动。10月，他被宣布摘掉右派分子帽子，离开农场，分配到武汉市文联。姚雪垠戏称，《李自成》的写作，从此由地下转到地上。1961年夏天，《李自成》第一卷整理出雏形。1962年初，姚雪垠将《李自成》第一卷初稿通过中国作家协会转给中国青年出版社。出版社有意出版，遂派文学编辑江晓天抵达武汉，与作者商谈有关事宜。

1962年夏秋之间，中国青年出版社将《李自成》第一卷打印，装订成册，分别送一些专家学者审阅，其中有明史专家吴晗。吴晗工作很忙，但他拿到样本后，爱不释手，用整整一个昼夜连续读完，立刻兴奋地打电话告诉中国青年出版社编辑，说这部书的成就超过了《三国演义》。他说他不久要率团出访伊朗，很希望在出国前能与作者面谈。姚雪垠专程来到北京，吴晗请他在北京饭店吃饭，责编江晓天作陪，畅谈了两个小时。当代人所写的历史小说，获得一般读者的称赞较为容易，要想得到高层专家学者的佩服和称赞很难。吴晗的首肯令姚雪垠感动，也增强了姚雪垠的自信心。对于《李自成》的成就超过《三国演义》一说，他是接受的。他对吴晗说：我比罗贯中晚生了六百年，《李自成》应该超过《三国演义》，这是起码的进化论观点。我能够利用历史唯物主义的思想方法进行历史题材的研究，罗贯中时代没有这一条件。我可以借鉴许多中西小说及其他文学遗产，罗贯中也缺乏这种条件。罗贯中在历史观上的思想水平停留在南宋人的水平上，主张以蜀汉为正统，这比我相差太远。不是我聪明，而是时代不同。《三国演义》长于写计谋，但往往不会写具体的战场生活，更不会写日常生活。在这次长谈中，吴晗在充分肯定作品的同时，也提出了极有见地的意见，令姚雪垠受益良多。

"右派分子"摘帽，但姚雪垠仍为"摘帽右派"。湖北省委宣传部对《李自成》的出版，向中国青年出版社提出三条"限制"：一、不宣传，包括不在报上登新书介绍；二、控制印数；三、稿费标准从严、偏低。《李自成》第一卷（上、下册）1963年7月由中国青年出版社正式出版，出版消息不胫而走，很快在读书界引起轰动。

姚雪垠听到了掌声，得到了赞扬和鼓励，同时也听到了贬斥声，遭受了冷眼。有人写出文章，批判这部小说是"反党反社会主义的大毒草"，由于武汉市委领导知道这部书在北京获得了好评，又知道中南局第一书记陶铸很称赞这部书，这篇文章才未能出笼。姚雪垠听说后感到很欣慰，又清醒地意识到，在学术上艺术上获得的赞扬并不能改变自己"摘帽右派"的身份。他决定将书寄给毛泽东，寄希望于伟大领袖来改变他的处境。他和夫人王梅彩一起怀着诚敬之心细心包装好两册《李自成》，又一起到邮局办理邮寄。刚好有文友在场，问他："现在的出版物那么多，主席又那么忙，未必会看你这部书。"姚雪垠胸有成竹地说："这不是一般的小说，这是《李自成》。主席一向重视李自成。"果如姚雪垠所料，毛泽东虽然工作极其繁忙，但还是抽空阅读了《李自成》，并且给予肯定。"文化大革命"开始不久，毛泽东在武汉主持中央政治局扩大会议，对湖北省委第一书记王任重说："你告诉武汉市委，对姚雪垠要予以保护。他的《李自成》写得不错，让他继续写下去。"次日，王任重将此指示电话告知武汉市委第一书记宋侃夫。这一"最高指示"实实在在地保护了姚雪垠，挽救了《李自成》。武汉市委根据王任重传达的"最高指示"，对工作队作了特别指示。不久，姚雪垠家中被抄，但书籍、资料、笔记、稿件、卡片等均未受到触动。可以设想，如果没有毛泽东的指示，姚雪垠会随时被造反派揪斗游街，甚至打伤、关押，稿子和藏书会被抢劫，大量的读书卡片会被烧毁，写完《李自成》的夙愿，将会付之东流。

毛泽东与《李自成》的故事并未结束。"文革"期间，《李自成》依然受到各种形式的批判，在铅印小册子《毒草100种》中被列为第52种。1968年秋，姚雪垠去武昌县金口参加"斗批改"。1970年3月，姚雪垠在蒲圻县的"五七干校"管理仓库、放牛。1972年春，获知《李自成》第一卷已被列入"开放书目"，姚雪垠遂向武汉市革委会有关负责人要求继续写作《李自成》，获得同意。于是，姚雪垠在干校一面劳动，一面写作《李自成》第二卷。1975年，写作受到干扰，进展缓慢。一位热心朋友建议他给毛泽东写信，请主席给予帮助。这一建议虽好，但有很大危险。因他是"摘帽右派"，万一信件落到别人手里，也许会惹出大祸。经过周密策划，10月19日，他将信件寄出，经胡乔木出面，将信件直接转到了毛泽东手中。当时毛泽东已患病很久，又有眼疾。他看了姚雪垠的信，用铅笔在胡乔木转信的报告上写下批示："印发政治局各同志，我同意他写《李自成》小说二卷、三卷至五卷。毛泽东　十一月二日。"从毛泽东1966年交代王任重保护姚雪垠至此，已过去9年多，中国经过无数大事，但他仍然没有忘记《李自成》第一卷留给他的深刻印象。他批示的"印发政治局各同志"意义深远。他已到垂暮之年，他希望他的意见成为中央政治局的共识，不会因他的离去而改变。十年"文革"，毛泽东为保护一个作家而做出的批示，仅此一例。

1975年12月21日，姚雪垠抵达北京，住进中国青年出版社幸福一村宿舍，安心写作《李自成》，再也不用担心受到外界干扰。1976年12月，《李自成》第二卷由中国青年出版社出版。1977年7月，《李自成》第一卷修订版由中国青年出版社出版。1978年2月，姚雪垠回武汉参加湖北省第四次文代会，当选为湖北省文联主席。2月下旬,姚雪垠出席政协第五届全国委员会第一次会议。

人民文学出版社恢复出版业务后,时任总编辑韦君宜曾专程来到武汉,与姚雪垠商量《李自成》的出版事宜,姚雪垠谢绝了。《李自成》第一卷1963年由中国青年出版社出版,令他终身难忘,也开启了他与该社长达30多年的交往。当时他曾联系多家出版社,碍于他"摘帽右派"的身份,只有中国青年出版社一家愿意出版。他与第一、二卷的责编江晓天,第三卷的责编王维玲等人在合作中也建立了深厚的友谊。

《李自成》第一、二卷出版后,受到许多著名作家、学者、教授的高度评价。文学大师茅盾与作者多次通信提出看法,并写了长篇评论。他认为:"这是'五四'以来第一部长篇历史小说。""中国封建文人也曾写过丰富多彩的封建社会的上层和下层的生活,然而用历史唯物主义和辩证唯物主义来解剖这个封建社会,并再现其复杂变幻的矛盾的本相,'五四'以后也没有人尝试过,作者是填补空白的第一人。"(《关于长篇历史小说〈李自成〉》)

四、饮誉异邦

1985年年初,在北京出差期间,我去木樨地看望姚雪垠。他很兴奋,说前不久访问了法国,受到很高礼遇,还去新加坡参加了一个文学奖颁奖大会。他还把法国总统写给他的亲笔信、马赛市市长授予他的纪念勋章,以及他与台湾作家合影的照片拿出来给我们看。

1984年10月27日至11月9日,姚雪垠应邀参加马赛玫瑰节世界名作家会议,并访问了巴黎等地。他是唯一受邀的中国作家。这次出访与他的长篇小说《长夜》法文版在法国弗拉马利翁出版社出版有关。这次会议的一项重要内容,即介绍姚雪垠的这部著作,请他在书籍发行仪式上签名售书,与法国读者见面,并接受当地报纸、电台和电视台的采访。

《长夜》的译者是李治华先生和他的夫人雅克琳·阿蕾扎伊思女士。两人又是《红楼梦》的法文译者,是当代法国为数很少的高水平的翻译家。《长夜》在法国出版之后,立刻引起了读者

马赛市市长德菲尔向姚雪垠授勋(1984年)

法文版《长夜》(1984年)

的兴趣，不少报刊对此书进行了评价。有的文章称"《长夜》是一部最写实而惊险的小说"，"是一部历史性、真实性很强的书，真正反映了中国20世纪二三十年代社会生活的风貌"。在作家签名售书活动中，《长夜》成为最受欢迎的书，销售量超过了法国本土的著名作家。书很快脱销，出版社灵活采取先收款以后再发书的办法，由姚雪垠在白纸上签名，交给购书读者。姚雪垠笑着说，法国人性格外向开朗，有的法国姑娘得到签名后，高兴得向他送来飞吻。这样的场景在中国从未出现过。

11月5日上午，马赛市政府的墙壁上悬挂着中法两国国旗。法国国土整治设计国务部长兼马赛市市长德菲尔先生代表市政府授予姚雪垠马赛市纪念勋章。这种勋章通常只授予访问马赛的外国元首和有特殊贡献的世界名人。在这次与会的几十名作家中，姚雪垠是唯一获得这种勋章的人，他感到格外荣幸。

巴黎著名的法兰西学院和刚刚成立的中国学院联合为姚雪垠访法举办了文学报告会，姚雪垠在报告会上发表了演讲，演讲的题目是"新体裁的历史小说"。他操着带有河南乡音的普通话，不拿讲稿，兴致勃勃地阐述他走中国道路写作的理念，引起了法国汉学家们的极大兴趣。原定演讲45分钟，实际时间超过了一个半小时。姚雪垠还接受了法国国家电视台等多家电视台、电台记者的采访及法国《世界报》《人道周报》《欧洲时报》和美国《环球画报》等报刊记者的访问。《李自成》虽未译成法文，但在法国却有不少人知道这部巨著。记者采访姚雪垠时，都会问到该部书的写作和出版情况。

这次访法给姚雪垠留下不少难忘的记忆，最值得纪念的事情莫过于姚雪垠同法国总统密特朗的交往和友情。姚雪垠一到巴黎，就托大使馆送给密特朗总统一本法译本《长夜》，同时赠送已经装裱好的写着"政治树高勋，文章作名家"的书法条幅，并带去他的亲笔信件。密特朗总统是政治家，同时还是一位作家。他于1980年秋以法国社会党主席身份访问北京时，曾会见了4位中国作家和一位画家，姚雪垠是其中之一。这次应邀来访，姚雪垠想通过赠送法译本《长夜》及书法条幅，表达一位中国作家对密特朗总统及伟大的法兰西人民的敬意。

密特朗总统收到姚雪垠的礼物和信件后，当即就让人将信件译成法文，朗读给正在参加内阁会议的人员听，并与他的阁僚们一起高兴地欣赏姚雪垠赠他的条幅。

姚雪垠将要回国时，收到密特朗总统一封措辞亲切的复信：

亲爱的姚先生：

我和我的夫人对您给我们寄来的您的作品法文译本表示感谢，对您的亲切题词，我们尤表感谢。

　　虽然我们不懂中文，您的信需要译者翻译，但您的书法之美使我们大饱眼福。希望您的这次法国之行是卓有成效的。在此，您能看到对您的热情款待，正如我每次去贵国访问所受到的热情款待一样。

　　祝愿您的《长夜》在法国获得成功。亲爱的姚先生，请接受我的衷心敬意。

共和国总统　弗朗索瓦·密特朗
1984年11月6日于巴黎

这封异常珍贵的信件，记载了中法文化交流的一段不朽佳话。

《李自成》第一卷被翻译为日文版《叛旗》，在日本出版，受到好评。1984年，《叛旗》荣获日本文部省颁发的翻译文化奖和出版奖。

　　1985年1月3日，从法国回到北京不到两个月，姚雪垠又一次出访，飞往狮岛新加坡。他这次是以中国大陆作家的个人身份，应邀来参加《南华早报》等联合举办的第二届国际华文文艺营和金狮文学奖颁奖大会的。中国大陆作家作为国际评委被邀请的，除姚雪垠外，还有秦牧和萧乾夫妇。除此，还有几位来自台湾、香港的作家和美籍华人作家。在新加坡期间，姚雪垠参加了座谈会、小说组的评审和发奖，还于1月6日作了题为"历史小说与历史"的专题演讲。他结合《李自成》的创作实践，深入浅出，极大地吸引了在场的一百多名听众。他演讲之后，新加坡和香港的几家主要中文报纸都作了报道。《联合晚报》的一位记者在《给十位外地作家颁奖》的报道中说"姚雪垠75岁，但神采奕奕，声如洪钟，越说越兴奋，越讲越激动"，应该颁给他"最佳精神奖"。这次新加坡之行，最令姚雪垠难忘的有两件事：一件是对香港作家徐速是否抄袭他的小说《春暖花开的时候》公案的了断，另一件是他同台湾女作家三毛的交往和情谊。有人认为，徐速的小说《星星·月亮·太阳》抄袭了姚雪垠的小说《春暖花开的时候》，徐速生前一直不承认。现在人已故去，此事便成为一桩公案。姚雪垠面对记者，明确回答：用太阳、月亮、星星比喻三种女性性格，明显受了《春暖花开的时候》的启发。但从徐速作品的整个内容看，并非抄袭。姚雪垠公允的表态终使这件公案落下帷幕。

台湾作家三毛与姚雪垠含泪惜别（1985年，新加坡）

新加坡第二届国际华文文艺营将要闭幕，东道主1月8日晚7点在世界商业中心俱乐部为外地来的华文作家举行欢送宴会。席间，大家自由用餐，亲切交谈，唯独从台湾来的三毛显得有些异常。在宴会将要结束时，姚雪垠走到三毛身边，关切问道："你明天几点钟飞回台北？"三毛是个重感情的人，她忽然站起来，扑到姚雪垠的胸前，小声哽咽说："姚先生，请您亲亲我！"姚雪垠面带微笑，慈祥地抱住三毛，亲了她的两颊。三毛感动得哭了起来，对姚雪垠说："中国大陆也是我的祖国，是我的父母之邦，至今我却没有能够回去看看……"姚雪垠听后，顿时收敛了笑容，严肃地说："三毛，别难过了。你什么时候想回大陆去看看，我就什么时候请中国作家协会对你发出邀请。"三毛热泪奔涌，更加失声地痛哭起来。全场的主客都惊呆了。所有照相机几乎同时对着三毛和姚雪垠。三毛不愿让大家看到她流泪，忙用手中的纸袋遮挡面孔。姚雪垠这时激动地大声说："三毛，这是民族的眼泪，崇高的眼泪！不要遮脸，取下纸袋，让大家拍照吧！"三毛听后，果然把纸袋取下，让大家抢拍。

姚雪垠在新加坡巧遇台湾作家三毛的故事通过媒体的报道后，迅速传遍海内外。它感动了众多的读者，让人们见证了两岸作家血浓于水的民族亲情。

五、艺无止境

最后一次看望姚雪垠是在1994年5月。

他的气色很好，两眼炯炯有神，全然不像一个84岁的老人。对于家乡来的人，他总是格外亲切地询问有关河南的各种信息。我将几个与人生有关的问题交给他，请他方便时作答。他看了看，笑着说："现在即可回答，你做记录。"

他的回答十分简洁，个性鲜明。关于成功的经验，他仅用"用功"二字作答。关于读书，他说他是杂学，什么书都看。年轻时接触马克思主义哲学。北伐时国民党屠杀共产党人，他接受了马列主义，几十年坚定不移。他认为一个史学家如能掌握马列主义哲学这个思想武器，受益终生。问起嗜好，他说，读书，写作，写旧体诗词，便是全部嗜好。除此之外，几乎没有什么娱乐。说起如何看待金钱和名利，想不到这个问题竟引发了老人的悲伤，气氛顿时严肃起来。他是一个达观和超脱的人，一生淡泊名利，对生活标准要求很低，整天都在研究与写作，家务事都由夫人和儿子操心。"两年前，老妻不幸中风，留下了瘫痪、失语的严重后遗症。住院期间，需要缴纳很多押金。我问儿子，家里还有存款没有？儿子说，没有了。当时我大哭了一场。一个国内外都有影响的老作家，穷得没有钱给老婆治病，怎不令人伤心？"看到姚老难受的表情，我连忙把话题岔开。一般读者也许很难理解，一个小说印数有几百万套的畅销书作家，家里怎能如此拮据？按常理是不应该的。可在当时，国家刚刚恢复稿酬制度，标准很低，且跟印数关系不大。姚雪垠并没有因畅销书而致富。他又是一个慷慨之士，荣获茅盾文学奖后，当即把几千元奖金捐给了中国儿童基金会。1984年，他又捐出家乡祖产房退赔款四千多元，设立了邓县中小学生"作文奖"。他没有想到，自己需要用钱时，却遇到了尴尬。我问，《李自成》何时出齐全五卷？他无奈地说："还在修改，还有不满意的地方。如果急着挣稿费，现在就可以出版。但我不是为了稿费而写。我这样做，是对历史负责，对读者负责，对我在中国文学史上的地位负责，尽量少留下一些遗憾。"听到这里，对老作家为读者着想、为历史担当的敬仰之情油然而生。关于有否座右铭，他说："有三个：一、加强责任感，打破条件论，下苦功，抓今天。二、耐得寂寞，勤学苦练。耐得寂寞，才能不寂寞；耐不得寂寞，偏偏寂寞。三、艺术追求无止境。"这些全都是他几十年的人生感悟和追求。他的书房即题名为"无止境斋"，由他本人书写。

因为夫人生病，家里请了一个保姆打理家务。姚雪垠已进入耄耋之年，不但自己照料自己，而且还要帮助夫人穿衣起床。他说这个活保姆干不了。目睹姚雪垠为卧床不起的夫人穿衣起床，并扶上轮椅的全过程，我深受感动。眼前是一个满头银发的绅士。他笑容可掬地对老妻说话，让她配合，一举一动都充满着无限柔情。

姚雪垠一生能有如此成就，得力于他的贤内助——王梅彩。他们1931年春天在开封结婚，当时姚雪垠21岁，王梅彩小他3岁。此后60多年的漫长岁月，他们患难与共、相濡以沫、相敬如宾。1961年，为了更好地照顾丈夫的生活、工作和写作，王梅彩辞去工厂教职，甘愿做一名全职的家庭主妇。

我提出让姚老写幅字作纪念，他愉快地答应了。他说："我不是书法家，很多人向我求字，我都未写。人得有自知之明嘛。不过，常香玉和申凤梅来找我，我都写了。她们说，你的字给领导送，能争取政府拨款，管用。支持河南的戏剧事业，我能推托吗？字不好，不是因为笨，而是功夫不到。如果我把写《李自成》的功夫用在练字上，咱也是书法家了。"

过去听说姚老的字难求，几次拜访都未敢张口。听了他的一席话，明白了他不轻易写的缘由，更增添了一层敬意。他给我写了四个字"多读好书"，这是一个文化老人对晚辈的期望和勉励。

1996年2月，姚雪垠也不幸中风，但他没有妻子严重，能够吃力地说话，由人扶着尚可走路。出院以后，身体每况愈下，一直在疾病煎熬中度日。1999年4月29日，他的心脏停止了跳动，走完人生的最后历程。

姚雪垠是交织着欣慰和遗憾远行的。在他清醒时，已将《李自成》第四、五卷交付给中国青年出版社。出版社一直在加快该书的编辑出版过程，并且成立了专门班子，编纂《姚雪垠书系》，力争让姚老能够在生前看到《李自成》第四、五卷和《姚雪垠书系》的出版。这令他欣慰。但他最终未能如愿，留下了遗憾。

在他逝世四个月后，广大读者盼望已久的《李自成》第四、五卷，在同第三卷相隔18年后，出版发行。至此，作者花费42年心血创作、长达330多万字、共5卷12册的皇皇巨著，全部出齐。22卷本、共800万字的《姚雪垠书系》也开始陆续出版。

1999年9月，中共中央宣传部、文化部等联合推出10部长篇小说，向中华人民共和国成立50周年献礼，《李自成》名列其中。

2000年1月，姚雪垠的亲属根据姚老生前夙愿，为鼓励和繁荣长篇历史小说创作，捐出《李自成》第四、五卷版税50万元，经中国作协批准，在中华文学基金会设立了"姚雪垠长篇历史小说奖励基金"。

2000年11月，姚雪垠的骨灰安放在北京西郊香山脚下的福田公墓，与王国维等文化名人为伴。他的墓地颇具个性。墓碑前是一座呈打开书页状的汉白玉石雕，右边一页刻着姚雪垠一生三个时期的代表作——青年：《春暖花开的时候》；中年：《长夜》；晚年：《李自成》。左边一页镌刻着逝者于1975年8月写的七律《无题》：试问迢遥路若何，丰碑数尽玉嵯峨。低回红楼辞水寨，怅望青枫吊汨罗。子美应夸诗律细，耐庵未必英雄多。心随八月潮头壮，弱腕引弓射大波。

《李自成》称得上一部大书，它的作者更是一部大书。2010年9月，在姚雪垠百年诞辰前夕，中国文联、中国作协、中国当代文学学会、河南省邓州市分别举行了纪念活动，纪念活动包括座谈会、学术讲座、为姚雪垠文学馆的姚雪垠铜像揭幕等。中国作协主席铁凝在缅怀了姚雪垠的人生历程后深情地说："我们纪念姚雪垠先生，不仅因为他的文学成就，而且因为他为取得这些成就所付出的巨大努力。姚雪垠先生高尚的人品、文品，将永远被文学界铭记，成为激励后人奋发向上不断进取的动力与楷模。"

钱伟长
（1912—2010）
物理学家、教育家

钱伟长：国家需要就是我的志愿

一、"学习是一辈子的事情"

钱伟长教授是我国著名的数学家、物理学家、教育家。青年时代，他到加拿大和美国留学，学习研究过雷达、火箭。他和钱学森、林家翘一起，成为世界上火箭、宇航工程研究的开拓者。1946年，他抱着把自己的全部知识和才智贡献给祖国的强烈愿望回到北平，在清华大学机械系教力学。新中国成立后，他担任过清华大学教务长、副校长，创办了中国科学院的两个研究所。周恩来总理生前称他为中国著名科学家"三钱"之一。1957年，钱伟长被错划为右派，1979年恢复工作后任中国科学院学部委员、清华大学教授。1980年6月下旬，他应河南省科协和中国铁道学会河南分会的邀请，专程来郑州做学术报告。

借此机会，7月7日，我与同事王鉴到钱伟长教授的下榻地中州宾馆拜访。钱老热情地接待了我们。虽然钱老刚刚病愈出院，但看来精神很好。我们问候了他的身体，请他谈谈青年人如何学习的问题。他即刻把话锋转到正题上："按照你们的要求，今天我集中谈谈学习问题。"

他说："我是这样认识的，可能和一些人不一样。我总觉得学习是一辈子的事情，不是一个时期的事情。在学校里固然是学习和锻炼，可在工作以后同样是学习和锻炼。这一点，很多人是不理解的。很多人把学习跟工作截然分开了。一个人，从我自己的经验看，在工作期间学习到的东西大大超过在学校里学到的。在学校里顶多不过十五六年吧，可人一辈子至少工作30年，甚至40年。很多人的才干是工作中得来的，不是从学校里得来的。我可以举出很多很多人来，一些有名的科学家、文学家，有的连学校门都没进过。可是我们有千千万万个从学校里出来的人一事无成。"

接着钱老举了几个例子。明代李时珍，一直是个布衣，从来没有进过学校，可是他四处访问，四处学习，到很多山里去采药，花了整整30年的工夫，写成一部《本草纲目》，

大学时代的钱伟长

为祖国的医药事业作出了巨大贡献。后来又有一个徐光启，考了4次举人都没有考中，他勤于学习，用毕生的精力研究天文和农业科学技术，临终前写出了《农政全书》，叮嘱儿子一定要把它出版。这是我国一部最大的农业书，里面有很多东西至今仍然有用。

"你看，他考了4次都没考上，可他从不灰心，一直在学习。他学的都是对人民有用的东西，而不是'四书'和'五经'。他要学八股文，早考上了。至于抱着做官思想去学习的人，虽然活着的时候可能做了官，可死了以后，谁还想起这种人来？李时珍现在大家都承认，他是什么官也没有做过。"钱老一直微笑着娓娓而谈，说到这里，禁不住畅怀大笑起来。从笑声里我们感受到老科学家坦荡无私的胸怀。他鄙视那些把上学看作当官之道的人，而对一生勤奋学习作出贡献的人由衷地敬仰。他问："对不对？"

我们不约而同地称是。钱老无意表白自己，但这些话却清楚无遗地显示了他的人生观。

"我们要做哪种人呢？我看应该学习李时珍、徐光启。他们是一辈子学习的，而那些学而优则仕、当官的，后来就不学习了。他们学习是为了做官。所以我说，学习是一辈子的事情。我就是尽量来这样要求自己的。"

钱老的确是这样要求自己的。我们知道，他的人生道路很不平坦，1957年因说了几句真话而被错划为右派，"文化大革命"中又受到无情的批判。但这些丝毫也没有动摇他的意志，他以顽强的毅力坚持学习，努力工作，在专业上从没有掉队。听省科协的同志讲，他每天的时间利用率是很高的，就是在郑州住院期间，他也没有停止学习和工作，还在病床上校对即将出版的书稿。去年一年他发表了15篇科学论文，还编写了120万字的讲义。

他谈到华罗庚教授："这篇文章你们看到没有？登在《半月谈》上面，题目叫'华罗庚教授谈青年自学'。"钱老一边说着，一边随手拿《参考消息》，指给我们看。那上面刊登着《半月谈》杂志第五期的目录。"这篇文章我还没有看到，不过我相信他讲的话是对的。他是没有进过大学的，没有受到大学的正规训练，可这个并没有限制住他。青年时代他是每天勤奋学习，以后一辈子就是这样坚持下来了。"

接着他谈到我国的大学生情况："我国大学生不少，真正做出成绩来的也有，而没有做出成绩的还是大多数。"他讲到著名的青年数学家陈景润。这是一个曾被人视为"白专典型"的人,"文化大革命"中被批斗过,最后只能住在人家的厕所里,没有桌子,就在床上写,在如此恶劣的环境里专心致志地学习,终于对哥德巴赫猜想的研究,做出了重大突破,在摘取数学皇冠上的明珠的攀登中迈出了可喜的一步。

"上大学只是学习的一个过程,而不是学习的终结。要一生不停地勤奋学习,这是最要紧的事。假若我不学习,我也完了。我大学毕业时还没有什么计算机,也没有原子弹、宇航,大学里学不到,因为没有这门功课。我就是在工作中不断学,不断提高,来适应新的情况、新的工作环境。"

他以大科学家爱因斯坦为例,来说明在学校里学习成绩的好坏并不决定一个人一生的成就。爱因斯坦在中学里成绩不好,他上大学是考了两次才考取的。他原来的老师说这个人没有什么出息。大学毕业后,爱因斯坦做了瑞士政府发明局的一个小职员,那是枯燥无味的工作。可他继续努力,7年后发表了科学史上影响最大的一篇文章《狭义相对论》。

二、"人人都是人才"

"有一些同志,自己很容易自卑,把一些学习好的人看成是天才,其实不然。他或者是学习比你勤奋,或者是学习方法比你好,而不是你笨,他聪明。我是反对天才论的。我承认人生来智力是有差别的,但我认为这个差别不大,主要是后天的刻苦钻研,又努力又得法。

"人人都是人才。绝不要去听'千里马'这句话,我是反对这一套的。每个人都有才能。只要认认真真地做,这三年不是,下三年你就是了。我是相信所有的马经过适当的努力和培养,都可以变成一匹好马的,除非它是蹩脚马——那是另一回事。"

"人人都是人才",这是钱老反复强调的一句话。

他谈到自学的方法问题。"刻苦是一个必要的条件,但不讲方法,还是起不了多大作用。必须注意两点:一是要弄通和理解,切忌死记硬背。死记硬背的东西是没有用的,也不可能记得牢。人应该逐步从幼年的习惯——模仿和死记逐渐过渡到真正的理解。这是很重要的。这个过渡完成得越早,对人越有利。二是学习中要注意记大的要点,不要'只见树木不见森林',为一些小问题纠缠不休而模糊了视线。"他举了一个非常通俗的例子来说明:好比人走路,聪明的人在路上碰到一块石头,绕一绕就走过去了。愚蠢的人不是这样,而是停下来,把石头搬掉才走。这样就大大落后于别人。他在这里讲的绝不是要人们去回避学习中遇到的矛盾，而是提醒人们注意抓主要矛盾。

想到国家在培养和使用人才方面存在的一些弊病，我们请钱老谈一谈人才学的问题。

"我不谈这个学问。"他说着摆了摆手，"也太玄了，人才学我不懂。我觉得到处都是人才。人才学不是天才学。我们讲，每个人都可以发挥他的才能，只要他真正掌握了自己。

"强调'千里马'也是个问题，很多人认为自己不是这块料。认为不是这块料，就坏了。哪有天生的好料？没有。钢还要炼哪！没有人生下来就是一块好钢。你们不要把科学家都描写成天才，我就承认自己不是。我只是比别人努力点、用功点。这无论如何要写出来，这样才能鼓舞大多数人努力工作。我36岁学力学，44岁学俄语，58岁学电池知识。不要以为年纪大了就不能学东西。我学计算机是在64岁以后，现在已经在使用计算机，当然不像年轻人那么好，不过也吓不倒我。我的信条是活到老，学到老，做到老。"

三、"国家需要就是我的志愿"

我们请钱老谈谈他青少年时代的学习经历、年轻人应如何选择人生志愿。

他稍微沉思一会儿，用很低的声调向我们叙说那些遥远的往事。钱老1912年10月出生在江苏无锡一个贫穷的诗书之家。父亲钱挚是小学教员。"伟长"的名字是叔父钱穆给取的。7岁过后，钱伟长在乡村学堂接受启蒙教育。小学毕业后，他虽然渴望升学，但家境贫寒，不得不辍学。1925年，父亲受到无锡县立初级中学的聘用，薪水略有增加，他才得以到无锡求学。就在这年，父亲突然病逝。接着，一个弟弟和三个妹妹先后夭亡。家里更加困苦了，他依靠叔父钱穆的接济才得以继续求学。18岁那年，钱伟长毕业于无锡市第一中学，在报考大学时，被清华大学、交通大学、浙江大学、武汉大学、中央大学五所名牌大学同时录取。此时，他叔父钱穆已到北京大学任教。钱穆从北平来信，建议侄儿到清华读书。清华大学根据他的考试成绩——历史与国文成绩最好，历史竟得满分，准备把他分到中文系或历史系去。最终，他走进了清华大学历史系。钱伟长属于"偏科生"，偏文史，数理化一塌糊涂，物理只考了18分，数学、化学共考了20分。但正是这样一个在文史上极具天赋、数理上极度"瘸腿"的学生，却在一夜之间做出了一个惊人的决定：弃文从理。

这个决定做出于他进入历史系的第二天，这一天正是1931年的9月18日，日本发动了震惊中外的"九一八事变"，侵占了我国的东北三省，而蒋介石却奉行不抵抗政策，说中国战则必败，因为日本人有飞机大炮。从收音机里听到这个消息后，钱伟长义愤填膺，拍案而起："我不读历史系了，我要学造飞机大炮，转学物理系，以振兴中国的军力。"钱穆不同意钱伟长学物理。钱伟长动了动脑子，去求助史学大家顾颉刚，他知道叔父很听顾颉刚的话。难得的是，顾颉刚居然满口赞成："我们国家站不起来受人欺负，就因为科学落后。青年人有志于科学，我们应该支持。"钱穆于是不再反对。家庭通过了，还有学校这一关。物理系主任吴有训坚决不允。历史系主任陈寅恪又到处打听这位历史满分的学生为何不来报到。于是，陈寅恪处由钱穆去商量，吴有训处由顾颉刚出面通融。后来，吴有训对钱伟长说："那好吧，你先在物理系学习一年，如果到了期末考试你的物理和高等数学成绩达不到70分的话，再改学文史不晚。"钱伟长接受了这个条件。经过勤奋学习，一个学年下来，他各门功课的成绩均在70分以上。起初，钱伟长沿袭学习古文的办法，熟读强记物理学的典籍。吴有训教导他，不要认为书本上的东西全都正确。读一本书要能够读出它没有完成的部分，发现新问题。老师的一席话如醍醐灌顶，成为钱伟长一生治学的指针。等到他从清华毕业时，吴有训已经非常器重钱伟长，把他收为自己的研究生。

"你们问我如何选择志愿。我告诉你，国家需要就是我的志愿！"

1935年，钱伟长考取清华大学研究院，获高梦旦奖学金，随导师吴有训做光谱分析，并在黄子卿指导下研究溶液理论。同年12月，钱伟长参加一二·九运动。他1936年参加中华民族解放先锋队，1939年赴昆明西南联大讲授热力学，同年考取中英庚子赔款会的公费留学生。他本来是留学英国的，因他和同时考取的几位同学共同抵制海轮路经日本，撕碎了船票，只好作罢。1940年1月，钱伟长改赴加拿大多伦多大学学习，1942年获应用数学系博士学位。其博士论文《弹性板壳的内禀理论》发表于大科学家冯·卡门的60周岁祝寿文集内。为这本文集撰写论文的大多是世界一流的科学家，其中包括大名鼎鼎的爱因斯坦。据说，爱因斯坦看了钱伟长的论文后感叹：这位中国青年解决了困扰我多年的问题。钱伟长在论文里提出了板壳理论的非线性微分方程组。论文发表后，许多科学家指出，钱伟长是国际上第一个把张量分析用于弹性板壳问题的富有成效的学者。那组方程式则被世界公认为

"钱伟长方程"。1942年底至1946年，钱伟长任美国加州理工学院喷射推进研究所研究总工程师，师从世界导弹之父冯·卡门，从事博士后研究。其间，他发表了世界上第一篇关于奇异摄动的理论文章，被国际上公认为该领域的奠基人。

二战期间，伦敦遭受德国V-1、V-2导弹威胁，丘吉尔向美国请求援助。这件事被转到冯·卡门主持的喷射推进研究所。钱伟长仔细研究了德国导弹的射程和射点后发现，德国的火箭多发自欧洲的西海岸，而落点则在英国伦敦的东区，这暴露了德军导弹目前的最大射程。据此，钱伟长提出：只要在伦敦的市中心地面造成多次被击中的假象，以此蒙蔽德军，使之仍按原射程组织攻击，伦敦城内就可避免遭受导弹的伤害。英国接受了这一建议。这一招很灵。几年后，丘吉尔在他的回忆录中谈及此事，不胜感激地赞赏道："美国青年真厉害。"他不知道，这个与德军玩了个雕虫小技的人并非美国青年，而是中国青年钱伟长。

抗战胜利后，1946年5月，钱伟长以探亲为由回国，为祖国服务。他回到清华大学，任机械工程系教授，薪水很低，生活的困难颇令他失望。为了维持生计，他不得已只好在北京大学工学院和燕京大学工学院兼课，奔波于北平的三所大学讲课，但仍不得温饱。他不得不向单身同事、老同学借贷度日。1948年，友人捎信给钱伟长，告知他美国加州理工学院喷射推进研究所工作进展较快，亟愿他回该所复职，希望他携全家去定居并许诺给予优厚待遇。于是，他到美国领事馆申办签证，但在填写申请表时，他发现最后一栏写有"若中美交战，你是否忠于美国"，钱伟长毅然填上了"No"，拒绝赴美。

新中国成立后，钱伟长成为清华大学首届校务委员会常务委员，兼副教务长（未任命新校长，校务委员会主任为叶企孙，教务长为周培源，另一位副教务长为费孝通），1952年升任教务长。1956年，钱伟长被任命为副校长（校长为蒋南翔）。1954年，钱伟长和他的学生合著的科学专著《弹性圆薄板大挠度问题》出版，在国际上第一次成功运用系统摄动法处理了非线性方程。"钱伟长法"被力学界公认为最经典、最接近实际而又最简单的解法。这一成果获得了国家科学奖。1955年起，钱伟长任中国科学院学部委员，中国民主同盟中央常委。1956年，钱伟长参与制定并作为执笔人之一起草了中国12年（1956—1967）科学规划。1957年，中国力学学会成立，钱伟长任副理事长。

20世纪50年代，中国的高等教育全面照搬苏联模式。1957年1月，钱伟长发表了《高等教育的培养目标》一文，明确反对苏联模式中不合理的部分，提出要理工合校、重视基础学科，在清华园内引起了长达3个月的大讨论，清华报刊上连篇累牍地刊登批判钱伟长的文章。在反右派斗争中，他也因此被打成右派，撤销了诸多社会职务。当时被打成右派的共有6人，只有他没有去北大荒，原因是毛泽东保了他。毛泽东说，钱伟长是个好教师，要保留教授职位。钱伟长继续留在清华园，但失去了上课的机会。1968年至1971年，他被分配到北京特殊钢厂，在炼钢车间做了一名炉前工。炉前工工作很苦，用的铁棒重52公斤，一般人很难拿起，钱伟长也拿不起来。他利用力学原理，把铁棒的一头放在一个和炉子一样高的铁架子上，再去另一头把铁棒按下去，这样就拿起来了。工人们试了都说好。这个"发明"被迅速推广，10个炉子前都做了铁架子。1957年至1976年，他不能发表文章，但一直从事多项科学技术的研究和科学工程的设计，在多项领域都有收获和成果。他先后为各方提供咨询，解决了数以百计的技术难题，被人戏称为"万能科学家"。

邓小平会见钱伟长

1979年，中央撤销把钱伟长划为右派分子的决定。1980年，钱伟长恢复为中国科学院学部委员，并担任第五届全国政协常委、中国文字改革委员会委员。

"年轻时代我的学习环境很坏，家中很穷，小时候也有病。进了好几所小学，都是念了两三个月就离开了，从来没有实实在在念过一年书。在我13岁那年父亲就去世了，他死后什么东西也没有留下。母亲是农村妇女。我底下还有七个弟妹，日子相当艰辛。那时我四处流浪，中学是勉强上完的。学习成绩不好，数学和外语都很差。后来上了大学，安心念书，得了奖学金。在大学里我完全靠自学。因为靠听讲根本不行，开头什么也听不懂，后来慢慢跟上去了。实际上我在大学4年内学了8年的课程，可以3个系同时毕业。我是相信自学的，也一直是这样坚持下来的。在'文化大革命'那么困难的时期，我还是照样学习，一直到现在，仍然是非常努力的，可能努力到比一般人还多一点。"

最后，钱老又把话题转到学习上。他是以身说法，将希望寄托给青年一代。

我们深为老科学家奋斗不息、锲而不舍的精神所感动。真是"烈士暮年，壮心不已"！钱老当时已年近古稀，可看上去精神矍铄，精力充沛。据省科协的同志介绍，他打算在今后的10年里，每年写一部书。近两年来，他不顾高龄和工作繁重，跑了十几个省、市去讲学,介绍新学科。他说:"我想了很多,觉得需要到处跟青年人讲点话,所以我是不惜工本的。同时,我感到自己已近暮年,时间不多了,需要做很多的工作。因此我每天的劳动量很大。"

因为钱老当晚还要赶回北京,我们不便占用他更多的时间,便起身告辞。谈话并不算长,却使我们终身铭记,受益终身。

四、"大师"时代结束

1983年,邓小平亲自安排教育部下调令,调钱伟长担任上海工业大学校长,并写明此任命不受年龄限制。1983年至2003年的20年间,钱伟长历任第六届至第九届全国政协副主席。1984年,他提出汉字宏观字形编码,简称"钱码"。1986年,国家标准局组织的全国第一届汉字输入方案评测会上,"钱码"从34种方案中脱颖而出,被评为A类方案,单人输入速度第一。1984年钱伟长任民主同盟中央副主席,后任名誉主席。1994年,原上海工业大学、原上海大学与原上海科技高等专科学校合并,组成新的上海大学,钱伟长任上海大学校长。1990年后,钱伟长被聘为暨南大学、南京大学等十多所大学名誉董事长、名誉校长或名誉教授,担任美国、英国、荷兰等多国学术刊物编委。

2010年7月30日,世界上最年长的在任大学校长、中科院资深院士钱伟长在上海逝世,享年98岁。媒体称他为中国近代"力学之父""应用数学之父"。

2011年1月,钱伟长荣获2010年中国教育年度新闻人物特别奖;2011年2月,钱伟长荣获2010年度感动中国十大人物。2011年10月,上海大学钱伟长学院宣告成立,它被列入国家教育改革首批17个试点学院之一,其目标是培养全面发展、具有创新精神的优秀人才。

周恩来总理生前曾戏说:我们国家没有钱,但是有"三钱"。"三钱"指的是钱学森(1911—2009)、钱伟长、钱三强(1913—1992)。如今,随着钱伟长远去,三颗科学巨星全都陨落。斯人已去,国失栋梁。诸多媒体叹息,"三钱"全部殒殁,标志着一个"大师"时代的结束。

"国家需要就是我的志愿",钱伟长一生都在践行这句话。这是大师留给后人最宝贵的遗言。

(原载《河南青年》1980年第10期)

朔望
（1918—1999）
翻译家、诗人

朔望：只因一只彩蝶

知道并记住朔望的名字，源于他的一首散文诗《只因》。1979年的某一天，在《人民日报》文艺副刊读到署名"朔望"的散文诗《只因》，即刻心海里卷起滚滚波涛，久久不能平息，从此便永记了朔望这个怪怪的名字。

只因
——关于一个女共产党员的断想

只因一只彩蝶翩然扑到泥里，诗人眼中的世界再不是灰褐色的。

只因一个弱女子的从容死去，沉重的中国大地飞速地转动起来了。

只因当时我没能搭救妈妈，我要学会咬敌人的双手。

只因闺女她是这般死的，老妇人只顾取出长锋毛笔，写下几行方正的大字，不发一言。

只因一个好女子的凄然一笑，我们身边平凡的妻子都妩媚起来。

只因一株玫瑰多刺，所有假正经的屠夫手心里都捏着汗。

只因你胸前那朵血色的纸花，几千年御赐的红珊瑚顶子登时变得像坏猪肝一般可鄙可笑。

只因你名字里有个"新"字，我们喝道：那厮既提不得，不提也罢，免得污我的口！

只因敌人在你身上拨动了一根琴弦，九亿人心头不可抵挡地响起了复仇的大音。

只因夜莺的珠喉戛然断了，她的同侣再也不忍在白昼作消闲的饶舌。

只因你的一曲《谁之罪》，一切有良知的诗人夜半重行审看自己的集子。

只因我们曾眼睁睁容忍你戴着钢手铐而去，中国工人将监督社会上每一斤黑色金属的用途。

只因你当日无意乞灵于法律，却为后世中国百姓赢得了第一部社会主义民权大典。

　　只因你恬静的夜读图，孩子们认识了勇气的来历。

　　只因你沉思的慧目，中国三代人触电似的感到革命者的痛苦、美丽和尊严。

　　只因你是光明，我们痛恨一切黑暗。

　　只因你的大苦大难，中华民族必将大彻大悟？！

　　这首诗对我的影响之大，不仅在思想上、审美观上，事实上它成了我写作散文诗的直接启蒙。我的第一首散文诗也叫"只因"，形式上是对朔望作品的直接模仿，写的对象也是女性。不同的是，他写的是甘为真理而献身的烈士张志新，我写的是奇女子张海迪。

　　1995年9月，我和同事慕名来到朔望先生位于北京虎坊路甲15号的府上，话题即从谈论《只因》开始。我认为《只因》是可以传世的作品。

　　朔望把我们引到他的书房。四周全是书柜，中间放着沙发，沙发之外的地方全都摆满了书籍。刚一落座，我便顿生坐拥书城之感。听了我的自白，朔望欣慰地笑了起来。在北京，在他的同辈中，谈论《只因》的人肯定不少，可他听到的是一个外地人，又是晚辈，在谈论他十几年前的一首诗作，怎能不生欣慰之情？

　　"这是我一生唯一的一首散文诗。"接着，他说起写这首诗的缘由。是年，他陪外国友人赴杭州参观访问。在奔驰的火车上，他读到张志新的事迹，震撼感动之极，以至于难于自控而失态，只好掩面拭泪。夜不能寐，一些惠特曼式的诗句开始在他脑海里出现。他只好披衣而起，痛苦地记下这些燃烧的诗句。一首杰作诞生了。《人民日报》发表后，这首诗迅速传遍京华，好评如潮。

　　朔望，1918年生，姓毕，江苏仪征人，又署笔名粟旺，翻译家、诗人、教授。长期在文教、新闻、社科、外事诸界工作。他是中国作家协会会员，中华诗词学会发起人之一，首届、二届副会长，中国翻译工作者协会理事，国际笔会中国中心秘书长。他曾任外交部亚洲司专员、外交学院教授、中国作协外委会负责人。他著有诗集《少年心事——朵花集》，译著有《列宁传》《路易·艾黎诗集》等。他的旧体诗成就很高，散文诗只是偶尔为之，一经发表，即成绝唱。

　　也许开始的话题过于沉重，这沉重的基调便贯穿于交谈始终。朔望充满忧郁的表情颇似一幅沉思者的雕像。他对我们有一种视为同道的亲近感，语言毫不设防。

他对当时某些世风痛心疾首，其犀利的见解颇令我们吃惊。我们建议他将这些观点写成文章发表。

"发表？谁敢刊登？"

我想了想，提出一个选项——《读书》杂志。

"哦，也只有《读书》了。这是当代的《新青年》。"

这是我平生第一次也是唯一一次听到有人将《读书》与《新青年》相提并论。

朔望是一个文人，但他不是一个完全让自己钻进故纸堆里的文人，他同时又是一个革命者。革命者与文人合而为一的身份，给他带来清醒的痛苦。《只因》便是良知与痛苦的产物。

朔望原名毕庆杭，生在杭州，在杭州度过无忧无虑的童年。毕家系仪征名门望族，史称"扬州近代十大望族——仪征毕家"。朔望的祖父毕畏三是淮军主将刘铭传的外孙。刘铭传曾任直隶提督和台湾巡抚。毕畏三系前清秀才，当过浙江印花税局局长、烟酒专卖局局长。朔望的外祖父杨云史是李鸿章的孙婿，有名的爱国诗人。朔望的父亲毕倚虹是清末民初上海滩的名作家、名报人，"鸳鸯蝴蝶派"的才子，著作等身，著有畅销一时的长篇小说《人间地狱》、短篇小说集《毕倚虹小说集》等，主编过《银灯》《上海画报》《上海夜报》等刊物。6岁那年，朔望告别杭州，随父来到繁华的大上海，开始读小学。毕倚虹兼职颇多，加之超负荷写作，英年早逝。那年，朔望只有9岁。他曾一度寄养在父亲的好友、通俗小说家包天笑家中。为生活计，朔望也曾去上海中西大药房短暂打工。由于家道中落，朔望只好跟随三哥毕季龙投奔在扬州谋生的叔父毕介青。在叔父的支持下，两人就读于人才辈出的扬州中学。毕季龙的英语成绩全校第一，给予弟弟朔望很大的影响和带动。几十年后，毕季龙成为著名的外交家，曾任联合国副秘书长，朔望成为翻译家，他们都很怀念在扬州中学度过的时光。

1937年，朔望与三哥毕季龙一起考入蒋介石为校长的以培养文官为宗旨的南京中央政治大学新闻系。几个月后，南京失陷，发生日寇大屠杀惨案。中央政治大学南迁至湘西芷江等地。朔望辗转赣湘，离开了中央政治大学，最后来到处于抗日高潮的武汉三镇。在汉口八路军办事处，他见到了恩师许孟雄先生。正是这位恩师将朔望领进了革命队伍。许孟雄教授在抗战前夕自沈阳东北大学转至中央政治大学外文系执教，同时兼授大一的基础英语。许孟雄秉性耿直，授课之余每每痛骂当局腐败无能，丧权辱国，赢得了学子们的普遍尊敬。许孟雄把朔望带到了中共长江局国际宣传组组长王炳南身边。朔望成为该宣传组最年轻的成员。长江局国际宣传组由周恩来直接领导，成员有章汉夫、许孟雄等人，这是中共最早的外事机构。朔望从此开始了他的革命生涯。

1938年9月，日军沿平汉线和长江水陆并进，进攻武汉。为了彻底摆脱日寇的追击，李克农等人商议，决定将人马分为两路迁移重庆。一路以《新华日报》人员为主，由此时已在《新华日报》工作的朔望、潘梓年等人统领队伍，经宜昌乘船去重庆。另一路由李克农等率领，南下长沙，绕道桂林去重庆。11月22日，朔望到达重庆，之后便供职于《新华日报》。他与总编辑章汉夫朝夕相处，共同编辑"国际新闻"。章汉夫办报经验丰富，对朔望言传身教，两人从此结下深厚的革命友谊。1941年，朔望毅然加入了中国共产党，章汉夫是其介绍人之一。章汉夫曾任新中国外交部副部长，是杰出的外交家，"文革"中惨遭迫害，冤死狱中。朔望得知后悲愤不已。他在悼念文章中写道："瞿（秋白）和章（汉夫）都是江苏武进人，都有大学问，死得也都极其悲壮。"

朔望在南京中央政治大学有位读会计专业的女同学陶朔玉，两人在重庆不期而遇。很快，两人因志同道合结为连理。皖南事变后不久，党组织为保存革命力量，决定将部分党员转移到国外。朔望夫妇奉命转移到缅甸仰光、曼德勒等地，后又流寓印度加尔各答、德里等地。为了隐蔽，朔望改名毕庆邦。流寓期间，朔望当过缅、印多所学校的英语教师，同时，为当地进步报刊撰稿并翻译外国通讯社的电讯稿，从事抗日救亡的各种宣传工作。在加尔各答，朔望在国民党政府的总领事陈质平眼皮下从事地下革命活动。他通过中航公司内的中共党员与重庆方面保持联系，把从英国人手里搞来的收报机所接收的大量延安消息译成英文，送往加尔各答诸通讯媒体。1947年暮春，罗家伦获任国民党时代最后一任驻印度大使，他推荐许孟雄任大使馆一等秘书。朔望与恩师在加尔各答重逢。工作之余，朔望成为中国使馆的常客。这也为他几年后作为新中国的使者出使印度埋下了伏笔。1948年秋，朔望受聘到瑞士日内瓦联合国国际劳工局工作。

1949年底，周恩来总理亲发电报，调毕朔望从瑞士回国到外交部工作。1950年春，朔望响应新中国的召唤，毅然放弃国际劳工局优厚的生活待遇，带着全家乘轮船经地中海、印度洋到达香港，又从香港乘火车回到北京。1950年4月，印度成为第一个与新中国建交的非社会主义国家。朔望受命担任驻印度大使馆一等秘书，大使为外交部副部长袁仲贤将军。朔望熟悉印度，又能说一口流利的英语，是使馆难得的骨干。几年间，朔望经历和见证了中印两国关系史上的一些重大事件。周恩来总理访问印度和尼赫鲁总理访问中国,他都是亲历者。1956年夏天,他与袁大使一起奉命回国。他被任命为外交部亚洲司专员。1956年冬至1957年春,周总理率团访问亚欧11国,朔望以翻译与秘书的身份随同总理访问了越南、柬埔寨、印度、缅甸、巴基斯坦等亚洲8国。这是朔望与周总理相处最长的一段难以忘怀的日子。访问所到之处,均受到被访问国民众真诚盛大的欢迎。周总理作为国家领导人的卓越风范,让朔望等同行者深受感动,也为诸国历史所铭记。特别是在参加斯里兰卡首都科伦坡独立广场所举行的独立庆典时,在周总理讲话中间突然下起了大雨,为表示对该国的尊重,总理直到讲话结束坚持不打雨伞。现场听众激动万分,以雷鸣般的掌声表达他们对新中国领导人的由衷敬意。

1957年,数十万文化人在反右派斗争中遭受厄运。作为一个性格直率、爱提意见者,朔望被定为严重右倾,下放到京郊顺义农场接受改造。1959年结束劳动改造,他的工作也随之做了变动。朔望被调到外交学院,成为一位深得学生爱戴的英语教授。1963年,朔望升任第二部(英语系)副主任。1964年,朔望被调到外文出版局任业务办公室副主任,兼《国际文摘》杂志主编。1966年,"文化大革命"开始,厄运再次降临到朔望身上,"反动学术权威""假党员"等大帽子一一扣来。他一次次无奈地面对红卫兵对他的荒唐批斗、审查。之后是住"牛棚",下放外地劳动改造。1972年夏天,朔望回到北京,成为外文出版局编审组成员。

朔望的诗人生涯始于1976年1月。过去他也写过诗,红卫兵还因此把它们作为罪证,但从未发表过。是时,他加入悼念周总理逝世的人群,无尽的怀念化为滚烫的诗句,敬献在人民英雄纪念碑前。"四人帮"被粉碎后,这28首诗作以"英雄碑前的花朵"为题,在《人民文学》发表,赢得了广泛好评。比如:"大滴泪不揩,披霜结队来。男儿何所惜,着意洗天街。""心碎不得哭,万花齐肃穆。美哉我总理,豪眉复慧目。"这些诗句句句血泪,抒发了对人民的好总理的真挚缅怀和敬仰之情。从此,朔望诗兴大发,连续写了数量不菲的旧体诗词。他的诗作亦如其人,全是有感而发,不事雕琢,自然天成。1980年,他选了部分作品,结集为《少年心事——朵花集》,由广东人民出版社出版。

1978年,朔望调入刚刚恢复工作的中国作家协会,任外联部副主任、国际笔会中国中心秘书长。1979年8月,应美国爱荷华大学"国际作家写作计划"主持人聂华苓夫妇邀请,与萧乾一起,赴美参加海峡两岸以及中美作家之间的首次交流活动"中国周末"。1981年秋,世界笔会在巴黎举行。我国派出由巴金为团长的代表团与会，朔望是团员之一。1984年，朔望参与中英关于香港回归的谈判。同年，他与董乐山合译的美国作家斯特兹·特克尔的口述实录报告文学集《美国梦寻》出版。这是一本关于100个不同职业的美国人如何寻梦的故事。由于采用了口述实录的新颖形式，在读者中和报告文学界都产生了较大的影响。

作为一位在翻译界负有盛名的翻译家，朔望的翻译生涯开始于1946年翻译的《列宁传》。在后来的几十年中，他还用英译汉、汉译英两种形式翻译出版了《路易·艾黎诗集》《台湾小说新选》等书，合译过《基辛格》等十多部作品。他是毛泽东诗词的英译人之一。朔望的译文得益于他深厚的中文功底和英文造诣，风神独具，因而广受赞誉。

有丰富的中英文藏书相伴，朔望的退休生活十分充实。读书，翻译，写作，旅行，应邀参加一些专业会议，成为他晚年的主要生活方式。作为一个年轻时代即投身革命的共产党员，朔望终生不变的是一颗赤子之心和忧国忧民的情怀。1991年7月，相濡以沫半个世纪的老妻突然患绝症离世，给予朔望沉重打击。他含泪写下深情至文《哀家寄语》，并在妻子墓碑题词"遗爱在人间"。

我们请他谈谈成功之道。

"我并非一个成功人士。文字偶有可人处，只在立意不俗，思路开纵，笔端活泼，语气亲切，字句疏密得当，收结决断有力而余音在耳——至此则起锅击勺，烹者乐焉。"

"你最喜欢读什么书？"

"日记、书信、回忆、访谈之类的私房亲切文字；不患其偏，不虑其疵，而善味其真，乃大胜于宣付国史、官书的生平事迹。但须提防大奸大伪之作。"

"退休后的生活还有烦恼吗？"

"匮乏，不自由，缺少交流，有一种沉沦的感觉。不过，因退休，种种关系已无筹划运作之劳，也算是一种清福了。"

"你向往什么样的生活？"

"和平、富足、自由、宽容、方便，文化艺术发达，人人有份；既不见欺于非人的'忌语'，亦无须强对走味的微笑。"

一个坚持独立见解的思想者。其见解和表达方式均极富个性，丝毫没有似曾相识的感觉。

告辞前，我们赠送朔望《时代青年》杂志。他赠送我们他与黄黎合作编译的英

朔望为王幅明题词

汉双语对照读物《百岁人生随想录》。这是一本独特的格言集,集"欧美古今名家撷谈人生从头到尾百岁历程的言屑语丝,盖喜其吉光片羽上承希腊之清新,下接现代之迷惘,或庄或谐,或乐生或愤世,悉百字左右,言简意远,各极其致,足为劳世过客的借镜解嘲也"。

我们请他在留言本上题词。他让我们稍等,去了另一个房间,写完后再拿过来。他写得十分认真,并加盖了印章。他给我写的是黄庭坚的一首名作《登快阁》:"痴儿了却公家事,快阁东西倚晚晴。落木千山天远大,澄江一道月分明。朱弦已为佳人绝,青眼聊因美酒横。万里归船弄长笛,此心吾与白鸥盟。"在认真抄录全诗后,朔望先生还有一则跋语,颇为精彩:"宋黄山谷七律《登快阁》一首,斐然可诵,而隐然有九百年以下国中知识界之哀乐心境,不亦奇哉!录赠中州王幅明同志雅赏。朔望,一九九五年,北京城南,已凉天气。"

读过之后,心情顿时一沉。九百年前的古人诗作,何以引起当代人的共鸣?这似乎又在印证一句名言:历史有时会惊人地相似!

赵浩生
（1920—2012）
记者、学者

赵浩生：游子家国情

著名美籍华人学者赵浩生80岁时写下这样一段话："悠悠八十载，从出生到成长，从国内到国外，男儿有鸿鹄之志，但树高千丈，落叶一定要归根。"（《八十年来家国·序》）2012年6月，92岁高龄的天涯游子在美国谢世，临终给妻子留下遗愿，一定将他的一半骨灰带回中国老家，陪伴父母安葬。两年之后，2014年5月25日，赵浩生的遗愿变成了现实。他84岁的老妻今泉智惠飞越重洋，来到河南息县，将丈夫的骨灰与父母合葬。飘摇万里的落叶终于归根。

这则新闻令我感动。它引发我的回忆，34年前对赵浩生先生的一次采访即刻浮现在眼前。

1980年7月的一天，偶然从《北京晚报》看到信息，美籍华人学者赵浩生正在北京访问，我便和同事王鉴拿着报纸一起去找总编，请示可否前去采访。总编听后很高兴，当即同意，同时还表扬我们，说我们有新闻敏感。因为赵浩生是河南息县人，又是著名记者，在华人世界有很高的知名度。《河南青年》当时将报道河南籍各界名人作为重点，而新闻线索则要由编辑自己去发现。

到北京入住团中央招待所后，我们便立即与中国社会科学院新闻研究所联系，得到答复说，赵浩生在新闻研究所的活动已结束，其他的行程由中国人民对外友好协会安排。好在团中央招待所离对外友协不远，我们便带上证件登门询问。对外友协的同志很热情，说赵浩生去了东北，近日即可返京，并把他在北京饭店入住的房间告诉我们，让我们直接与他联系。

翌日上午，我们通过北京饭店践约来到他的房间。赵浩生听说我们专程从郑州赶来见他，异常惊喜："我刚从内蒙古回到北京，到房间只有一个多小时，你们就来了，消息真够灵通啊！"

我们通报了来京见他的经过。得知他在家乡人心中的位置，欣慰之情立刻写满那张热情、忠厚的脸庞。他中等身材，满头银发，戴着一副白框眼镜，讲一口标准的普通话，言谈举止颇具学者之风。

赵浩生 1920 年生于河南息县。1948 年,他以驻外记者身份去日本,之后一直辗转国外,并于 1962 年加入了美国籍,时任耶鲁大学东亚语言文学系教授。虽去国 30 多年,家国之情非但丝毫没有淡薄,反而随着年龄的增长越发变得浓烈。

我们聊起 1973 年他第一次回国的情景。我那时尚在南京求学,班级订有《参考消息》,该报连载的他回国观感的文章吸引和感动了许多人,从此也让人记住了他的大名。先是乒乓外交,然后是尼克松访华,中美两国长期封闭的大门打开了一条缝隙。已离开祖国 20 多年的海外游子终于看到了回国的希望。他大胆寻找时机,后由中国驻加拿大大使馆促成此行。

游子归来,受到祖国及家乡亲人们的热忱欢迎。他亲身感受到血浓于水的亲情和新中国的巨大变化。记者的使命感再一次被唤醒。观光之外,他有意识通过新华社及外交途径对大陆各界人士进行采访。返美后,他写文章、发表演说,向海外侨胞和国际友人倾诉回国观感。这些系列文章在美国和香港等地发表后,引起了出乎意料的反响,他也成为美籍华人中系列报道新中国生活的第一人。从那以后,他几乎每年都要回国,有的年份利用假期之便回国达到两至三次。他说:"我希望每年都能回来讲一讲,对祖国的四个现代化做一些力所能及的事情。凡是我能做的事情,无论如何我都会去做。"1979 年春天,他第七次回国,在访问了中国社会科学院新闻研究所以后,他主动提出愿意在该所讲学。1980 年 3 月,他访问中国回美后,积极募集新闻基金,用于培养中国新闻人才。此次是他第十次回国。从他 6 月 1 日踏入中国大陆起,便是走一路、讲一路、写一路。为了赶写《美国的总统大选》这本书,使之能在当年的美国总统大选之前与中国读者见面,他还取消了一些预定的访问,准备埋头写书。值得提及的是,为了启发、激励中国广大青少年攀登科学高峰的积极性,赵先生还把他的两本科学探险小说《鹦鹉螺号的故事》和《格林征空记》远涉重洋寄回北京科学普及出版社出版。6 月在京召开的青少年科普作品赠书仪式上,赵先生将这两本书郑重送给北京的青少年朋友。恰巧他的房间里还有样书,他便拿书题签送给我们。这是我们意外的珍贵收获。

针对当时国内一些青年崇洋媚外的不良倾向,我们请他谈谈看法。他讲述了美国花花世界的真貌,开门见山地指出:"戴蛤蟆镜,穿喇叭裤,一意把时间用在衣着打扮上,是思想颓废、精神无所寄托的表现,在美国社会中早已过时,没人瞧得起。中国青年人学西方,不应该学习这些。"当谈到国内一些青年羡慕西方生活方

左起：王鉴、赵浩生、王幅明

式时，他更是激动不已："此次回国，我在北京65中作了一次演讲，演讲前我对大家说，我有一个要求，我要站在讲台前面，让大家从头到脚看一遍。你们大概很失望，我既没留长头发，又没戴蛤蟆镜，也没穿喇叭裤，跟你们完全一样，不但面孔完全一样，身上流的血也完全一样。不知道你们为什么羡慕我，我还羡慕你们哪！"他恳切地说："问题在于青年人只看到末，没看到本。比如只看到华侨回国观光时生活很好，不知道他们在外国时生活的艰难与工作的辛苦。他们辛辛苦苦工作，积存了多年，才省了一点钱，回来旅行一趟。我们只看见人家享受的一面，没有看见人家辛苦的一面。"

造成青年人迷恋西方的原因是什么？赵先生认为主要是长期与外界隔绝。长期的闭关自守与动乱，使我们远远落在别人后面还不自知。关闭的大门一打开，看见人家这么先进，觉得这也好奇，那也新鲜，颇感炫目，不知不觉地由羡慕到模仿，甚至出现什么"业余华侨"。出现这种情况也不奇怪，不能笼统地看成是崇洋媚外。但也不能掉以轻心，应该进行教育、引导，使青年对学习外国有个正确的认识，并且帮助他们看清西方世界的真貌，大家同心同德，大干"四化"，使我国能早日走在世界最前列。当我们的生产、生活水平赶上或超过西方世界时，什么羡慕、好奇的心理都会烟消云散。

中国要搞四个现代化，还存在不少障碍，诸如，"十年动乱"造成的两代人之间的隔阂，造成的教学质量差。对于这些，赵先生没有回避，他说："从有人类以来，父母有些地方对年轻人看不顺眼，年轻人有些地方对父母看不顺眼，这是人生的一部分，最终还是可以弥合的，千万不要夸大，造成老年与青年间的仇恨。教育程度不高将来也可以弥补，不要因为这些就认为四化没前途了，中国没希望了。"说到此时赵先生沉思片刻，用手拍了拍前额，然后引用了一句古老的话继续阐明他的观点。"我们不是常说'病来如山倒，病去如抽丝'吗？现在正在抽丝状态。问题一个一个地解决，后遗症一点一点地治疗。与世界上任何国家相比，我们的问题并不比人家多，中国青年绝对有希望，中国绝对有希望。"谈到这里，赵先生喜形于色，特别提到中国青年艺术剧院在北京演出的话剧《迟开的花朵》。他高度赞扬了吴思久、贺佳这些新时代的年轻人，他说："这个戏把中国现在的年轻人都写出来了，我看后非常感动。"

赵先生对中国实现四个现代化的远景是非常乐观的。他说："我们并不是十分落后，有许多方面我们还名列前茅。例如飞弹，我离开美国前，咱们又成功试验了一颗洲际飞弹。现在世界上有两个最大的俱乐部，一个是核子俱乐部，一个是洲际飞弹俱乐部，中国都是这两个俱乐部的会员，我们有什么自惭形秽的地方？"他还谈到中国实现"四化"有许多有利条件，如中国国家统一，民族团结，主权完整。他说："这次我回来，到一些边疆跑了一趟，深深感到各民族团结得很好，这多么伟大！中国大陆上只有外国游客，没有帝国主义横行霸道的势力，这多么值得骄傲！问题就是今后怎样往前走，这个大的画面非常乐观，一切为了四个现代化而努力就成了。"赵先生想写一篇歌颂我国领土完整、民族团结的文章，为了准备素材，打算跑遍祖国的边疆哨卡。

赵浩生先生亲切地侃侃而谈，时间不知不觉已过了一个多小时。我们起身告别，他坚持坐电梯送我们到楼下。更为巧合的是，在那个写有"我们的朋友遍天下"的著名屏风旁，我们碰到了他的日本妻子。他戏称自己是中国儿子、美国公民、日本女婿。他向妻子介绍我们，并让妻子用她随身携带的一次成像的相机为我们拍照合影。照完，她随即取出照片送给我们。

34年前的情景历历在目。34年中中国发生的巨变印证了赵浩生当年的预言。此后，虽没有机会再度与赵浩生见面，但我对他的行踪一直都很关注。后来得知，他的爱国情怀起始于青少年时代，成为美籍华人也并非他的刻意所为。

赵浩生9岁离开故乡到省会开封求学。初中毕业后考入开封两河中学，但高中只上一年，开封沦陷后被迫辍学回到老家息县，担任抗敌训练班教师，宣传抗日救国。他曾向往去参加抗战和到革命圣地延安，因为家庭阻挠未能实现。父亲决定让他经武汉前往四川继续上学。赵浩生在武汉遭遇日机轰炸，由此写出新闻处女作《是种子，不是死尸》并顺利发表，这为他日后的记者生涯埋下了伏笔。那时，国民党的机关报《中央日报》招聘记者，他被幸运选中。勤奋加上记者天赋，使他很快在新闻界崭露头角，成为广受读者关注的知名记者。

陪都重庆无疑是当时的新闻中心。如何以独特视角选择和报道新闻，取决于记者的眼力和文字功底。赵浩生是一个出色的自学成才者。他从本报社和其他媒体的大记者身上汲取智慧，化为己有。他先后成功采访和报道了中国现代史上的一些重大事件，如国共两党的重庆谈判、抗战胜利后的"旧政协"会议等。特殊的机遇使他有幸见识了周恩来、叶剑英等共产党人的风采。这些刻骨难忘的记忆促使他晚年写出《周总理没有死》《叶帅与雪莱》等至文。那是他作为记者最风光的一个时期，同时受聘于12家报刊，领取12份薪水。

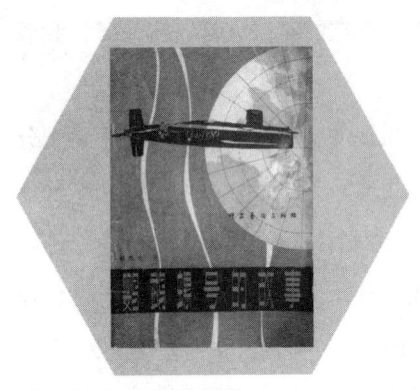

《鹦鹉螺号的故事》书封

国民党政府复都南京后，《中央日报》社长换人，他追随老社长去了上海《东南日报》。1948年初夏，他作为报社驻日特派记者去了东京，后又成为香港《星岛日报》驻东京特派员。令他想不到的是，此行成为他人生之路的重大转折。他成了有家难回的人。新中国的成立令他欢欣鼓舞，他给时任国家新闻总署署长胡乔木写信，说明回国愿望，但迟迟没有结果。1952年，他远渡重洋，到美国中部的伊利诺大学选修美国外交史，获博士学位。他在求学期间娶了早在东京已倾心相爱的日本姑娘今泉智惠为妻，后两人双双应聘到耶鲁大学任教。除了教学，他没有忘记联合国注册记者的身份，不时为世界各地的华文报刊写稿。他采访过客居美国的各界著名华人如贝聿铭、林语堂、董浩云等，成为受到广大旅美华人尊敬的新闻达人。但是，幸福的家庭加上诱人的荣誉和待遇，都无法掩盖他心中挥之不去的阴影：乡愁。1973年，当第一次拿到回国签证时，他不禁热泪盈眶。这一天他等得太久了，整整25年。多年后，赵浩生才知道，他归国梦的实现，得益于周总理亲自作出的指示，并由新华社发出邀请。他以一个记者的身份回国访问。

他通过香港入境，经过深圳、广州、韶山、长沙到达信阳，而后乘车回到息县。他和亲人们已28年没有见面。当见到70多岁的母亲时，他只叫了一声"妈"，便泣不成声。他拉着日本太太要给母亲磕头，母亲说："这是新中国，不兴这个老规矩了。"他入住县政府招待所，彻夜难眠。早晨起来在院子里走来走去，听到远处传来的鸡鸣和驴叫，感到异常亲切。"多少年来，我听不到这么令人心醉的声音，它使我感到温暖、感到充实。这声音告诉我，我是一个有根的人，这就是我之所以千里迢迢奔波并魂牵梦萦的源泉所在。""离开祖国那么久，头一次回来，最强烈地感觉到我是一个完完全全的中国人，我离不开她。"这是他对根的独特理解。

57天的访问，最终浓缩在一篇《中国归来答客难》的文稿里，它被誉为海外华人认同祖国、回归大陆历史进程中的开拓之作。他的穿针引线，促成了1974年耶鲁大学教授访华团，这是新中国成立后第一个美国大学访华团。他说："我虽是外籍，但不是外人，不能只乘凉而不种树，只旁观而不参与。"他堪称一位不辞劳苦的植树人。从1973年开始，到2001年最后一次回国，赵浩生共回国86次，平均每年回国长达半年。他受聘成为国内多所大学的客座教授或名誉教授。除去讲学，他还采访、写文章，向外界介绍新中国的各界精英和建设成就，也向国内读者介绍美国。他的主要著作有《来自中国大陆的声音》《悼念与回忆》《从30年代到新的长征》《鹦鹉螺号的故事》《格林征空记》《肯尼迪夫人》《中国学人在美国》《赵浩生新闻作品选》《赵浩生名人采访集》《漫话美国新闻事业》《漫话美国总统选举》《漫话美国青年》等。

晚年，赵浩生辞去教职，任米勒公司董事长特别顾问等职，推动中美各项交流合作，为中国走向世界牵线搭桥，倾尽全力。他80岁开始写回忆录《八十年来家国》，2001年11月，该书首发式在北京举行。这是赵浩生最后一次回国。他不顾自己已经81岁高龄，兴致勃勃签名售书达两个小时之久，直到工作人员一再提醒，他才致歉离开。这是他送给祖国母亲的归根之礼，字里行间充盈着远方游子赤诚的家国情怀。

（原载《名人传记》2014年第9期）

柯蓝
(1920—2006)
作家

柯蓝：唯一的财富是真诚

一、在延安开始文学之路

他是一个真诚的作家。

真诚地生活，真诚地写作，在半个世纪的写作生涯里，他为读者奉献了几百万字的作品。在读者中影响最大的，是他的散文诗。他是新中国第一个出版散文诗集的作家，又是这一文体最热情的倡导者。

他以自己的真诚赢得了千千万万的读者。

1987年，《陕西日报》举办社庆活动，邀请他参加。《陕西日报》的前身是延安时代的《边区群众报》，柯蓝于1941年至1948年曾在这个报社工作，做过记者、编辑和主编。他1920年生于湖南长沙，1936年8月在长沙湖南第一师范求学期间参加"中华民族解放先锋队"，1937年10月由徐特立介绍赴延安参加八路军，1938年3月参加中国共产党。当时他经过西安到达延安。半个世纪过去了。50年后又一次来到西安，他躺在宾馆舒适的床铺上久久不能入睡，他为主人热情的安排所感动。旧地重游，他又为半个世纪来人世间的沧桑变化而浮想联翩。人生能有一个世纪吗？几乎不可能！半个世纪基本上就是人的一生。半个世纪来，自己都追求了一些什么？也许只有两个字"真诚"。共产党人追求真、善、美，真是基调，离开了真，善和美就无法存在。联想到当前的世相和一些人的心态，他又不禁黯然……

他失眠了。经历了两个夜晚痛苦的失眠之后，他写下了散文诗《真诚》：

我非常贫困，一无所有。

我唯一的财富是我的真诚，我唯一的满足是我的真诚。我唯一的骄傲是我的真诚。因为我有了它，我的头从不低下；因为我有了它，我的眼光从不躲闪。

我的真诚使我一生没有悲哀，没有痛苦，没有悔恨。

愿我真诚的生命永远闪光。

写下这个短章，他激动的心情才渐渐平息下来。它凝聚了他半个世纪的追求、毕生的爱与憎。

1990年9月24日，在大同雁北宾馆举行的中国散文诗学会朔州年会的闭幕式上，柯蓝向与会代表朗诵了这首作品。顿时，全场掌声雷动。它引起了人们强烈的共鸣。

很少有人像他那样参加的文学活动如此多而杂。

几十年来，他始终遵循一个原则：为大众而写。

他写小说，写电影剧本，写特写、散文、儿童文学、传记文学……凡是他耕耘过的文学园地里，都有坚实的足迹和闪光的硕果。他1942年创作的中篇小说《洋铁桶的故事》，在国内发行7个版本，在群众中广为流传，后被译成外文，介绍到国外。他的中篇小说《红旗呼啦啦飘》在香港出版，并被翻译成日文、俄文介绍到日本、苏联，由此奠定了他在中国解放区文学史上的地位。他1958年出版的《早霞短笛》，是新中国第一本散文诗集，影响了一代青年的取向。他写的传记文学《不死的王孝和》在国内发行三百多万册，后改编成电影文学剧本《铁窗烈火》由上影拍成电影，获中国第一届电影百花奖。他写的《命运之谜——徐特立传》被改编成电视剧，作为教师节贺礼片在全国播放。他的散文《深谷回声》被改编成电影《黄土地》，在国际上多次获奖。无论是散文诗《早霞短笛》还是电影《铁窗烈火》、传记文学《命运之谜——徐特立传》，都燃烧着火一般的理想和信念，感染着你，激励着你，催你奋起。

除此，他还写过故事、歌剧、评弹、连环画的说明文字……只要这些形式为广大读者喜闻乐见，能走进广大读者的心灵，他都乐意尝试。

他追求更多的读者能读懂他的书，接受他的书，从他的书中汲取有益的营养。为发泄个人感情而写作，或者为艺术而艺术的文学信条，永远都与他无缘。

他告诉我，在延安时期，他还出版过4本信天游民歌集。那是用八路军自己生产的马兰纸印刷的，由延安新华书店发行。这使我想起电影《黄土地》。我的耳边顿时响起黄土高原上那个农家少女悠长而悲凉的歌声。用散文改编电影，而又取得这么大的成功，新中国成立以来这是第一部，大概也是唯一的一部。柯蓝说，整个故事的背景，完全是真实的。可在延安时期，他并没有写，而是在记忆里沉淀了几十年后，直到20世纪70年代后期，才以散文的形式将它写出。我已猜到了那个到陕北民间采集民歌的八路军文化战士的原型，对于我的猜测，柯蓝微微一笑，颔首默许。

他是在延安开始他的文学之路的。淳朴的陕北人民哺育了他。延安铸造了他的人生观，也铸造了他的文学观。

二、踏遍青山

我多次去过柯蓝在北京沙滩的寓所，或请教，或约稿。他为《时代青年》的"读书与人生专号"写过一篇《一本令我难忘的书》，记述他在抗日前线的读书生活。他去延安时带有衣物和书籍。到了前方，日夜行军，需要精简行李，只好把衣物和书籍都丢掉。唯有一本书舍不得丢，就把它装进军衣口袋里。这是曹靖华翻译的苏联作家绥拉菲莫维奇的小说《铁流》，写的是苏联一支游击队作战的故事。小说写法很别致，不是着重刻画几个人物，而是写游击队的群体，通过队长郭如鹤反映出这一群体是一支英勇的、打不败的"铁流"。他佩服这位作家的取舍能力，也欣赏翻译家的功力。他把这本书一直带在身边，反复阅读，炮火中也不曾分离。此外，他还特别喜爱俄国大诗人普希金的诗集。在缺书的延安，他曾手抄过长诗《渔夫和金鱼的故事》。

柯蓝的处女作是一篇知识小散文《世界上最小的鸟》，1935年发表在长沙《湖南通俗日报》副刊，柯蓝时年15岁。第一次使用"柯蓝"这个笔名发表作品，是1942年4月28日发表在延安《解放日报》副刊上的新诗《小盲女》。他同许多文学爱好者一样，开始爱写新诗，也写了不少新诗，但十分奇怪，仅发表一首，便从此告别。他的小说成名作《洋铁桶的故事》，1944年在延安《边区群众报》（周刊）连载，广受群众欢迎。当时边区正召开两千多人的文教模范大会。大会代表要求和小说作者见面。柯蓝荣获文教一等奖，除奖状外，奖品还有毛毯一条、青布两丈。《洋铁桶的故事》不久由延安新华书店出版，并以7个版本在解放区印行；1945年日本投降后又在香港出版，同年翻译成日文、俄文，介绍到海外；新中国成立10周年，人民文学出版社作为献礼，又将此书精装重新刊印出版。柯蓝说，回顾他几十年的文学生涯，自信是在走一条健康正确的文学道路。他自觉让处于底层的工人、农民、战士以主人公的身份进入文学作品。同时，他又是文学大众化民族化的践行者。他不断探索"俗文学"和"雅文学"之间的联系与结合。在新中国成立之前，他以大部分精力从事通俗文学写作，《洋铁桶的故事》即是用章回形式写的。为了照顾文盲或文化水平低的读者可以听懂他的作品，他的作品注重情节的动作性，不作冗长

柯蓝深入海军体验生活（1955年）

的心理描写，人物心理、性格通过对话表达。新中国成立后，读者起了变化，他追求雅一些的表现手法。但他坚持在普及的基础上提高，坚持民族形式，不搞全盘西化。他一直探索、追寻作品的生命力。他常常是先燃烧自己，以真诚唤醒真诚。他写的电影和传记文学《铁窗烈火》《不死的王孝和》，经过几十年风云变幻之后还能放映和出版；散文《深谷回声》改编为电影《黄土地》，为电视片《话说长江》所写的解说词以及被刻碑、被传诵的散文诗……便是他不倦探索和追寻的结晶。

　　1949年5月，他随大军南下，任上海市军管会文艺处副处长，受命创办上海《劳动报》，任总编辑，同时担任上海《群众文艺》半月刊执行主编。除办刊外，他还举办工人写作讲习班，培养了一批工人作家和诗人。他还担任过上海市文化局文艺处处长、上海市文联党组副书记、上海市文协党组书记、中国作家协会华东分会秘书长等职。20世纪50年代是柯蓝创作的丰收期，在此期间，他出版了儿童文学小说《雾海枪声》，长篇小说《祖国海岸》，散文集《上海散记》《火车上的少校》《新的生活在等着》，人物传记《不死的王孝和》，电影文学剧本《铁窗烈火》，散文诗集《早霞短笛》等。

　　1960年3月，柯蓝以笔名"木可"发表反映苏联马戏团精湛表演的少儿小说《马戏团的秘密》，在上海《新民晚报》连载，后由上海少年儿童出版社出版。此书后来被苏联马戏团博物馆收藏。《苏联大百科全书》也因此增设了"柯蓝"词条。当时，适逢苏联大马戏团在上海演出，柯蓝便向有关方面提出申请，要求随团采访一个月，获得批准。他每天都到现场观看并采访，在与驯兽大师和空中飞人表演者的接触中，悟出了若干人生道理：任何事业的成功，都必须付出和拼搏牺牲。连载和图书均受到好评。但好景不长，由于中苏关系破裂，此书也成为禁书。直到1990年，中苏关系解冻，苏联又派出俄罗斯马戏团来北京演出。柯蓝夫妇带着6岁的孙子，以30年老朋友的身份，去北京国际饭店探望。此事让国际饭店总经理得知，他异常兴奋，不仅提供方便，还安排了宴席。会见时，柯蓝的夫人文秋还将小孙子观看马戏团表演时画的儿童画《马戏真好看》赠送给了马戏团，博得了满堂掌声和欢笑。柯蓝给马戏团送去的礼物，则是30年前出版的《马戏团的秘密》。马戏团团长声称，此书他已在苏联马戏团博物馆见过。柯蓝还题了词："魔幻的智慧，迷人的艳美，精湛的表演，留下难忘的友谊。"团长和柯蓝热烈拥抱，并抱起柯蓝的小孙子亲吻。一本小书引发了一段感人的中俄友谊佳话。

　　1958年至1962年间，柯蓝与夫人文秋多次回到湖南，先后在湘潭县、浏阳县及故乡长沙县深入生活，获得大量创作素材。1960年，他与夫人王文秋合著出版了长篇小说《蔺铁头红旗不倒》，后又改编成电影文学剧本《踏遍青山》。同时，他们开始构思、撰写反映秋收起义的长篇小说《风满潇湘》。1963年10月，他响应湖南省委关于湘籍作家返乡的邀请，携全家回湖南长沙市落户，从事专业文学创作。1964年，柯蓝发表农村题材的短篇小说《三打铜锣》，后被湖南省花鼓戏剧团改编成花鼓戏《打铜锣》（获1965年中南五省戏剧会演一等奖）、北京电影制片厂改拍成彩色影片。

1966年6月，"文化大革命"开始，柯蓝夫妇陷入劫难。他被湖南省文联造反派扣上"反动学术权威""黑作家"的帽子揪斗，夫人文秋被殴打得卧床不起。1968年初，大儿子唐健身被湖南省文联造反派抓去，在关押中患上肾炎，后经多方求医无效，于1972年7月在北京友谊医院去世，时年27岁。多年后，柯蓝撰写了长达数万字的血泪控诉文字《黎明前最后消失的晨星》，作为对爱子的永久纪念。1973年，开始落实政策，柯蓝先后任湖南省文化局副局长、省作家协会副主席。

1979年3月，柯蓝调北京红旗杂志社任文艺部副主任、编审。1980年，他的长篇小说《浏河十八湾》，在历经15年坎坷后，由人民文学出版社出版。1981年，他的《早霞短笛》由上海文艺出版社重版。1982年，他与文秋合著的长篇小说《风满潇湘》由中国青年出版社出版。该书1964年完成初稿，"文革"中，书稿在亲友保存下才躲过劫难。翌年，文秋将《风满潇湘》改编成7集电视剧，后由湖南电视台拍摄，在中央电视台向全国播放。1982年12月，柯蓝离休。

三、离休之后更繁忙

他是一个不知疲倦的人。一个劳累了大半生的人，到了晚年，离休之后，似乎应该过几天清静的日子。可他并不这样想。离休之后，他更加繁忙。他关心迅速发展着的散文诗事业，关心青年一代的成长。

1984年3月，他与郭风共同主编的"黎明散文诗丛书"第一辑由花城出版社出版。之后5年，该丛书共出版5辑48本，推出了一批散文诗作家。

1984年10月，中国散文诗学会在北京成立，他和老作家郭风出任会长。由于郭风身在福建，柯蓝实际担任常务会长的角色。中国散文诗学会对推动全国的散文诗发展起到了不可估量的作用。学会创办"黎明散文诗函授中心"，组织编写教材《散文诗写作讲稿》和《当代散文诗创作论》，内部发行；举行改稿笔会，培养散文诗新秀。此外，中国散文诗学会还举办各种活动。从1985年起，中国散文诗学会陆续在哈尔滨、乐山、朔州、湛江东海岛、珠海等地举办全国性的笔会，为散文诗作家提供相互交流、研讨、体验生活的机会，每一次笔会都会收获一批新作。短短数年间，全国各地相继成立了21个省、市分会，出版散文诗集200余部，涌现了一

柯蓝与朗诵他《询问童年》的幼儿园小朋友（2002年）

大批有才华、有成就的散文诗作家。散文诗这个历来冷僻不受社会关注的文学样式，日益受到广大读者特别是青年读者的青睐。

1987年，经多方奔走，柯蓝在广州创办了有史以来第一张《散文诗报》。在近3年的时间内，该报发表了1000多位散文诗人的作品，推出了数十位散文诗坛的新秀。他深情地说："这些散文诗人，是一支非常有潜力的生力军。他们有着执着的追求，是中国散文诗的希望所在！"1992年，柯蓝创办《散文诗世界》杂志，因刊号审批困难，该杂志后交四川散文诗学会主办。1993年，柯蓝创办《中国散文诗》丛刊，为散文诗作家提供发表作品的园地。

所有这一切，凝聚了老作家多少心血啊！

他在不停地写作。满头银发并不说明他已衰老，他的心理依然年轻，他的新著在不断地问世，他的创造力越到暮年越发闪射出异彩。

他写道："我心中有一盏不灭的灯，照亮我自己也照亮我的四周。"自他17岁投奔延安点燃了这盏灯以后，这盏灯就从未熄灭过。即使在"十年动乱"时期，他受到错误批判，失去人身自由的日子里，这盏灯也一直在燃烧。

80年代以后，柯蓝陆续出版散文诗集《果园集》《迟开的玫瑰》《拾到的纪念册》《爱情哲理散文诗五十首》《踏着星光远行》《人生·命运·爱情——柯蓝散文诗选》。他的作品全都回荡着高昂的、炽热的旋律，在风格和艺术表现上，他却不断地在求变、求新。把他50年代的《早霞短笛》和80年代以后的散文诗作品作一对比，这种变化就显而易见，前者多是热情的赞美，后者则多见冷静的沉思。

如果说50年代他的一些作品由于过于明朗而失之直露的话，那么，80年代以后他的作品在艺术上更显成熟，题材也更加开阔。他已不满足于过去的写法，他在超越自己。他由形象为主更多地转向意象，由实写转为虚写，带给人更大的审美空间。

《早霞短笛》1958年初版封面

柯蓝视写作为他的终身职业，一直在不懈地探索、不懈地追求。

1990年9月，中国散文诗学会在山西朔州召开换届年会。柯蓝继任主席，郭风改任名誉主席。

生活永远不会只有阳光。在朔州年会期间，柯蓝朗诵了一首无题散文诗：

我从众多的人生道路上，走过来。我只是这个伟大的群体中的一个影子。我不扰乱任何平静，我不引起任何不安。

我只是走过。

我如同一个远方的星星悄悄地出现，如同一朵白云从天空飘过，从人生的海洋飘过……

我不想增加人世的负担、人生的重荷。

听过之后，许多人都沉默良久。我的心中也有一种说不出的味道，带着几分悲凉。人们大概都能听出这篇作品的弦外之音。

生活中的种种不快并没有压垮柯蓝。他毕竟是一个饱经风霜的人。挫折和困难只会使他更加坚强。

柯蓝曾对我说，他正在写一部200万字的长篇巨著。这部巨著结构恢宏，力图表现当代生活中错综复杂的矛盾，由三大部分组成：好的共产党和被腐蚀的共产党，国民党中的优秀分子及反动派，黑社会势力。从他那充满自信的表情上我深深地感觉到，他一定会完成这部巨著。但十分遗憾，我一直未能看到这部巨著的出版。

1996年，为庆祝柯蓝从事文学创作60周年，河北人民出版社出版了六卷本的《柯蓝文集》，每卷60万字，共360万字。其中，第一卷为中、短篇小说，第二、三卷为长篇小说，第四卷为散文，第五卷为传记、报告文学，第六卷为散文诗、评论。这些作品约占柯蓝全部创作的一半。那些未收入文集的，大多是发表在报纸、刊物上的尚未收集的作品、电影文学剧本和尚在写作中的长篇小说、长篇自传。

四、晚年心曲

柯蓝生于湖南长沙县江背镇五美社区上高冲，父亲唐贻承是个小学教师，在当地颇有声望，大革命失败时秘密救助了不少革命同志。唐贻承与徐特立是同乡、世交，曾共同发起长沙新文化运动。唐贻承的几个子女先后都参加了革命。柯蓝的大姐去世早；二姐唐荣前是柯蓝走向革命的领路人；三姐唐荣枚去了延安，任过鲁艺音乐系教员，后担任北京中央乐团党委书记兼副团长。新中国成立后，时任中央宣传部部长的徐特立有感于他们一家人对中国革命的贡献，为唐贻承题写了一块石匾立在墓前：正气长存；在坟墓的两边立起了一对华表，时任国家救济总署署长、中国红十字会副会长、新华日报社总经理的熊瑾玎亲笔题写挽联：此公千载著无限之光荣，子女三人皆有功于革命。

柯蓝与文秋是革命伴侣，也是事业伴侣。文秋（原名王文秋）生于1918年，江苏江阴市人，1935年考入杭州国立艺术专科学校，1938年杭州艺专毕业后，奔赴延安鲁迅艺术学院美术系学习，并于同年参加中国共产党。当时，柯蓝已由陕北公学转入鲁艺文学系学习。他们一见钟情。经过一年的热恋，于1940年7月结为连理。文秋一心想当画家，而且在木刻绘画上已小有成就，但为了支持柯蓝，爱情的魔力最终使她放弃了美术而改攻文学。文秋鲁艺毕业后历任八路军一二〇师宣传干事、延安《边区群众报》编辑、延安大学美术系教员。新中国成立后，文秋先后任上海人民美术出版社编辑室副主任、上海市文化局工人文艺室副主任、湖南省文联专业作家、湖南省电视台副台长、中国美术家协会会员工作部主任，系中国美术家协会会员、中国作家协会会员。1992年，柯蓝与文秋回到长沙县江背镇故地重游时，给乌川小学的孩子们留下这样一句诗："谁说记忆属于过去，记忆给未来增添力量。"

1993年1月，文秋因病在深圳去世，享年75岁。为永久纪念风雨同舟度过金婚的爱妻，《柯蓝文集》中收入了他们合著的作品，以及文秋个人小说和散文的代表作。北京中国现代文学馆开设了"柯蓝·文秋文库"，收藏了他们的全部作品及手稿，还有一座两人金婚纪念的铜像。

文秋的去世对柯蓝的打击是巨大的，他撰写了一篇泣血文字《风雨回首》告慰亲人。大病了一场后，他从悲痛中走出："我必须坚强地活下去，还要把文秋失去的时间加在一起活下去。"

散文诗的事业没有中止。1994年5月10日，柯蓝主持了在北京举办的中国散文诗"回答人生"大奖赛及颁奖晚会，盛况空前。中央电视台录制了专题片向全国播放。1995年7月，他主持了首都文艺界、新闻界、妇女界"庆祝世界妇女大会散文诗朗诵大会"，这是一次用散文诗形式集中歌颂伟大母亲的创举，部分作品译成英文作为向世界妇女大会的献礼。1995年8月至12月,柯蓝赴美国探亲。华文报纸《世界日报》记者对他作了专访并刊登报道《中国大陆出现散文诗热》。1996年1月,他组织海内外迎接1997年香港回归祖国散文诗征文大赛;12月,他主持在深圳举办的"迎九七香港回归散文诗征文评奖及朗诵大会"。

2005年11月,《柯蓝朗诵散文诗选》出版。这本书共收入146首散文诗,约有二分之一的作品在多地朗诵会上朗诵过,受到观众的欢迎。其中,朗诵演出次数最多的一首作品是《真诚》,著名朗诵家殷之光和瞿弦和都登台朗诵过此篇。柯蓝是中国散文诗朗诵的倡导者和先行者,他掀起的中国散文诗朗诵运动是推动散文诗未来发展的宝贵财富。

柯蓝的最后十多年主要是在深圳度过的。由于内地办刊物受刊号限制,柯蓝于1998年在香港创办了《香港·中国散文诗》季刊。刊物直到柯蓝逝世一年后终止,整整办了10年。柯蓝依托刊物,举办了多次散文诗大奖赛活动,有力地促进了中国散文诗特别是深港两地散文诗的发展。柯蓝晚年倾注心血最多的文学体裁是散文诗,投身文学活动最多的也是散文诗。他是中国散文诗有力的推手和举旗人。2006年2月,深圳仙湖植物园建成柯蓝散文诗石碑长廊,碑廊镌刻柯蓝散文诗36首。同年7月,内蒙古通辽开鲁古榆园建成柯蓝散文诗石碑长廊,镌刻柯蓝散文诗18首。一南一北两处文化景观,既是对中国当代散文诗的展示,也是对柯蓝最好的纪念。

柯蓝晚年一直在撰写回忆录。他写了《我的"柯蓝"名字的来历》,第一次向外界披露他凄美感伤的初恋。柯蓝本名叫唐一正,是他父亲请一位小学校长取的名,取用孟子的话"一君正而天下定"中的二字,寄希望于儿子将来能做个安邦定国的正人君子。1937年,17岁的唐一正与三姐夫向隅一起,经西安投奔延安。小提琴手向隅顺利得到去延安的许可,唐一正则被安排去了山西前线八路军一一五师学兵队。一次,他护送负伤的大队长到前方医院就医,在医院,他认识了女卫生员柯蓝。柯蓝是一位南洋富商华侨的女儿,代表华侨联合会赠送一大批贵重医药到八路军总部,本来要返回的,由于战争交通断绝,只好留在医院,她自己要求当了护士。在医院一个多月,两个有着共同文学爱好的青年双双坠入爱河。唐一正用开药方的纸为柯蓝写了一句普希金的诗:"假如生活欺骗了你,请你不要悲哀。"柯蓝深受感动。离开医院时,柯蓝随唐一正去了前线。不久,柯蓝在掩护伤病员转移时遭到日军伏击,机枪射中了她,全身中了八颗子弹。临死前她挣扎着大喊唐一正的名字。唐一正为了纪念刻骨铭心的初恋,1939年向组织正式申请改名为柯蓝,一直沿用到他生命的终点。他说:"过去大家只知道柯蓝是我的笔名,却不知道我取这笔名的一段恋爱史。现在,在我写自传回忆录时,为了回归历史,把这段隐私公布,并以此纪念半个多世纪以前的一位爱国华侨女青年,告慰她长眠的灵魂。""柯蓝一直都在,我用她的名字继续活着。"

柯蓝对散文诗的理论建设有着独特的贡献。《柯蓝文集》第六卷收入他 19 篇散文诗理论文章。2006 年 4 月,人民文学出版社出版了柯蓝的散文诗理论专著《中国散文诗创作概论》。这是作者几十年创作经验的理论结晶。柯蓝坚持认为散文诗是一种独立文体,并对它的美学特征作出阐述。书中举例大多是他个人的作品,也收入了多次散文诗大赛的获奖作品。他提出报告体散文诗、旅游体散文诗、政论杂文体散文诗的分类方式,阐述了中国散文诗的载体论和朗诵运动,这些都是可贵的探索。当然,其中不可避免也有其局限。他对朦胧散文诗的看法失之武断:"中国散文诗发展到改革开放之时,和其他文艺形式一样,会受到西方思潮的影响,取其营养而发展补充自己,这是很正常的。同样,也不可避免地要受其不利的影响,如极端自由化的后现代主义思潮、朦胧诗进入中国散文诗领地,促使许多青年散文诗人提倡全盘西化,标榜为新潮,时髦一时。也有少数年长散文诗人和'理论家',为讨好青年,以导师身份加以鼓吹,提倡所谓三无原则(即创作无结构、无中心、无传统),去写一些让人看不懂的朦胧散文诗,并自称是突破了模式的创新,使中国散文诗遭受污染,使中国散文诗一度遭受分裂。"(见该书前言)朦胧是一种美学形态,较之明朗,可能会更有诗味。如果把散文诗都写成清一色的明朗,久之,读者会感到乏味。用"污染""分裂"的词汇言说朦胧散文诗,是否有些不妥?这样的观点明显不利于散文诗艺术风格的百花齐放。

在延安形成的文学观影响了他的一生,令人尊敬,同时又暴露出某些局限。这些局限妨碍他对一些勇于探索的作家作出公正的评价。

2006 年 12 月 11 日,柯蓝因病在深圳去世,享年 86 岁。

2007 年 12 月,为纪念柯蓝逝世一周年,花城出版社出版了《永远的柯蓝:中国散文诗的丰碑》一书。全书收入 117 篇诗文,有缅怀,有评论;作者遍布全国 20 多个省市及香港特区,从不同侧面肯定了逝者对中国散文诗作出的历史性贡献。

柯蓝在深圳向习仲勋介绍《中国散文诗》（1998年）

他是一个执着而又固执的人，遭受过非议，甚至攻击，但这些非议和攻击都未能动摇他为散文诗奋斗终生的志愿。他在中国当代散文诗发展史上的独特地位无人能够取代。

2015年8月，笔者在内蒙古通辽参加科尔沁诗人节期间，有幸同几位诗友一起去开鲁县古榆园，观看了"柯蓝散文诗长廊"石刻。石刻共22块，镶嵌在园内凤来仪书院的廊壁上，共18首作品，有两首是2006年5月的新作。其中一首是《悼念延安鲁艺校友麦新烈士》：

  任冰雪遮天，任寒风呼啸，在开鲁的上空，有一个经久不息的声音。
  那是一个时代的呐喊！大刀向鬼子们的头上砍去！大刀曲谱写了一个血与泪要索取代价的历史，一个伤痛的历史，一个奋起的历史。……

开鲁县是麦新烈士的牺牲地。2015年是中国人民抗日战争胜利70周年。此时，读到柯老悼念麦新的诗作，一时激起我们对烈士、对柯老的深切缅怀。这大概是柯蓝散文诗的绝笔之一。他的绝笔散文诗是献给烈士的。

同行的通辽散文诗作家侯洁春告诉我们："科尔沁散文诗学会是在柯老的直接关怀下成立的。柯老当年亲自率团前来参加成立大会，做报告，还赠送学会6卷本的《柯蓝文集》。2006年3月，我和方纲老师（开鲁作家、《麦新传》作者）去深圳，参加深圳仙湖植物园柯蓝散文诗石碑长廊落成剪彩仪式。座谈时方纲老师与柯老商定，在科尔沁的开鲁古榆园建柯老散文诗石碑长廊。方纲老师回来后牵头与县领导联系，得到支持，很快建成。7月28日，柯蓝散文诗石碑长廊落成剪彩仪式举行。柯老亲自来开鲁参加剪彩仪式，受到开鲁人民的热烈欢迎。柯老去古榆园时，街道两旁几百名青少年手中挥舞着花绸，欢迎柯老的到来。古榆园寺院的住持带领着佛家弟子亲自到园门前迎接。柯老眼中饱含着感激的泪水，他对我说：'我没想到县委、县政府这么重视，场面这么热烈。这种场面，让我想起了延安时期欢迎军队进城的情景，我受到这么高的待遇，好感动。'柯老从通辽回京后体检发现了病情，住院后就未再出来……"说着，侯洁春的声音有些哽噎。

古榆园管理处主任袁凤仪让大家留言。我写了四个字：柯蓝永在。

（本文部分内容原载《时代青年》1991年第2期）

魏巍
（1920—2008）
作家

魏巍：终生书写"最可爱的人"

魏巍是当代中国少有的战士兼作家。两个身份融为一体，铸成不变的风骨和柔情。他写志愿军的名篇《谁是最可爱的人》在几代人中产生了难以磨灭的影响，以至于"最可爱的人"成为志愿军战士、后又延伸为人民子弟兵的雅称。

1984年3月，我与同事潘海一起赴京，看望和采访几位河南籍的作家、艺术家，魏巍是其中之一。他住在西山八大处的军营内，距市区较远，乘坐地铁一号线向西至终点站，然后转乘公交车才能到达。在寓所的客厅，魏巍热情地接待了我们。我们祝贺他的长篇巨著《东方》荣获首届茅盾文学奖。话题也从《东方》开始。

"这是我前后用了22年写成的作品。"魏巍不无感慨地说。1950年年底，魏巍奉命赴朝鲜调查美军战俘营的情况。调查结束后，他要求留下来进行3个月的战地采访。魏巍来到志愿军前线部队，和志愿军一起生活，耳闻目睹了许多撼人心魄的英雄故事。正是这次深入的采访，使他了解到志愿军战士的崇高与伟大，回国后他发表了一批战地通讯，其中包括在1951年4月11日《人民日报》头版头条发表、为作者赢得巨大声誉的《谁是最可爱的人》。1952年，魏巍第二次入朝。这次入朝令他萌发了写一部长篇小说的宏伟想法。用通讯表现抗美援朝战争是一种快捷的形式，但其容量有限，很难全面表现这场宏大的战争和战争中复杂的人物关系。有了计划，采访便有了明确的目的。在将近一年的时间里，他访问了志愿军总部、两个军的各兵种、阵地、医院，住在连队、营部和团部，尽可能多地观察、了解和收集指挥员和战士们的生活。除此之外，他还访问了朝鲜人民军的部队官兵，来到战时的平壤市，采访和积累了大量的素材。1953年回国后开始构思，先后又到长辛店二七工厂、冀中农村等地深入了解后方的生活。1958年，志愿军从朝鲜回国，他第三次来到朝鲜，目睹了这一历史性的感人场面。1959年开始动笔，到"文革"前，陆续写出了40多万字。"文革"期间，他受到粗

王幅明采访魏巍

暴批判，创作被迫中断了 8 年之久。直到 1974 年，他才重新拿起笔来，在极其困难的情况下继续写作后半部分，终于在 1975 年 10 月完成初稿。经过反复修改，这部 80 余万字的巨著，终于在 1978 年由人民文学出版社出版。作品出版后受到广泛好评，获得了多种荣誉，除了首届茅盾文学奖，还获得了首届中国人民解放军文艺奖和首届人民文学奖。另外，《东方》还被改编为连环画，由人民美术出版社出版。

魏巍，原名魏鸿杰，1920 年 3 月出生在郑州东大街魏家胡同。他是听着火车的汽笛声长大的。父亲是铁路小职员，收入微薄，难以维持一家三口人的基本生活。魏巍在 7 岁时就开始帮父母做事。他挎上竹篮，在进站的列车下叫卖香烟之类的日用小商品。车过后，他就从兜里掏出父亲给他写在方块纸上的汉字一一辨认。后来，他上了一个专门办给贫苦子弟的不收学费也不用做制服的"平民小学"。在这里，年轻的女老师蔡芸芝给了他最初的诗教。日子越来越困难了。他在上郑州师范学校时，家里无钱为他购买课本，他只好跟同学合看一本书。下课后，再借同学的笔记本抄录。15 岁时，父母相继在贫困中去世，魏巍成为孤儿。好在好心的大娘担当起慈母的责任，继续供他读书。魏巍是个早熟者，他的文学启蒙很早，志向高远，12 岁便开始写诗投稿，14 岁发表诗歌处女作。他的早期作品主要发表在郑州的报纸副刊上。很可惜，他早年的诗作绝大部分都散失了。现在能够找到的两首，是 15 岁时写的《炉子》和 16 岁时写的《无娘的孩子》，分别发表在郑州《大华晨报》副刊《沙漠诗风》的第 5 期(1935-2-10) 和第 23 期 (1936-6-16) 上。这两首诗作让我们见识了少年魏巍不凡的诗才和质朴的诗风。《炉子》是以冬天的火炉为对象，抒写贫富两重天的冷酷社会现实："命里生来就注定了矛盾，／从不曾踏进冻馁人的家门。／屋顶，在羡慕的视线里吐着骄傲，／从烟囱里探出了头，含笑相迎。／癖性生来就爱着虚荣，／从不曾看望过齿颤声里的一群。／在笑语中常爱舐老爷的锦衣，／轻嗅着小姐袖口的温馨。／自从冬神介绍与他们订成了密交，／永远和穷人断绝了缘法，／互相友好，把漆兑在胶里了，／北风传不来人们的咒骂。"在这首诗中，魏巍选取一个典型的视角，表现了对不公平社会的鲜明立场、对广大穷人的深切同情。我们可以从中看到"五四"以来新文学运动对他产生的直接影响。

17 岁时，他在图书馆结识了进步人士黄正甫。黄正甫是一位无名作家，曾是武汉农民运动讲习所的学员。因为大娘家生活也很艰难，魏巍不忍心再拖累大娘，他想去延安上"抗大"。黄正甫说他可以牵线帮助，并写了两封介绍信。魏巍带着介绍信乘火车到达西安。他拿着黄正甫的信找到了江教授。可在严重的白色恐怖形势下，江教授无力帮他。既然来了，没有退路，只有自己向前闯了。他找到了位于七贤庄的八路军办事处。正值国共合作时期，办事处是公开挂牌的机关。可是，办事处对面便是胡宗南的官邸，办事处周围布满国民党的便衣特务，这些特务盯着进出办事处的人。不少人从里面出来后就莫名其妙地"失踪"了。魏巍无所畏惧，径直闯了进去。虽然"抗大"已经招考过了，但墙上山西前线八路军115师军政干部学校招生的信息令他如获至宝。他立即折返潼关，渡过黄河，经过霍县，到达赵城马牧村，找到115师，从此参加了八路军。当时，林彪任师长，聂荣臻任政委。1938年，师军政干部学校并入延安"抗日军政大学"（简称"抗大"），魏巍成为该校第三期、第四期学员，并于同年5月1日加入中国共产党。在延安，他常常参加"文化工作者协会"的活动，也常听柯仲平抑扬顿挫豪情满怀的诗朗诵。柯仲平说："本人和'大黑暗'是'冤家世仇'，投身革命的那一天起，我就想闹出个你死我活！我们的诗，不能脱离人民的斗争，不能离开时代。伟大的艺术，必须抓住时代的中心，艺术是被压迫者的战曲！"柯仲平成了魏巍的偶像。他参加了柯仲平领导的"战歌社"。他和当时的伙伴胡征、朱子奇、周洁夫等成了亲密的诗友，在学校成立"战歌分社"，每当有新作，就把抄好的新诗贴在报纸上面，挂在校园的墙头上展示。延安是革命的摇篮，也是诗人的摇篮。当年的延安城大街，高悬着"街头诗运动日"的横标，四处张贴着多姿多彩的诗，写诗和读诗成为风尚。回忆起延安，魏巍充满无限的留恋。他说："延安的生活，决定了我的一生。"

1939年，他从"抗大"毕业，被分配到八路军总政治部战地通讯记者团担任记者，派赴敌后河北平山李家岸晋察冀军区。到达晋察冀军区后，魏巍被留在军区政治部宣传部，任编辑科的干事，参加《抗敌副刊》编辑工作。这是军区的一张石印报纸，每期两版。因为边区已有《抗敌报》，这个报就称为《副刊》，不久改名《抗敌三日刊》，以后又改为《子弟兵》。1939年年初，他被调到战斗部队工作，写了《雁宿崖战斗小景》和《黄土岭战斗日记》等作品，记述了他亲身经历的战斗。1940年，他被调到一分区政治部编辑《工作通讯》报（后改为《连队生活》）。在"百团大战"中，尤其是1943年反"扫荡"中进行采访，在敌人烧杀极其严重的狼牙山周围地区，他看到烈火熊熊的村庄、血迹斑斑的田野和被烧焦的无辜农民的尸体，这些更激起了他对日寇的无比仇恨，也更加深了他对英勇战斗的劳动人民的热爱。他先后写出了《黄槐花飘落的时候》《深夜，我渡过溪水去敲门》《蝈蝈，你喊起他们吧》《好夫妻歌》等充满激情的诗歌和《王本勤的上坡路与下坡路》等多篇战地通讯。

魏巍在朝鲜战场采访

八年抗战期间，魏巍随部队转战保定、易县、完县、满城、徐水、涞水、涞源、张家口、集宁等许多地方。他以诗歌、战地报道为特殊的武器，进行着伟大的民族解放斗争。作为诗人，他参加了田间、邵子南领导的晋察冀诗歌运动，逐渐成长为令人瞩目的诗坛新秀。艰苦的岁月里，由充满革命激情和战斗精神的诗人写就的抗战诗歌，成为鼓舞人民、激励战士的巨大力量。作为战士，他是战争的亲历者。他参加过一次次残酷激烈的战斗。他为胜利欢呼，也有过为一场胜利来得太快而打得不够过瘾的遗憾。他曾在反"扫荡"中陷入非常危险的境地。在血与火中，他写了一组秋季反"扫荡"的诗，其中一首名为《诗没有死》："当我突出了重围，／重又拿起了诗笔，／诗，我的诗呀，／我像遇见千里外的亲人了，／我们分别了几多岁！／／我喜爱的，我的诗呀，／我的奔放的马，／永远和工农一起／欢腾跳跃的马，／今天呵，我挽着你的绳缰，／想去踏遍那山峦上的云霞。"他望着山坡上屹立的白杨树，联想到自己的使命，取笔名为红杨树。他的许多诗歌写在战地，主题都与战士和战斗有关。写于1942年盛夏的两千行长诗《黎明风景》在西北战地服务团所属的"战地社"主办的《诗建设》上发表后，引起轰动。当时活跃在解放区的作家孙犁、邵子南等相继撰写评论充分肯定这部长诗的价值。当年，《黎明风景》荣获晋察冀边区鲁迅文艺奖。

抗战胜利后，魏巍随部队撤离张家口，经过一段征战，又回到了张家口。这个时期，他写了名作《塞北晚歌》，发表在1945年年底的《晋察冀日报》上。这首在党报上很难见到的战火中的情诗发表后引起了不小的轰动，许多战士争相传看。这是一首自传体的作品。抗战末期，魏巍从山区来到了冀中平原。他在安平县羽林村结识了担任村妇女自卫队指导员的刘秋华。不久，部队转移至安平县报子营村，魏巍被派驻在刘秋华的家里。交往日久，两人产生难以割舍的亲近感，虽未道破，但双方都已心知肚明。1945年8月15日，日本宣布无条件投降。这是中国人民永难忘怀的日子。对于魏巍，这一天似乎更加值得纪念。这一天，他被任命为晋察冀军区七分区政论部宣传科科长。同一天，魏巍在军区《前线报》报社与刘秋华不期而遇。这时，魏巍才知道她和弟弟都参军了。《前线报》报社领导听说了他俩的关系，特别邀请魏巍到报社吃了一顿饺子，并安排刘秋华回家探望。夜色中的平原，魏巍与刘秋华沿着潴笼河大堤相伴而行。久别重逢，这对在战火中经受了考验的情侣有着说不完的话。这一晚成为魏巍一生中最富诗情的夜晚。这些美好的记忆，最终沉淀转化为一首激荡着战士情怀的情歌《塞北晚歌》："……月亮照着战壕，／忍不住／将你思念；／谁叫我在织布机旁将你碰见／谁叫那琐碎的日子，／在我们身边流连！……""说不清为什么／今夜我特别想你；／想你呀，／和我的老解放区。／想起你们，／妇女抬担架的吃力样子，／头一次登台讲话的可笑样子，／在村剧团唱歌的疯傻样子……请你告诉我吧，／我今晚是这样的系念；／今晚呀，／就是解放区的一块石头，／也是我心爱的！"爱情成熟了，等待着有情人去采摘。1946年3月，魏巍与刘秋华在河北涞源下花园举办了简朴的婚礼，有情人终成眷属。

解放战争初期，依然是敌强我弱。在强敌迫近前，解放军撤离了张家口。两年以后，晋察冀野战军经过浴血奋战，收复了张家口。为庆祝这来之不易的胜利，魏巍写了长诗《两年》。《两年》写出了我军从张家口撤退后经过两年转战重返这座城市的咏叹。有评论说，"这首《两年》，可以说是诗人诗创作的一个高峰"。诗的末尾附有作者简短的跋语：1949年2月2日解放北平，于西郊海淀脱稿。这首诗写于戎马倥偬中。完成诗作时，魏巍参加的平津战役已经取得胜利。两天前，北平宣告解放，解放军挥师入城了。北平解放后，为改造傅作义的部队，魏巍被任命为晋察冀野战军骑兵第六师第十六骑兵团政委，不久他们即进军陕西、宁夏，参加到解放大西北和剿匪的斗争中。

解放战争中，魏巍主编过晋察冀野战军第三纵队的《前线报》，并随部队转战各地，写了《娘子关前》《在突破口》等许多通讯。

1939年至1949年，魏巍的文学成就主要是诗和战地通讯。他以一个革命诗人和战地记者的双重身份，占据了中国现代文学史与新闻史的一席之地。新中国成立后，魏巍的文学之路伴随着他的人生经历发生了较大的变化。他将主要精力放在散文和长篇小说的创作上。但他的诗人本色未变。他一直坚持有感而发，间或写一些旧体诗。他的小说、散文，无不充盈着丰沛的诗情和诗意。

1950年5月，魏巍从宁夏奉调回京，任解放军总政治部学校教育科副科长。同年6月25日，朝鲜战争爆发。10月19日，中国人民志愿军赴朝参战。12月，魏巍奉命赴朝，1951年3月回国，调任《解放军文艺》副主编，兼任中国作协机关刊物《人民文学》编委。他连续写出了一篇又一篇充满爱国主义和国际主义精神的激动人心的战地通讯，极大地鼓舞了全国人民抗美援朝的热情。这些作品后结集为《谁是最可爱的人》一书，于1951年出版。同年，魏巍还出版了第一部诗集《两年》和与白艾合著的中篇小说《长空怒风》。

打开新中国的文学与新闻史册，很难找出像《谁是最可爱的人》这样产生过巨大而持久影响的作品。文章发表后，受到朱德总司令的连声称赞。毛主席读后，立即批示"印发全军"。许多人流着激动的泪水读完这篇荡气回肠的佳作。一位参加过抗美援朝的同志回忆说："看了在《人民日报》第一版发表的《谁是最可爱的人》，心里有一种什么东西升腾起来，催促着你，推动着你，要你立刻为如此深挚、如此热爱你的人民做些什么……就在这天，我们赶着编印了一期前线快报。《谁是最可爱的人》印在头版头条。报印好，我们一人背了一大卷去追赶部队。我们觉得浑身是力量，即使横在我们面前的是美国鬼子的二十里宽的火墙，我们也会毫不犹豫地一冲而过的。"《人民日报》社长邓拓感叹道："在朝鲜我们有那么多记者，却没有一个写出《谁是最可爱的人》这样的文章。"

31岁的魏巍很快成为名人。到处有人请他做报告，要求签名的人排成长队。北京中山公园召开了几千人的群众大会，请他讲朝鲜战地见闻，讲最可爱的人的故事。1953年，周总理在第二次全国文代会上讲话时说："……我们就是要写工农兵中的优秀人物，写他们中间的理想人物。魏巍同志所写的《谁是最可爱的人》，就是对这类典型的歌颂。它感动了千百万读者，鼓舞了前方的将士。我们就是要刻画这些典型人物来推动社会前进。"讲到这时，周总理还特意向台下问道："魏巍同志来了没有？请站起来，让我们认识一下这位朋友。"这篇文章后来被选入中学语文课本，成为几十年不变的教材、几代人磨不掉的记忆。

魏巍没有为一时的成功而陶醉。他始终是一个清醒者。他开始细心地为长篇小说创作做准备。由于《谁是最可爱的人》在青年中的影响巨大，他连续为青年读者写了一批比较有思想的散文，后结集为《幸福的花为勇士而开》（1956）和《春天漫笔》（1959）。除此，他还出版了诗集《黎明风景》（1955）、《不断集》（1963）、《魏巍诗选》（1955），选编了文献性诗选集《晋察冀诗抄》（1959），与钱小惠合著了电影小说《红色的风暴》（1956）。

1963年，魏巍参加了大型音乐舞蹈史诗《东方红》的解说词编写工作。1965

年夏,美国侵略者轰炸越南北方期间,周恩来总理决定组建中国作家访越代表团,由巴金任团长,魏巍任副团长,团员有杜宣、菡子等人。魏巍要求到前线去。在此后的110天中,在美国飞机的轰炸下,魏巍南行至北纬17度线,行程4000余公里。回国后,他写下《人民战争花最红》等7篇访越通讯。

"文化大革命"开始了。魏巍最早受到了批判。各种荒唐的罪名接踵而来。有人翻出他在1957年整风学习小组上的发言来批判,称他为"漏网右派"。他前后被批判23次,已写出40多万字的《东方》手稿也被没收。1967年,他的处境有所改善,他要求到京西门头沟煤矿去劳动锻炼。"文革"后期,魏巍的处境有了好转后,他将《东方》手稿要回,继续后半部分的创作。在当时的环境下,他并不奢望能够发表或出版,只想把它写完,了却自己的一桩心愿。

1976年1月8日,周恩来总理逝世,魏巍陷入巨大的悲痛之中,写下悼念总理的诗词。这一年清明节时,天安门广场汇聚了大批悼念总理的民众,各个单位和机关早已下令不准参加天安门的悼念活动,魏巍却没有理会这些。他和女儿一起置身于悼念的洪流中,把自己悼念总理的诗词贴在人民英雄纪念碑的诗文之中:"惊闻华夏失栋梁,举国老幼尽哀伤。松柏枝头花如雪,白玉栏杆泪万行。感君创建功勋重,鞠躬尽瘁五十冬。每念祖国春光好,热泪落地静无声。"

"四人帮"被粉碎后,中国迎来了思想解放的新时期,文艺的春天到来了。魏巍重新焕发了艺术的青春,进入他创作的高峰期。《东方》在紧张地进行修改,过去的旧著又重新出版。1978年,魏巍被任命为北京军区文化部长,后来担任北京军区政治部顾问。1978年,《东方》由人民文学出版社出版,立即引起了热烈的反响。老作家丁玲评论说:"《东方》是一部史诗式的小说,它是写中国人民志愿军在抗美援朝战争中创造的宏伟业绩的史册,是一幅绚丽多彩的画卷,是一座雕塑了各种不同形象的英雄人物的丰碑。"1980年,魏巍出版散文集《壮行集》。1981年,魏巍出版与钱小惠合著的《邓中夏传》。1982年,魏巍出版《魏巍散文选》。1984年,魏巍出版《我爱老师》和《魏巍文论集》两本书。

我们问起魏巍的创作近况。他说,正在组织聂荣臻元帅传记的编写。几年前,中央书记处决定出版元帅传记。北京军区受领任务组成聂荣臻传记组,魏巍被任命为聂荣臻传记组组长。聂荣臻元帅是晋察冀的老首长,魏巍在抗日战争、解放战争期间长期工作在晋察冀,他心中对聂帅充满崇敬,十分高兴地受领这一任务。他先是根据聂帅的口述回忆组织撰写了《聂荣臻回忆录》,现正在组织撰写《聂荣臻传记》。1983年，他应邀去了江汉石油学院。全国石油部门院校政治工作会议在此召开，会议安排他在会上讲话。这个学院的前身是北京石油勘探学校。第一届学生毕业时，他曾去欢送，作了《祝福走向生活的人们》的讲话。他的讲话给学生们留下了深刻的印象。当年的学子现在都成了石油战线的骨干，很多人成为工程师、厂长。新一届学生又要毕业了，同学们纷纷要求到艰苦的地方、到边疆去工作。当年的学子亲切邀请魏巍，让他再去给即将走向生活的学子讲话。魏巍的讲话受到了热烈的欢迎。后来，他去了四川，沿着当年红军长征的路线走了一段，为一部反映长征的长篇小说收集素材。很不幸，他在途中受伤，因骨折无法前行，无奈在雪山脚下住了一些日子。

魏巍赠王幅明书法

针对当代青年中出现的一些崇洋和享乐之风，我们请魏巍谈谈他的看法。他说，50年代和80年代的青年，因为环境不同，出现了不同的追求。80年代的青年，本身没有什么过错，问题出在如何引导上。当年的青年争着上前线，如果不让他上前线，他会坐在鸭绿江边哭。志愿军回国，众人把他抬起来，认为是无上的光荣。现在的青年，如果引导得好，同样是可以大有作为的。靠什么引导？一定要用共产主义、集体主义的思想引导，用个人主义思想引导肯定是不行的。现在有的文艺作品把青年引导到只关心个人生活的小天地，不愿到艰苦的地方去。政治思想工作不同的地方，效果是不一样的。比如石油部门，愿意到边疆的青年大有人在。四个现代化大业的实现，需要大多数人的参与，只靠少数人是不行的，必须提倡艰苦奋斗。人们总是不满足现状，结果出现了犯罪。其实很简单，必须用共产主义、集体主义的思想引导。但也要切合实际，光靠行政手段是行不通的。

我们恳请魏巍给家乡的青年杂志题词，同时也大胆提出向他求一幅墨宝，想不到他当即答应，并且说现在就写，免得以后忘记。如此亲切朴实，真是一位慈祥的长辈。他给《河南青年》杂志的题词是："以集体主义精神鼓舞青年。"给我写了一首陈毅元帅的《红梅》诗："隆冬到来时，百花迹已绝。红梅不屈服，树树立风雪。"

继《东方》之后，1988年，魏巍描写红军万里长征的长篇小说《地球的红飘带》出版。多么富于诗意的书名！1993年，为纪念毛泽东诞辰100周年，他专门撰写出版了全面论述毛泽东历史功绩的《话说毛泽东》一书。同年，出版诗集《红叶集》。1997年，他描写抗日战争和解放战争的长篇小说《火凤凰》出版。他在自序中说："抗日战争和解放战争，是我一生中最重要的生活经历。我对之感受最深，收获也最大。可以说，它是名副其实的'我的大学'。它使我真正认识到，什么是敌人？什么是朋友？什么是同志？它尤其清楚地告诉我，帝国主义、法西斯的本性是什么？为什么说人民群众是真正的英雄，是创造历史的动力？至少在书本上学不到这样牢靠、这样深入到生命之中。为此我必须作为幸存者将这一页惊天动地的历史记述下来，将党和人民伟大的功绩记述下来。"至此，他在77岁高龄这一年，完成了"革命战争"三部曲。他以小诗作结："三部壮曲喜完工，俱是英烈血染成。艺境无限我有限，织就云锦惟丹诚。"1999年，汇集了他60年主要创作成就的10卷本《魏巍文集》出版。

历史进入21世纪。这位年逾八旬的老人一直没有停下手中的笔。直到晚年，他依然关注着国家的命运，牵挂着"最可爱的人"的生活、社会最底层小人物的生活，写了许多具有独立见解、针砭时弊的杂文和评论。这些文章颇显另类。在一些人看来，这是一个不合时宜的老人，在一切都向钱看的时代，还有几人在谈共产主义，甚至早已从词典中消失的修正主义？他是诗人、作家，更是一位思想者、一个不妥协的斗士，始终不渝地坚守、践行、捍卫着一个共产党员的道德底线。2008年1月，《新语丝》和《四行日记》出版。《新语丝》收录了魏巍晚年创作的杂文和评论。《四行日记》是魏巍当年赴朝鲜采访、赴越南采访、长征路寻访和石油战线巡礼而写下的日记。

2008年8月24日，魏巍的心脏停止跳动。8月30日上午，细雨连绵。来自全国各地的悼念人群涌向北京八宝山革命公墓，深情地向魏巍的遗体告别。告别室前摆满了层层叠叠的花圈、挽联，一个巨大的横幅格外引人注目："最可爱的人，虽死犹生；最可耻的人，虽生犹死。"斯人已逝，精神之树依然挺立。

魏巍这位终生书写"最可爱的人"的军旅作家，一位真正的战士，最终也被读者尊为"最可爱的人"。

（原载《老人春秋》2015年第8期）

穆青
（1921—2003）
记者

穆青：母校未了情

河南杞县大同中学是穆青的母校，他在这所学校度过了高小和初中这段时光。五年的求学生涯，奠定了一个青年学子的毕生追求。他与老师和同学结下的情谊，贯穿了他不寻常的一生。

经河南省人民政府批准，杞县城关中学于1982年初恢复了原校名——杞县大同中学。这所学校曾被誉为"屹立在豫东平原上的一座红色堡垒"。在长期的革命斗争中，大同中学的不少师生为中华民族的解放事业献出了宝贵的生命，不少师生后来成为中国共产党的得力干部和著名的专家、学者。教师中有烈士赵伊坪、梁雷、傅孤侣，作家姚雪垠，学者郭晓棠，外交家王国权等；学生中有记者、新华社社长穆青等。大同中学定于1982年9月20日举办建校50周年校庆活动，听说穆青等人应邀参加，我和同事孟昭勇前往采访。

来自全国各地的大同中学校友一百多人与会，其中包括烈士的亲属。来宾中最引人注目的人物当数穆青，他时任新华通讯社社长，刚刚在党的十二大当选为中央委员。大同中学及县政府招待所悬挂的欢迎横幅上写有穆青、王国权、姚雪垠等人的名字。穆青应邀为母校题写了校牌并参加了挂牌仪式。

大家深切缅怀学校创办人、老校长王毅斋先生。杞县大同中学是由已故著名爱国人士、河南省原副省长王毅斋先生1932年创办的，最初为杞县大同小学，两年后增设中学，王毅斋自任校长，自聘教师，自筹经费。他是留学德国的经济学博士，时任河南大学教授，在极其艰苦的条件下集资办学，为国家培养了一批进步有为的学子。学校聘请的教师大多是进步青年，骨干几乎全是中共地下党员。整个学校充满了抗日救亡的气氛。同学们唱救亡歌曲，读进步书刊，出墙报，办刊物，组织各种抗日宣传活动。从1936年年末开始，大同中学即有一批接一批的师生到陕北参加革命。1937年抗日战争全面爆发后，大批学生或奔赴山西前线参加八路军，或参加新四军彭雪枫的部队。据不完全统计，原大同中学的师生，仅在抗日前线牺牲的烈士就有近20人；健在的校友，曾担任过地方厅、局、地市级以上职务和部队师级以上职务的有近百人。大家认为，一所位置偏僻、条件极其简陋的私立中学，在国民党反动当局的严密控制下，仅几年的办学时间，就能培养出这么多人才，取得如此成就，在当代中国教育史上实属罕见。而这一切首先归功于创办人王毅斋先生。大家对恢复原校名给予了极高的评价，希望大同中学能继承和发扬母校的光荣传统，在新时期取得更大的成就。抚今追昔，大家对王毅斋先生的怀念油然而生。像许多正直的知识分子一样，王毅斋先生的人生道路充满坎坷。新中国成立后，他担任河南省副省长、省民盟主席，曾专程到北京接受过毛主席的接见。这样一位拥护共产党、热爱新中国的民主人士，只因1957年"鸣放"时，为了帮助党整风，坦诚进言，竟被错划为右派分子，受到无情批判，撤去职务，长期下放到新乡进行变相劳改，"文化大革命"中被迫害致死。经穆青和老同学冯若泉等人的多方奔走，1980年夏天，河南省政府终于为王毅斋先生做出了平反的结论，恢复了其应有的名誉。接着，在郑州举行了隆重的追悼大会，把王先生的骨灰盒移置于革命纪念堂。而今，如果得知大同中学恢复原校名的消息，看到隆重的校庆仪式，他一定会含笑九泉。一些老校友建议将王毅斋先生的部分骨灰埋在校园里，立碑以作永久纪念。大家也对为这次复校和庆典而尽心费力的冯若泉同学表示敬意和感谢。

冯若泉既是穆青的同乡，又是穆青的同班同学。1932年，他们一同考入大同小学，同读五年级，以后又一起升入大同中学，前后同窗五年，结下了深厚的友谊。特别是在中学期间，由于接受了学校进步思想的教育，两人成为志同道合形影不离的伙伴。1937年，他们一起从大同中学毕业，又双双考入开封私立两河高中。这所学校管制严密，内有国民党蓝衣社和三青团组织，与大同中学相比宛若两重天。穆青与冯若泉私下商量尽早离开学校到山西前线投奔八路军。最后决定：冯若泉和另一位同学先走，等接上关系探明路线即写信回来，穆青和另一批同学随后再走。冯若泉于当年10月间去了山西。穆青与几位大同中学的同学于当年12月5日深夜，按照冯若泉来信提供的路线秘密离开学校奔赴山西。他们虽然不在一个部队，但两人一直联系不断，新中国成立后又多年同在北京。冯若泉曾任董必武秘书、最高人民法院研究室主任，"文革"后回河南，时任河南省人大常委会副秘书长。

作为一个局外人，参加大同中学原师生座谈会，成为我一生中难忘的经历。50年前的老师都已是白发苍苍的老人了，如曾任多国大使的外交家、时任民政部常务

前排左起：梁雷、姚雪垠、赵伊坪（1936年）

副部长的王国权先生已年逾古稀。当年的学生也已进入暮年，因为他们有不凡的资历，不少人仍肩负重任，如穆青、冯若泉等。其中多数人几十年来天各一方，如今能够相见，无不感慨万端。他们感谢大同中学，祝福大同中学，缅怀为国捐躯的英烈。姚雪垠的组诗《大同中学感旧》引发了所有师生的共鸣，其中一首是悼念老校长王毅斋先生的："高风每忆王夫子，磊落光明是我师。遍地阴霾惜火种，漫天飞雪护花枝。聘来教席藏亡命，送走生徒举义旗。坎坷忠魂应自慰，大同事业令人思。"还有一首是献给烈士的："转眼行将五十年，联翩往事记心田。繁星深院传真理，斜月幽窗写短篇。共唱救亡悲泪下，私谈局势愤挥拳。良朋早洒沙场血，留得光辉照后贤。"（《大同中学感旧》）有校友为母校赠送一面锦旗，上写："桃李满天下，一代胜一代。"当所有人都在为这所学校骄傲之时，也有人留下了悔恨的眼泪。原大同中学数学教师、现开封某中学的一位退休教师在发言时声泪俱下。他曾是王国权的同班同屋同学，是无话不谈的好友。1934年秋，王国权创办的进步书店遭到国民党查禁，有关革命同志被捕，危机之下，王国权相约三位同学一起东渡日本。由于家庭反对，他没有同去。从此，几个同学走上了不同的人生道路。与王国权同去的同学，一人成为革命烈士，另两人成为中共栋梁，而他，只因一念之差，放弃了有所作为的追求，终生只做了一名教书匠。他说起往事悔恨不已，泪流不止，也带给与会者不尽的思索。

夜晚，我们如约来到穆青入住的房间，请他谈谈青少年时代的经历。穆青是一位和蔼可亲的老人，身穿灰色中山装，虽已年逾花甲，两鬓斑白，但仍然精神矍铄，谈笑风生。他说："我的整个少年时代，11岁至16岁，都是在大同中学度过的。进学校之前只是一个普通的孩子，什么也不懂。初小基本没上过，只是跟着祖父学点古书。祖父为晚清举人，很有学问。我10岁来到杞县，在县一小插班读四年级。初小毕业考高小没考上，主要原因是算术差。那时正逢王毅斋先生办大同小学招考五年级班，就去报考，结果考取了第二名。学校条件很差，在一个破庙里，全校只有二十几间房。但进校之后，精神发生了很大变化。老师是有名的教育家，教语文的是曾经教过王毅斋先生的老教师孙子纯，还有教数学的余老师，都很认真严格。不仅学习文化知识，还受到启蒙思想的教育、爱国主义的教育。以后陆续来了一些年轻的教师，给学校带来更加进步的空气。后来才知道他们中不少是中共地下党员。他们在一颗颗幼小的心灵里播撒革命的种子，传播抗日救亡的道理。一个个有志青年开始立下抗日救国的雄心壮志，把个人前途和民族命运连在一起。"

左起：冯若泉、姚雪垠、穆青、黎辛、许北祥（1979年）

穆青是同学中宣传抗日救亡的积极分子。他报名参加了进步教师领导成立的"读书研究会"，后改称"抗日救亡大同盟"。该组织下设科学研究同盟、文学艺术研究同盟，冯若泉和穆青分别任主席。他们几乎把所有课余时间都用于策划和组织活动。他们以墙报为园地，倾尽心血耕耘自己的理想。有时为了商量研究提纲或编写墙报，两人常常在穆青家里连夜工作，困了就抵足而眠。在课余和节假日，他们还深入民间访贫问苦、调查研究，然后写成一篇篇剖析社会、揭露时弊、宣传抗日的战斗檄文。

他回忆起对姚雪垠老师的印象："1935年底，姚老师经梁雷老师介绍，来到我们学校。后来得知，他是因为受到政治迫害才辗转到这里避难的。记得当时姚老师住在一个幽静的小院里。平时，他总是闭门写作，很少外出。有时候梁雷老师有事，便请他给我们代课。他上课时经常穿一件蓝布长衫，大襟上插着一支钢笔；讲起课来从不拘于课本，总是借题发挥，宣传革命思想，语言充满了感情。有时激动起来竟热泪盈眶，使我们深受感动。饱满的激情和儒雅的风度，使姚老师很快赢得了学生们的尊敬。和姚老师熟悉后没多久，得空就去他那间小屋，听他讲文学、谈时局，讲他经历的故事。而他也非常热情，总是不厌其烦地解答我们的每一个问题。尽管那段时间不长，只有几个月，却给了我文学和思想的启蒙。1936年的下半年，姚老师离开杞县去了北平。学校在梁雷老师的倡导下，创办了一份宣传抗日救亡的文学杂志《群鸥》。因当时杞县缺乏印刷条件，我们便和姚老师联系，把每期的稿子寄给他，由他编好后在北平排版付印。可惜的是，《群鸥》杂志刚出三期，就引起了国民党当局的注意，旋即被查封。姚老师为了支持同学们抗日救国的热情，承担了多大的艰辛和风险啊！"

　　穆青在《群鸥》发表的文章及他的进步思想很快引起了地下党的关注。他激动地谈起地下党发现他这株革命的新苗后暗中悄悄地扶植他、为他提供精神食粮的故事："从1936年起，我曾收到过许多没有寄件人姓名和地址的进步书刊，并且都是直接寄到我家，一直到我毕业为止。这些书刊包括《一九三五年的国际》《关于党的统一战线》《救国时报》等。"这源源不断的精神食粮，开阔了视野，充实了大脑，为他最终确立自己的人生理想作了无声指引。为了实现自己的抱负，穆青对文化知识的学习勤奋刻苦。他说："在母校，老师常讲一寸光阴一寸金，我不敢懈怠，不敢浪费光阴，早起晚睡，寒窗苦读。后来，即使在战争环境中，我也没有忘掉学习，只要能找到书就读。行军时，宁肯扔掉被褥里的棉套，也要带上心爱的书籍。"

　　1937年底，穆青到山西临汾参加了八路军。开始在学兵队，后被分配到贺龙任师长的120师政治部工作，两年后在烽火中加入了中国共产党。1940年，上级决定抽调穆青撤离前线到延安学习。这是他人生的又一次机遇。他在延安"鲁艺"文学系学习近两年。条件虽然简陋，但有茅盾、周扬、周立波、何其芳等一流作家和理论家任教，加上学风纯正，同学间相互促进，受益颇多。之后，"鲁艺"培养出了一大批卓有成就的作家和记者。他的同班同学中即有后来成为山药蛋派代表作家的马烽、西戎、孙谦，诗人贺敬之等。本来穆青有志于文学创作，因当时党中央机关报《解放日报》缺人，他又在该报发表过通讯，组织上就派他去报社做了记者，一干就是几十年，记者成了他终生的职业。

　　回顾走过的道路，穆青深情地说："因为大同中学有好的传统，培养有道德有觉悟的新型学生，重视文化学习，不是关门办学，而是让学生了解社会，明辨是非，思考怎么去改革社会，终使一个纯洁幼稚的青年走上了革命的道路。如果没有这个学校，我不敢想象自己会有今天！"

　　自从大同中学恢复原校名后，穆青只要有机会回杞县，总要抽空去母校看看。

战争年代的穆青

他多次给母校赠书、捐款，多次给同学们讲校史，寄厚望于后来人。

他与仍然健在的老师和同学都保持着联系。姚雪垠 1975 年从武汉搬家到北京后，他年年都要去看望老师。1999 年 4 月，姚雪垠去世。他从外地回京后即写长文《忆雪垠老师》，表达不尽的思念之情。冯若泉是他联系最紧密的一个同学。冯若泉 1996 年 10 月去世。穆青因公务无法到郑州参加追悼会，他给冯若泉的夫人宋明发去电报："我因故不能亲往吊唁，只得请家姊舍妹等代我在灵前一祭，默默道一声：'永别了，知我爱我的永清（冯若泉原名冯永清）哥……'"冯若泉去世后，宋明送给穆青一本厚厚的剪贴本。穆青一眼即看出那是老同学的笔迹，上写：穆青通信集。里面贴有穆青写给冯若泉的几十封信函，时间跨度从 20 世纪 40 年代至

笔底风雷传国史
胸中浩气贯嵩云

一九九八年初夏

贺姚老师文学创作七十年

穆青

穆青为姚雪垠文学创作 70 年题词

90 年代，整整半个世纪。这只是穆青写给冯若泉信函中的一部分，还有一些已在战争和动乱中散佚了。这件珍贵的礼物使穆青翻滚的心潮久久难以平静。这是同学兼战友之间真诚友谊的生动见证。穆青后来写了一万多字的长文《风雨平生一知己——怀念老友冯若泉》，详述他们长达半个多世纪的感人友情。

在大同中学，穆青最敬重的老师是赵伊坪和梁雷。当时，赵伊坪任训导主任，梁雷任教务主任，教语文和史地课。他们都是不公开身份的中共地下党员。梁雷博学多才，讲课喜欢旁征博引，内容丰富精彩，很受学生欢迎，常常是下课的铃声打响了，同学们还都不愿梁老师走。课余时间，同学们把梁老师的小屋挤得满满的，总爱和他无拘无束地交谈，听他讲国际国内形势，讲抗日救国的责任，讲红军长征、

北上抗日……当时大家都不知道梁老师是共产党员，但觉得他所讲的是真理，从而受到启蒙，开始树立革命理想。1936年西安事变前后，形势骤然紧张起来。学校两位进步教师先后被国民党秘密逮捕，梁雷处境凶险，不得不离开学校。梁雷含着热泪向同学们告别的时候，大家紧紧围住梁老师，一片哭泣之声。1937年初夏，穆青在开封参加初中毕业会考，在姚雪垠老师处意外地见到了梁雷。那时，梁雷在开封与姚雪垠等人创办《风雨》周刊。梁雷亲切地问他："你打算干什么啊？"穆青答："家里意思还是想让我考高中。""能考上学念书固然很好，但你家境清贫，供得起你在开封上学吗？从现在的局势看，战争一起，这里恐怕也很难容得下一张书桌了。我马上要去山西了，如果你上不了学，可以到山西找我，也可以直接投奔延安……"他记住了老师的话，最终在当年年底到山西临汾参加了八路军。他渴望能在山西见到敬爱的老师，可在1938年夏天，他突然听到梁雷已在山西偏关壮烈牺牲的噩耗。梁雷18岁加入中国共产党，牺牲时年仅25岁。接着，又传来赵伊坪在山东、傅孤侣在山西为国捐躯的消息。为纪念三位英烈，穆青曾使用过"傅雨坪"的笔名发表文章，"傅"指傅孤侣，"雨"是梁雷（他又名梁雨田），"坪"就是赵伊坪。

1993年，穆青刚从新华社社长任上退下来，第一件事即是重访晋西北。这是在他心里已经埋藏了55年的夙愿：到偏关梁雷墓地凭吊敬爱的老师。他的心情极为复杂。55年，当年的中学生已经变成了白发老人，可因为种种原因，他竟然抽不出时间来看望老师。他感到深深的内疚。来到偏关的当晚，他约请几位熟悉偏关抗战史的同志座谈，了解梁雷当年在偏关领导抗日直到牺牲的情景。谈到伤心处，穆青竟然不能自控，泪流满面。第二天一早，他来到位于城外的烈士陵园，找到墓碑刻有"梁雷烈士之墓"六个大字的陵墓，恭恭敬敬地献上花圈，深深鞠了三个躬，心中默念："梁老师，您的学生来得太晚了！"一阵心酸，眼泪便像泉水一样夺眶而出，最后变成失声痛哭。陪同的同志看到此景，无不动容。回京后，穆青很快写出血性至文《泪洒偏关》。姚雪垠看过这篇文章随即给穆青写信："很少看到这样感人的文章了，我一边看一边落泪。""你有丰富的阅历，有很好的功底，多写些散文，必有成就。"

1996年，穆青从漫长的新闻生涯中选出10篇文章，汇集成《十个共产党员》一书出版，第一篇便是他写老师梁雷烈士的《泪洒偏关》，另外9个人是赵占魁、焦裕禄、王进喜、吴吉昌、潘从正、孙钊、任羊成、阎建章、郑永和。

美籍华人学者赵浩生自称是穆青的"三同"老友：同乡、同学、同行。赵浩生是河南人，是当年开封两河中学穆青的同学，也是从业多年的新闻记者。他每次回国都会与穆青见面。含泪读完《十个共产党员》后，赵浩生这样评价老友："他是一位把整个生命献给党的新闻事业的人，他忠实、诚恳、从一而终，他是新闻界的焦裕禄，是以行动写出的第十一位令人景仰的共产党员。"

杞县大同中学没有忘记杰出学子穆青。2003年穆青逝世后，学校即建立了穆青陈列室。2014年5月，穆青纪念馆在该校举行揭馆仪式，穆青家人为穆青铜像揭幕。纪念馆记录了穆青在大同中学五年间的学习生活及在半个多世纪里为中国革命和新闻事业所作出的巨大贡献。穆青与他的老师和同学们的不朽业绩成为大同中学八十多年校史中最光辉的篇章，穆青也成为后代学子争相学习的楷模。

穆青永远与母校同在。

（原载《名人传记》2014年第10期）

屠岸
（1923—　）
诗人、翻译家、
出版家

屠岸：大爱诗翁

一、生正逢时

2010年，87岁的老诗人屠岸格外繁忙，也格外充实。这一年，他像一棵枝叶繁茂的大树满载硕果。这一年，有太多让他始料未及的事情发生。

4月，三联书店出版了他的自传《生正逢时——屠岸自述》（何启治、李普西编撰），实现了他多年的夙愿。屠岸说："在我的头上，有阳光，也有阴霾。回顾自己的一生，我想起吴祖光写的四个字。有人说吴祖光一生坎坷，生不逢时。吴祖光拿起笔来写下'生正逢时'。"在屠岸看来，一个人能经历抗日战争、解放战争、新中国成立、"大跃进"、大饥荒、"文化大革命"、改革开放，对一个作家而言，生活经历如此丰富，晚年还能不断发表和出版新作，岂不是生正逢时？对此，北京大学的谢冕教授称屠岸的人生体验是"千年不遇的财富"，难得的是，"他是以淡定、平静的态度来叙述这段历史"。书中一个很大的看点是屠岸亲历、亲见的文人们在运动风浪里的遭际：批斗时，吴晓邦那一声"我爱她"的深沉低吼，田汉扑通一跪时依然挺立的胸脯；小组会中，艾青发出了"写作品比较麻烦，打棍子比较容易上去"的愤懑之语；第四次文代会上，丁玲吐出了"给我们稍微地留一条路"的卑微恳求。而与夏衍、巴金、冰心等人的交往细节，则让人们看到这些文坛前辈更加真实的一面。屠岸对文坛往事、故友旧交的平静叙述充满了宽容与豁达，回首自身遭际却像在反思与自省。

确实说过错话，也曾做过违心事，屠岸坦承曾经的软弱与恐惧、彷徨和懊悔，以真诚与历史和解。附录中收入的屠岸两个女儿和儿子的三篇文章，各自写出了他们眼中的父亲，饱含深情，让读者看到一个更加立体的有着大爱情怀的慈父诗翁形象。这本书也留下些许遗憾，出版社因为销售的原因需压缩5万字，与有些文人的交往只好忍痛割爱。

11月13日，央视《大家》栏目播出了对屠岸的专题访谈。

屠岸在访谈中讲述了他在诗歌翻译中的心灵体验，并坦言在人生低谷时期，是济慈和莎士比亚的诗歌拯救了他的灵魂。访谈节目播出后，产生了很大的反响，观众给予这期节目非常满意的评价。

11月20日，由中国现代文学研究会、人民文学出版社、首都师范大学中国诗歌研究中心联合举办

全家福

了"屠岸诗歌创作研讨会"。几十位著名诗人、学者和屠岸的友人参会，对屠岸为中国当代诗歌所作的全方位贡献给予评估与肯定。大家发言热烈，共提交学术论文30多篇。屠岸迄今已走过六十多年的诗歌旅程。他在耄耋之年依然保持丰沛的诗情，激情不减且内蕴深邃，印证了其诗句"深秋有如初春"。与会者称他是中西合璧的诗界仁者。

12月2日，中国外文局举行中国翻译协会"中国翻译文化终身成就奖暨资深翻译家表彰大会"。中国翻译协会授予著名翻译家屠岸等5人全国翻译行业最高荣誉奖"中国翻译文化终身成就奖"。

他没有想到，他能成为第二批国家级非物质文化遗产名录"常州吟诵"的代表性传人，作为一种文化遗产抢救工程，进入北京大学中文系语音乐律实验室做吟诵录音，2010年进行了多次录制，2011年还要继续补录。代表性传人共有三人，另两人是赵元任、周有光，但如今真正还能吟诵的，只有屠岸一人。

而在前一年，他被评为"2009年度诗歌人物"。

这些消息有的是我从媒体得知，有一些则是屠岸的大女儿章建告诉我的。自从1998年母亲章妙英去世后，章建就一直和父亲生活在一起。她说起父亲时，带着崇敬和自豪的神情。2010年岁末，我去北京出差，公务之余我去和平里的和平家园看望老诗人屠岸先生。1981年秋我首次来此地，30年间多次来过这里。30年的岁月中，许许多多的家庭都有过乔迁之喜，可屠岸依旧住在30年前的旧居里，坚持不搬进宽敞一些的新房。一套不足90平方米的三居室房，一间书房兼客厅，一间书房兼卧室，一间女儿卧室。屠岸的衣着和居室摆设都很简朴，但却整洁、清新，弥漫着高雅的文人气息。就在这间窄小的客厅，定期举办家庭诗会。三代同堂，每人都有

事先准备好的节目，其乐融融。多么令人羡慕的诗歌之家！

在紧紧握住他那双温暖大手的一瞬，我惊异于他的健康和神态。这哪像一个87岁的老人啊！握手依然有力，步履依然轻盈。章建说，她坚信爸爸能够长寿，一是因为爸爸的心态好、生活有规律、勤于用脑，另一点是他们家族有长寿的基因，周有光先生是屠岸的表兄，已经105岁了，依然身体健康，思维清晰，还在坚持写作。

屠岸原名蒋壁厚，是父亲给他取的名字。至于这名字的意思，屠岸解释说大概是父亲希望他能成为一块很好的玉。"屠岸"是其笔名，后成为正式用名，是他受鲁迅影响，用了母亲的姓。"岸"字有对当时反动政府傲岸的意思。上行下效，他的两个女儿也用了他夫人的姓。

他那优雅的举止和迷人的微笑依然如故。他总是微笑着同你交谈，看着你，认真地听你说完每一句话。任凭当时的情绪是如何激动，只消听他讲上几句话，你就会很快平静下来。他不紧不慢地谈他的看法，公允、客观，既有锋芒，又不失分寸。用"温文尔雅"一词来形容他的风度，是再贴切不过了。

在客厅，我首先注意到的是"中国翻译文化终身成就奖"的奖牌。说起这些，他显得十分平静。我对一个既未留过学又未读过外语专业的人成为翻译大家深表赞叹。他说，中学时代他就开始了诗歌创作，而当时就读于大学英文系的表兄奚祖权推荐的《牛津英国诗选》和《英诗金库》激发了他对英文诗的浓厚兴趣。他学英语比较早，小学六年级到大学一、二年级都有英语课。英文诗和一般英语不一样，有特殊的语法，他未学语法就先学背英文诗，把一百多首英文诗的题目抄在纸上贴在墙上，然后用羽毛针远远地掷过去，针扎到纸上的哪一题，便把那首诗找来研读。经过两年多的努力，他把一百多首英文诗都研读了一遍，然后选出特别喜欢的诗篇，朗读几十遍、几百遍，直到烂熟能背诵为止。在上海交通大学铁道管理系学习期间，外国老师都是用英语讲课。因为对英语有特殊兴趣，他下功夫也比一般同学多，课余研习语音学，与外国教师对话练习英语，看原版英文影片。一边背诵英文诗，一边在书市"淘"原版英语书，扩大自己的阅读范围。在"孤岛"时期的上海，他是一个淘书迷。那时上海有许多旧书摊和旧书铺，他把所有的零用钱都买了书。在写诗的同时他也尝试译诗。他的第一部诗歌译作惠特曼的《鼓声》出版于1948年11月，是在哥哥和未婚妻的资助下自费出版的。《莎士比亚十四行诗集》于1950年10月由上海文化出版社出版，这是第一个中文全译本，后多次重印。他常用英语背诵诗歌，这一习惯60多年来从未间断。听了介绍，深感他这些成就的来之不易，印证了那句古老的箴言"天道酬勤",崇高的敬意从心底油然而生。

章建说,爸爸虽已高龄,但每天依然有做不完的事情,每天都坚持读书写作7个小时,经常参加一些文学界的活动。每天晚上11时才入睡。我问他健身秘诀,他说没有特殊的健身方式,唯一的方式就是每天在小区内散步。

二、从不张扬的出版家

1984年,我曾与同事一起去人民文学出版社采访他。那时,他刚担任总编辑职务不久,工作十分繁忙。大大出乎我们的意料,他礼貌地谢绝了采访。"咱们聊聊可以,但我不同意你写文章。我们社有不少同志值得写,你们可以写写他们。"接着,他给我们推荐了一个名单,并简要地介绍了这些编辑人员的事迹。他也谈起他的青年时代,谈起五七干校的生活和出版社的情况。我们告辞,他送我们到楼下门外,又叮嘱一句不要写,出于对他的尊敬,那篇专访始终没有动笔。

他就是这样一个人:默默地工作,从不张扬。当时他已经是有很高知名度的翻译家、诗人和评论家,可诸如专访之类的文章,我却一篇也没有看到过。我想,被谢绝采访的,恐怕不会只有我们一家吧。

1991年,我受河南一家杂志之约前往屠岸府上造访。因为他已离休,这一次没有拒绝我的采访。他因其高质量的译作以及他自己的诗歌作品饮誉文坛,但我觉得,介绍他,应首先介绍出版家屠岸。他一生最宝贵的时光,献给了他心爱的出版事业。

屠岸1923年出生于江苏常州,1946年肄业于上海交通大学。解放初期,屠岸曾任上海市军事管制委员会文艺处干部、华东军政委员会文化部艺术处科长。还在大学时代,他就与编辑工作结下了缘分。1946年年初,他和诗友们一起创办了油印诗刊《野火》。就在同一年,他宣誓参加了共产党。1949年,他任上海英文周刊《密勒氏评论报》通讯编辑和上海《人民文化报》副刊编辑,1950年任华东《戏曲报》编辑,1953年任北京《剧本》月刊编辑,1956年任中国戏剧家协会主办的《戏剧报》常务编委兼编辑部主任。这期间,他写过大量的戏剧评论,并翻译过国外的名剧,为我国戏剧艺术的发展作出了贡献。

在那场史无前例的"文化大革命"中,他经历了千千万万高级知识分子共同经历过的遭遇:受批斗、被抄家、蹲"牛棚",最终发配五七干校。被抄家后,他永远失去了他创作的40多本诗稿草稿。对于一个诗人来说,这是无法弥补的损失和遗憾,可他却认为:"这也许是塞翁失马。这些作品如果留存下来,会不会自己动手烧掉它们？"

1971年，周恩来总理主持召开出版工作座谈会，指示一些出版社要恢复业务。1973年，人民文学出版社到文化部五七干校调人时选中了他。说起这段历史，他很庆幸这一次工作变动，认为是上苍的恩赐，因为这是他一直热爱和向往的工作。从1973年开始，他一直在人民文学出版社工作，历任现代文学编辑部副主任、主任，1979年任该社副总编辑，1983年至1986年任该社总编辑。

在文学出版的工作岗位上，他是一位把全部精力都投入其中，为广大读者和作者称颂的老编辑。他坚持为读者提供高质量、高品位的精神食粮，他在发表和出版知名作家作品的同时，发现和培养了许许多多的文学新人。他在离休后的许多年间，一直未脱离编辑工作，仍担负一些重要书稿的编审。

屠岸三子女（上图）
屠岸与夫人章妙英（下图）

1991年深秋，拙著《美丽的混血儿——散文诗的技巧》请屠岸先生作序。他抱病寄来了热情而中肯的序文（后收入他的文艺评论集《诗论·文论·剧论》一书）。我打开拙著的原稿，心头骤然发热。屠岸先生细心阅读此稿所付出的精力，无异于在编辑一部书稿！他将全稿所发现的错字和笔误统统改过，并附上数页稿纸，指出某些技术性失误和需要推敲之处。这是一种职业习惯，但不是所有从事这一职业的人都能具有这种习惯。只有将为人作嫁衣的忘我精神融入自己血肉的人，才能处处为读者和作者着想，才能养成这种可贵的职业习惯。过去，我从那些回忆茅盾和叶圣陶等前辈的文章中看到过这种职业习惯，而今，我从屠岸先生身上直接目睹了这种高尚的闪光的职业习惯。更令我感动的是他在后来的讲话中多次提到拙著，引用并赞同散文诗是"美丽的混血儿"的比喻。

三、不以诗人自称的诗歌全才

在当代诗人中，很少有人像屠岸那样同时精通中国古典格律诗词和西方格律诗，并将二者融会贯通，在翻译和创作上均有建树。

屠岸出生在一个书香之家。父母严格的家教培养了他的儒雅之风，也带领他走进中国古典诗歌的大门。母亲是苏州有名的才女，能书会画，且有深厚的古典文学修养。在屠岸的记忆里，少年时代母亲所给予他最难忘的印象，是她那抑扬顿挫、喜悦或忧伤、凄怆或激越的音乐般对中国古典诗歌的吟诵。1938年秋，他寄居"孤岛"上海读初中时，生了一场大病，母亲守候在他的身边，用吟诵唐诗宋词来为他驱遣病魔。他清晰地记得，听母亲吟诵杜甫的《春望》中"国破山河在，城春草木深"的句子时，自己竟突然联想到当时的家国之痛，一种感慨万端的情绪冲击着一个少年学子的心胸。后来，他偷偷地背诵着那些母亲吟诵过的诗句，也偷偷地做起诗来。母亲发现了，高兴地为他批改，指出他构思、立意、平仄、对仗和炼字炼句方面的缺点和不足。直到六七十年代，屠岸每有旧体诗词新作，都要由北京寄到定居在苏州的母亲那里，向她请教。这成了母子之间一种独特的思想感情交流方式。

他特别感激母亲的是母亲教他学会常州所特有的古诗词吟诵方法。他今天能成为这一国家级非物质文化遗产的传人，是因为他承传了母亲的专长。

1985年，屠岸的旧体诗词选集《萱荫阁诗抄》由北岳文艺出版社出版，引起了不少读者的兴趣。选集分为"江山胜迹""杂花生树""青春奇志""蹉跎岁月"和"风雨神州"五辑。作者说："这些诗词里，有我的喜悦、悲哀、愤怒、欢乐，有我的怀念和期望、摒弃和珍视、挽歌和颂歌，有伟大时代的洪流在我的胸膛里激起的浪花，也有伟大时代里个人的悲欢在心灵的琴弦上弹出的乐曲。"作品的最可贵之处是鲜明的时代感。古典文学评论家林东海在评价屠岸的旧体诗词时说："他……以新诗入律诗，为旧体诗带来一股沁人心脾的新鲜气息，从另一方面使旧形式获得新生。"

除了中国的格律诗词，屠岸还能写严谨的西洋式格律诗，而且倾注了极大的热情。老师不是他的母亲，而是早已长眠于地下的天才诗人和剧作家莎士比亚。

屠岸因翻译莎士比亚的十四行诗而负盛名。卞之琳先生称他译的莎翁十四行诗为"译诗艺术的成年"的标志，给予很高的评价。该书1981年修订再版以来，已多次印刷，累计印数高达60万册。千千万万的读者从屠岸的译作中领略到这位天才诗人动人心魄的魔力。不过，要说最大的受惠者，还是译者自己。1986年花城出版社出版的屠岸的第一部新诗集《屠岸十四行诗》，便是一个雄辩的证明。

从20世纪40年代起屠岸就对济慈的诗情有独钟，不仅因为济慈用美与善来抗衡社会的丑与恶，与屠岸的价值观和审美观相吻合，还有一个奇特的原因：他们都在 22 岁得了肺结核病。这是一种很可怕的病，济慈因之不足 26 岁便英年早逝。屠岸把济慈当作冥界知己。两位出生相距 128 年的异国青年在诗中相遇和交融。莎士比亚和济慈的不朽诗篇，给了他战胜疾病和困难的力量。"文革"时在五七干校，他和妻子一起背诵济慈的《夜莺颂》《秋颂》，这种方式成为他们驱逐心中苦闷的一剂良药。1997 年 11 月由人民文学出版社出版的《济慈诗选》，是屠岸译诗生涯的高峰，该书 2001 年荣获第二届鲁迅文学奖翻译奖。屠岸认为译诗与翻译其他门类文学作品相比，对翻译者要求更高，不仅要将原作的形式传达过来，更重要的是要传达原作的神韵。2001 年 8 月至 10 月，屠岸趁着应邀到英国诺丁汉大学讲学的机会，拜谒了伦敦济慈故居，并把《济慈诗选》译本郑重地赠给济慈故居管理处。

诗评家杨匡汉所写的《歌者琴弦上的 Sonnet（十四行诗）变奏》一文，是专门评价屠岸十四行诗的。文章说："在现代格律诗处于冷落的时辰，屠岸对严格的十四行诗——'Sonnet'一直倾注着热忱。他似乎要以自己的实践证明，对于这一舶来品，在'诗韵把大陆和岛屿联结起来'的当代，照样可以像涓涓小溪那样流动情韵；也证明一种严谨精致的诗歌形式尽管'束缚思想'，然而在限制中仍可显出身手，法则也会给人以创造的自由。""《屠岸十四行诗》的问世，标志着又一位中国十四行诗诗人的成熟。成熟的标志不在尽善尽美，而在于诗人表现出冷静求实和不断寻找的艺术自觉，把生命的原则与创造的原则相结合，全身心地扑到诗的境界中去，贡献出凝重圆浑的艺术品。"《屠岸十四行诗》引起了诗评界的广泛关注。老诗人唐湜说："屠岸的十四行诗给我们提供了一种范例：澄明的理性与智慧的抒情。"诗评家谢冕认为："屠岸《写于安科雷奇机场》以短促迅速的节律构成动感，严格限制中的自由流韵所造成的巨大概括力，无疑对这一'引进'的诗体作了切近实际的大发挥。在格律诗处于低潮的当今，屠岸勇敢的坚持也是自由的象征。"

他不仅仅写格律诗。人民文学出版社于 1990 年出版的《哑歌人的自白》，是他近半个世纪以来所写自由诗的选集（也收有少量的十四行诗）。阅读诗集能使人强烈地感受到一颗滚烫诗心的强烈搏动。他青年时代的作品充满青春的激情，灼热感人，但也并非直抒胸臆，而是注意在诗意上拓新。《哑歌人的自白》便是颇耐人回味的一首："……青春的欢爱／虽不能唱出歌喉／却永远伴着悲哀／鼓荡在我的心头。"短短的十六行诗，写出了那个特定年代的复杂感情。字面上是一首爱情诗，咀嚼之后则有一种更为深远的意蕴，极度的悲愤之中透露出对美好明天的向往。屠岸中年之后的诗更注重于对人生与自然的感悟，最为诗评家称道的是《树的哲学》：

"我让信念／扎入地下／我让理想／升向蓝天／／我——／愈是深深地扎下／愈是高高地伸展／愈是同泥土为伍／愈是有云彩作伴……"名为《树的哲学》，实则人的哲学，但这是诗化的哲学，丝毫没有说教的意味，首先给人的是审美愉悦，诗意的思索是引发的，而不是强加的。十四行诗《白芙蓉》写得玲珑剔透，是一首难得的佳作。诗人将爱恋的对象物化，细腻而真切地写出了对一种高洁人生的倾慕与赞美。2003年和2006年，屠岸又出版了《深秋有如初春》和《夜灯红处课儿诗》两部诗集。诗评家李元洛用四个字准确地概括了屠岸诗作的美学特色：高雅典丽。他的诗篇始终坚持对真与美的执着追求，体现出人品与诗品的高度统一。

屠岸的诗主题是爱，爱的主题是广义的，有儿女之情，也有对祖国的爱，对正义事业的爱，对同志的爱。回荡在他作品中的爱的旋律能使人沉醉，也能催人奋进。在诗的原野上，他是一位勤奋的播种者。他播下了各色品种，也收获了散发着芳香的累累硕果。

屠岸是一位学者型的诗人，也是一位评论家，他有数量可观的诗歌评论，受到诗界和诗歌理论界的广泛敬重。他拥有诗化的人生，把诗视为宗教，对诗歌创作、翻译和诗歌理论都作出了重要贡献。吴思敬教授认为，屠岸从济慈那里引用提出的"客体感受力"是对当代诗歌理论的一项重要启示。

他是诗歌的全才，却从不以诗人自称。他的名片赋予自己的头衔是：诗爱者，诗作者，诗译者。

四、用散文诗书写人生

屠岸还是一位颇有成就的散文诗作家。他在18岁时发表的处女作《祖国的孩子》，就是一首散文诗。虽然他的散文诗至今没有单独结集，但不少作品已收入《诗爱者的自白——屠岸的散文和散文诗》（1999）一书中。这些作品在报刊发表时，已经赢得了众多的读者，后又收入过多种选本。他在散文诗界广受尊敬，1984年中国散文诗学会成立时，他被聘为顾问；2006年中外散文诗学会成立时，他受聘为名誉副会长。他多次参加散文诗的研讨和朗诵活动，热情地支持和鼓吹散文诗。2007年11月，他参加在北京举行的"纪念中国散文诗九十年颁奖会暨研讨会"，作为评委代表致辞。他在致辞中说："散文诗不是散文也不是诗，散文诗既是散文又是诗。她是这二者美丽的混血儿（如王幅明先生所说），她具有独特的品格和专有的美质，她的本质是诗。她在探求自然的神韵、揭示人生的奥秘时，具有她特殊的艺术条件。她

已经在中华大地上深深地扎下了根,正在艰苦地、蓬勃地生长。散文诗之花必将在中华大地上开遍,在东亚大陆上建成一座伟大的、辉煌灿烂的中国散文诗的林苑!"

20多年前,作为一个才疏学浅的散文诗作者和研究者,我曾向屠岸先生请教有关散文诗的问题。他渊博的学识和对某些问题的精辟见解,使我受益匪浅,也使我顿感汗颜。我注意到,他的夫人章妙英在一旁微笑着听他讲谈,目光里含着爱意和赞许。我突然联想起屠岸先生的一首散文诗《瞳孔》:

幼小的时候,我爱看母亲的瞳孔,那瞳孔里有一个孩子的脸,那就是我自己。

年轻的时候,我爱看爱人的瞳孔,那瞳孔里有一个青年的脸,那就是我自己。

母亲瞳孔里的孩子常常笑,笑得那么傻气。

爱人瞳孔里的青年也常常笑,笑得那么傻气。

如今,我想再看母亲的瞳孔,母亲已经不在了。

如今,我想再看爱人的瞳孔,妻子已经衰老了。

我努力睁眼去看妻子的瞳孔,却看不见任何人的面孔,因为我的眼睛已经昏花了。

有一个声音说,何必睁眼呢?把眼睛闭上吧。

我闭上了眼睛。

顿时,我看见了母亲的瞳孔,那瞳孔里有一个孩子的笑脸,那就是我自己。

顿时,我看见了爱人的瞳孔,那瞳孔里有一个青年的笑脸,那就是我自己。

我看见母亲的瞳孔对我笑,笑得那么慈祥。

我看见爱人的瞳孔对我笑,笑得那么美丽。

于是,我也笑了,笑得那么傻气。

写得多么美！这是一篇令人读过之后永远难以忘怀的作品。它把人带到一个异常温馨的艺术境界里。如此写母爱、妻爱，又写得如此高洁和脱俗，印象中只有在泰戈尔和冰心的作品中才能读到。

没有一颗充满诗意的爱心，写不出这样优美的作品。

我又想起屠岸和夫人（笔名方谷绣）合译的英国诗人斯蒂文森描写童心的诗集《一个孩子的诗园》。这部被老作家萧乾极为赞赏的译作倾注了他们两个人共同的爱心，是他们两个人用真诚的爱心灌浇出来的一株爱的奇葩。

章妙英女士早年毕业于上海圣约翰大学，1945年加入中国共产党。她与屠岸因为追求共同的革命理想而结识、相恋并最终结合在一起。新中国成立后，章妙英长期在剧协外事部门工作。她与屠岸共同生活了几十年，同甘共苦，相濡以沫，相敬如宾。我曾听章建骄傲地说起过父亲的绅士风范。"文革"前，屠岸和章妙英两人上班时总是携手同行，令许多人羡慕，剧协的同事善意地开玩笑称他们为"模范夫妻"。章妙英患病去世后，屠岸的同事、朋友和亲戚几次给他介绍对象，希望他晚年有一个伴儿，都被他婉言谢绝了。他说："除非董申生回来，我会考虑与她结合，其他的人一概不考虑。"董申生是屠岸刻骨铭心的初恋女友，1945年分别后一直未再见面。直到章妙英1998年去世，屠岸才跟董申生恢复通信。董申生的晚年并不幸福，是在美国南加州的一个养老院里度过的，直到2005年10月病逝。章妙英临终前留下遗愿，希望屠岸能跟董申生结合，有一个圆满的黄昏恋。屠岸也做了思想准备，如果与董申生结婚，他愿意放弃写作，不再翻译，和她做伴共度余生。他跟孩子们说了想法，他们全都表示理解和同意。但这一愿望最终未能变成现实，原因是双方都不愿离开已经习惯的生活环境。董申生在给屠岸的信中感激地说："世界上还有一个最关心我的人，就是你。"她年轻时代的音容笑貌将伴随屠岸的一生，永远不会磨灭。

屠岸对子女们充满了慈爱，从不打骂，甚至从不训斥，家教以身教为主。他在孩子们心中从小就种下诗与爱的种子。他教他们读诗背诗，给他们讲诗，使他们从小受到诗的熏陶，以便成年后能有更高的人生境界。他廉洁自律、宽厚待人的美德受到子女的尊敬和爱戴，也深刻影响了他们的立身处世。

章建与父亲住在一起，是为了照顾父亲的生活，可因为身体欠佳，反而常常受到父亲的关爱。她的眼睛不好，平时不能看书看报，但有时免不了要被书报吸引。这时父亲总是对她说："你要注意保护眼睛，不要看了。"后来改为用收音机听书。

她继承了父母的习惯，常常背诵或在心中默诵自己喜爱的古诗。在她心情烦躁的时候，是父亲的关爱和这些诗词帮助她化解了烦恼。章建53岁生日那天，收到父亲赠送的一张生日贺卡，上面写着："亲爱的建儿，送你一首诗，希望你喜欢。祝你生日快乐！趁此机会，感谢你对我无微不至的关怀和照顾，使失去了你母亲的我仍然过着充实而幸福的生活。"诗是屠岸自己译的英国诗人波狄伦的八行短诗《黑夜有千万只眼睛》：

> 黑夜有千万只眼睛，
> 白天只有一只；
> 而灿烂世界的光辉啊，
> 随夕阳而消逝。
>
> 心智有千万只眼睛，
> 心灵只有一只；
> 而全部生命的光辉淡去，
> 在爱情告终时。

看着慈父的贺卡和诗，章建感动的泪水夺眶而出。

小女儿章燕因为从小受父亲写诗译诗的影响，最终选择了与诗和翻译有关的英国语言文学专业作为一生的事业和追求，近年来发表了许多篇关于中西方诗歌的研究论文，出版了《多元·融合·跨越——英国现当代诗歌及其研究》等学术专著。现为英语专业的教授、博士生导师。

屠岸一生与诗与爱结缘。诗与爱在他的经历中屡生奇迹。因为几十年间的坎坷人生，他曾多次患上忧郁症、失眠症，"文革"中因极度绝望而选择轻生，甚至脖子都已伸进绳套，但最终他都战胜了自己，法宝就是诗与爱。因为在失眠时他就默诵杜甫、李商隐或莎士比亚、济慈的诗，渐渐地竟治愈了失眠症。在准备告别世界之时，他突然想到女儿期盼的目光；想到父亲的责任，他放弃了轻生。

他用充满诗意的大爱之心对待这个世界。他的晚年，世界也同样以爱心给予回报。

（原载《名人传记》2011年第6期，《大河诗歌》2011年夏卷、秋卷）

耿林莽
（1926— ）
诗人

耿林莽：写散文诗是天命

一、鲜花献给落选者

2014年8月，全国第六届鲁迅文学奖评选结果揭晓。已进入前10名的老诗人耿林莽的散文诗集《散文诗六重奏》最终以零票落选，让人大跌眼镜。接着，出现了不寻常的一幕：许多人与这位88岁的文化老人并不相识，却在网络上张贴和赞扬他的作品，质疑评选结果。

他本人淡看评奖。报送评奖作品并非出自他的本意，而是出版社自身的决定。他关注评奖，既然参评，评选结果就不仅仅是他本人的事，而关乎整个散文诗界，毕竟这是散文诗这个弱势文体首次入围国家级的文学评奖。评选结果令他尴尬，又令他备感温暖。他和许多人一样都没有想到，热心读者竟然把鲜花献给他这位落选者。本来，评上与落选都是正常现象，较之有的参选者落选后提出质疑，他始终保持平静的心态。

一道美丽无比的文学风景。这样的风景需要气场。而让人难以想象，这气场竟然由一位年近九旬的老人创造。

耿林莽在散文诗界德高望重。影响来自他数十年如一日对散文诗的挚爱，对人文精神的坚守，对散文诗内涵和表现形式的不倦探索，对晚辈作家的无私提携和引领。尽管他本人极为谦恭，甚至连老师的头衔都不愿戴，只称诗友，可大家对他的爱戴发自内心。

笔者一向尊崇低调，也早已过了愤青的年龄，可这次，笔者耐不住了，有义愤填膺之感。作为知情人，笔者有义务向读者说出《散文诗六重奏》申报过程的真相。如果不说，总觉得对不住这位文学老人，也对不住整个散文诗界。小文《也谈散文诗与鲁迅文学奖》刊发在《文学报》上，也可视为献给耿林莽的一束鲜花。中国文学界庆幸有一张《文学报》，允许质疑，可以有不同的声音发表。有评委说，投零票是因为耿老有硬伤，新作不到三分之一。这是托词和借口。事实是：出版社在申报时附有作者写的关于每一篇作品发表时间的"说明",责编认为符合申报要求,才将申报表连同"说明"一起寄出的。首次参评的文体与其他已经多次参评的文体用同样的时间段划分,本身就存在不合理因素。我说:"把散文诗列入评选,又不让散文诗人和研究散文诗的专家参加评审,实在令人费解。中国是一个人情社会。人情是潜隐于每个人意识深处的集体无意识。有这样的评审结果,从一个特定角度看,也在情理之中。耿林莽是中国当代散文诗的一个代表标识和符号。获奖,只是给他一个众望所归的名分。不获奖,也丝毫改变不了他已在读者心目中占据的位置。"

文章发表后受到多位友人鼓励。一位中年散文诗作家兼评论家给我的博客"发纸条"说:"今日拜读到您发表在《文学报》2014年9月4日第7版的大作,力透纸背,言之成理,彰显出老师对散文诗发展的殷切期望,表示敬意!"也听到有人误解,以为我与耿老有特殊关系。对此,我哑然失笑。

我与耿老仅有一面之交。1994年9月,1994金秋散文诗笔会在青岛市举办。全国12个省市的近50位散文诗作家和评论家与会。耿林莽在笔会上作了《散文诗:穷则思变》的发言。他说:"'散文诗是抒情的'几乎成了天经地义。孤立地强调和局限性地理解'情',在实际上削弱了其理性基因和叙事功能的作用,以为抒情性形象性便要排斥理性的误解应运而生。其实,哪有什么文体可以抽空了思想底蕴在所谓'纯美''纯抒情'中健壮成长的?……一个散文诗人如果对时代的浪潮、人民的冷暖、社会上种种善恶是非的变迁充耳不闻,视而不见,只在那里'关门造情',怎么能写出思想深邃感情充沛的作品来?思想、理想未必都以概念语言体现,也可化为一种艺术感觉,一种情绪潜入诗行之中,成为一种'魂'的隐在。""散文诗的'变'要以内容为先导、为核心带动形式上的拓宽、创新和发展。囿于技巧小圈子引进、借鉴、仿造,形式主义地花样翻新,生命力是有限的。内容丰富多样了,自然会推动形式上的突破。蛹成长为蛾,乃破茧而出飞向广阔天地。"他的发言言简意赅,直奔主题,一针见血地指出当时散文诗创作中带有倾向性的弊端,又高屋建瓴地谈了他的创作体会和思考。两天颇具密度的会议间隙,我们有过短暂的交谈,并互赠新书。我还向他索要了若干件关于他作品的评论资料。遗憾的是,由于工作忙乱,写他的文章则拖至十多年之后。

耿林莽给我的印象:温文尔雅,谦和,一个纯粹到骨子里的文化人,受到大家的普遍尊敬。他对散文诗的贡献也得到青岛市文艺界的肯定,并受到礼遇,离休后被聘为青岛市作家协会名誉主席。

二、大器晚成

耿林莽早慧，13 岁即发表处女作，但真正成名，却是在接近花甲之年。

他 1926 年生于江苏一个破落的封建大家庭。祖父是个成功的商人，积累了一定财富。祖父去世之后，家道逐渐败落。父辈多为商人。四伯父是这个大家庭中唯一的儒生，秀才。耿林莽 5 岁半时进入私塾读书，执教者便是他的四伯父。耿林莽从小多病，体质孱弱，敏感多虑，先天气质使他少年早识愁滋味，看周围世界常带忧郁，也因此早早爱上了文学。在上海一家店铺当账房先生的父亲反对儿子爱好文学，根据他的观察，走上这条路会让人终生潦倒。母亲虽没有文化，却理解儿子，成为儿子的守护神。进入耄耋之年，他的乡愁常常来自母亲："温馨的回忆如同闪于暗夜的灯火，每一盏都是母亲为我点燃的。黄昏时候，小巷口亮起一盏路灯，昏昏地照在碎石板缝间的枯草上面，坠落的梧桐叶在晚风中打着旋儿，人们正匆匆踩过它们走回家去。我却常在此时牵着母亲的手推门而出，一有机会便向她讨两枚铜板买一方油炸豆腐干或几粒炒白果吃。……母亲一言不发，她是个温和沉静的人，很少说点什么，尤其在我读书的时候，她只在一边静静地看着。"（《慈母眼中泪》）

1938 年，只有 12 岁的耿林莽在抗日烽火中成为少年流亡者，跟随母亲在敌机盘旋中离开家居小城，被迫去乡间逃难。他也因祸得福，在大自然的怀抱中受到优美风光的熏陶，获得灵感，在田塍边的茅草屋里写下短诗《槐花树下》、小说《赤豆》。它们先后发表于 1939 年的泰州《国民新闻报》及《青锋》杂志，成为他的处女作。当时，泰州还是游击区。小说源于一个真实的故事：有几个农民进城时，被守在城门口的日本兵从口袋中搜出几粒蚕豆，据说"数目相同"，被判定是"游击队密探"而惨遭杀害，此事被传为新闻，称为"蚕豆案"。他的小说只是将"蚕豆"改为"赤豆"，如实记下了这笔残忍的血债。从中可以看出，耿林莽的早年作品并不像通常的少年作家一样大多追求唯美，而是涂满血与火的底色。他以后写成的诗作《小村》《大地，我歌唱》，其素材和意境也都源于这一段乡居生活，1944 年在南通《江北日报》和上海《文潮》月刊发表。1941 年，他在如东一所乡村中学念书，课余时间写下了充满昂扬调子和青春气息的长诗《扬子江之歌》，投给地区学联办

王幅明与耿林莽

的一份报刊。从小学开始,他的语文成绩就一直很好,但数学和其他学科成绩平平,智力发展明显偏在文学一边。他课余读的书几乎全是新文学,开始读鲁迅、巴金、曹禺,后来转向艾青、纪弦(路易斯)。对艾青的《向太阳》他印象尤深。抗战时期,纪弦在上海主编了一个刊物叫《诗领土》,耿林莽看到即买。他很喜欢这本诗刊,觉得它刊发的东西在别人看来有点儿怪,可挺适合他的口味。他曾与纪弦有过通信,并在《诗领土》上发过短诗。一个自由诗,一个现代派,在那时一起成为他的文学兴趣,奠定了他走向自由诗而不是格律诗路的基调,也是他晚年转向散文诗至关重要的基础。到了晚年,他才意识到:尽管中间经过这么多事情,在少年时代所受到的影响,终会影响人的一生。

耿林莽17岁那年,因为家庭生活所迫,父亲逼他从高中退学离家,远走徐州到做生意的堂兄处栖身求生。离家不久,他便接到母亲去世的噩耗。铜锈可以腐蚀和泯灭亲情。他与堂兄只是店员和老板的冷酷关系。他还不时受到这个"家长代理人"的训斥和管教。后来堂兄介绍他到一家私立银行做学徒,然后他成为这家银行的职员。1948年,他在徐州得了肺病,什么都不能做,失业的他寄居在一个朋友家里。外面传来淮海战役胜利、徐州宣告解放的喜讯。《新徐日报》随之诞生。1949年4月,他写了参加工作的申请,很快得到答复,并受到《新徐日报》负责人约见。几天后,他成了《新徐日报》的编辑,编新华社电讯稿。报社像一个革命大家庭,实行军事化管理。耿林莽因此穿了一年多军装。后因财政困难,报纸停办。那时全国还没有完全解放,国家需要这批新闻干部。他们一个也不让转业,一起迁到济南进行重新分配。1950年,他被分配到《青岛日报》任副刊编辑,一干就是11年,成为职业新闻工作者。编辑之余他也写点东西,但严格意义上都不属于文学创作。耿林莽称它们为职务作品,多为配合政治运动写的杂文或影剧评论。1961年,青岛市文化局调他去戏剧研究室任创作员,从事传统戏曲的整编、修改和新戏剧的创作。参加了几次创作实践后,他觉得这工作并不适合他,因为他不善于编故事。"文革"开始后清理阶级队伍阶段,他被造反派从革命队伍中揪了出来,剥夺了工作权利,成为文化局"走资派"的陪斗人。然后去农药厂、油漆厂劳动。后来他被下放到新华书店站柜台3年。"文革"后期,他被安排到市图书馆做报刊阅览室管理员。1978年,《海鸥》出刊,他被调到《海鸥》任散文编辑,后被评为编审,一直到1990年离休。

1980年是耿林莽的人生转折之年。是年,老作家柯蓝在青岛疗养期间,参加了市文联组织召开的一个作者座谈会,在会上大力提倡散文诗,由此点燃了这位54

岁老编辑心中的火种。耿林莽开始关注散文诗，尝试着写散文诗，一发而不可收，散文诗写作成为他后半生不懈的追求。他发现这种文体非常适合他。孔子说五十而知天命，年过五旬的耿林莽仿佛在冥冥之中听到一个声音：写散文诗就是你的天命。

1981年，他应约参加《诗刊》组织的"散文诗六人谈"，引发同行关注。同年他加入散文诗三人合集《星星河》（花城出版社）。1983年，他加入另一部散文诗三人合集《潮音集》（湖南文艺出版社）。他1985年加入中国作家协会，1987年独立出版散文诗集《醒来的鱼》（漓江出版社）、《耿林莽散文诗新作选》（青海人民出版社），1988年出版《耿林莽散文诗选》（青岛出版社），工人出版社出版的《散文诗十家精选》中收录他的作品39章。柯蓝非常欣赏耿林莽的作品，在"黎明散文诗丛书"第五辑的前言中说："这次第五辑十二本中，李耕、耿林莽、柯文辉的作品格外引人注目。李耕和耿林莽都是全国著名的散文诗作家。他俩都是专门写散文诗，并在开拓散文诗，为散文诗的振兴、创新作出了辛勤的努力，立下了汗马功劳，受到广大青年读者的喜爱。此辑中收进他俩的集子《梦的旅行》《醒来的鱼》就可以看出他们在散文诗这块荒土上开拓前进的足迹，并获得了可喜的新成就。这对于读者将是一种美的艺术享受。当然，在他们的开拓中，有不少是一种新的尝试，并不定型，我希望有理论家总结他们的创作经验。"在《耿林莽散文诗新作选》的序言里，柯蓝认为耿林莽是当代散文诗界一位奇人，有四奇。一奇：50多岁开始写，且出手不凡。二奇：一经破土而出，便孜孜不倦，锲而不舍，这种专注执着的精神，少见。三奇：永不满足，苦苦追求，永远和时代相呼应。四奇：思路广，对生活的提炼跨越大，可以在一个时期内写出判若两人的作品，使人感觉到他的变化和探索步伐。

耿林莽成为一个大器晚成者。他被选为中国散文诗学会副主席、山东省作家协会理事、中国诗歌学会理事、《中国诗歌年鉴》编委及特邀主编。《耿林莽散文诗选》获山东省首届泰山文艺奖、青岛首届文学艺术奖，他的《草鞋抒情》获山东省第七届精神文明建设"精品工程奖"、青岛文学艺术奖。2007年11月，在纪念中国散文诗90周年颁奖活动中，耿林莽荣获"中国散文诗终生艺术成就奖"。2009年10月，为纪念新中国成立60周年，中国作协授予他从事文学创作60年荣誉证书。

三、散文诗坛常青树

自1979年开始至今36年间，耿林莽一直没有中断创作。最初是尝试性的，后来由不自觉到自觉，从模糊到清醒，再后来便坚定不移，一往无前。最初，他诗歌、散文都写，再往后就以散文诗为主，间或也写点散文随笔，但投入最多的还是散文诗。

耿林莽认为，如果将他的散文诗分段，收入《星星河》与《潮音集》里的作品属于不自觉的模糊期；《醒来的鱼》等是自觉后的探索期；90年代至今，可视为成熟期。1989年以后，他在思想上更加清醒，内容上追求现代意识，技巧上追求现代技巧。现代意识包括自由、民主、法治这些现代社会的普遍观念，现代技巧包括中国和外国百年以来的最新技巧。他说："世界上没有两片相同的叶子，一片叶子是一首独特的诗。在散文诗的创作中，我追求多样中的独特。多样，既有题材、内容上的多样，又有手法、风格上的多样。"（《愿作一片独特的叶子》）

艺术观念的分歧最终导致他与引路人柯蓝分道扬镳。柯蓝认为他在学现代派上走得太远，提出批评。一向待人谦和的他难以接受这样的批评。认准了适合自己的路，就应该义无反顾地前行，正如但丁所言：走自己的路，让别人说去吧！

他的散文诗集不停地推出：1993年，《五月丁香》（广西民族出版社）；1994年，《耿林莽散文诗精品选》（四川民族出版社）；2002年，《草鞋抒情》（四川人民出版社）；2004年，《飞鸟的高度》（四川文艺出版社），《梦中之马》（台北上游出版社）；2007年，《三个穿黑大衣的人》（中国广播电视出版社）；2011年，《散文诗六重奏》（河南文艺出版社）；2012年，《鼓声遥远》（四川文艺出版社）。另外，收入他最新作品的散文诗集《望梅》已经编就，即将在2016年出版。除此，他还在1997年出版了《耿林莽随笔》（四川文艺出版社），2004年出版了散文集《人间有青鸟》（广西民族出版社），2010年出版了诗文选《秋水》（南通市文学艺术界联合会），2014年出版了散文集《月光里的神话》（新疆美术摄影出版社）。

每一本新书，都是一次全新的跋涉与攀登，都是一次对自我的挑战。因此，他被同道誉为"散文诗坛常青树"。

在他80华诞之际，青岛市作家协会等单位联合举行了"耿林莽散文诗创作研讨会"，与会者就耿林莽散文诗的创作意识、创作风格、创作手法、创作经验等方面进行了热烈的讨论，一致认为，耿林莽为散文诗能在文坛上获得独立地位和优美的文体"品格"进行了多层面、多角度、多技法的艰辛探索，以其丰硕的创作实绩和系统的审美经验得到散文诗界的肯定，并以此奠定了自己的先导性地位，成为新时期以来散文诗创作队伍中最有影响的作家之一。冯国荣认为：耿林莽的创作有自己的风格，可归纳为三个"走出"。第一是走出矫饰。耿林莽是使散文诗走出矫饰的先驱者之一。他的散文诗从一开始就有一种天然真切的色彩，其真切源自对历史和现实的沉重反思，其诗作或凄婉或温馨或粗犷都蕴含着率直情性，富有生命意识。第二是走出写实。耿林莽选取了一种多维耦合的价值向度，广摄现代诗的一些审美因子，借鉴当代艺术如小说、散文、诗

全家福（2009年）

歌的新成就，兼容五四运动以来文学传统和古典诗词的优秀遗产，逐渐形成了一种适度先锋的表现形态。第三是走出亚诗。为使散文诗成为独立于诗的文体，耿林莽主张在向诗意靠拢的前提下突破诗，即在诗意的精微小品的维度上寻求独立于诗的品格。耿林莽的散文诗可以说篇篇有诗意，但却不等同于诗。他寻找一种既有别于散文又有别于诗的语言特征。他在创作中还引入叙事，创构一种诗意化的超微型小说形态。为使散文诗走出亚诗，他做了许多具有开拓意义的探索。韩嘉川认为：耿林莽的散文诗充满青春活力，年轻、热情、向上。仅从其作品的语言节奏上说，不仅有中国传统诗的风韵把握，更有现代诗歌、音乐和律动感。语义的多重性、意象的内张力以及象征、暗示、外部形象的变换移动而产生的变形夸张，都使散文诗这种小巧的载体产生了奇妙的艺术效果。

当代散文诗界，耿林莽是受到评论家关注最多的诗人之一。《中国当代文学史纲》《新时期诗潮论》《中国近百年文学体式流变史》《中国诗学研究》《山东当代作家论》《二十世纪中国散文诗论》《散文诗文体论》等文学史及文学论著，均辟有专章或专节评述他的成就和创作特色。如《中国当代文学史纲》中说："创造一种曲折幽深的意境，用现代手法表现现代意识，是耿林莽散文诗的突出特点。散文诗在从传统走向现代的历程中，耿林莽有相当的代表性。"吴开晋主编的《新时期诗潮论》中说："他的散文诗注意到抒情与叙事结合，强调叙事在散文诗中的作用，是他对散文诗抒情艺术的发展……对新时期散文诗的振兴是功不可没的。"著名诗人屠岸在《声色高辉，笔下流情》的诗论中评价说："您的散文诗可说是没有音符的音乐、不用颜料的绘画，但同时又寓音乐于节律，寓色彩于文字。因此又是声与色的结合、交融。我认为您的风格之特色即流动的物的具象和流动的情的抽象通过声与色的组

合纠结而达到和谐统一。像您这样的散文诗人在国内确可说是独树一帜。"(《诗论·文论·剧论》)

在耿林莽十多部散文诗集中,《散文诗六重奏》是颇具代表性的一部。它汇集了耿林莽的精品力作。2011年4月,《诗刊》在《中国诗人》栏目中推出"耿林莽卷",所载七章作品全部选自《散文诗六重奏》。2013年6月,湖州师院中国散文诗研究中心成立后举办的第一个学术活动,即"耿林莽散文诗创作研讨会"。研讨的内容,主要来自《散文诗六重奏》。《散文诗六重奏》视野广阔,既反思历史,又关注当下的芸芸众生,充满炽热的人文情怀;艺术表现手法多样,显示了作者不倦的艺术追求和开拓精神,是当代中国散文诗的代表性成果。

在耿林莽散文诗创作研讨会上,38位专家学者围绕"耿林莽散文诗的艺术特色""耿林莽对《野草》传统的继承""耿林莽散文诗创作的启示""耿林莽散文诗观研究"等四个专题进行了认真而热烈的探讨。研讨会由谢冕、吴思敬、骆寒超、沈泽宜共同主持,王光明、徐成淼、邹岳汉、蒋登科作了点评。与会的专家学者认为,耿林莽先生著作丰厚,德高望重,是当今散文诗坛之翘楚,是当代中国最具开拓精神和独特风格的散文诗大家,也是一位在中国当代文学史上占有重要位置的作家。他几十年如一日地致力于散文诗的创作与研究,不遗余力地培养提携年轻散文诗作家,为中国散文诗的繁荣与发展作出了突出贡献,其创作的实绩与研究的成果有目共睹,其诗品与人品的并重博得普遍赞誉。大家一致感到,中国散文诗研究中心的成立和耿林莽散文诗创作研讨会的召开,既是散文诗界的盛事,也是中国文坛的喜事。谢冕先生在发言中指出,这是中国近百年散文诗史上一个重大的历史性和标志性事件,必将大大加强散文诗的理论研究,有力推动当代散文诗创作的健康发展。

我曾让耿老选出10篇代表作,他选的是《草鞋抒情》《串场河》《水手、石榴和岸》《我是一只虫子》《远方,比远还远》《骨头、骨头、骨头》《时间冻结》《瓦罐空空的》《竹林有风》《残简》。

四、白发园丁

耿林莽对中国散文诗发展作出的杰出贡献不仅表现在创作上,还表现在理论上、编辑书刊和培养新人上。耿林莽是一位广受尊敬的白发园丁。

他在《海鸥》(后改名为《青岛文学》)的散文编辑岗位上经营数年"散文诗开拓区"专栏,编发了大量老中青三代散文诗作家的佳作,推出了一批散文诗新人;

先后主编或参与主编了《中外散文诗鉴赏大观》《中国当代优秀散文诗选》《中国散文诗大系·山东卷》《散文诗人20家》《绝版美丽》《冰凉的花瓣》等选本；他担任过中国新诗研究所《中国诗歌年鉴》编委和特邀主编，主持多年《散文诗》"作家与作品"、《散文诗世界》"佳作欣赏"、《文学报·散文诗研究》"佳作点评"专栏，重点推介活跃在当下散文诗坛的中青年诗人，先后撰写了两百多篇评赏文章，后结集为《散文诗评品录》（2008年，华艺出版社）、《流淌的声音——中国当代散文诗百家精品赏读》（2015年，海天出版社）。他还为数十位中青年新秀出书写序写评，热情地向读者推荐。青岛从20世纪80年代起，就一直是散文诗创作的重镇，其中坚人物韩嘉川、何敬君、方舟、王泽群、张毅、栾承舟、刘赞科、梁真、郭文阁、沉沙（后去北京）、郭召磊、郭长五等都不同程度受到他的影响。他是青岛散文诗群当之无愧的核心。

　　《诗刊》2011年4月号刊发了笔者对耿林莽的访谈录，其中我问道：如何看待当前中青年一代的散文诗创作？他们在整个散文诗园地占据什么样的位置？

　　耿林莽说：大概少有从事其他文体的作家像散文诗作家们这样需以很大精力投入对于文体命运及其发展的关注上。写诗的只管写诗，写小说的只管写小说，诗与小说文体的繁荣不必费神操心。散文诗则不同，它如同小媳妇一样躲在角落里看别人的脸色，或借别人的"窝"下自己的"蛋"。正是这种处境，使许多作家不得不为文体的发展而操碎了心。我便是在这样的背景下做了些创作之外的事情，是完全自觉的，是应该做的，做得还很不够。我与一部分中青年散文诗作家为友，互相切磋，从他们身上学到不少东西。他们已成为当代中国散文诗创作的主力，中国散文诗盛衰的重任，历史地落在了他们肩上。我希望他们中间能出大家，甚至大师级的人物，这当然需要艰苦的努力。从京剧演员到京剧表演艺术家的成长过程常深深地触动我。包括我自己在内，散文诗界有几人有那种坚持不懈苦练基本功的惊人毅力呢？

　　我又问：在文学领域，散文诗显得尤为寂寞，你如何看待这种状况？

　　他答：寂寞对于文学和散文诗来说，或许不是什么坏事。在一个物质喧嚣、人心浮躁、争名逐利的社会，保持心灵的纯净，甘居寂寞，恐是作家和诗人守住一角精神家园并为之劳作的必要操守。散文诗不必追求轰动效应，散文诗人似也不宜将注意力过多地放在评奖、登主席台之类的"荣耀"追求上。写出好作品，并赢得读者的欣赏，足矣。

　　从中，我们既可看到一位老作家对当代文坛客观存在的文体歧视的无奈，又能强烈感受到他的担当意识、为繁荣散文诗文体所具有的历史责任感和淡泊胸怀。

他青年时代的生活阅历、厚实的艺术积淀，晚年的孜孜不倦、与时俱进的眼光，与他创作上达到的高度存在着因果关系。有心人会从中得到领悟。

耿林莽虽没有系统的散文诗理论专著，但他30多年间发表的一定数量的散文诗专论、随笔、序文和评析文章，是散文诗理论建设的珍贵文献，对散文诗的繁荣发展产生了重要影响。他的文章明显区别于那些不着边际的纯理论，其特色是紧密联系散文诗的创作现状和个人创作实践，有很强的针对性和启示性，能令迷途者清醒，茅塞顿开。他是散文诗文体诗性特征的坚守者。他认为："散文诗本质上是诗，是诗的发展和延伸，是她的一个支脉或变体。在我看来，散文诗是格律诗向自由诗过渡后的必然发展，也是现代口语成为诗的主要语言资源后的必然发展。"（《我的散文诗之旅》）他认为散文诗作家首先应是一个思想者，他说："形式主义者排斥内容，尤其排斥思想。过分强调美文性，追求'唯美'的作品，也易忽视作品的思想内涵。我一直认为，无思想的诗不过是一堆文字垃圾，即使外表华美，也仍是垃圾。当然，散文诗中的思想，不应是概念化的和盘托出……"（同上）

他在《为什么写"评品录"》中说：诱使我写这些随笔小文的原因不一，最主要的诱因是那些优秀的散文诗篇，读后感到一种兴奋或喜悦，尤其是，有感于他们被忽视、轻视或漠视的命运。这当然与散文诗这一文体在社会与文学界以至诗坛所处的不受重视这一历史与现实的状态有关。这也正是我们所以要不避辛劳地干这样一件"傻事"的最主要的动机，我是想"让事实说话"，让这些默默耕耘的作家和他们写出的优秀作品自身来"发言"、作证：请看当今的散文诗，到底是一种什么样的状态和水平。我的区区评说微不足道，甚至也不尽准确和完善，那是可以略而不谈的。选出的这些作品我以为，是可以毫无愧色地面对哪怕是对散文诗心怀鄙视的人们的，有了这一自信，乃敢于将此书付梓出版。

笔者虽已年逾花甲，被一些年轻的朋友尊为前辈，但在耿老面前，还是不折不扣的晚辈。可耿老写给我的20余封信札，多以"兄"相称，其谦恭与高风，可见一斑。我虽爱好散文诗，但产量低且质量不高。可耿老在大量阅读中，竟先后选出《幽谷》和《大山情思》两章点评，给我以莫大鼓励与信心。他曾为拙著《美丽的混血儿》写出《为散文诗立说的新成就》的评论，为拙编《河是时间的故乡》写出《黄河之水天上来》的评论。

2007年，他为拙编《中国散文诗90年》撰写序言《为一部大书的诞生而欢呼》。

因书的文字量很大，当时只是将目录寄给他参考。收到样书后，他于12月寄信谈读后感："幅明兄：因目力不佳，大书只翻阅一些，未能细读，但仅此已觉美不胜收。兄的前言、后记均读过，写得极好，许多见解，我均赞成。初步印象，下部的作品，总体质量似优于上部，似看出新一代人后来居上，这是极可喜的，我想恐是接受新的现代意识和现代艺术手法所致。有些写了多年的作家，受旧观念约束，徒有其名，作品总不见提高，令人惋惜。由此亦见出兄将重点放在当代，以及扶持青年人的远见卓识，已由实际成果所见证了。2007年，您为中国散文诗作了史无先例的巨大贡献，我听到一片赞佩声不绝于耳，这是人们发自内心的感谢。"

他总是给人以热诚的鼓励。这样的鼓励，常常可以转化成强大的鞭策和动力。

五、获"鲁迅散文诗奖"第一人

2007年11月11日，"纪念中国散文诗90周年颁奖会暨《中国散文诗90年(1918—2007)》研讨会"在北京中国现代文学馆隆重举行。此次颁奖活动把多年来在寂寞中展示美丽的散文诗推向了高潮。这是新中国诞生58年来，也是中国现代散文诗诞生90年来，第一次全方位为散文诗作家、理论家和编辑家们颁奖，具有里程碑式的意义。郭风、彭燕郊、耿林莽、李耕4位文学前辈荣获最高荣誉"中国散文诗终生艺术成就奖"。耿林莽因身体原因未能到会，由参会的山东获奖诗人谢明洲代为领奖，并代他宣读获奖感言。

为繁荣散文诗的发展，久负盛名的《星星》诗刊于2013年创办了《星星·散文诗》下旬刊，并从2015年起创办"鲁迅散文诗奖"，每年颁发给一位成就卓著的散文诗人。这是文学界首次以鲁迅先生的名义设立的针对散文诗文体的全国性大奖。首届鲁迅散文诗奖从2014年底启动后，共收到了2010年至2014年期间（首届放宽年限）活跃在中国散文诗坛的近百位诗人的有效文本，最终，耿林莽众望所归，获得首届鲁迅散文诗奖，新疆的亚楠和辽宁的宋晓杰获得提名奖。在奖项提名阶段，11位评委都不约而同提名了耿林莽，最后以全票通过。首届颁奖仪式于2015年4月9日在四川省简阳市樱桃沟隆重举行。耿林莽因年事已高无法抵川领奖。笔者有幸作为评委之一参加了颁奖会和座谈会。座谈会上，所有与会者都不吝把赞美之词献给耿林莽，认为他的获奖是众望所归。亚楠和宋晓杰发表了获奖感言，都为耿老获大奖感到兴奋，并说与他们的猜测完全一致。我在发言中说：以鲁迅命名散文诗奖，恰到好处，鲁迅散文诗是其文学的最高成就。鲁迅地下有知，定会感到欣慰。评奖结

首届鲁迅散文诗奖在青岛颁奖

果公平、公正。耿林莽是当代散文诗的领军人物，他不仅传承了鲁迅的文学精神，对文学青年的提携亦如鲁迅。最后，我对《星星》诗刊也表达了敬意。《星星》与散文诗早有渊源，1957年的创刊号上因发表散文诗《草木篇》，致使流沙河等人落难。半个世纪后不改初衷，创办散文诗刊，又设鲁迅散文诗奖，必将在中国散文诗发展史上留下光辉的一页。

2015年4月12日，中国当代颁奖史上演了罕见的一幕：《星星》诗刊主编梁平（因为参加重要会议不能前往）委托执行主编龚学敏带队专程来到青岛，为耿林莽颁发首届鲁迅散文诗奖。龚学敏宣读了颁奖词："他，以散文诗数十年持续的卓越的文本呈现、以一个不息诗艺探索者的辛勤励耕，让中国散文诗这一曾经飘摇的小苗成长为根繁叶茂的大树。他，是灵魂的歌者，是美与真的圣徒。他是耿林莽，名字必将与现当代诗歌史随行。有鉴于此，我们将首届鲁迅散文诗奖授予耿林莽，以表达我们最崇高的敬意！"

颁奖仪式后举行了座谈会。有人问，去年8月揭晓的第六届鲁迅文学奖，耿林莽的散文诗集《散文诗六重奏》最后以零票落选，而今的鲁迅散文诗奖耿林莽却全票当选，如何看待两者的巨大差异？龚学敏说："这两个奖是两回事儿。鲁迅散文诗奖的评委包括我个人都认为耿老得这个奖是无可争议的，耿老的文品、人品完全担得起这个奖。耿老获奖是实至名归。"

耿老今年患了眼疾，难以继续坚持每天读书和写作。他告诉笔者，《望梅》也许是他最后一本新作，里面有他最新的追求。

（原载《大沽河》2015年第4期）

陈天然
（1926— ）
画家、书法家

陈天然：羊肠小道通浩空

一、古村的城堡画廊

在越来越多的乡下人涌向城市，去实现世代人的梦想之时，一位年逾八旬的书画家，却选择放弃方便优越的城市生活，归根偏僻的山庄，每日与陶渊明在"悠然见南山"中神会。

河南省巩义市站街镇柏沟岭村，是中国书画界大腕陈天然的家乡。他在天井院旧宅费时10年建造的天然山庄，是一座永久陈列陈天然美术书法作品的美术馆，也是他归隐起居之地。

走过崎岖的山间小路，来到天然山庄，立刻为它的外形所震撼：一座四方形的暗红色城堡，坚固，雄伟。正值人间四月天，周围是绿树和麦苗，与城堡的颜色形成强烈对比，因而格外抢眼。墙体以当地红石为材料，以少量水泥为石缝黏合，门窗皆为实木结构，浑然厚重，而红石墙体则有4尺的厚度。由面东正门进入山庄后，首先看到的是一块带有红色纹理的灰白色巨石，像一扇屏风，旁边配石则像一个砚台。院内结构类似四合院，底层共有11间展室，展室外形类似窑洞，内部屋顶为拱形。展室陈列着陈天然不同时期的美术作品及近年的书法作品。第二层南侧为山庄主人的起居室和画室。西、北两侧为长廊形展厅。第三层只有南侧有展厅，陈列大幅书画作品。三层以上有露台，游客可饱览四周风光。

山庄位于山坡下端。山庄后门位于二层。车子可直接开到后门前的空地。后门前一侧竖立着若干块石碑，上面刻着陈天然书写的《归居》诗："南依嵩岳，北带黄河，巍哉高原，隐我幽壑。诗书启蒙，辗转求索，长坡百回，屡适邙洛。谒杜圣之神宇，窥遗编之宏博。得道知必万里，逍遥游而长乐。久滞江汉，藏名黄鹤，慕彼草堂，逆流西溯。惊蜀道之艰险，赏天府之明月。凌长城，走塞北，极南粤，遨海角。登泰顶以绝尘，瞻金陵而知灼。寻真趋胜，天涯为客，野鹤思归，旧园守拙。温故而知新意，倾丹田之醉墨。远瞩四海风云，近观天地造化，余生寄情家山，将引吭而高歌！"诗作写于

天然山庄内景

1981年，是时陈天然55岁，正当盛年，工作繁忙，只能抽空回老家探望。此诗已为晚年的归隐埋下伏笔。

对于建造山庄竟用长达10年时间，我颇为不解。陈天然笑答，最初请的是河南省建筑设计院的专业人员，七八个人琢磨了好几个月。他们主张一定要用框架结构，就像郑州的大楼一样。工程开建之后，陈天然前往察看，大失所望，果断地给予一票否决。他主张全用石头，窑洞式。他的美术馆是给农民看的，农民接受窑洞。另外，他坚信窑洞的生命更长久。美学家宗白华总结过东西方艺术的区别：东方艺术的代表是书法，西方艺术的代表是建筑。西方经典建筑都是用石头建的，所以才保存下来。中国多用土木结构，一场大火便化为灰烬。对于窑洞式建筑的设计，设计师们无能为力。陈天然只好自己动手设计。推翻重来，费工又费时，但这是唯一选择。10年之后，天然山庄建成了。一共16个窑洞，15个用作展厅，最大的展厅二百多平方米。所有展厅全都用来陈列陈天然的素描、版画、国画和书法。没有开馆典礼，也不作任何广告。美术馆常年免费对外开放。陈天然戏说："姜太公钓鱼，愿者上钩。"第一批观众是柏沟岭村的父老乡亲。陈天然亲自为他们讲解自己的作品。他画的山川人物大多取材于柏沟岭。乡亲们看他的画备感亲切。电视台和报社的采访等于作了广告。随后，一批又一批的参观者自愿"上钩"。陈天然夫妇2010年春天入住天然山庄，至今已过去5年。5年间，他们接待了数不清的参观者。最多的是各行各业的平民，也有领导人、艺术家。外省市慕名而来的，大多是艺术家和专业美术工作者。50年前他曾经执教过湖北艺术学院，其版画系的教职员组团来此访问。后来又有多所院校师生接踵而来。柏沟岭的黄土高原风光吸引了来访者，先后有8个艺术院校提出在天然山庄挂牌，作为本校师生的写生基地，陈天然谢绝了。只有他们老夫妻二人在此经营，有何能力接待？

天然山庄的石头全部来自柏沟岭村。柏沟岭全是土岭，石头全部埋在地下。沉重的石头一块一块从土下挖出来，再切割成所需尺寸，成本是很高的。我问山庄建设一共花了多少钱，陈天然没有具体回答。他只说是一个很大的数字。所需费用全部为陈天然自筹。他不接受任何赞助,包括各级官方的投资。他知道,赞助总是有条件的,包括话语权。他只想按照自己的意愿建好这座美术馆。开始由家人管理,最终自然过渡交给国家。他咨询了一位老专家。这位专家说,框架结构只能保证70年不出问题,可现在用石头建造的天然山庄,寿命可达几千年,甚至上万年。

二、终生只画柏沟岭

陈天然最早以版画名世,其实,他一生最钟爱的是中国画。

1926年4月,陈天然出生于柏沟岭村一个世代耕读之家。他6岁时祖父为其取名陈冉,8岁开始上私塾,能够背诵《诗经》和《论语》。那时的私塾只有两门课,一门四书五经,一门写字。写字是必需的,写不好要挨板子。他临帖最多的是颜真卿的《多宝塔碑》。私塾是祖父创办的,于自家南院构筑学舍,聘请汜水名儒乔世昌先生执教,生源遍及本村东西两岭。其时陈家已显败落之势,然乔师喜弟子聪慧过人,特择其为婿。祖父还与乔师商量,将冉改名天然。祖父崇尚《老子》"人法地,地法天,天法道,道法自然",以孙儿禀性恬静、纯真、木讷,取名天然最符合他的性情。70多年后,陈天然于祖宅地建造天然山庄,其意有多重:不仅出于他的本名,也包含对祖父、乔师的怀念,和终生不变的美学追求。

陈天然迷恋中国画始于14岁。刚上初一时,他有个叫表叔的老师,北平艺专毕业,擅画。表叔讲课之余,经常到他家讲美术故事,送给他一本《芥子园画谱》,并为他示范,教他临摹,成为改变他人生轨迹的启蒙老师。陈天然的艺术天赋从此被唤醒。那时适逢水灾、旱灾、蝗灾接踵而来,他初中只上了一年,便无奈辍学。在家务农的间隙,他疯狂临摹《芥子园画谱》,也偶尔尝试创作,从中找到无穷的乐趣。《芥子园画谱》为清人所绘,明白易懂,流传甚广,是中国画的入门摹本。陈天然沉浸其中,乐此不疲。大量的临摹,为他以后的绘画创作打下了坚实的基础。后来,他又爱上了刻图章,并为友人刻印。他继承了几代人的家传,成为山沟里的小学教师。学校订有多种报纸,报纸上经常发表版画。这些表现现实生活的黑白木刻与他的生活环境和思想十分贴近,他因而产生了强烈的共鸣。《芥子园画谱》里面的人物都是古人,要么是帝王将相,要么是才子佳人,与现实生活毫不搭界。版画不同,它不但让人震撼,还能产生许多联想。

1945年,他19岁时,在报上偶然发现开封的《河南民报》招聘职员,便前去报名应考。但他看了简章不免失望:其招聘条件限定高中毕业。虽然考试交了白卷

套色木刻《回娘家》

但为显示特长，他把自己刻的图章贴在考卷上。结果令他喜出望外：他被录用了——仅仅靠一枚图章！报社制版条件极差，急需一个会刻图的，他便歪打正着。社长是画家赵望云，美编是其弟子黄胄。黄胄先画，由陈天然刻出来，然后在报纸上发表。他平生刻的第一幅画，便是黄胄的作品，由他将其变成版画。说起大名鼎鼎的黄胄，我猜想陈天然一定会收藏不少黄胄的作品，哪知他一幅也没有。他说："我从来不搞收藏，不向别人要作品，我的作品也不送人。有人提出交换，我也谢绝。因为我不画商业画，每一幅作品都是原创，我自己是唯一收藏人。日本人曾提出购买我的国画，我一张也没有卖。"这个差事他只干了不到半年，就自己辞职了。原因是待遇太低——只管吃饭，没有工资，买不起棉衣。冬天他还穿着夹裤干活，怎么受得了？他只好重回山村的土窑洞小学，继续他的教师生涯。

他特别喜欢那些揭露社会黑暗、号召人民起来反抗的木刻作品。感动之余，他下决心学习木刻。他给上海中华全国木刻协会写信，托购画集和刀具，并报名参加木刻函授班。不久，中华全国木刻协会寄来了《抗战八年木刻选集》《北方木刻》两本画集和木刻刀。这两本书伴随陈天然走过数十年的沧桑岁月，成为他翻阅过无数遍的珍贵教科书。他被吸收参加了木刻函授班，由李桦、杨可扬、郑野夫等著名木刻家对他进行函授辅导。

1947年，陈天然在开封发表了版画处女作《累》。之后，又在开封、郑州的报纸上连续发表《收割》《流浪》《新的憧憬》等作品。这些早期的木刻作品虽然在刀法上尚显稚拙和不够成熟，但通过对底层农民形象的刻画，深刻揭示了当时的社会现实和人民对未来的渴望，奠定了陈天然一生始终与劳苦大众同呼吸共命运的现实主义创作基调。

陈天然说，中国版画家他最喜爱古元。是古元的木刻，指引他走上现实主义的创作之路。两本画册共收入古元作品26幅，每幅作品都使他心潮澎湃。从《抗战八年木刻选集》一书的画家简介中，他得知陕北延安有一所叫"鲁艺"的学校，古元曾是该校学生，后又任美术系教员。他萌生愿望：去鲁艺找古元学习木刻。1948年，洛阳解放，他立即投书《新洛阳报》，恳求指引去鲁艺找古元的路线。很快他得到回信，社长江思元约他去报社面谈。他起早摸黑步行一整天赶到洛阳。江社长告诉他鲁艺已撤出延安，地址不详，无从寻找，极力说服他留下工作，待大局稍定再找古元。原来江思元与古元曾是同事，藏有30多幅古元木刻原作。陈天然有生第一次看到名家真迹，惊喜交集。梦想未能实现，却意外看到古元真迹，也是一大收获。他留下成为《新洛阳报》的美术编辑。1949年，他随中原总工会南下武汉，先后任《中南工人报》《湖北日报》美编。1953年至1960年，他先后在湖北省美术工作室和湖北省群众艺术馆从事版画创作。

在新闻单位做美编，必须配合政治中心作画。几年下来，他在报刊上发表了几百幅作品。虽多次被评为模范，但他心中却有难言之痛。这些紧跟形势、图解政治的创作，其命运只能是昙花一现。1954年，湖北发生水灾，陈天然到黄梅县参加了抗洪抢险。几个月间，他深入第一线，奋不顾身地和广大群众一起筑堤垒坝，救助灾民脱险，组织生产自救，最后成功创作了版画《抢险》，再现了人与大自然无畏搏斗的惊心动魄的瞬间，成为其艺术生涯中一幅重要作品。他说，他在湖北生活17年，表现湖北生活的作品只有3幅。另两幅为受命创作。1959年，人民大会堂指定他画4张画，其中两幅是与湖北有关的"洪湖"和"大别山"。除此，他绝大多数为人称道的作品都是表现家乡的，确切地说，都是表现柏沟岭的。也可以说，他终生只是在画一个村庄。

20世纪五六十年代是陈天然版画创作的高峰期。他的大部分代表作都是在那个时期完成的。有一阶段，他的工作室就在黄鹤楼上。走出门，看到大江东去，他便想起黄河，引发乡愁。柏沟岭就在黄河南岸。他熟悉那里的一切。最初，他完全依靠回忆和默想创作版画。套色木刻《套耙》前后刻了4次，费时4个月，不满意就修改，直到满意为止。有时，一个人物能修改几十次。1957年，全国第三届版画展举办。陈天然的4幅应征作品《牛群》《套耙》《休息》和《赶船》备受赞赏，全部入选，创造了参展作品罕有的案例。这些作品奠定了陈天然优秀版画家的地位，也最终被美术史家定位为50年代版画创作的代表作。这些作品生活气息浓郁，构图奇特，技艺精湛，格调高雅，余音绕梁，具有田园诗的意境，让人百看不厌。套色木刻《山地冬播》于1959年问世，立即引起画坛反响，多次入选全国美术展和全国版画展，多次选送法国、日本、阿联酋及东欧各国展出。法文版的《中国现代木刻》把《山地冬播》印在封面上。日本人因为喜爱《山地冬播》，专门成立了陈天然版画研究会。上海朵云轩按作品原大出版单幅画发行全国。中国美术馆和阿联

陈天然与夫人牛翎

酋国家博物馆收藏了该画。这件作品被选入《中国现代美术全集》《新中国美术50年》等多种画集，成为新中国版画的传世经典。《休息》载入1978年日本出版的《世界百科事典》一书。

1960年至1966年，陈天然调湖北艺术学院任讲师和版画教研室主任。大学有两个假期，一年可以回家两次。那时，武汉文艺界有个不成文的传统，暑期都会组织文艺家到名山避暑。但这些机会都被他放弃了。两个假期，他几乎全都用来在柏沟岭周围写生、作画。速写《喜悦》《纺棉线》《老农》《农友吕福臣》《女拖拉机手》《饲养室》《炉火正红》等，都是这个时期的作品。他的速写本上大多附有款识随笔。《纺棉线》上写着："当中是我的发妻乔娥，她治家有方，宽厚待人，众口交誉，是山村纺织缝纫高手，我穿她做的鞋，立足本土，艺游八方，为万古山河写照传神。"这是美术史上罕见的记录画家本人家庭生活的题款，读之亲切感人。从中照见画家感恩发妻的赤诚情怀。除了大量的速写，他还创作了广受好评的版画《回娘家》《琅琅书声》《书店》以及中国画《秋山清流》《云雾苍山》《北望黄河》等，这些作品全是生活的赐予。《回娘家》题款"家乡春节所见"，画面上一家三口穿着鲜艳的衣服，骑着两辆自行车迎面驶来，满天的小燕子追逐而行。画作时代气息浓郁，极富感染力。由于宣纸有限，陈天然大胆尝试使用其他纸张创作中国画。时值1961年，国家经济困难，宣纸控制购买。他请假回老家写生，院长只批了3张宣纸。管理纸张的人说，有一卷纸，长期放在那里没人使用，都说不好用。陈天然不由分说便领走了。他用这种另类纸张创作了中国画《云雾苍山》，却照样迎来一片叫好声，几十年之后仍然有人称赞。

陈天然言传身教，带领学生走写生之路。他经常与弟子们一起下乡深入生活、写生、交农民朋友，然后再回校搞创作，多年之后，成效显著。版画班成了全院引人注目的创作团队，不少学生参加了全省、全国展览，有的还参加了出国展，成为版画界的佼佼者。

1966年，经过反复思考，陈天然主动要求调回郑州工作。这样一来，回老家写生作画更加方便。另外，也可解决夫妻长期分居两地及子女就业的问题。他先后被安排在河南省群众艺术馆和河南省美术展览办公室工作。"文革"开始，这位以画农民为己任的画家竟也受到批判。因为他的画受到日本人欢迎，造反派就把他当作反动艺术权威批判。他曾被下放农村劳动改造4年，地点离柏沟岭不远，这成为他深入家乡写生创作的难得机遇。

1978年以来，陈天然进入了新的创作高峰期。版画《瑞雪》（1978年）、《春来遍是桃花水》（1979年）、《云山抒怀》（1979年）、《牧歌》（1980年）、《安居乐业》（1984年）等，国画《寒凝大地》（1987年）、《朝晖》（1988年）、《走天边》（1989年）、《出于幽谷》（1990年）、《万古常新》（1998年）等，都是广受好评的佳作。1980年，版画《山地冬播》和《瑞雪》入选《中国新兴版画五十年选集》。1984年以后，他停止了版画创作，全身心投入中国画和书法的创作。一个时期里，他的书法声望压住了绘画，四面八方的求书者甚多。这使他不能静心创作国画，他为此而深感苦恼，有诗为证："欲躲逼贡无计寻，猛听敲门顿失神。笔头正叙归山意，惊弓吓掉思乡魂。"（《陈天然诗稿》）后来，他的书法明码标价，无偿索书者有所减少，也为他带来不菲的收益。

荣誉和职务接踵而至。陈天然曾任河南省美术家协会副主席，河南省书法家协会副主席，河南省美术家协会名誉主席，河南省书画院院长，中国版画家协会常务理事，第六、第七届全国人民代表大会代表。他曾五次率团访问日本。作为河南美术界一段重要时期的领导者，陈天然堪称伯乐，发现和推荐了不少艺术人才，这些人后来都成为河南乃至全国艺术界的中坚，比如书法家张海，画家李自强、李伯安、谢冰毅、张明德、李运江等人。

收获的季节到来了。1984年，《陈天然画集》出版。1992年，他成为享受国务院特殊津贴的专家。1993年，《陈天然书画集》出版。1994年8月，徐恩存著《诗情土地的跋涉者——陈天然的艺术世界》出版。1994年11月，"陈天然艺术研讨会"在郑州举行。1995年1月，"《陈天然书画集》首发式暨陈天然书画艺术座谈会"在北京人民大会堂举行。1996年5月，陈天然获中国版画家协会颁发的"鲁迅版画奖"。1996年6月，《陈天然诗稿》出版。1997年，陈天然获日本国际版画研究会特别设立的凤凰金奖，日本国际版画研究会会长片野孝志夫妇专程来郑州为他颁奖。2000年，《陈天然速写集》出版。2001年，陈天然荣获中国书法家协会荣誉奖。2003年，《守望故园——陈天然艺术研究文集》《陈天然版画集》出版。

著名书画家王学仲教授在为《陈天然书画集》写的序文中说："天然所追求的笔墨，不是脱离人间烟火的雅，而是饱经中原民风熏陶的土，他的奔放，他的粗犷，他的细腻，都是出于农民的质朴之情、故土之爱、赤子之心。""综观天然的版画，与其说是画图，不如说是他对故乡永远叙述不完的温馨梦境，对家乡人民的爱恋和怀念。"

三、神奇的柿树

陈天然童年时代即练习书法，且有深厚的童子功，但他从未想过有一天去当书法家。他最爱的是中国画，练书法的本意主要是为了画好中国画。中国画讲究书画同源。他信奉中国画大师黄宾虹的一句话："中国画法之要，根本精神全从书法中来，不明书法，即不知画法。"他深知，画中国画如果书法不过关，很难成为大家。"文革"时期，他的美术作品被当作"黑画"批判，令他颇感迷茫。但他不甘虚度年华，曾集中精力练习书法。他利用与河南省博物馆同事共同下放劳动的机会，通读并选修了不少博物馆的库藏碑帖。最终，他选择了自己最喜爱的书体行草书作为主攻方向，根据自己的独特审美观，创造了名震书坛的"枯藤体"书法。

陈天然的书法极具个性，致使一些探根溯源者陷入迷津。后来，书家夫子自道，说他的书法曾受到家乡柿树的神谕。石破天惊之言，令人感叹，又给人启迪。

柏沟岭的山地和人们生活的窑洞周围栽种着许多树木，最使陈天然难以忘怀的是柿树。他家就位于柿树窝里。柿树是一种耐旱的果树，大旱之年，五谷歉收，柿子尚能稳产，是农家度荒的高等食品。他曾客居他乡17年，畅游过祖国各地，尝过许多地方特产名果，但他觉得这些特产名果都不及柿子甘甜。柿子常常点燃他的思乡之情。他在《痴情乡土》一文中说："多年来，有个夙愿，要为家乡的柿树写照传神。柿树虽多次出现于我的作品，因我只会搞风景版画，篇幅不大，仅能略取柿树的外形，而它在画幅中，已尽其画龙点睛之意。总感觉，木刻天地太小，无法倾泻对柿树的感情，于是就借书法，挥洒无穷的画兴。童年跟当塾师的堂叔上学，他精于颜体书法，教我每天悬笔书写大字，养成苦练书法的志趣。我很喜欢颜体，刚健丰伟，布局森严，字里行间洋溢着质朴昂扬的浩然正气。冬日放学途中，看着遍地落叶的柿树，躯体粗黑浓重，体态庄严敦厚，有时背衬苍天，有时散植大地；我逐渐发觉，柿树颇有颜体书法的威严气概；连那枝条的劲挺迂回、顿挫转折之势，也酷似颜书深厚挺拔、开阔雄伟的神态。一个初雪后的晴天，我在故乡山间行走。高空一碧万顷，大地白璧无瑕，矫健浓重的柿林，繁简穿插，拱揖向背，一派铁画银钩的狂草书意。柿树的枝杈，有的苍劲飞动，有的刚健瘦硬，有的古雅厚重，宛如写在玉版宣纸上的绝伦精品，实为世间稀有的草书奇迹。在这以前，我已倾心草书；此后，就蓄意在草书中，力追柿树的神采，兴之所至，有时竟写出意外效果来。"

书法是一种有关文字的造型艺术。它所塑造的形象是抽象的，但也不是凭空想出来的，

陈天然为王幅明题词

而是通过对自然界各种景象的精心观察，融化到书法创作中的。书法家的作品，字形虽在纸上，其神情意趣却与纸外自然界中的一切形态有互相契合的联系。发现这些联系需要悟性。艺术家都是具有悟性的，所谓"神遇心悟"即指此种境界。这样的例子，书法史上可以举出许多。比如，汉代蔡邕见刷灰工刷墙，悟创书体；三国时期的钟繇"每见万类，皆书象之"；东晋王羲之从"鹅群行水势"中悟得书法的笔姿情趣；唐代草书家张旭自述："始吾见公主担夫争路，而得笔法之意；后见公孙氏舞剑器，而得其神。"宋代黄庭坚的行、草书，点画长枪大戟，势若荡桨，一反唐人规整严谨的间架结构，这是他顺流泛舟峡江，从船桨随波起伏自然摆动中悟出"笔随势转"的要诀；清代邓石如"每坐松树下，耳松涛之声，摹其风神；观松树之形，摹其挺拔。故其取法不同乎人，其书法能超乎人"。陈天然从柿树苍劲刚健的枝干上悟出了草书的意趣和神采，打通颜体，进而独创一体，显示了他超常的天赋。为了能够准确表现出他心中的书法形势与神态，他找到了得心应手的工具：长锋羊毫，最长者达三寸有余。买不到时，他便亲手制作。他认为长锋羊毫具备烘润自由、变化莫测的优点，又具有多力丰筋、大气磅礴之势，特别适合大字创作。但由于笔身过长，难于驾驭，不少书坛高手也视为畏途。按照常理，草书运笔宜快不宜慢。但陈天然反其道而行之。使用长锋羊毫，墨不利，何能疾书？他的运笔较慢，偏重提按节奏，兼取行笔畅达，起落处尽量隐端灭迹，在随意挥洒中，常常出现鬼斧神工的笔力效果。

陈天然向我展示了他习字的"诀窍"——摹字册。他采用"积字法"练习结体。即便是他喜欢的书家，也并非字字都中他意。在读帖时，摘选自己喜欢的字，描摹入册，重点学习。经多年积累，摹字册竟有30多本。册中之字选自古今名家张旭、怀素、孙过庭、杨凝式、吴昌硕、黄宾虹、林散之等人，共有几十人之多。仅从黄

宾虹的题画字中，就摹出两本。每逢出差下乡，他总要随身携带几册，抽空研习，默记于心。

陈天然有幅书法，上写"学贵有恒，道在真悟"，深蕴哲理，是夫子自道，亦可视为学习书法的秘诀。

四、古塬深井

20世纪90年代中期，笔者曾在郑州参加过陈天然的书法拍卖会，见证了陈天然为给家乡打一眼深水井募集资金而拍卖精品力作的感人一幕。

1995年5月，柏沟岭村村委会主任专程去郑州找到陈天然，恳求他出面帮助家乡解决吃水难的问题。陈天然二话没说，当即应允。村委会主任找他，肯定有难处。而他作为一个名人，理应为家乡办点实事。他了解家乡严重缺水的情况。旧中国曾有过渴死人的悲剧，至今难忘。1960年，他在湖北从报上得知河南大旱，小麦难以冬播，忧心如焚，便根据早年在家乡的驴驮人挑运水的经历，刻成版画《抗旱保种》，发表于《人民日报》，《美术》等多家报刊也相继刊登。后来日本《未来》杂志通过这幅画评价了中国黄河的历史地位、利害得失和黄土高原人民饱受旱灾摧残的故实。

时隔30多年，它早已成为故事，在柏沟岭的乡亲们中传诵。如今，人老情更深。陈天然决心帮村里打成这口井，解决威胁柏沟岭生存发展的这一头等大事。他找省委宣传部的老领导宋玉玺帮忙，后给省委副书记宋照肃写信，反映柏沟岭严重缺水的情况。宋书记将信件批到省水利厅。水利厅拨付专项打井资金10万元。之后，地方政府又拨付5万元。落实了资金，他便请地质部门到柏沟岭勘察，哪知勘察之后初步匡算，预算打井费用高达50万元。难题来了。无法再向国家伸手，靠集资也行不通。全村人均收入不足300元，村干部难以张口，即便张口大家也拿不出钱来。无奈之下，他决定公开拍卖自己的书法作品。这件事得到了媒体的支持。陈天然以年近古稀的高龄，冒着盛夏酷暑，日夜兼程创作，先后举行两次公开拍卖，加上平时积蓄，共筹集了30多万元，弥补了资金的缺口。同年8月，郑州地质工程勘察院国家级专家、高级工程师石钦周感其赤诚，不辞辛苦、精心勘察，选定村南制高点为打井方位。但几易打井队仍未打出清水。石钦周亲自从山东滕州请来打井队，经过67天日夜不停的工作，终于穿透基岩，泉水翻涌。整个工程历时一年又两个月。井深342米，静水位178米，水质优良，含多种有益矿物质。此井水含锶量超过国家标准的 2 至 3 倍，堪称河南最好的矿泉水，仅有三门峡一处可与之相比。井水流向家家户户。自此，柏沟岭村永远告别了无深水井、为水所困的历史。祖祖辈辈的梦想终于变成了现实。井水不仅保证了村民的日常饮用，还成为全村千余亩土地的灌溉之源。

1996 年 10 月 1 日，是值得柏沟岭村民世代铭记的日子。这一天，村里召开了第一眼深水井竣工庆功会。陈天然端着大家为他斟满酒的杯子，激动地哭了。乡亲们也都热泪盈眶。为打这一口井，陈天然先后找过一百多位各阶层人士。他感谢那些日夜奋战在第一线的工人们，感谢忘我工作的工程技术人员。他提议第一杯酒应该先敬这些功臣们。为纪念这个历史性的事件，中共柏沟岭村党支部和柏沟岭村民委员会于 1999 年 9 月竖立了"饮水思源碑"，碑文特请时年已 85 岁的著名水利专家徐福龄撰写。碑文说："人畜饮清水，田亩得灌溉。饮水思源，全村七百多村民深感陈天然、石钦周之义，共产党和人民政府之德，特立碑以记之。"

有了这口深水井，陈天然开始谋划他的美术馆。他说："打井是物质文明，建美术馆属于精神文明。这两件东西对柏沟岭都有帮助。修建美术馆的目的，就是把我一生创作的东西，全都放回老家，跟农民生活在一起。他们从山庄的门前经过，随时可以到展厅观看。我的书画作品虽然多次参加国家展览，到国外展出，并为多国收藏，但一生从未举办过个人画展。我说过，如果办展览，就在我出生的村子办，是第一次，也是最后一次。"

五、通会之际，人书俱老

初唐书法家孙过庭在其论著《书谱》中说："初谓未及，中则过之，后乃通会。通会之际，人书俱老。"在人生的晚年，陈天然进入到人书俱老的大境界。

在耄耋之年回归故土，书画家并非只为颐养天年。此前的几十年间，他只能利用假期回老家写生，多有遗憾。而今有条件归根定居，就要珍惜光阴，不教一日闲过，寻觅柏沟岭之魂，争取在艺术上有新的突破。

他画乡土，并非早年志向，而是在创作实践中逐渐悟出的，有《归根》一诗为证："语不出奇不惊人，踏破铁鞋无处寻。事到万难猛回头，乡土本色民族魂。"诗前有一小序："早期学画十年，不得其门，转务乡土本色，渐入佳境。"更加明了地道出了他的心路历程。为何只画柏沟岭？其中包含着深邃的哲思。艺术家都想表现大境界，而大境界往往通过小的路径来实现。"独叹笔墨缺天工，绞尽脑汁无捷径。

陈天然在野外写生

饱餐山色恍然悟，羊肠小道通浩空。"(《顿悟》)他曾在一篇短文中说："我曾疑惑，一头扎到故乡，是否路子太窄。然而当我步入乡土艺术领域，始知此道很宽。一个人用来局限自己的范围愈小，在一定意义上就愈接近于无限。故乡是诗的摇篮、画的宝库；每一条小溪，都联通着汪洋大海；每一寸土地，都连接着祖国的心脏。"(《画外余音》)

陈天然十分幸运，一生中拥有两位心心相印的伴侣。发妻乔娥年长陈天然3岁，是其恩师乔世昌的女儿，虽未上过学，但长于书香之家，知书达理，品德高尚。从1944年结婚到1987年病故，与陈天然共同生活了43年。其间陈天然孤身在武汉工作17年。乔娥含辛茹苦，独自承担照顾祖孙四代的重任。1966年陈天然调回河南，夫妇才得以团聚。乔娥尽揽家务，不让丈夫分心。更可贵的是她充当了陈天然作品最早的评判人，提出过不少有价值的建议。陈天然在创作版画《瑞雪》时，主版刻好挂起来，自己不满意，准备放弃不用，另搞新作。乔娥看后说："画得太松散，没遮没拦不聚气，加个框就好了。"陈天然遵照建议修改，加上边框，画面气息大为改观。此画后来入选全国美术展览，赴法国展出，成为陈天然的代表作之一。乔娥作古后，陈天然在家中专门辟个房间，长期供奉着乔娥的遗像，表达无限眷恋之情。1997年，另一位女性走进陈天然的生活。她叫牛翎，曾长年担任医科大学的校刊编辑和职员。她敬仰陈天然，佩服乔娥，愿意继续完成乔娥未竟的事业。除了无微不至地照顾陈天然的起居，她也担任陈天然的文字秘书兼新作评判人。在家人的帮助下，她开通了新浪微博"陈天然画室"。通过此微博，不少爱好者得以目睹陈天然的代表作和新作，及博主围绕陈天然所写颇具见解的简短博文。除此，牛翎还是天然山庄美术馆的馆长，不厌其烦地接待前来参观的各地客人。

在山庄生活的5年间，陈天然夫妇多次接待过电视采访。最重要的一次当数由中国国家画院、中央新影集团、中央电视台联合拍摄的专题纪录片《岁月丹青》。此专题片共60集，作为国家投资项目，为纪念新中国成立60周年，介绍艺术界60位已过70周岁有成就的艺术家。陈天然作为4位版画家之一入选，也是河南唯一一位入选的书画家。此专题片彰显出陈天然在当代画坛所占有的地位。2015年，河南电视台国际频道开设《镜头中的中国》专题人物节目，陈天然被列入首选。

进入耄耋之年，陈天然又一次进入创作的高峰期，每年创作国画高达百余幅，5年下来，创作国画的总量超过前60年。而且，他一直坚持不画商品画，每一幅画都是独立的创作。这一时期他的画作不仅数量多，而且在艺术水平上也有明显升华。他过去的作品写实的多，近作则大多写意。"老来识渊明，归山作墨农"，是他心境的写照。他将陶诗的意趣融化进笔墨里，如近年画的《宁静致远》《土思常存》《天地入胸臆》《羊肠小道通天》《地老天荒》《大地长河》《空谷远影》《高下在心》《苍茫尘尽》《坐驰》《鸟瞰太空》《出路》等，在简洁的笔墨里，营造出旷达高远、气势夺人的意境，表达了画家对这块土地及土地主人的独特理解，令人于品味之中胸襟大开。

他坚持徒步到野外写生。柏沟岭的风光他最熟悉，但每一次写生都会有新的发现，产生新的联想。他爱走羊肠小道。小道坎坷，容易跌跤。毕竟是年近九旬的老人。5年间跌跤5次，好在最终都化险为夷。老伴不放心，总要带上小板凳陪他一起出去。他们常常在村头与乡亲一起晒太阳、聊天。这是陈天然最惬意的时刻。此时如有路人经过，定会把他当成一位风趣的乡间野老。

身处柏沟岭，会让人想起一句豫剧戏词儿："你家在哪里？我家邙山头。""你家在哪里？我家黄河边。"我说这戏词儿很适合柏沟岭。陈天然听后笑了："我和常香玉是老乡，两家很近。本来是同一个河洛镇，最近重新划分行政区划，把柏沟岭划给站街镇了。这样，我与杜甫成了同镇的老乡了。别看这里是穷山僻壤，历史上出过不少名人。吴桂贤副总理的老家，离我家只有4里路。哈哈……"他爽朗的笑声把我深深感染了。陈天然由衷地为故乡厚重的人文气息感到骄傲，而他本人，也已成为足以令后人自豪的乡贤。

（原载《老人春秋》2016年第1期）

王尔碑
（1926— ）
诗人

王尔碑：只做减法

一、茶园雅聚

1993年9月上旬，我应邀参加了由《散文诗世界》杂志社举办的"1993年金秋九寨沟散文诗笔会"。笔会在四川广元开幕，在成都结束。在成都逗留期间，我和几位诗友不约而同地拜访了老诗人王尔碑。我们先到四川日报社住宅区的王尔碑寓所，荣幸地得到老诗人惠赠的散文诗集《行云集》。因为房间不够宽敞，无法同时容纳6位来访者，王尔碑便邀请大家到江边茶园摆龙门阵。这是一次难忘的聚会。这次聚会让我们领略了成都独特的茶文化，增进了诗友间的相互了解，更令人难以忘怀的是结识了质朴而又高雅的诗人王尔碑。

成都的茶文化是一道独特的景观，据说大大小小的茶馆有5000家之多，分布在全市的各个角落，数量最多、人气最旺的当然都位于市区江河的两岸。岸边茶馆都在园林之中，又称为茶园。人们在茶园里消遣时光，抒发情怀，交流见闻，加深友谊。有时，茶园也会成为浪漫的爱情温床。王尔碑刻骨铭心的初恋即开始于江边茶园。大家落座后，王尔碑开始介绍她经历中的茶园历史，有温馨，也有伤痛。她少女时代就常来茶园，工作后也常来茶园，退休后依然常来茶园。当然，每个时期来茶园的内容会有所不同。反右派斗争时，她被人揭发有右派言论，思想检查就是来到茶园写成的。这是不愉快的回忆。茶园留给她更多的是温馨的回忆。"不能光我自己摆，大家都要摆。我出个题目，经历中最难忘的一件事，我先摆。来到茶园，总会想到我的初恋，我就摆摆我的初恋吧！"她和蔼地笑着说。已经67岁的老人，竟然主动提出讲她的初恋，大大出乎我们的意料。我们都怀着极大的兴趣洗耳恭听。

王尔碑，本名王婉容，乳名孝环，1926年12月15日出生于四川省盐亭县木龙湾的一家书香门第。父亲王用辑是清光绪十九年癸卯科举人，曾任四川省议会议员，积极参与过四川保路运动。王尔碑童年时代一直生活在缺少母爱和自卑的阴影里，这一切都源于她的出生时间不祥——她的出生之日，也是父亲的离世之日。父亲因突发脑溢血离开人世，临终前还在问身边的仆人："孩子生了没有？"母亲说，生她的那天夜晚下着暴雨，电闪雷鸣，看到门前好像有个鬼影闪过，总感到生下的孩子是个祸害。王尔碑自出生之日起就背负原罪，因而一直受到歧视，加之缺奶，营养不良，小时候身体瘦弱，连站都站不稳。因为懂事，孝敬母亲，给母亲洗脚、洗澡，最终感动了母亲，使母亲改变了对她的态度。几个姐姐乳名金环、玉环、翠环，因父亲去世戴孝，所以给她取名孝环。最小的哥哥六哥崇拜英国作家王尔德，便把自己的名字改为尔塔，也把小妹的名字改为尔碑，碑字意指父亲的纪念碑。王尔碑晚年写过一首散文诗《父亲》，表达了她对从未谋面但永存心中的父亲的复杂感情：

　　你走出世界，我走进世界——

　　在同一瞬间。窄窄的门槛上，也许，我们曾经相遇？命运注定，两个苍茫的影子，错过一次相识，便终生永不相逢。

　　你的遗像，被放大成原始森林绵绵山脉；你的声音比生时美丽，生长在故园每个角落。

　　——它们，于我总是陌生。

　　因别人哭你而哭你，年年祭奠你。许多年以后，我又因别人诅咒而诅咒，在某页十行纸上写着你的"罪孽"。

　　——而我和你素不相识。

　　岁月匆匆，忽忽已是暮年。当我走向生命的尽头，野草丛中拾起你遗落的一首残诗。第一次，我以战栗的手指，镶嵌你的灵魂。第一次，我轻轻呼唤你：

　　父亲！

　　你去何早？我来何迟？

　　六哥上高中时，王尔碑上初中。六哥喜好文学，结交了一个雅号为"茶疯酒狂"的学友，经常把学友的新作带给小妹看，把学友的故事讲给小妹听。仅仅这个颇带阳刚豪放之气的雅号就足以填充一个少女的好奇心了。王尔塔带回家一本小说《血祭》，看完之后交给小妹看。这是"茶疯酒狂"的书，王尔碑陶醉其中，深为小说的故事所感动。她还读过哈代的名作《一个富于想象的女人》，这是王尔碑年轻时代印象最深的一本书。听哥哥讲的多了，又看他的书，王尔碑竟渐渐滋生出朦朦胧

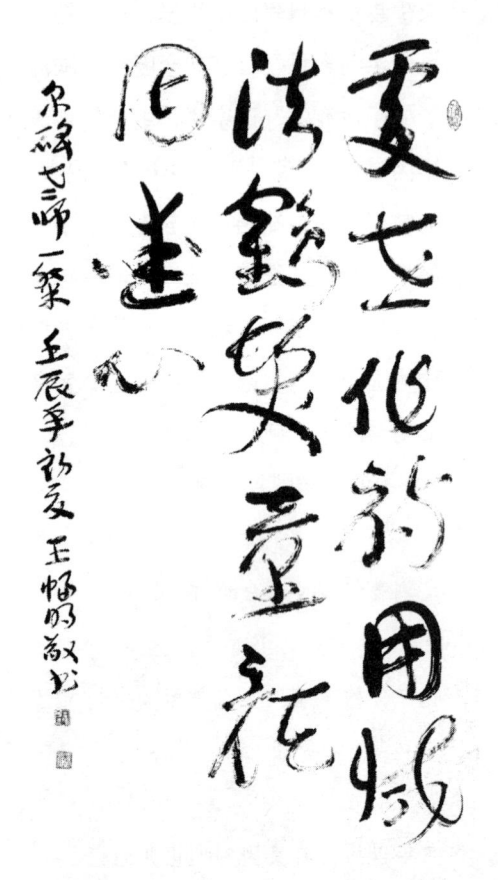

王幅明赠王尔碑书法

胧的爱意，急切地想见到这个人。少女隐秘的浪漫情怀深藏不露，只有她自己知道。这一天终于到来了。王尔塔带他的同学"茶疯酒狂"到家里，王尔碑一见倾心，激动的心久久不能平静。王尔碑说，她与他的第一次见面是在1941年，她只有15岁。同一年，她的母亲白云秋离开人世。

"他长得很像日本电影《追捕》里的杜丘，不仅外观像，气质也像，是个硬汉。话不多，但歌唱得很好。后来我多次参加过他们的文学活动。'杜丘'是一个革命者，秘密地参加了地下党。我与他完全是柏拉图式的爱情，通过3年信。每个星期天，我们都会到茶园约会。他读书很多，给我讲《复活》《苔丝》，几乎能够全部复述书中的故事。我像一个学生听老师讲课，痴迷地听他讲。他每次到茶园，总带给我一束花。我曾写过一首诗，至今仍能记住前面的几行：

　　一杯茶，

　　一束花，

　　这便是我们的天下。

　　茶越喝越苦，

　　花的生命只有几小时，

　　可你的故事，

　　像江水长流不息……"

半个多世纪过去了，王尔碑依旧沉浸在她的初恋之中。她的故事深深地感染着茶园聚会的每一个听众。她操着浓重的四川口音，我不能保证听懂每一句话，但主要意思还是听明白了。"杜丘"后因参加革命活动被捕，关在重庆行辕监狱。王尔碑想去看他，因故未能去成，这成为她心头永远挥之不去的痛。一年后"杜丘"由于病重出狱，开始他的教师生涯。哥哥们反对她与"杜丘"结合，因为他家境不好，父亲是穷教授。"杜丘"因病死于新中国诞生的前夕。没人告诉她。她收到退回的一封她写给"杜丘"的原信，上面写着："死亡，故退。"当时她在一家学校教书，正在上地理课，看到信封上的几个字，天顿时像塌了一样。她无法再继续讲下去，在黑板上写上"小朋友们，自己复习吧"一行字，就直奔宿舍，趴在床上痛哭起来。初恋以悲剧而告终。

　　王尔碑曾用多个笔名发表作品，她的短诗处女作《纺车声》发表于1946年重庆的《新华日报》副刊，用的笔名"海涛"即与她的恋人"杜丘"有关。"杜丘"用笔名"山岳"。两个笔名遥相呼应，只限于两人通信用。"杜丘"去世后，她曾极度悲哀。没有人分担她的痛苦，她只好用拼命读书来解脱。她以布莱克的名句"辛勤的蜜蜂永没有时间悲哀"安慰自己。书犹如清泉，也可以洗去悲哀。她写过多首关于"杜丘"的诗，一首长诗《追寻》，未发表过；还有一首长诗《落霞与沙鸥》（用笔名"尔碑"），分两次发表在成都《光明晚报》副刊"诗焦点"上。同期刊载编辑"代邮"："尔碑小姐，诗甚佳。希更努力，则中国之萨福（希腊古典女诗人）可期也。炼虹。"编辑刘炼虹，笔名炼虹，成都人，地下党人。一次在中学跳秧歌舞，有人说："这就是王婉容，要不要认识？"他答："不必，不要连累她。"后刘炼虹在杭州去世，王尔碑发唁电寄托哀思。1962年，她写了《南河》，后成为她的代表作之一。诗中写道：

　　　　南河！我回来了！
　　　　桐树！我回来了！
　　　　可是，我的山孩呢？
　　　　你们可曾看见他？

　　　　"他已经不在这个世界，
　　　　像一只夜莺
　　　　唱完爱的高歌，
　　　　死在黎明前的黑夜里。"

　　　　桐树低垂，

> 南河流泪，
>
> 我久久地立在河边，
>
> 犹如一尊化石。
>
> ……

多年后，我荣幸地得到王尔碑赠送的这首诗的手稿。因为听过她的故事，深知这首诗在她心中的地位。

二、七段故事

王尔碑的故事讲完了。大家都听得如痴如醉。她提议我们每人都要讲，有点像命题作文。有意思的是，女性讲的全与爱情有关，而男性讲的全都无关风月。倒茶的小伙子年纪虽轻，技术却很老到，只见一米多长的壶嘴准确无误地将滚烫的开水倒入茶碗，丝毫不会伤着客人。中午，我们一边吃着点心，一边继续讲着也同时欣赏着每个人的故事。

德阳女诗人谢晓铃讲了大胡子画家教师与她的传奇经历。大同女诗人郭建华讲了她隐秘的初恋。她说她从未当众讲过她的故事，她的心灵之门一直关闭着。小时候并不像现在这么胖，因为过重的体力劳动，透支了她的体力，使她患上多种疾病。她与一个写诗的青年一见钟情。但他听说她患过病后，犹豫了。她结婚生子之后听别人说，他这辈子不会再结婚，即便结婚，也注定是孤独的。再后来听说他在北京病危。她决定去北京看他。她把想法坦率地告诉丈夫，得到了大度丈夫的理解和支持。来到北京，发现他并未生病。两个人长久地沉默不语。她走了，从此再没有与他见面。

青岛诗人韩嘉川讲了老诗人耿林莽对他终生的影响。"文革"时期，他到一家小书店购书，他对书的热爱引起了书店营业员的关注。书店无书可买，但营业员愿意把家中藏书借给他看。从此，他从这位营业员家里陆续借阅了《普希金诗集》等中外名著，解了心中的饥渴。这是他走向文学之路的第一步。这位营业员便是他终生敬重的引路人耿林莽先生。

轮到我讲了。讲什么呢？我想到我的一位小学老师，虽然我惭愧得连她的名字都未记住，但她慈爱的面容却永远在我的记忆里闪光。一次课外活动，和伙伴们玩捉迷藏，我不小心把短裤挂破了，处境十分尴尬，只好把汗衫脱下来系在腰间遮丑。没想到放学前竟然开起大会，要求全校学生排队集合。真是船漏偏遇顶头风啊！有好消息：我当选为少先队的大队委员。老师要求新当选的委员站在前面与同学们见面。都去了，只有我一人仍在队中。老师说：怎么不穿衣服？当我迟迟疑疑把汗衫解开时，真相终于大白。全场一片哗笑。我面红耳赤，简直无地自容。这时，老师走过来，没有任何批评的话。她把我带到她的办公室，拿出针线包，直到把挂破的裤子缝补好，才继续开会。这是一件小事，也许微不足道，但却是我记忆中最难忘的一件事。这件事使我感到老师的伟大，培育了我终生尊师的感情。

曾在《诗刊》《人民文学》任过编辑的广西师大教授许敏歧先生对鸽子一往情深。他讲了一段养鸽子的情感经历。因为妻子说桂林可以养鸽子，引起他的兴趣，便举家迁往桂林。他养的是信鸽，但他到桂林后，发现信鸽竟与肉鸽混在一起，令他失望和痛心。后来，经过一个阶段的适应，信鸽最终飞上了蓝天。信鸽让他想到知识分子的责任。他写了散文《养鸽记》，怕引起同行的误解，一直没有发表。

最后一位讲故事的是军旅诗人纪鹏先生。他的故事使气氛骤然间变得沉重。他是吉林人，只比王尔碑小一岁，也有许多关于旧中国的记忆。伪满时期他在长春求学时，学校里有几位韩国籍教师。他与一位韩籍音乐老师结下了深厚友谊。这位音乐老师同情中国学生，积极参加反抗日本侵略者的活动。他教会中国学生多首朝鲜语歌曲。"这些歌曲我已不会唱，但他说的一句话至今未忘，他说：'我们都是没有祖国的人！'……"说到这里，纪鹏哽咽了，无法再说下去，最后索性痛哭起来。"后来，我一直寻找他，但始终不知他的下落。"

故事都是即兴讲述的，全无雕琢的痕迹。这些真诚的故事一直珍藏在我的心间，它使我对故事的主人们增添了敬意。应该首先感谢王尔碑，因为这一切都是由她引发的，氛围也是她营造的。

后来，话题转到散文诗上。我们各自谈了对散文诗的理解，分析了当前在散文诗创作中存在的问题。王尔碑说："我是喜欢做减法的人。不论是诗、散文诗还是生活，我都是以简代繁。"这句话可视为她的文学宣言。她的言和行是一致的。她的作品是她创作理念的最好诠释。她是小诗的实践者和倡导者，曾与流沙河合编《小诗百家点评》一书。我请她留言，她写了一首小诗："鹏鸟的羽翅上有星辰闪烁：'天上，地上，唯我独尊。'"

天色向晚，大家无不带着留恋之情离开茶园。

三、高山流水与小花小草

1994年9月中旬，散文诗笔会在青岛召开。王尔碑应邀参加。她是乘火车一路

王尔碑为王幅明题字

吃方便面来到青岛的。在研讨会上，她做了题为《取经与看海》的发言。她说："已经好多年没有参加过这样的笔会了。接到邀请信，感到吃惊也很兴奋，因为面对物质、金钱高于一切的时候，许多人都在一窝蜂地以物质金钱武装自己，许多人都在悲叹纯文学已走向穷途末路，许多人都在一窝蜂地赶浪潮，急慌慌地跟着别人的背影穷追猛赶，迷失了自己，迷失了灵魂，不自觉地扮演着落花无主、顺水漂流的悲剧角色。这时候，居然还有人在坚守着一小块纯文学净地，还在苦苦追寻精神家园，举办全国性的散文诗笔会，这本身就是一个奇迹，是对文学事业充满自信、自尊、自强的表现。就为这个，我不顾自己年老，也明知原单位不能报销，就毫不犹豫地自费赶来了。当然，吸引我的还有大海，因为我从小生长在大山区大盆地，生平最大的愿望就是能见见大海。这个梦一直做了好多年，直到今天，在我垂暮之年才得以实现。这是多么不容易！青岛这座文化名城也深深地吸引着我。在这块美丽的土地上，曾经留下闻一多、郁达夫和许多我所敬仰的前辈文学家的足迹。现在，这座城市里还住着一位耿林莽老人，他是我尊敬的当代散文诗大家之一。还有以韩嘉川为代表的一大批散文诗新人，他们都是散文诗的希望和未来。我来青岛是取经的，是向在座的前辈、老师、老朋友和新朋友们取经的。"她质朴谦恭的发言，感动着来自全国各地的诗友们。王尔碑的诗风颇有唯美的味道，但她的装束和讲话却很朴实，仅从外观看，她与当下那些时尚的女诗人们相去甚远。她是雅与俗的和谐统一体。这次笔会因为时间紧凑，我们没有更多的时间作私下的相互交流。

所幸半年之后，我们又在云南的红土高原相逢了。1995年4月，"云南鸡足山散文诗笔会"在滇西重镇大理市所属的宾川县召开。笔会期间，举行了"鸡足山杯"散文诗大奖赛颁奖仪式及散文诗研讨会。与会者参观了五大佛教名山之一的鸡足山，目睹并亲历了多姿多彩的白族民间传统节日三月街，观赏了大理风光。在研讨会上，王尔碑展示了她独特个性的另一面。老诗人丁芒在发言时大力倡导"壮词"："提倡壮词，提倡阳刚之气。散文诗趋向细腻柔情，个人的天地太小，视野窄。散文诗要造民族灵魂，要体现时代精神，表现人民心声。写诗不是闲情逸趣，诗是人生的宣言。"丁芒当过兵，虽年届七旬，仍不失军旅诗人的豪情。王尔碑在发言时表示了不同的意见。她说："有人说过：'理论是苍白的。'我不管别人怎么说，想怎么写就怎么写，让别人说去。我40年代开始写诗，那时就有人说我'小花小草眯眯笑'。人与大自然分不开，不能说写小花小草不好，写高山流水就好。现在有越来越多的青年人喜欢散文诗，那种认为散文诗是强弩之末的看法很不正确。我以前知难而退，至今思之后悔不已。散文诗值得我们终生追求。散文诗无定法。诗属于生命的一部分。我们作为一个有血性的人，应该关心祖国人民，但不必唱高调，处处强调主旋律。友情、爱情、亲情不可缺少，这些是普通人的感情、普通人的生活。普通人的精神世界很丰富，散文诗应该很好地去表现它们。"话音刚落，掌声四起。王尔碑的见解引起了大家的共鸣。丁芒接着解释说，王尔碑的意见与他并不矛盾，写壮词不一定不可以写小花小草，但总而言之要格调高。

这次笔会内容丰富，安排的时间有7天之多，因而也有了充足交流的机会。一天晚上，我和郭建华、谢晓铃同去拜访王尔碑。话题自然从成都的茶园聚会谈起。那时郭建华刚刚整理完一本散文诗集《圆梦》，请我写序。我送她一章散文诗作为代序，题目是《复活的浪花》。我将它念给王尔碑听：

你说过，你爱石头，因为石头是凝固的浪花。

你以石头自喻。在别人看来，你颇似一块沉默的岩石。

可是，有一天，石头溶解了，浪花复活了，复活成汹涌的激流。

中秋，江边茶园，我们凝神聆听老诗人讲述她缠绵悱恻的初恋。接着是每个人讲一段自己的故事。也许是真诚的力量打动了你，埋藏了多年的往事顿时涌上心头？也许冰冷坚硬的外壳本来就是包装，里面是只待喷射的炽热的岩浆？你激动地说，丢失的钥匙找到了，关闭了许久的心灵之锁，又重新被打开。

你讲起你的故事。我们不禁愕然，在一副貌不惊人的菩萨心肠里，包容着多么顽强的毅力和丰富的情感啊。

在跳跃奔涌的浪花里，我们读到一个个美丽的梦。

梦终究会圆的。

因为梦与现实仅一步之遥。

我刚念完，王尔碑便跳跃着鼓起掌来。她的举止和神态哪像一个老人呀，活脱脱一个青春少女！童心未泯，这也许是老诗人艺术之树长青的秘诀？但这些又不是刻意的，是与生俱来的，这大概就是人们常说的诗人的天赋吧。她说这篇作品完全可以发表，并且向我介绍四川一家报纸的副刊编辑。后来，《复活的浪花》在这家报纸发表了。

四、家事传奇

我们都喜欢听她的故事。她便继续讲她的家事。她生在一个封建大家庭，就像《红楼梦》里所描述的一样。她有3个母亲，兄弟姐妹20多个。她最初的家教来自她的亲生母亲白云秋。她是不幸者，母亲也是不幸者。她母亲白云秋的故事，不加修饰就是一篇极富传奇色彩的言情小说。母亲死后，王尔碑在她的小木箱里发现了一个秘密：珠光闪烁的钗环首饰之间，有一个用蓝色丝带缠着的白缎子，严严实实地包着一块石头。她想起曾在家中见过这块石头，不知母亲为何把它珍藏起来。经过多年的猜测、探寻，谜底依然不得而知。一次偶然的机会，遇到母亲的生前好友——大山里的一位百岁老人。老人神志清晰，有惊人的记忆力，用整整一个下午的时间，讲述了王尔碑母亲的一生。石头之谜最终得以解开。

母亲姓白，乳名秋莲，小时候面目清秀，性格又好，小朋友们都很喜欢她。白云秋是苦命之人，从小失去双亲，家境贫寒，全靠知书达礼的老祖母支撑门户。尽管家境萧条，祖母深知读书的重要性，孙女刚满7岁就把她送到学校。邻家一个姓邓排行老五的男孩，对云秋格外关心，每次上学都要经过云秋家，带她一起上学。云秋满12岁那一年，老祖母就不许她上学了，也不许她和邓五哥接近，因为按那个时代的规矩，女孩12岁留头（蓄长发），意味着童年结束，妇女生涯开始，就得遵守妇道。若与男青年来往，会被视为有伤风化。谁也没有想到，突然而来的隔绝，竟使他俩产生了朦胧的爱情。邓五哥16岁那年，忽然心血来潮，托了一个媒人到白家去求亲。老祖母听后很生气，放出一句话："白家的女子非功名富贵不嫁。"得知消息的第二天，邓五哥便背起书箱，到三百里之外的草堂书院攻书去了。他立志学成归来，再提这门亲事。3年后他取得功名回到故乡。谁知，他的小云妹已被王举人的花轿抬走了。一气之下，他烧毁了四书五经，打碎了笔墨砚台，独自到异乡漂泊去了。

那时，王用辑已年过五旬，第一位夫人早亡，第二位夫人虽也是名门闺秀，但性情古怪，他便名正言顺要再娶，打听到白家女子人才好、贤淑端庄，便以重金邀媒人去说亲。17岁的云秋宁死不嫁，她心中只有邓五哥。老祖母为了全家的生计，没有别的选择，只好接受聘礼。白云秋像一头羔羊，被人拖上花轿，抬进王举人的深宅大院。白云秋到王家后，终日以泪洗面，真想一死了之。王用辑怕她轻生，听从女儿们的建议，让云秋与她们一起到后花园的书馆读书，这才使云秋的心情有些许安慰。但这一切都无法消除她对邓五哥的思念之情。有一年的中秋之夜，她鼓着勇气把她为何苦闷的实情给王用辑讲了。她没有想到丈夫竟同情她的遭遇。他安慰云秋："事到如今，一切都晚了。你看这样好不，我立即派人去寻找邓五哥，千方百计找到他。他有才华，我不会让他埋没，给他找个好差使，再给他物色一位贤淑的妻子，将来再让两家的儿女结亲……"未等王用辑说完，白云秋已泪流满面，她第一次抬起头来正视自己的丈夫，第一次对王举人有了感恩之情。

正当白云秋满怀希望，日夜等待邓五哥的消息之时，王用辑突发脑溢血溘然长逝。那时，她只有25岁。后来，她收到邓五哥的信，希望两人重修旧好，永结同心。但终因封建礼教的枷锁和家族的反对，他们无法结合在一起。她的面前只有一条路：做王举人贞节的未亡人。那块石头是她和邓五哥在河边玩耍时捡拾的，是他们秘密的定情之物，每人各有一块。她一直珍藏着这块石头。石上的每一个斑纹都在诉说她的童年、她的梦想、她的思念、她的寄托。白云秋40岁时抑郁而死。死后的第十年，乡间传说着一件怪事：那天不是清明节，她的坟上却点起一排红烛。坟前还种了一排小竹子。而她的儿女都不在家。给她上坟的是谁呢？人们有各种猜测。但他们谁也没有猜到，那神秘的上坟的人就是邓五哥。给白云秋上坟的第二年，邓五哥去世。人们在他留下的遗物里发现了一块石头。

我们在言情小说中读到过类似的故事，但都会认为那是作家们虚构的，没想到，生活本身竟如此充满传奇。王尔碑说，曾有人把她母亲的故事写成电影剧本，但因功力不够未能成功。关于母亲的影响，王尔碑有过一段自白："我的母亲名叫白云秋——一个安于平凡的人，出身寒微，善良，正直，初识文字，却又富于想象。她给我最初的家教，就是让我懂得她为什么要同情弱者和不幸者。可以断言，我的性格和作品中都印着她的影子。"

五、两个创作高潮

王尔碑生在书香之家，从小即养成读书的习惯。青少年时代，她读了许多书。她说，她最大的享受，就是在青灯之下静静读书。她喜欢古典文学，尤其喜欢李白、李清照、苏东坡、刘禹锡、周邦彦的诗文。不仅仅满足于读，许多诗文她都能背诵。这个习惯一直延续下来。"文革"中大家没事干，她在夜深人静之时一句一句地背诵白居易的《琵琶行》，如饮甘泉。她也读小说。她喜欢古典小说《花月痕》，因为里面的诗词很漂亮。她以背诵书里面的诗词为快乐，边背边哭。她还读过大量的外国文学作品，包括屠格涅夫、契诃夫几乎所有的作品。她读名著喜欢对号入座，读了《牛虻》，认为自己就是琼玛；读了巴金的小说，也认为自己是书中的某个人物。英国的童话书《玫瑰与指环》给了她极大的安慰，也开启了她的作家梦。她有一个好朋友名叫夏小雨，后来做了报社记者。她们两个都属于浪漫型，都很狂妄，喝白干酒，以"杜甫李白""雪莱拜伦"自称，一个若"枕戈"，另一个就"待旦"，都喜欢拼命读书。一个同学热爱新诗，抄了厚厚一本，里边有艾青、田间、绿原、彭燕郊的诗。读过这个手抄本，王尔碑便爱上了新诗。在此之前，她只喜爱古诗。她不喜欢数学，上数学课时看小说，数学成绩自然不好，曾交过白卷，为此她特向数学老师道歉。没想到数学老师还表扬了她，说"这个学生有个性，这是一张纯洁的白卷"。除此，她的政治课也总是不及格。因偏科，高中阶段曾降过一级。但她也有值得自豪之处：她的古文好是全班出了名的。全班同学的小传，几乎都是由她代写。

她在高中时期已经开始发表作品。笔名除"海涛"外，还用过"DDT"（灭臭虫药）、"浮草"、"王念秋"（怀念母亲）、"非非"等，用得最多的是"王尔碑"。1947至1948年是她创作的第一个井喷期，她发表了数量可观的诗歌和散文，代表作有《无题》《夜》《长夜》等。她也写散文诗，发表过《海与梦》《雾与歌》《浮云》《新生记》《卖火柴的女人》等。这些作品发表后，很快引起关注，曾听到有人议论："王尔碑大概是个老头子吧？"老诗人古牧丁访问她："你是否读过惠特曼的《草叶集》？"她回答："没看过。"令老诗人不解的是，对王尔碑创作影响最大的不是诗，而是小说，是《悲惨世界》《卡斯特桥市长》等小说。当然，不可否认，这些回荡着血与火的时代之声的短章，显然有艾青、田间等七月诗派诗人潜移默化的影响。

她借鉴茅盾《腐蚀》的写法，写了一组日记体散文《拾到的日记》（实际都是作者原创），其中有一段："腊月卅一，非洲大森林，黑人黑乌鸦。此梦预兆不祥，从即日起断交。"这是愚人节写的。本意是开玩笑，不料阅者信以为真。"杜丘"看后，脸色苍白，大病了一场。得知真相后，两人的感情反而更加深厚了。

她在重庆南林学院外文系英语专业读过一年。那是由军阀办的私立大学，当时教她外国文学的教师是方敬先生。她参加过学生运动和地下革命，也因此而逃难与流浪过。国民党到处抓人。一个雨夜，共青团书记告诉她，天明后必须离开学校。被同学们戏称为"三铁"（铁手、铁嘴、铁脚）的王尔碑开始了她的流浪生涯。身上没有分文，如何渡河？恰巧遇到一位中文系的女同学为她解了难。渡河之后她投靠亲友，先后到泸州和江安。因为铁嘴说话无遮掩，引起麻烦，遭遇查户口。她徒步来到长宁，在一个贵族之家躲过一劫。听说重庆解放，她便满怀欣喜地回到南林学院。一位老诗人告诉她："你们不该回来！天明前是最黑暗的，国民党会抓人。"她只好继续流浪。这段生活为王尔碑的第一个创作高潮作了注脚。

南林学院快解放时停办了。王尔碑接着考取北京新闻学校，1951年毕业，分配到南充地区《川北日报》当编辑，后调入《四川日报》编副刊，直至退休。她是一个恪尽职守的职业编辑，不吝汗水的浇花人，选发过许多无名作者的佳作。35年的编辑生涯，经历了多次政治运动，也让她尝遍了人生的酸甜苦辣。

1957年，有人通知她说，可以入党了。她写了一万多字的检查，汇报自己的真实思想：不爱看苏联电影，爱看法国电影。"大鸣大放"开始，入党的事自然推迟。领导让她去采访"党能不能领导文艺"，并将其采访文章刊登在报纸头版。当她沉浸在激动之中时，领导找她谈话。她原以为会受到表扬，哪想会大祸临头？一个单纯的诗人，不知道反右派斗争已经开始，更没想到，她已成了"引蛇出洞"的"蛇"！很多人见面不再说话。开大会时，有人高呼："让王婉容站起来，交代问题！"接着，便有了在茶园写检查的经历。一位领导找她谈话，说她是学生出身，所犯错误按人民内部矛盾处理，只划个"中右"，不戴（右派）帽子，下乡当农民劳动一年。一年间，她上午劳动，下午给民办小学上课。她还当过医生，背着药箱下乡给农民看病。

"文革"时期，像许许多多的作家一样，王尔碑的创作进入低潮。她很多本珍贵的日记被一个好心的朋友付之一炬，其中有一本与高中女友李白英的对话录《白笛儿与埃堤儿的对话》，让她尤为惋惜。两人对话的地点在成都一家紫罗兰茶厅，她们不屑于把声音留在这个地方，就把心灵的对话每人一段相互写在一个本子上。

王尔碑的第一部诗集《美的呼唤》，1983年5月出版，收诗69首，其中有一组1946至1949年间的作品《长夜里的歌》。《南河》是王尔碑影响最大的作品，曾选入纪念新中国成立30周年的《诗选（1949—1979）》等多种选本。诗集出版后广受好评。评论家钟文在《一片天蓝色的翎羽》一文中写道："王尔碑是一位似乎没有惊人的表现，多少年来耐于冷冷清清，但又堪称为诗人的诗人。这个'堪称'的凭证是：她一直追求着创造，她的诗是她的碑。从生活走向诗的道路上，她不喜欢作炫人的喧哗，只是执着地追求着美，用自己的色泽、自己的音响、自己的情怀、自己的发现去表现生活的美、艺术的美。创造的路有时是寂寞的，但对创造者来说最终是公正的。"

她的第一部散文诗集《行云集》，1984年10月出版，收散文诗88章。较之她的抒情小诗，她的散文诗特色更突出，取材也更加广阔，在大自然的草木鸟兽间蕴含着社会人生的哲理，在人情世态的描绘里交融着大自然的清新与和谐。风格未变：依旧以凝练纯净之笔，写出含蓄深沉之境，诗味更加浓郁，也更加耐人品味。其中的《遥寄》《树》《行云》《云》《给乐山大佛》等篇，被多家选本收入、点评。诗评家吕进这样评论："云，是王尔碑散文诗的常见主题。'夏日厚重的云，在蓝天的石壁上，塑造它自己的维纳斯'，王尔碑这样唱道。云的意象体现了这位女诗人的美学。她的诗章，正像洁白的云朵：柔和而纯净。"（《洁白的云朵——王尔碑散文诗谈片》）虽然赞誉不断，但她对其中的一些作品仍感欠佳，曾用笔名"方笑云"写文章自嘲。《行云集》中收录的以散文诗的形式写就的散文诗论道出了散文诗的精髓："我以小溪流的语言，对春天述说我的爱，对一切美和力述说我的信仰。""是的，我跟着散文去了，无论走到哪儿，我终究属于诗。不做诗的叛逆，永远。"

1979至1988年是她创作的第二个高潮。前两本集子出版10年之后，她又于1994年10月和12月分别出版了散文诗集《寒溪的路》和诗集《影子》。20世纪90年代，她的散文诗进入探索期，不仅艺术手法更加多样，题材亦更显严肃。从书名也可看出明显的变化：从云间降落到大地，从梦境跳跃到现实。她将自然、历史与现实生活的场景熔于一炉，并赋予它们精神的属性。耿林莽先生热情地肯定了王尔碑的探索："从'行云'到'寒溪'的路如何走过来的，甘苦寸心知。这里有时代背景，有诗人的良知与责任感，有散文诗文体发展的需要，也有诗人自身美学追求艺术求精艰苦创造精神的推动。"（《寒溪路上：深沉的足印》）为人称道的作品有《石屋》《寒溪的路》《父亲》《红蜻蜓》《丑石》《古瓶》《女人和蜘蛛》《蝴蝶泉》《鸟会》等。

小诗深受王尔碑的偏爱，也最能体现她"做减法"的艺术法则。《影子》所收多为小诗，其中有不少耐人回味的珍品，如《墓碑》《山寺》《散步》《影子》《所有的》等。《墓碑》只有三行，读之难忘，灵感也许来自诗人自己的名字："葬你／于心之一隅／我就是你的墓碑了。"《山寺》也只有三行，内涵却十分丰富，写活了三个人物，像一篇绝妙的微型小说："陈妙常换上迷你裙下山去了／敬香者的热泪打湿了蒲团／弥勒佛一笑置之。"艺术空间很大，充满张力，其中的故事任你去作无尽的联想。

王幅明夫妇与王尔碑（1994年）

她习惯于在夜晚全家人都休息之后写作。夜深人静，是她的思维最活跃的时间，兴奋时能写到凌晨三四点。她在入睡之前必读几页书。一天不读书，她就会感到心慌。有时，书中的一句话或几个字会引发她的灵感；有时，灵感则来自与朋友的聊天之中。灵感到来时，她会随时在纸片上记下几句，随后再补充成篇。她从不追求高产。她认为，高产对诗人未必是好事。她对作品采取随遇而安的超然态度，不作刻意追求。她渴望每一篇新作都是一个新的生命的诞生。她尝试用多种形式、多种手法去写，包括荒诞的、魔幻的手法。如果说她前期的作品多追求空灵的抒情，晚年则更多采用客观的冷峻的戏剧性样式，去表达对历史和哲学的思考。她关注并经常阅读当代散文诗作家的作品，从中汲取新的信息。耿林莽、许淇、李耕几位大家，是她重点研读的对象，常通过书信交流创作心得。她喜欢读有思想深度、时代感强又有艺术容量的佳作，讨厌感情虚假、轻飘飘或太露、太艳的作品。她反对"玩散文诗"的说法。"文如其人"一词在她身上得到了最有说服力的体现。是啊，一个真诚严肃的诗人，用生命写作的诗人，其美学追求必然有其相应的高度，怎能容忍虚假与矫情！

我请她留言，她写了短诗《所有的》：

所有的生命不能注释

所有的形容词都是陷阱

所有的精巧意味着艺术的自杀

所有的魅力消逝于灵魂的黄昏

所有的名声后面站着一个问号

所有的高峰给你留下遗憾

所有的流星变成青色白色的鸟儿

所有的大树在风暴中拒绝沉沦

几乎是不假思索一口气写出。可见，她的每一句诗，都是用她的心血孕育而成，都牢牢地存留在记忆深处。这是一首有巨大思想和艺术容量的佳作，每一句都能让人品味良久，都可视为人生的箴言。

六、惜墨如金

2003年，我收到她寄赠的《王尔碑诗选》。该书所选依然多为小诗。她在"后记"中说："回望学诗六十年，断断续续，缥缥缈缈，恍若一梦。大梦于今未醒，偶与缪斯女神不期而遇，她说：'你的时间不多了，编一本小诗选，留个纪念吧。'于是，便有这本小书问世。""诗无极。诗路无极。趁夕阳正好，我想再走一程。"

2006年10月8日，中外散文诗学会成立大会暨第一届理事会在成都双流召开。时隔11年之久，我与王尔碑又见面了。会议盛况空前，全国各地及海外华人作家代表100多人与会。会议经过充分酝酿讨论，投票选举产生出主席、副主席、主席团委员和理事。海梦和夏马当选为主席，王尔碑被大会聘为名誉副主席。会议气氛热烈、民主、和谐。会议期间，代表们还参观了驰名中外的三星堆博物馆，发表了《三星堆宣言》，举行了别开生面的走近三星堆的签名仪式。

王尔碑提出请我喝茶，因为会议在较偏僻的毛家湾体育训练基地召开，内有一家茶社，但晚上不营业，只好作罢。想起13年前的江边茶园聚会，颇多感慨。当时的7人能再一次聚会该多好啊，可现在只有我们两人参会，真应了一句古语"天下没有不散的宴席"。更令人感到遗憾的是，那位身健如牛的军旅诗人纪鹏因病已于两个月前乘鹤西去，缅怀之情不禁油然而生。她提起女诗人谢晓铃："已失去联系多年，听说她已不写散文诗了，令人惋惜。"她赠我《南河》的手稿。我请她留言，她写下小诗《观我》："人生五分钟／一分钟看月亮／三分钟看雾／最后一分钟，夕阳来了。"小诗精致且内涵丰富，但不免有几分感伤。"五分钟"喻示人生短暂——看月亮的浪漫时光只占"一分钟"，人生最宝贵的"三分钟"却在云雾中度过，最后"一分钟"：夕阳无限好，只是近黄昏！何止是她一人的感悟，我相信她的同时代人都会有此共鸣。

2007年11月11日，纪念中国散文诗90年颁奖会暨研讨会在北京中国现代文学馆隆重举行。王尔碑荣获"中国当代优秀散文诗作家"奖。遗憾的是，她未能到场领奖，与大家一起分享喜悦。同时首发的《中国散文诗90年（1918—2007）》一书收有她写于新世纪的新作10余章，我在该书的导言中有一段介绍王尔碑的话："王尔碑，一位年过八旬的女诗人。从她的作品中丝毫感觉不到一个'老'字，她有不老的童心、诗心。著有散文诗集《行云集》《寒溪的路》。作品虽然不多，但都短小精致，深蕴诗情，篇篇珠玑。她是一个一生都在做减法的诗人，是惜墨如金的典范。"她在收到样书后致我的短信中对这段评语表示感谢。

2008年11月，王尔碑的第三部散文诗集《瞬间》出版。除精选《行云集》《寒溪的路》及《云溪笔记》（散文集，2000年出版，收有少量散文诗）中的佳作，又收了不少新作，是她散文诗创作的最完整的选本。书的附录还收入她数十幅珍贵的生活照片及有关评论和访谈，既让读者感到亲切，也为学习者、研究者提供了方便。她这样谈她诗风的变化："早期的诗……主观抒情，尽管有的诗真情动人，但有一览无余的遗憾。20世纪90年代初，我与人合编出版《小诗百家点评》，读了大量现当代的小诗佳作，很喜欢。后又受孔孚诗和孔孚诗论的影响，特别牢记他对我的诗教：'平常心，家常话，而又深不可测，方为至境。'因此诗风有些变化。我学习孔孚诗的淡出、简出、空灵，一叶隐现宇宙，或在一首诗中不蕴含什么的纯艺术品，等等。"关于散文诗，她这样表述："散文诗——我心中的东方美神、小小的白玉观音。她的美目凝情于大地；她的心灵、意态，自然露出洁白；她的头上戴着一个纯蓝的天空，那里，有飞鸟，有白云无尽的幻想，有人类思想的钻石，有星星们神秘的眼睛……我捧着她，捧着一个神圣的梦，生怕不小心会打碎她。因此，我走得很慢，写得很少，创作于我，只是偶然。"

读过全书，似觉有一小小的遗憾，即59则的《遐想录》没有入选，当年发表在《散文》上，曾收入《云溪笔记》。这是一组可以与泰戈尔的《飞鸟集》和纪伯伦《沙与沫》相媲美的哲理散文诗。她对大自然一花一鸟的诗意遐思，折射出的，全是智慧的闪光。试举几例：

叶的心上有皱纹，也有海图。

星辰因相似而暗淡。

幸运是一个扮作天使的魔鬼。它诱惑我走向平庸。

燕子，不在黄金的屋宇筑巢。

鹤坐在山顶沉思：所有的惊奇都在路上。

黄昏星懂得距离的美学，整个夜晚，它远远地守望月亮。

哲理蕴含在形象里，靠读者在审美之中思而得之。

王尔碑是一个在诗中生活的人。她的人生有欢乐和幸福，也不乏残缺和苦难，但它们一旦进入她的诗，便成为另一种形态。她是诗神虔诚的信徒。诗使她丰富而高贵，诗使她充满爱心，诗使她永葆童心，诗使她将苦难变为财富。渴望还能有机会与这位只做减法的诗人相聚，再听她摆龙门阵，留下更多美好的记忆。

（原载《时代报告》2011年第8期，《诗歌月刊》2011年第11期）

李耕
（1928— ）
诗人

李耕：耕耘者，爇火者

一、造访"半瞎堂"主人

与李耕先生神交已久，多次通信、通电话，但一直无缘相见。机会终于来了。2009年8月下旬，单位组织红色旅游，先到井冈山，然后到南昌。在南昌仅有的一个夜晚，我和夫人一起去拜访了李耕。

本来不远的路，因为不熟悉，用了半个多小时才找到。到省文联大门口时，罗丁陪同母亲已在等候。罗丁自我介绍，说父亲怕不好找，特让母亲来迎接。说完，他还有事要办，先走了。老太太领我们走到2栋楼4单元的楼道口，李耕已在楼下等我们了。我们一个台阶一个台阶走向四层。门开着，老太太领我们去客厅，李耕说："还是到我的书房吧，里面有空调，会凉快一些。"

一间极其简朴的书房。书柜、桌子和藤椅都很陈旧。书柜里有一个相框，里面有李耕年轻时和妻子的照片。墙上悬挂着一幅已过世的老书家送给李耕的楹联书法，笔力遒劲。还有一幅是李耕治印。他解释说，年轻时受李白凤的影响，喜欢刻印。近年眼力不好，早已停刻。书斋原名"瓢斋"，因眼力不济，一只眼失明，另一只眼视力微弱，即改称"半瞎堂"。他笑称，同一间书房，不同的名称只是代表不同的阶段。我们没有预定的话题，但总是离不开他的经历、他的家庭、他的创作。

他对耿林莽称他为当代散文诗大家颇感不安。他认为他未做到，才学和身体都使他很难再超越自己。他已经出版了7本散文诗集。编好而尚未出版的是《疲倦的风》。他说："根据我的身体状况，不可能再写东西了。从第一本《不眠的雨》，到最后一本《疲倦的风》，恰恰是我失去自由的时间。"他1958年被错划为右派，1978年平反，整整21个年头。

提起右派生涯，他苦笑着说："工人家庭出身，又当过工人，竟被认为反党，打成右派，仅仅因为几句话和一篇文章。现在看，我那时的观点大都是对的。还好，虽然打成极右，但还没有剥夺我劳动的权利。"

他感到最对不住的是他的妻子。解放初期，李耕在基层从事过短时间的行政工作，他妻子当时是同单位的同事。共同的志趣和对未来相似的憧憬，让他们产生了相互爱慕之心并结为伴侣。

但好景不长。突如其来的灾难降临在李耕身上，妻子无悔地跟着丈夫受苦，关心他，帮助他，给他顽强生活下去的信心和温暖。那是一段漫长的岁月。妻子的爱对于李耕，犹如无价的珍宝。他回忆起妻子在"文革"期间为他沿街拾烟蒂的感人经历。那时他抽烟，既无钱买烟，又无烟可买。妻子为满足丈夫的嗜好，只好用这种方式，把别人吸剩的烟蒂捡拾后剥出烟丝，再自制成卷烟。而正因有这样一段含泪的传奇经历，李耕以后坚决不再抽烟。上海诗人黎焕颐曾以此为题材，写出著名散文诗《烟蒂》。

说起四个子女，李耕如数家珍。子女都很争气，也很孝顺，这使他晚年备感欣慰。罗丁也写散文诗，曾出过散文诗集，现在广州一家杂志社当社长，因工作忙，创作已中断。似乎没有一个子女继承他的文学事业，也都不在他身边。2007年11月，北京中国现代文学馆举行纪念中国散文诗90年颁奖会，他因身体虚弱不能到会，是在武汉工作的女婿代他出席，代他领取"中国散文诗终生艺术成就奖"这个实至名归的大奖。

李耕原名罗的。为何用笔名李耕？我没有问。但我猜想一定与耕耘有关，也许是"犁耕"的谐音。李耕早年曾用多个笔名，后来，只留下"李耕"一个。李耕是一位耕耘者，一位不知疲倦的耕耘者。在与他同龄的一代人中，他创作的散文诗数量可能是最多的，有数千章。他所有散文诗集中的作品，又都是不重复的。他不仅仅是耕耘者，同时还是为数不多的坚守者、攀登者：坚守数十年，从不间断，主要用散文诗这一文体创作。

他的书柜里放着一册《野草》，他时常翻看。他说，每看一遍都会有不同的感受。他认为孔子的"学而时习之"，应当理解为每读一次都会有不同的理解，所以"不亦说乎"。

对散文诗，他寄希望于中青年一代。"散文诗要让世人承认，必须要出大作家、大作品。散文诗应该写得深刻一些。应该把《巴黎的忧郁》《吉檀迦利》和《野草》当做起点，不应当把它们扔在一边。"

10点多了。在交谈将近两小时后，我们起身告辞。李耕坚持要送我们下楼，我们多次恳求不让他送，他才止步。

二、战歌、牧歌

　　李耕 1928 年出生于南昌市，文学生涯起始于 20 世纪 40 年代中期。他的青少年时代是在颠沛流离中度过的。因为贫困，他没有更多的机会读书，一个小学毕业生就必须面对社会这本严峻的大书。他当过报童、汽车修配工、粮库临时雇员等，这些经历日后都成为他了解社会、了解劳苦大众和进行文学创作的宝贵财富。由于天资聪慧，年仅 15 岁的他便写出《乡愁》诗，并由自己谱曲，刊登在《艺锋》周刊上。他 18 岁开始新诗创作，以"巴岸"为笔名连续在《民锋日报》副刊《春雷》上发表，共有 30 余首。这些诗都很短小，注重意境，多写民生的艰辛和对光明自由生活的向往。由于读了一些中外名著，接触了进步作家，他当时颇受进步的"普罗文学"影响，诗风趋向大众。后来，他又在《中国新报》和《青年报》的副刊上发表了数量可观的诗作。1947 年秋天，他与作家彭荆风共同创办牧野文艺社，并主持《牧野》文学旬刊。因刊物发表进步作品，为当局所不容，出版十几期后便被迫停刊。1948 年他又与诗人张自旗组织荆棘社，编辑地下文丛《人民的旗》。他主编的《民锋日报》文艺副刊《每周文艺》在当时颇有影响，但也以同样原因被迫停刊。在终刊号上，李耕发表了散文诗《告别——〈每周文艺〉终刊》，以象征的手法抒发了他对停刊的愤怒和对光明未来的渴望。

　　2007 年，李耕提议，与有 60 年友谊的两个同乡诗友张自旗和矛舍合出一本三人诗集《老树三叶》。这是一部别具特色、浸透着岁月沧桑又放射出生命光辉的诗集。三人在 60 年前就有共同的文学追求，命运之神又都在 50 年前给他们开了一个苦涩的玩笑。三人都是年届八旬的老人，文学情结亦如年轻时的痴情，多么令人羡慕！老树不仅抽出新叶，还绽放出花朵，散发着诱人的芳香！这本诗集让我们有机会读到李耕先生的早期作品。他在《后记》中称自己一生的诗创作先后经历了"战歌、牧歌、苦歌"的嬗变。这是李耕区别于其他诗人的特有的"三段式"。

　　他在新中国成立前的创作，总的基调可以用"战歌"来界定，代表作有《路·桥》《沉默》《诗人，你变节了》《黑色的笑》《我是来自严冬的》《告别》《青春书简》等。

　　《沉默》写于 1947 年闻一多遇害一周年之际。当时，正是黎明前最黑暗的时期，革命者只能用"沉默"作为武器："坚韧的沉默开一朵战斗之花 / 战斗者在沉默中锤炼自己的不屈 / 怯懦已在沉默的牙齿上嚼得粉碎了 / 沉默是桥让沉默者走向战斗

李耕在南昌

的彼岸"——这是"于无声处听惊雷"的沉默,是激励人心的冲锋号角。诗人确信黑暗只是暂时的,光明就在眼前:"太阳中的黑点,在被火焰围困/曙光的笑声/升华起大面积的明朗与喜悦//黑的,终会被迫走入黑的地狱/欣慰的笑/扩大成星的世纪……"(《黑色的笑》)

李耕深情歌颂那些用一腔热血写出最壮丽诗篇的诗人:"以自己的血染红一方火焰的诗人/为人之生存呼喊嘶哑了喉咙的诗人""二十世纪黑暗中光明的卫士/有着斯巴达人的悲壮与果敢的卫士/将生命融于诗又融入神圣黄土的卫士"(《歌唱你诗人——悼李满江》);他怒斥那些患了软骨病的无耻文人:"你的目光/恋上金环蛇的齿/你,在法西斯暴徒的胯下/鞭笞良善的庶民/高傲的灵魂/被官爵之诱压碎/洪亮的歌/被金币的沉重塞哑……"(《诗人,你变节了》)《路·桥》是献给那些革命先行者的:"长长的路/谁是路的开拓者/这弯曲的路 这瘦骨嶙峋的路/让人缅怀 背影佝偻的筑路人//短短的桥/谁是桥的建造者/路 河边断了/桥 路的又一起点……"

李耕称他的诗为"泥土诗篇"。《一篇在牛粪边捡到的诗》可视为他诗创作的宣言,头三节的起首句分别是"我是伴泥土/生根于泥土的诗人""我是个/在牛粪边劳作的诗人""我是个,扶犁耙/写诗的诗人",最后一节是:"我的诗,播种在/有泥土的地方/善良人的心里。"这首诗可以为李耕所有的作品作注。他是一个有泥土情结的诗人。这缘于他是一个出身于社会底层的苦孩子,年纪轻轻就遍尝人间苦果,接触到进步作品和进步作家,形成进步的人生观和创作观。之后20年的炼狱生涯,又使他再一次身处底层,彻底与泥土为伍。复出之后他一直保持本色不变。

50年代和自70年代后期至80年代前期,是李耕的"牧歌"时期。

上饶于1949年5月解放。李耕参加报纸的复刊工作并担任副刊编辑。之后,他参加工作团奔赴农村,写了不少农村题材的作品,陆续在《人民日报》《人民文学》《大公报》《星星》等数十种报刊发表,形成他激情澎湃的创作高潮。正当他的诗集列入中国青年出版社、江西人民出版社的出书计划时,一场突如其来的厄运降临了。因短文《文苑走笔》和几首小诗,他被打成极右分子,被发配到赣北血吸虫病重灾区劳动。在十年的苦劳力生涯中，他两次感染血吸虫病，两次摔断左腿，在小煤窑挖煤时又险些丧命。接下来十年的教师生涯正值"文革"之中，他身历世态炎凉，目睹种种变形的人生。然而，作为一个文学细胞已深入骨髓的诗人，"虽九死其犹未悔"，他对诗歌的热爱始终不曾改变。一旦有了适宜的土壤，这颗种子很快就会破土、发芽。在改正右派复出后的十年间，李耕发表了大量的作品，且以散文诗作为最主要的创作形式，先后结集出版的有《不眠的雨》(1986)、《梦的旅行》(1987)、《没有帆的船》(1990)、《粗弦上的颤音》(1994)。这些作品发表和出版后受到读者广泛关注和好评。后来，李耕在一篇文章中说："遗憾的是，上述著作，由于难摒弃种种潮流形成的自我栅栏，时过境迁，难免会使自己脸红为后人所诟病。"(《不可选择的选择》)这段话与耿林莽先生所言异曲同工。他们有一个共同点：勇敢地否定自己，勇敢地超越自己。像一个登山者，最高处是最难的，可他们都在晚年登上了散文诗的巅峰。

应该历史地看待李耕称之为"牧歌"时期的作品。50年代是一个牧歌时代，那时的散文诗大多都有"短笛"和"叶笛"的音调。即使如此，李耕的一些作品也难逃受批判的命运。他复出后的一段时期，也是一个牧歌时代。当时大多数的散文诗，承袭了五六十年代的风格，在思想性和艺术表现上，都较单薄。这也是一个大浪淘沙的时代。一些人不思进取，或满足于一时的虚荣，或选择官场商场另谋出路。最终突围的是一些坚守者和不懈的耕耘者、攀登者。

80年代后期，"牧歌"的基调已在改变。那个时期李耕的代表作有《生命的回音》《梦的旅行》《长城·骆驼》《猎》《太阳从山峰间升起》《暴风雨中的独奏》《粗弦上的颤音》等。这些作品由明朗趋向深沉，表现手法上多用象征和隐喻，以传递诗人在生活中难以言表的复杂感受。

三、苦歌

新世纪以来，李耕又出版了四部散文诗集：《燔火之音》(2001)、《暮雨之泗》(2003)、《无声的萤光》(2007)、《疲倦的风》(2011)。它们是李耕散文诗最有价值的部分，其艺术个性更加鲜明地突显出来。前三部作品写于80年代后期和90年代，《疲倦的风》收入的558章，则是从新世纪以来10年间的一千多章新作中选出的。它们大都属于"苦歌"类。

这几部作品有一些明显与众不同的特色。

其一，几乎全是成组出现，特别是后三部。一组几题，或数十题。这说明诗人对所表现领域切入之深，不仅仅是一个横断面，而是多侧面，呈辐射状。如，《酒之谣曲》包括"老酒一壶""酒鬼印象""酒的广告"三题，这是最少的；《鸟的感觉》包括"鸟的感觉""烛光""梦""记忆的角落"等70题（《暮雨之泗》）。

其二，题材极为广泛，几乎包括了自然界的万事万物。我们常常说的一个词是"重大题材"，而这样的题材在李耕晚年的作品中几乎找不到。他写草、木、鱼、虫，写一些常常被作家诗人们遗忘的小东西，可读者读后并不认为这是小题材。较之一些年轻诗人小草小花的

李耕为王幅明题词

抒情之作，李耕晚年的作品则大异其趣。

在农村长大的孩子，无人不知蝈蝈。蝈蝈也许会常常进入儿童的谣曲，可李耕写的《蝈蝈》不是一般的童话，而是供成人阅读的童话：

> 蝈蝈的声音，有泥土的光泽；蝈蝈的翅翼，有玉米叶的摇曳的绿；蝈蝈的梦，一碗米伴几片辣椒与酸萝卜；蝈蝈的天空，湛蓝湛蓝；蝈蝈的思绪，是炊烟的袅袅，是丝瓜藤蔓的缠绕，是山溪的弯弯曲曲，是木槿篱墙的缱绻与思恋。
>
> 蝈蝈，被一种诱惑笼络，装进了一种感情的笼子。笼子极小，逼仄得只剩四面狭小的栅栏的墙。
>
> 蝈蝈被掳进了城市的高墙。清脆的声韵开始时还很明亮，和目光一起轻击在有色的玻璃窗上。
>
> 蝈蝈不习惯四面皆墙的生活。蝈蝈常缅怀自己的田园往事，却找不到一个同语言的人。

蝈蝈原是想用自己的歌声来征服和包围城市的，结果是自己被市尘世俗征服得精疲力竭。

蝈蝈不久便嘶哑了喉咙，骨骼枯瘦，干瘪瘪若一片枯叶蜷缩在笼子里。

蝈蝈被主人遗弃，从高楼随夜的冷风掷下。

蝈蝈上了晚报的头条新闻：蝈蝈，跳楼自杀了！

蝈蝈是我的隔壁邻居，它最后的一声唱，是它自己忧伤的挽歌。

蝈蝈的挽歌，我只听清了一句：生命，真的诚可贵吗？

——选自《疲倦的风》

诗人写的既是蝈蝈，又不是蝈蝈。他是写与蝈蝈有同样命运的生命体，字里行间浸透着诗人悲天悯人的大爱情怀。又如写鱼的悲剧三题：

悲鱼

靠近钓钩，靠近的便是死亡。饵，是一种圈套，世上，绝无无诱惑的圈套。

被钓起时，鱼儿没有哭泣。不是不会哭泣或不知道哭泣，而是它离开水面悬起而"提升"时，以为自己是在"跳龙门"了。

又悲鱼

被网之鱼，放入水面养之，此刻的鱼，兴奋得屡屡失眠：自由了，自由了！

只有佛，感觉到鱼悲哀的沉重。

再悲鱼

在死亡面前，鱼，一声不吭。

被网时，它想的也许是：让我活。出售时，它想的也许是：让我活。被购入篮而提进厨房，它想的也许是：让我活。

岂知，等着它的，是去鳞剖腹，油煎红烧，然后让人用嘴咬之嚼之啖之吞之，然后评议之。

鱼，无言。

一切都进行在默默之中。

——选自《疲倦的风》

是鱼,又不是鱼。这种独特的观察和表现的视角,与作者的阅历和多种修养有关。没有一定生活阅历的人很难读懂这样的作品,它会使我们联想到沉重的社会现实。

其三,语言率意、简洁。李耕的作品是惜墨如金的典范。他的散文诗大都很短小,很少有上千字的,通常只有三五百字,不少作品只有一二百字,甚至只有几句话。如:

风

将我御寒的帽吹落,雪与沙,洒满我被冻僵且皲裂的头颅。在一个初露曙光的日子里,又将人的尊严吹回我的头顶。

怕再得罪风,

将感谢说在嘴上,将疑虑与某些苦楚埋入回忆。

暮

黄昏夕照,让(暗黑的)地狱之忆沉沦于渊。

看云飘,看鸟飞,

看星光在说太阳的明天。

鸟

天空中的鸟是鸟,鸟笼中的鸟也是鸟,只有飞在天空中的鸟,才是自由的鸟。

(天空空空,空空之空,非空也)

——选自《疲倦的风》

短得不能再短。意境却挥之不去,长而又长。

李耕的用语都很率意,毫无雕琢的痕迹。这是大家手笔,正像苏东坡所云,"无意于佳乃佳"。他用的不是通常的白话书面语,有时还夹杂几个文言,产生些微的"离间"效果,给人一种别样的美感。

其四,天人合一的哲学境界。这是散文诗的最高境界。在中国古代的思想家中,李耕最喜爱老庄。他曾在一首绝句中写道:"半点夕阳梦半枯,岁月半瞎半糊涂。留有半些余光在,读懂李耳半本书。"老庄的哲学已进入他的血液,流淌在他的字里行间。诗人的题材没有禁区。大自然的一切景观天籁,都可入诗,但只有这些景观天籁与人的生命意识契合,才能产生既含蓄又使人共鸣的审美境界。

其五,悲剧色彩的底色是其主色调。这便是"苦歌"的由来。李耕说过,苦难对于作家，应视为财富。"楚怀王'重用'屈原，就不会有《离骚》；曹雪芹仍旧荒唐在'大观园'，就没有《红楼梦》。屈原、曹雪芹是被'苦难'造就的，而今日之散文诗界若有如此之'天才'而陷于权、钱之诱，当会是时代的遗憾。"（《关于散文诗——答赵宏兴问》）读过李耕《疲倦的风》等作品，我也有同样的感觉：是"苦难"成就了李耕。他是一个幸运者。可以设想，如果李耕没有几十年的苦难经历，会有这几部不同凡响的"苦歌"吗？当然，只有那些自觉把苦难当财富的有心人，苦难才会真正成为财富。他的诗风渗入对苦难的体验、思考和对现实的拷问，表现出九死未悔的生命意识，给人以坚韧向上的启迪。这些作品依然属于泥土诗篇，对普天下芸芸众生给予深切关注和关怀，朴素的文字里有一颗温热高贵的心灵跳动。

宗白华题西周《大盂鼎》铭文拓片，曰"窥见了宇宙的神奇"。而今读李耕散文诗，亦有"窥见了宇宙的神奇"之感。这神奇包括两方面：一是外在的自然的宇宙，二是内在的宇宙，即内心的宇宙。

李耕的不少作品已进入化境。看似信手拈来，读之则余味无穷。非才、识、学、悟都达到一个相当的高度，很难进入到这种艺术的高境界。

四、欣慰与期待

2007年10月，李耕在病中得知自己荣获"中国散文诗终生艺术成就奖"，感慨万分。他没有想到，长期在寂寞中坚守的散文诗，竟迎来如此热烈的绽放。他以往一贯看淡名誉，不久前江西省文代会召开，他把专门留给他的名额让给了中青年作家。但他看重这次评奖，因为这是对他一生文学活动的首肯。因为身体原因无法出席，他特别委托女婿从武汉专程赴京，来到中国现代文学馆颁奖会场，代他领奖并宣读他《欣慰与期待》的获奖感言。

他说："中国散文诗发展进程的九十年，是若干次闪耀着峰的高度之亮点的九十年，其间，有过踟蹰、曲折甚至迷惘，但更多的是坚韧。几代人在散文诗疆域不断探求和开拓所叠积起的成果，当煌煌然进入现代与当代文学史。……无论是潇洒或者倦怠，无论是萧疏还是峥嵘，无论是背负蹉跎的遗憾或追求之激奋，都将无一例外地处身在时间的列车上。作为一个年已八旬的散文诗作者，所关注的，当是那些具有才华且又勤奋沉稳、能摒弃一切尘世诱惑的清醒的脚步。"他把希望寄托于清醒的后来人。

因工作关系，我与李耕有过十多封通信。从这些信件中，可以感知他晚年的生活状况、思想和心境及对后来人殷切的期待。在颁奖会后不久，我收到他一封既热忱鼓励又充满期待的信件：

王幅明先生：

大编《中国散文诗90年》及"证书"已妥收。谢谢！

您为中国散文诗在当代进程中的发展，做了一件极有意义的大事，至于您个人，当会因此而得到散文诗界的一种具有文学质感的尊敬。任何一种文学样式的文学史，所选择的，是一些将自己的全部精力（包括生命）无私地奉献给自己热爱的事业的人。

您还年轻。如果说"90年"是中国散文诗发展的一个点（小的驿站），向前跨出半步，便应该是又一个新的起点。望您继续努力。在散文诗的理论探究上，在散文诗的编辑与创作上，中国散文诗的"100年"，在等着您的微笑。

忽然想起应该给您写这封短信。

代向为《中国散文诗90年》大编付出辛劳的出版社诸位问好。谢谢了！

编安！

李耕

二〇〇七年，十一月，二十八日。病中，匆匆

纪念中国散文诗90年的系列颁奖活动，是由我策划并由河南文艺出版社具体承办的。其间又加上主编大型选本《中国散文诗90年》，其繁忙劳累可以想见。此活动受到了广泛的嘉许。而李耕用"具有文学质感的尊敬"这样的雅词给予表扬，尤令我感动。我为我力所能及地为中国散文诗的发展办了一件实事，又受到前辈的首肯而深感欣慰。

2010年，为集中展示获奖作家的创作成果，我策划了面向图书市场的"散文诗的星空"丛书。其中耿林莽、李耕、许淇三人为无偿出版，作者自愿购书，其他作者则需要购买几百本书，以减少出版社的风险。应许淇的要求，我为他们三人各写了一篇评论。他们不知，在社长的任上，哪有时间写这么长的评论文章啊。三人的评论，我是破例住在办公室，完全靠夜晚加班写出的。这件事同样得到了李耕先生的肯定。他在2010年12月2日的信上说：

今天上午收快件并认真拜读大评《李耕，不倦的耕耘者》。

评论的文字明晓、深刻、实在，尤实在于感情的实在，并具有您的一

种畅达的评论风格。我曾经向已不在世的陈良运说过：文学评论，应该文学。您的评论，是具有文学素质的评论。……

每一次通信，都会得到他真诚的鼓励。

五、爝火者

李耕不仅是作家，也是颇有成就的编辑家。年轻时代他就献身于革命的文艺出版事业。新中国成立后，他继续推进这一事业。错划右派改正后，他以前所未有的热情投身于文学期刊的编辑工作，为繁荣新诗和散文诗创作做出了突出的贡献。本职工作之余，他还参与主编了颇有影响的《十年散文诗选》《中外散文诗鉴赏大观·中国现代卷》。

李耕少有关于散文诗的长篇大论。他的散文诗观散见于一些序、跋、随笔和访谈录中，时有闪光的灼见。他有两段话有助于我们了解他的散文诗观及创作之根："散文诗，是一种独立的诗体，是诗的表达形式的别样，是诗从断行到不断行的从内而外的一种形式上的变异与诗形式的再造。""散文诗这种'不分行写作'的诗的表达形式，是20世纪二三十年代从国外'译来'而诱动这种诗格的不断发展的。中国古代虽无这种纯的散文诗的体格，却在诗词曲赋、散文小品及其他文典中存在众多的可供吸纳的'类散文诗'的文字。王国维曾在光绪三十二年（1906）《屈子文学之精神》一文中论及：'庄、列书中之某部分，即谓之散文诗，无不可也。'如鲁迅等诸多前辈诗人作家的散文诗作品中，也无不显现出这种'传统'的显或隐的影响而使之充盈着民族气息、民族气魄与气质。像我这样一个年逾八旬的作者，从骨肉深处所接受的，是鲁迅的《野草》及鲁迅先生同代的一批作家的散文诗传统的影响。虽然同时也借鉴了泰戈尔、纪伯伦、屠格涅夫、高尔基、波德莱尔、史密斯、阿左林、兰波及加拿大的布洛克的作品的某些影响，但主要的，还是新诗、散文诗的'新的传统'和中国古典'类散文诗'传统的可称之为'根'的传统的影响。尤其是鲁迅《野草》中的散文诗篇章，其先锋性、现代性、现实性，深切入骨。"（王晓莉：《李耕访谈录》）这些关于散文诗本质的精辟表述和洋为中用、古为今用的现身说法，会令有志于散文诗创作的中青年朋友们大受裨益。

一个不倦的耕耘者，在长达半个多世纪的劳作之后，终于疲倦了。李耕说：

> 从出版《不眠的雨》到《疲倦的风》的出版，二十二年，与之罹"右"难的二十二年，正反相衡于不同的生存境遇。风风雨雨四十四年，无论是

无奈时刻蹉跎于风雨岁月，还是觉醒于跋涉之自觉与生命的尊严之中，一步步走入耄耋，真有点让自己感到太苦太累太疲倦了。……半瞎堂"半瞎"，但瓢斋虚静，只有木窗飘入的几点"风雨"，让我忧郁不去，伤感难净，并让我忧患于无眠而刻迹于吟哦，但选择的，并非梦影呓语、杜鹃啼血，而是自己性灵的隐曲之显。说这是疲倦者渐次泯失的燃烧也好，说这是我自觉的不再是无奈于被动的燃烧也罢，说这是我几近悲悯与慈悲的燃烧也可，但我自己寻求的，不是燃烧的"光辉"，而是不俗的燃烧。

——《疲倦的风》后记

虽然有疲倦的困扰，但李耕始终清醒，他仍然在为诗燃烧。他是一个爝火者，以燃烧自身照亮他人为己任。散文诗集取名《爝火之音》，形象说明了他的诗句，是火焰燃烧的声音：

蓝蓝的火焰，

是飘动的蓝的云。

和风暴一起，锻冶追求爱的翅翼。

火膛中，添进母亲河的涌动的浪，让故乡曾遭受过劫难的森林，添进鹁鸪的恋歌；让山村不再饥渴的小路和窗口，添进古寺的祈祷和渡口那只在风雪中也不停歇木橹的小船的心愿。

……最后，

让生命投入火炉，

让这蓝天飞翔的精灵，

凝成一颗不死的星。

——《燃烧》

2011年11月，江西人民出版社出版了李耕50万字的散文集《篝火的告别》，仍然离不了火与燃烧。他以早年写的《牛》为代序：

沉重的轭下耕耘，沉重的轭下拖车，沉重的轭下一圈一圈在石碾边走着沉闷的圈圈。

卸下重轭，嚼点野草，挤的是奶。

沉重的轭，让它喘息着死去时，颂扬牛的歌一声一声。

写的是牛，给我们的联想却很多、很多。

李耕八部散文诗的书名《不眠的雨》《梦的旅行》《粗弦上的颤音》《没有帆的船》

《暮雨之泗》《爝火之音》《无声的萤光》《疲倦的风》藏有许多信息，颇耐寻味。笔者试着将这些书名草成几句俚语，聊博疲倦的李耕先生一粲！

枯树新绿雨不眠，诗意勃发梦无边。
琴弦阵阵有颤音，兰舟艘艘无云帆。
天色渐晚仍泗渡，交响曲中起烽烟。
长夜无声现萤光，汗润沃土风翩跹。

李凖
（1928—2000）
作家、剧作家

李凖：万里写入胸怀间

一、听李凖演讲

最早关于李凖的直接印象，缘于当他的听众。

大概是1980年，河南电影制片厂办了一个如何写电影剧本的讲座，主讲人是李凖。听课的除了一些有志于搞电影剧本创作的作者，还有省会的报刊编辑。我和《河南青年》编辑部的几位同事都参加了。李凖的演讲给我留下了很深的印象。他讲他的经历、经验和创作的苦恼，风趣、幽默，与在课堂上听老师讲课，有截然不同的感受。

记得他说他写的第一个电影剧本是《老兵新传》，是在北京参加了新中国第一个电影讲习班之后交的答卷。当时，他关于电影方面的知识几乎是零。从郑州乘火车到北京，下火车受到黄宗英等名演员的迎接，他意识到他的"土"与黄宗英等人的"洋"形成很大的反差，不仅仅是衣着。黄宗英热情地问他看过什么电影。他的回答令她十分惊异。因为他生活在偏僻的乡下，没看过几部电影。她提起的中外经典名片，他一部也没有看过。"没看过电影怎么能写电影呢？"黄宗英自言自语的一句话，长久地印在他的脑海里挥之不去。是刺伤，更是动力。他暗下决心，要以他的创作成果给黄宗英一个回答。讲习班的老师都是国内一流的编剧和导演，有夏衍、张骏祥等人。他如饥似渴地听课、记笔记，不失时机地向老师请教一切疑难问题。讲习班结束，他到北大荒体验生活，回来后便写出《老兵新传》，一炮打响。他很幸运。没有想到他的第一部电影，竟然是他崇敬的老艺术家沈浮导演、崔嵬主演。电影生动地再现了解放战争中曾为新中国的建立立下战功的一批军人，在和平建设时期所做出的感人业绩。电影上映后获得普遍好评，在国际电影节上还得了奖。一部电影，令电影界对这位土生土长的青年作家刮目相看。这部电影的成功，也改变了李凖的人生道路，使他由一个崭露头角的小说家，最终成为一个有巨大影响的电影剧作家。

他说起对崔嵬的敬重。崔嵬曾任中南文化局局长，是高级干部，可为了他心爱的电影事业，主动辞去官职，甘当一名演员。"这是一种很高的境界，并不是搞艺术的人都能达到的。"他由衷地赞叹道。

他还说起他在"文化大革命"中的遭遇。他获得过那么多的荣誉，一夜之间竟成了"修正主义的苗子"。后来，他被下放到周口地区的黄泛区劳动。"'文化大革命'对人民来讲，是一场灾难，但对作家来讲，应该是一笔财富。各种各样的人都做了充分的表演。在平时，是很难观察到的。"这段话给我的印象尤深。这是作家特有的对待生活的态度。他还说，如果没有这一段黄泛区的生活经历，就不会有电影《大河奔流》。当然，还有他后来创作的获得茅盾文学奖的长篇小说《黄河东流去》。

他也说到他的苦恼。他说这些苦恼不仅仅是他个人的，也是包括他的朋友马烽等人的。有一段时期，想写不能写。现在给你自由了，反而不知道如何写、写什么。他是指他和马烽过去都是写农民，依靠集体力量创造新生活的。李準的成名作《不能走那条路》，就是歌颂集体化的。新的农村政策实行后，农民承包土地，又成了单干，一家一户为单位。他过去最熟悉的生活，突然间又陌生了，产生了很大的失落感。

他还说起他和赵丹的友谊。赵丹恢复自由后创作欲望很强，很想再塑造几个角色，但没有合适的剧本。他请李準写。李準专为赵丹写过几个剧本，遗憾的是均未获通过。这与当时的思想解放程度有关。电影创作领域还有不少的禁区。他说赵丹看了他的《荆轲传》，高兴地在房间里即兴表演，说到动情的台词时，泪流满面。

讲座期间还放了几部观摩电影，都是挑选出来的影片，印象中有法国电影《漂亮朋友》。李準针对观摩电影，一一作了点评。我觉得他的点评从电影创作的角度看，是很专业的，令聆听者受益匪浅。

二、造访《牧马人》编剧

1982年2月，我从报纸上看到，由李準编剧的电影《牧马人》在京试映获得好评，便向总编提出采访李準。李準当时已调到北京中国作家协会工作。通过在沙滩办公的中国作协外联部，了解到李準在团结湖的住址。我和同事马不停蹄地赶到李準的住所，李準不在。家人说他出差了。问他什么时间回来，回答说不知道。正当我们站在门口感到束手无策时，一位刚从外面回来的老同志帮了我们。他住在李準的对门。他和蔼地问了我们的来意，听说我们来自河南，是李準的同乡，便亲切地向我们交了实底："你们等到下班后再来。他会回来吃晚饭的。他没有出差，是躲

王幅明与李準

在和平里的一个地方写小说。白天在那里写，晚上才回来。因为找他的人太多，他在家里写不成。"

我们按照这位老同志的指引，赶在下班时间来到，又按响了李準家的门铃。李準夫人一看还是我们，说李準没有回来。我们说是从郑州来采访李準的。她看我们如此执着，又是家乡人，便让我们进屋了。李準的确没回来。我们一直在客厅等到7时左右，门铃终于响了。李準看到我们很惊奇，问我们怎么知道他在家。我们就说是对面的一位老同志告诉的。他问："你们知道他是谁吗？"我们说不知道。"他是很有名的书法家王遐举！"我那时尚不知王遐举先生的大名，听李準介绍，便记住了，以后便留意起他的作品。

我们说明来意，并说等他吃完饭再谈。他犹豫片刻："你们这么远专程来访，还是先谈吧。"他示意老伴先吃饭，带我们到他的书房。他说他正在抱病赶写《黄河东流去》的下卷。上卷出版很久了，下卷还未写出来。北京出版社一直在催稿。出版社有意把这部作品推荐上去，参加茅盾文学奖的评选。他力争5月份脱稿，所以才有如此闭门谢客的不得已而为之的做法。听完他的话，我的敬意油然而生。一个有所作为的作家，一定是甘于寂寞的人，也一定是能够主宰自己时间的人。他为此把很多记者关在门外。我们成为幸运者。他的时间如此宝贵，还是热情地接待了我们。我们说听过他的课，还说他调到北京后在《人民日报》发表的《有感于河南人打老师》的杂文，编辑部争相传阅。他为家乡人对他的关注感到欣慰，说了一句："那是有感而发啊！"

趁李準出去服药的间隙，我们浏览了整个房间。室内的陈设可以看出作家的情趣和爱好。墙壁的四周挂着几幅出自名家之手的国画和书法，其中有谢瑞阶先生的一幅章草。墙的一侧放着一排古色古香的中国式书柜。连椅和茶几的样式、颜色十分和谐，既古朴又典雅。紧挨书柜靠窗的一边，放着一个大写字台。台上放着一个鱼缸。缸内水草茵茵，红鳞翻翻。可以感觉到，这是作家在写作之余用来陶冶性情的雅好。

这时，李準进来，我们谈起了电影《牧马人》。

李準一边抽烟，一边沉思着说："去年5月，上影厂长徐桑楚和导演谢晋找我，希望我用一个月的时间，把《牧马人》改出来。我谢绝了。因为我身体不太好，加上又在赶写长篇。后来他们又来了两次。真是三顾茅庐，盛情难却呀！"

李凖与上影厂的关系非同一般。"文革"前上影厂拍过他四部电影：《老兵新传》《小康人家》《李双双》《龙马精神》，《李双双》还得了百花奖，给作家带来空前的荣誉。徐桑楚还是这几部电影的制片人。但与以往不同的是，这一次是改编别人的作品，而且作者的知名度大大低于他。李凖还没有这样的心理准备。像他这样有影响的作家，说没有一点顾"面子"的心理，是不现实的，只是不便说出罢了。但上影厂领导和谢导这样看重他，又使他深为感动。

"他们第一次来找我时，比你们麻烦多了。他们不知问了多少栋楼，才找到我。我当时建议谢晋和作者一起改。谢晋说了实话。他们已经改了一稿了，约8万字，不满意。如果再改下去，时间不允许。他们很看重这个题材。把《王昭君》停下来，用半年时间，增拍《牧马人》。我就是在这种情况下抱病上场的。"李凖说到这里，爽朗地笑了起来："老伴当时也给徐桑楚说，只借给一个月。"

李凖接受任务后的第一个要求，是见见46岁的原作者张贤亮。论年龄，张贤亮并不比李凖小多少，相差不到10岁，属于同时代人。可20年的右派生涯，使他默默无闻，论知名度，就比李凖差多了。他很谦虚，总是称李凖为"李老师"。他与影片中的主人公许灵均有很多相似的经历，也有不同：他并没有娶四川老婆，而且，不久前才结婚。李凖谈到，1981年初夏，他和谢晋及摄制组的全套人马都开到了祁连山下的大草原上。他和张贤亮整整谈了3天。张贤亮把在农场看过的书都拿给他看，把在农场前后的坎坷经历都讲给他听。共同的志趣，使两位经历和声望都相差很大的人一见如故。

他和谢晋一起，先后访问了4个四川姑娘。"我和她们谈了很多。她们虽然都经过磨难和坎坷，但都具有顽强生存的能力，对生活始终充满了信心。我很感动。"李凖在谈起她们的时候，语调里充满了感情。他们还去了几个农场，包括张贤亮劳动过的农场；去了中国最大的马场——山丹军马场。大草原的开阔、豪放和苍茫，令作家如痴如醉。当时，谢晋已经把几个主要演员选好了，一一介绍给李凖。担任男女主角的，都是新演员。丛珊19岁，朱时茂年龄也不大。刘琼和牛犇是老演员。后来，丛珊和朱时茂都是通过《牧马人》的成功表演而一举成名的。有了对剧中环境的实地观察，也有了对原作者和演员的访问，再加上雄厚的生活积累，创作激情在作家心中迸发了。剧本仅仅用一周时间，便在兰州写成了。

李準怀着深深的敬意谈起谢晋:"与其说谢晋是一个天才的导演,还不如说是一个艰苦的导演。《牧马人》的全部台词他都能背诵。那时我俩住一间房,他半夜两点就起来研究剧本,真是'拼命三郎'啊!所以,谢晋的电影之所以质量高,的确是耗费心血,来之不易的。他是打硬仗的,总是在追求新的东西。"

李準与谢晋

写错划右派的戏有难度。不少人为李準担心。但电影完成之后,大家都比较满意。夏衍在看了样片后说,很好,救活了一个题材!影片没有使人感到阴暗的东西。看来,关键还是如何写,作者的立场和感情至关重要。"小说原对话只有二百句,现在用了八百句。这么多对话,用我的话说,是用我的乐观气质,把主题明朗化了。我从原作者身上也看到了信心。原作者是不简单的。他在农场20年。大家都知道他是俞平伯的亲戚。他的祖父大概当过汪精卫的'外交部长'吧!这些年他受了不少挫折,但从未丧失过信心。他读《资本论》,读了很多的书。影片中的那段话'我为祖国已经流了20年汗水了,现在我还应该继续流下去',可以说是原作者的肺腑之音。虽然他没有说出来,我把它提炼出来,变成文学语言了。"说起张贤亮,李準也同样充满敬佩之情。

时针不觉已指向8点。我们知道他还未吃晚饭,便起身告辞。李準送我们走出门外。我们紧紧握住李準的手,向他致谢,请他保重身体,并期望《黄河东流去》下卷早日出版。

《牧马人》上映后,好评如潮。在第六届中国电影百花奖的评选中,它获得最佳故事片奖。我们佩服上影厂和谢晋的眼力,也为老乡李準感到骄傲。

1984年6月,正值《河南青年》杂志创刊三十五周年。为筹备纪念活动,杂志社派我与潘海同志一起,到北京请几位河南籍的文化名人题词。李準是其中之一。

电话联系之后才知道,他已不在团结湖居住,搬到了虎坊桥。通过预约,我们来到他的新居。仍然是原来的家具和摆设,风格不变。李準关切地询问河南的一些情况。接着,我们聊起他近期的创作。

长篇小说《黄河东流去》完成后,他又应谢晋之邀,改编军旅作家李存葆的小说《高山下的花环》。这部电影创造了上座率的空前记录,获得了比《牧马人》更大的成功:除获第八届电影百花奖、第五届电影金鸡奖最佳故事片两个大奖外,还获得最佳男主角和最佳编剧奖。这是李凖继《李双双》获百花奖的最佳编剧奖之后，第二次获此荣誉。我们向他祝贺。没想到他并不因此高兴，反而表露出苦衷："这可能是我最后一次改编别人的作品。以后再也不干这种出力不讨好的事情了。"原来李存葆的一些战友对李凖的改编有些闲言碎语，传到了李凖的耳朵里，引起他极大的不快。这使我想到另一件事。他取材于姚雪垠的长篇历史小说《李自成》改编而成的《双雄会》，也未得到姚老的首肯。这是我们在姚老面前直接听到的，只是不便在他面前提起。

我们向他求字，他欣然答应，并让我们翌日上午去取。我们去取字时，他有事出去了，安排儿子接待我们。他为杂志写了"朝气蓬勃"四个大字，为我写了一首唐诗："寒雨连江夜入吴，平明送客楚山孤。洛阳亲友如相问，一片冰心在玉壶。"可以看出，诗是精心挑选的，包含着浓浓的乡情。那时他的字还谈不上专业，但我已十分感激。同事们看后，都向我投来羡慕的目光。

三、老骥伏枥

1992年夏天，《时代青年》拟办一期"读书与人生"专号。我给李凖写了一封约稿信。一个多月之后，李凖寄来一篇稿子，不是寄自北京，而是寄自山东烟台的文艺之家。大概当时李凖正在烟台度假。

这篇两千字的名曰《租书趣谈》的短文，让我们得以了解作家少年时代的读书生活。因为旱灾，李凖读完初中一年级后便失学，15岁到洛阳一家盐栈当学徒。学徒晚上要值班看盐，他就又继续着被迫中断的读书生活。后洛阳沦陷，盐栈倒闭，他失业一段时间后又去当邮差。这期间他读了屠格涅夫、狄更斯、左拉、莫泊桑等外国作家及中国作家无名氏和张恨水的作品。

正因为阅读这些作品，加上丰富的民间生活体验，才激发起李凖创作的欲望，最终使他成为作家。"回忆起来很有趣。我在书海里航行，领航员就是'聋子'。"李凖写道。他在走向社会最初几年读的书，几乎都是在"聋子书店"租来的。"今天我当了作家，我始终忘不掉'聋子'（我现在连他的姓名也记不得了，只记得绰号'聋子'，实在是大不敬）。前几年我回故乡洛阳，在洛阳老城西大街找了几次，毫无下落。我想即使他在世，也八九十岁了。'诲人不倦'是中国人的一种美德，我在他那里获得那么多知识，他应该算我的一个真正的老师。"李凖在回忆这段往事时，充满深情。

最后一次访问李凖,是在 1994 年 5 月。我去北京参加中国散文诗学会的会议。会议结束后与书法家王猛仁结伴来到李凖的家。我们是不速之客,还算幸运,这次他没有外出。

我向他约稿。那时杂志开办一个《名家人生十问》的栏目。问题打印在一张纸上,回答问题的要求也在上面。他看后说:"这样吧,你问,我现在就回答。"他把约稿信又递给了我。

我很感激。这件事等于已完成了一半。

以下是我当时的记录——

1. 你成功的经验和秘诀是什么?

不信神,不信鬼,不信权威,不信大人先生,绝对相信自己。

2. 你喜欢读什么书?

李凖为《时代青年》题词

小学时候读《薛仁贵征东》《小五义》。初中时读启蒙读物《唐诗合解》《古文观止》。我只有初中学历,初中也没有读完。以后读屠格涅夫和狄更斯的几乎所有的作品。现在读古代笔记小说及《十七帖》《金刚经》《老子》《孟子》《论语》等。

3. 你最大的嗜好是什么?

聊天。有一点我说出来你们也许不会相信,我至今不会打扑克。我几乎没有别的爱好。我的很多题材,都是从聊天得来的。别人也喜欢同我聊天。导演王好为说过,愿意拿出一半工资的代价,与我聊天。

4. 你最大的烦恼是什么?

没有烦恼。过去曾经有过,但现在没有了,已经达到电影《清凉寺的钟声》里面的境界。

5. 你是怎样对待金钱和名利的?

对"名",已经淡薄了,因为"名",在"文革"中深受其害。对"利",还没有过关。人要生存,离不开金钱。我现在很少写作,对写字情有独钟。前不久我的一幅字卖了三千四百元,特高兴。在荣宝斋卖的。工作人员把钱送到家里。写作太累。《李双双》影响那么大,电影剧本的稿酬只有两千元。几部电影剧本稿酬加起来还不足两万元。

6. 你是如何处理周围人际关系的？

第一条，不生气。佛教上说，不要拿别人的愚蠢来惩罚自己。第二条，己所不欲，勿施于人。第三条，止谤无争。大概是隋朝王通的话。

7. 你向往什么样的生活？

喜欢大自然。对城市看不见天，极为烦恼。居住在农村，三五朋友聊聊天，最好不开会。仁者乐山，智者乐水。我喜欢水，喜欢住在水边。最近我已在洛阳龙门找了一块地方。

8. 你喜欢和什么样的异性相处？

漂亮的人成百上千，聪明的人却极为少数。喜欢与聪明的有学问的异性相处。

9. 你最喜欢的座右铭是什么？

盛气平，过自寡。与人为善。

10. 请你对想成名的人说几句话。

戒骄易，戒躁难。读五车书。

对这些提问，李準几乎都是不假思索，脱口而答，总共不超过20分钟。我强烈地感受到他的真诚和智慧。我把记录念一遍给他听，核实有没有错误。我问整理后还用不用寄给他审阅，他说不需要。

我不知道读者对他的答问会如何看，就我本人而言，可以用八个字概括：受益匪浅，弥足珍贵。

接着，我们聊了一会儿书法的话题。

书法，对于李準，已不是一般的爱好，而是每天必做的功课。1985年，他得了脑血栓。治疗及时，没有明显的后遗症，但两只眼睛"偏盲"，小字不能写。医生叮嘱他不要劳累。他基本上停止了大篇幅的写作，而把情感倾注在书法上。他临泰山经石峪的《金刚经》，临了十年。这种非隶非楷、亦隶亦楷的古朴而博大的书体，与他的审美情趣产生了强烈的共鸣。他说当年康有为在泰山看了七天，评价是"大字鼻祖，榜书之宗"。他藏有《经石峪》全套的清朝拓片。除此，他还收藏和研究各种碑帖，尤对魏碑情有独钟。他家所藏碑帖共有几百种，最珍贵的一本是《灵庙碑》，明代的拓版，上有他的孟津老乡王铎的批注。

我浏览了李準的书斋，斋名"伏枥馆"出自他自己的手笔。三个大字的下面题有数行款识:"辛未五月二十七日,奋笔以吐胸中积郁之气。""伏枥"出自曹操的"老骥伏枥,志在千里;烈士暮年,壮心不已"。骥指良马。枥为马槽,养马的地方。比喻有志向的人虽然年老,但雄心不减,仍志在千里之外。内容颇有励志的意味,令人肃然起敬。斋名写于1991年,他得脑血栓之后6年。对于想有所作为却受到客观限制的他,这样的励志又平添了几分悲壮。书法庄重浑厚,有山林草木气韵。书架上有各类名著,更吸引我的是他自己的几十个不同版本的作品。

因王猛仁是书法家,他们聊得十分投机。听说王猛仁认识夏湘平,李凖便询问联系方式。李凖对军旅书法家夏湘平的书法颇有兴趣,但他对一些纯写帖的书法家明确表示"不敢恭维",即便是名气很大的。

临别,王猛仁向他求了一幅字,是办书法展用的。他从已经写好尚未签署的作品中选了一幅送给我,重新补上署名。那是两句联语:"松性淡逾古,鹤情高不群。"魏隶体。可以看出,里面融有《经石峪》和《灵庙碑》的神韵。这件作品,与10年前送我的那一幅相比,水平已远远不在一个层面。

四、一生为农民代言

1928年农历五月十七,李凖出生于河南省洛阳市孟津县麻屯镇下屯村一个乡村教师兼小地主的家庭里。在此之前,李凖已有两个姐姐。数千年重男轻女的封建思想压得家人抬不起头来。李凖的降生为父母增添了些许荣光。为消灾祛邪,保佑儿子平安长大成人,父母给儿子取名"铁生"。李凖是蒙古族成吉思汗大将木华黎的后人。他的祖父李祖莲是洛阳的一个宿儒,教书达40年之久。伯父李俊华和叔父李明善均为教师。父亲李明选靠自学粗通文墨,长年在外经商。一家三个教师,读书气氛浓厚,每天晚上全家坐在一块谈得最多的是历史故事。李凖的历史知识丰富,得益于家庭的熏陶。母亲杨氏,出身于乡村医生家庭,虽不识字,但熟悉和掌握农村语言。李凖自幼从母亲那里学到了丰富而生动的农民语汇。

李凖从17岁开始,在家乡麻屯镇邮政代办所当邮递员,在送报送信之余,坚持刻苦自学。凡经手发送的报刊,他都要仔细阅读一遍,并通过这个渠道广泛接触了社会各阶层的人物和生活。他经常代替镇上目不识丁的农民写信,因而熟悉了几百个农民家庭,也熟悉村镇上各种职业、身份的人,理发的、卖豆腐的、更夫、屠户、吹鼓手、算命先生等都是他熟悉的人物。他曾告诉友人:"我没进过高等学校,社会生活就是我的大学。"他所熟悉的各色人等,后来都成了他作品中栩栩如生的人物形象。从19岁开始，李凖参加村镇的业余剧团，开始编些旧戏演唱。1948年，洛阳解放，经表侄石黎明介绍，李凖到豫西中州银行当职员。23岁调到洛阳市干部文化学校任语文教员。

1953年是李凖的成名之年。短篇小说《不能走那条路》11月20日在《河南日报》发表，短时间内引发了广泛关注。1954年1月26日，《人民日报》全文转载了该小说并加了编者按，给予首肯。此后，全国30多家报纸、10多家刊物又予转载。这篇小说使他一举成名。1954年初，他被调到河南省剧改会工作。随后，参加文化部电影局和中国作家协会举办的电影剧本创作讲习班。一年后调到河南省文联，从事专业创作。他以作家身份到开封县黄河农业社体验生活，并带领妻子和4个孩子到荥阳县司马村落户当农民。在此期间，他与著名作家赵树理相见，在一起生活10多天，相谈甚欢。自此，两人建立了深厚的友谊，在文学创作上，李凖深受赵树理影响。不久他又到登封农村落户。60年代到郑州郊区祭城公社和屈庄黄泛区落户，与农民兄弟同吃、同住、同劳动，先后发表了有影响的短篇小说《白杨树》《李双双小传》《耕云记》《信》《两匹瘦马》《清明雨》《两代人》《野姑娘》等。1960年发表的小说《李双双小传》受到茅盾的高度评价和周扬的赞扬，引起全国的改编热，有多个剧种上演。李凖将其改编成电影。1962年7月，李凖当选为中国作协理事。

作为电影剧作家，李凖的创作始于1956年。当年，他以《人民日报》特约记者的身份，赴东北12个大中城市采访，并在黑龙江酝酿创作电影文学剧本《老兵新传》。1958年1月，电影剧本《老兵新传》在《收获》发表。1959年，《老兵新传》由上海电影制片厂拍成中国第一部宽银幕故事片，获国庆十周年献礼片优秀影片奖、莫斯科国际电影节银质奖，被评为最受欢迎的国产影片。1963年5月，影片《李双双》获第二届中国电影"百花奖"最佳故事片奖。李凖获最佳电影编剧奖。

1968年，李凖被划为"黑帮"分子，遭受批斗。他的作品被禁。1969年，李凖被下放到西华县农村劳动改造。3年内，他了解了600多户家史，为一些寿终的农民写祭文。在"创作有罪"的年头，他还创作了《三打钟》《榆树记》等几个小戏，供农村剧团演出。其中的《榆树记》，成了他以后创作《大河奔流》的雏形。1974年至1975年，他两次沿黄河到中南、西北多地采访，了解地方风情，搜集花园口决堤时河南逃荒难民的情况。

粉碎"四人帮"后，李凖精神焕发，勤奋耕耘，新作不断。他1977年创作《大河奔流》电影剧本，电影《大河奔流》1979年在全国上映。短篇小说《王结实》获1981年全国优秀短篇小说奖。他改编的电影《牧马人》获电影百花奖最佳影片奖。1982年，他改编的电影《高山下的花环》获电影百花奖中的三项奖和电影金鸡奖中的五项奖。他与李存葆同时赢得金鸡奖最佳编剧奖。他成为我国第一个获得"百花""金鸡"双奖桂冠的电影剧作家。

  1980年，李準当选为河南省文联副主席、河南省作协分会主席、电影家协会河南省分会主席。1981年，因工作需要，他被调到北京中国作家协会工作。由于创作长篇小说《黄河东流去》付出巨大的心血，1985年夏天，他患脑血栓住院达半年之久。按照医生的要求，他应当颐养身体。可病好后，他的电影新作一直不断。1985年12月，《黄河东流去》荣获第二届茅盾文学奖第一名。1990年，他任中国现代文学馆馆长。1992年，他任编剧的电影《老人与狗》投入拍摄。1996年12月，他当选为中国作家协会副主席。

  李準是一位有着丰厚农村生活底蕴的作家，一生写农民。评论家把他列入乡土文学一派。他自称是"农民的代言人"。他的作品真实地记录了时代车轮的鲜明辙印。他交了很多农民朋友，其形象深深刻印在脑海中。构思作品时，这些形象一个个呼之即出，任他调遣。他的作品朴素平易，明朗欢快，真实可信，浑然天成。他关注农民，书写农民的精神世界和思想领域，描写人物在时代中的自我成长和个性转化。无论是长篇还是中短篇创作，李準的人民性写作还突出反映在女性形象的塑造上，通过妇女的解放和地位的变化反映社会的进步。

五、两栖经典

  李準是少有的两栖作家：小说家兼电影剧作家。电影受众面广，因此影响较小说更大。他一共写过20多个剧本，拍成电影的有10多部。21世纪初，电影界纪念中国电影百年评选出100部经典影片，《李双双》榜上有名。还有一个200部的经典影片榜，除了《李双双》，还有《老兵新传》《牧马人》《高山下的花环》，共有4部李準编剧的电影入选。张瑞芳饰演的李双双被评为百年经典银幕形象。她后来回忆说：当时正处于文艺必须跟着政治路线走的大气候下，河南作家李準写出小说《李双双小传》，并且在病中完成了电影剧本的改编。编剧写的李双双和喜旺的对话语言简直太精彩了，非常能体现两个人独特的性格，导演鲁韧怕戴上丑化劳动人民的帽子，把对话左改右改，我固执地坚持自己的台词，希望一句话也不要改。《李双双》是一部展示中国农村妇女崭新精神风貌的优秀影片，最吸引人的是轻喜剧的艺术样式、浓郁的生活气息以及生动的个性化语言。而这些，首先是由李準的剧本奠定的。《黄河东流去》是李準唯一的一部长篇小说。这部书因获得第二届茅盾文学奖而登上了我国当代长篇小说创作的高峰，几十年过后，依然被专家们认为是经典作家的经典作品。

在两个创作领域都有经典作品传世，这使李準成为中国当代文学史上少有的两栖作家。

李準也走过麦城。创作《大河奔流》的文学剧本，李準下了很大功夫。它以李麦一家的悲欢离合为主线，通过描绘黄泛区人民新中国成立前后20多年的生活，展示了黄河及其子孙们在两个不同时代的不同命运。故事跌宕起伏。影片由大师级导演谢铁骊、陈怀皑担纲执导，演员大腕云集。1977年年初开始筹拍，1978年年底上映。出乎大家意料，票房惨淡。社会已经转型，观众的欣赏趣味也已改变，他们对依然紧跟形势、配合政治运动为创作特色的作品态度冷淡。即便是大导演、大演员，观众也同样不买账。李準痛定思痛，费时5年，最终写出了长篇小说《黄河东流去》，好评如潮，实现了对自己的重大超越。《黄河东流去》是一部寻根之作，正如他自己所言："这本书的名字叫'黄河东流去'，但它不是为逝去的岁月唱挽歌，它是想在时代的天平上，重新估量一下我们这个民族赖以生存和延续的生命力量。"（《我想告诉读者一点什么》）李白有名句"黄河落天走东海，万里写入胸怀间"，颇像为千余年之后的李準量身定制。

李準堪称语言大师，拥有不凡的天赋。关于李準的特殊才能，坊间流传着不少故事。其中一个"三句话叫人落泪"的故事最令人难忘。李準说这是他的绝招。"没有几下绝招，难得当个作家。我看家本事是三句话叫人落泪，三分钟进戏，把读者的心放在我手里揉，叫他噙着眼泪还得笑！"常香玉舞台生涯50周年庆典，文艺界名流齐来祝贺。李準也来了。导演谢添一把拉住李準说："老李，我想当众试试你。你说几句话，让常香玉哭一场，我才服你。"李準为难地对常香玉说："香玉，今天是你的大喜日子，他偏让你哭，这不是难为人吗？"接着又说，"香玉，咱们能有今天可不容易啊，说起来，你还是我的救命恩人呢。我10岁那年，跟着逃荒的难民到了西安，眼看就要饿死了，忽然有人大喊：'大唱家常香玉放饭了，河南人都去吃吧。'哗——难民们一下子都拥了去。我捧着粥，泪往心里流，心想，日后见到这位救命恩人，我给她磕个头。'文化大革命'中，你被押在大卡车上游街、

'坐飞机'，我站在一边，心里在流泪，我真想喊一句：'让我替她吧，她是俺的救命恩人哪……'""老李……别说了！"常香玉打断李凖的话，捂着脸，转过身，泪流满面。谢添折服。

2000年2月2日，李凖逝世。新华社播发了消息，称李凖为"我国当代杰出的现实主义作家"。当时，全世界刚刚用礼花和狂欢庆祝新千年的到来。刚刚迈进千禧之旅，李凖即与我们告别。他走得太早了。河南籍作家有长寿的传统，曹靖华享年90岁，苏金伞91岁，姚雪垠89岁，哲学家冯友兰95岁。他们都是到临终才停止写作。李凖只有72岁。听到他逝世的消息时，我怅然若失。我知道，我永远都无法再去拜访他，再去当面聆听他的教诲了。回忆与他相处的短暂时刻，我又颇感自豪。他自学成才的经历，他对人生与艺术的灼见和态度，对于我，永远都是一笔无价的精神财富。

2003年4月，李凖铜像在洛阳大学揭幕。李凖80年代就担任洛阳大学的名誉校长，为洛阳大学的建设奔走呼号，费尽了心血。他生前曾说，百年之后还想回到河南，最好放到学校，天天能听到读书声。为了实现李凖的这一愿望，洛阳大学精心策划、四处奔走，在学校建立了李凖生平纪念馆和研究中心，并请清华大学艺术学院的胥建国教授雕塑了李凖铜像。从北京赶来参加李凖铜像揭幕仪式的著名评论家张炯说：李凖从中原大地走向了全国，走向了世界，他的作品和他的名字已经长久地留在了人们的记忆里。应该感谢他家乡的人民，让他回到了故里，让他屹立在庄严而美丽的校园，以此向历史证明，这里曾经培养了怎样的一位优秀的儿子；也向世人表明，文学确实是崇高的事业。

（原载《名人传记》2004年第5期）

张守义
（1930—2008）
装帧设计家

张守义：用逆向思维创作

张守义是装帧设计界的大师级人物。喜爱外国文学名著的读者，对他的名字不会感到陌生。他设计的那些封面、黑白插图，别出心裁，与众不同，往往是寥寥数笔，便勾勒出一个人物、一处风景，内蕴丰富，令人回味再三。我曾购买曹靖华先生题签的《张守义外国文学插图集》一书，不时把玩。看到"中国青年报刊首届艺术研讨会"的会议通知，说将邀请张守义与会举办讲座，我便当即决定参会。

时值 1996 年 11 月。北方已经入冬，南国的福州依旧花团锦簇。会议开幕式之后，代表们分为两个组分开活动，总编组开座谈会，美编组听张守义讲座。本应参加座谈会，但我选择了听讲座。

张守义讲了两点创作体会。他认为这两点体会都来自他创作经历中的关键时刻，也都来自于他写在啤酒瓶广告贴纸上的日记。这些广告贴纸，都揭自他喝过的啤酒瓶。其一，美编应比文编想得更多。这是本次研讨会一篇论文中的一句话，引起了他的共鸣，便有了话题的由头。他讲起一件往事。1984 年，人民文学出版社在香港举办了一次封面插图展，大获成功。香港报纸刊发了一篇述评文章，对他触动很大。文章归纳了关于封面和插图的三种意见：1. 认为可以去掉封面和插图，因为坏的封面和插图败坏了原著，是完全多余的。2. 认为封面和插图应该保留，因为它们图解了原著，可以帮助读者对原著引发兴趣。3. 好的封面和插图是锦上添花，是再创作，是对原著的升华。好的封面和插图，不是再现，而是表现，是对原著的补充和强化。文章最后充分肯定了这次展览，因为这次展览展出的黄永玉画的《阿诗玛》、黄胄画的《红旗谱》、蒋兆和画的鲁迅插图等展品，都属于锦上添花的一流作品。要达到这样的高度，美编应该比文字编辑想得更多。文编做的更多的是技术性的工作，美编则是再创作。其二，他的创作经验：颠覆以往的思维方式，由纵向思维转向横向或逆向思维。他讲了另一段往事，用月饼打小偷。大

张守义结婚照

约20年前，社里派他出差，只有6岁的孩子在家。如果遇到小偷怎么办？他给孩子找了一个自卫的武器——擀面杖。不料，孩子却从大立柜中拿出一个月饼，说，爸爸，我有更好的工具。这是特定年代的事物。因为月饼放久了，变得异常坚硬，像石头一样。张守义为此发过感慨，说月饼硬得可以打小偷。未曾想到，孩子记住了他的话。孩子的话让他思索良久。深夜，他写下一则日记，联想到艺术创作要想出新，光有纵向思维不行，必须要有横向或逆向思维。但虚构要以现实生活为基础。月饼如果是软的，打小偷就失去了可信性。他举例说明他的创作思路。通常画家画西方人，总是先抓主要特征：大鼻子。可他画洋人尽量不用大鼻子来表现。不画大鼻子，别人看了仍觉得你画的是外国人，新意就出来了。他给贾平凹画像，采用了一个漫画式的"换头术"的技巧。他选用一幅陕南民间的剪纸，将剪纸的头部去掉，换上他重新绘制的仿剪纸贾平凹头像，耳部夹一支钢笔，以此强化作家作品的个性。他还举了一些例子，可惜没能全记下来。但逆向思维这个词我牢牢记住了，且受益匪浅。艺术的表现形式虽五花八门，但原理是相通的。

研讨会的活动丰富多彩，除了开会，更多的时间是观光采风，时间长达一周。从福州开始，中间曾停留泉州、石狮，最后结束于厦门。时间是充裕的。在没有联欢活动安排的晚间，我便去张守义房间拜访。我提的问题单刀直入，比如"为何将日记写在啤酒贴纸上"等等，他都一一答复。通过交谈，我对他的经历和追求有了更深的了解，也对他产生了更多的尊敬。

张守义生于1930年，老家在河北省平泉县。他出生时平泉县属于热河省，位于皇家避暑山庄的一侧，经济发达，文化昌盛。在抗日战争后期，学生没有课本可读。小学时教过他的祁老先生重操旧业，教一帮求知少年读了两年《古文观止》。由于老人讲课精彩，绘声绘色，无意中成为一个启蒙人，在这些孩子心中深深种下了文艺的种子。张守义与他的大哥、三弟、四妹都浸润其中，成为受益者。后来，大哥学音乐、他学绘画和装帧、三弟学陶艺、四妹学泥塑，全都成为艺术人才。很不幸，张守义在读初中时患了伤寒病，病愈后由于不注意保养，留下了慢性肠胃病的后遗症。之后，肠胃病一直长期困扰着他。新中国诞生后的第一年，张守义20岁，便如愿考上了中央美术学院学习油画。刚从欧洲留学回国的吴冠中担任他们的班主任。上了两年之后，伤寒病犯了，他不得不中止学业，休学一年，专心养病。但肠胃病成为慢性病后很难治愈，复学后直到毕业，他是带着疾病完成学业的。因为患病，又影响到毕业时的按时分配。他和几个因病不能参加学院统一分配的同学，就留在学院从事一些临时性的设计工作，待病愈后再另行安排工作。两年后，一位工艺美术系毕业的校友来找他。校友在人民文学出版社从事装帧设计工作，因该社工作忙，急需进美编，

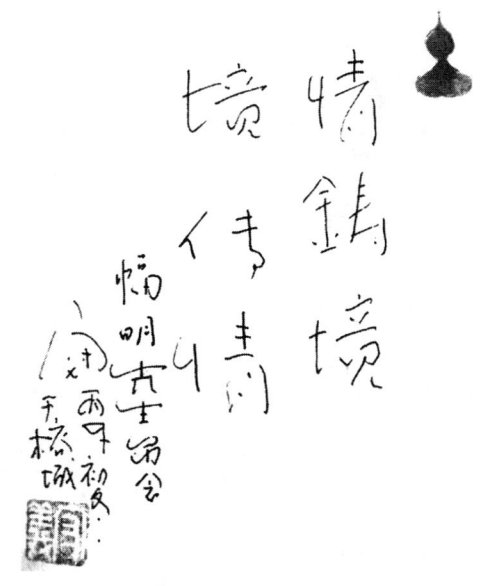

张守义为王幅明题词

便想到他，征求他的意见。开始他有点犹豫。因为他是学绘画的，装帧设计工作是学工艺美术的同学分配的地方，他不会写美术字，也不会画图案，没有底气，怕难以胜任。后来同学说出版社每年出很多书，美院图书馆常常要排队借阅的文学名著，都是这个出版社出版的。听到这里，他心动了。他是个书痴，又特别喜欢看世界名著。为了满足读书欲，他当上了人民文学出版社的美编，一干就是几十年。

他由一个工作十分吃力的新手，靠自己的努力和悟性，最终成为装帧艺术界的大腕。他多年担任人民文学出版社、外国文学出版社美术编辑室主任、编审，中国美术家协会理事，中国美术家协会插图、装帧艺术委员会主任等职。其插图和设计作品多次在国内外展出。《堂吉诃德》《在非洲密林中》等七件装帧和插图作品先后获全国奖。作为美术界代表，担任第八届、第九届全国政协委员。出版著作有《张守义外国文学插图集》《插图艺术欣赏》《装帧的话与画》《老油灯》《张守义的笑》等。主编的艺术图书有《中国现代美术全集》插图卷、装帧卷等。

张守义的运气不错。20世纪60年代初，中央工艺美术学院开设了一个书籍装帧研究班，出版社推荐他到这个班进修。从中央工艺美术学院结业后，他对装帧艺术无论在理论认识还是设计实践上都有很大提高，为更好地从事这门艺术打下了坚实的基础。除了进修，向老一代有成就的美编虚心学习，也是他重要的进步提高之道。在众多老师中，时任人民文学出版社美编室编审、木刻家刘岘先生是他的第一

张守义为贾平凹画像

位老师，也是让他受益最深的老师。他参加了由刘岘任教的木刻技法学习班。当时他误认为跟谁学画就应该模仿谁的风格。有一次，他刻制一幅日本作家人像，借三合木板的纹理，想印出非常精细的效果。不料，刘岘对这幅作业的评语是："我教你们学习木刻，并非让你们学我的风格，应当刻出有力的线！"短短的一句话"有力的线"，从此深深地铭刻在他的脑海里。

他早期设计封面或画插图，都以木刻形式作画。出版业自80年代开始繁荣，由于发稿任务繁忙，用木刻作画受到刻工时间的制约。他没有条件使用木刻作画了，只好放弃，改用墨画在宣纸上，仍然保持木刻的效果。有时他还常用剪刀剪图，以笔、剪代刀。他始终牢记着刘岘的话："有力的线。"着力表现有力的线，成为他设计与插图的鲜明特色。

"文化大革命"后期，出版社大部分人都去了湖北五七干校，只剩下很少的人留守。张守义因身体不好，被留下做美术编辑。当时出版社只出革命样板戏一种图书。那时的书最容易设计，封面都是用清一色的红色。为表现剧本的地域个性，他将《沙家浜》的封面设计为绿色。这也许是他设计生涯里最早的逆向思维。本来是一个富有创意的设计，却未能顺利通过。后经他多次向领导陈述设计意图，最终才得以通过。在那个特殊的年代，色彩都被赋予了特别的含义，好像也划了成分。"四人帮"倒台了，一些清规戒律被推翻，但在封面色彩运用上还是有无形的界限，比如黑色。有感于此，张守义写了杂文《漫说红与黑》，阐述书籍装帧艺术设计中色彩创作的规律。文章发表后立即引起了同行们的共鸣，在社会上引起了很大的反响。

他的阅读爱好与他的工作是一致的。他最喜欢阅读外国文学名著，而他的工作就是为这些名著设计封面、画插图。几十年来，他为一千多部外国文学书籍作过装帧设计。按他的说法，美编一定要通读书稿，准确理解书稿，熟悉其中的人物，然后才能展开想象进入创作。他从这些名著里汲取精神营养，再按照他的理解画出书中人物的风采。为了达到神似的效果，他下过许多功夫，作过无数次的试验和探索。他从出版社资料室外文书刊中、外国在京举办的各种展览会上寻找有用的资料，时时留心观察街头和球赛赛场上外国人的举止。在学校时他是从不接近操场的，但为了积累生活他成了"球迷"，凡是国际球赛几乎场场必看。为了更好地观察运动员的动作和表情，他尽量购买前排的票。常人看电影主要是看故事，他看外国电影是看异国风土人情，为创作积累素材。当时没法画，就用文字记下来。后来记多了，为了用着方便，就把记下的东西分门别类地汇辑，比如在"钥匙"栏里记着：从银幕上看到葛朗台的钥匙挎在腰上，在中国看到双职工的孩子把钥匙套在脖子上。他为《日本电影剧本选》做封面设计时，就是从积累的笔记本里得到灵感的。他读完书中的《望乡》，又看了电影，对主人公阿崎产生了深切的同情。他决定在封面上画一个年轻美丽纯真犹如修女的阿崎，在色彩上以白色和银灰色为封面主色。阿崎身穿白色和服独步前行，前面是一泓河水没有尽头。为何如此为阿崎造型？请看他笔记中的一段话："出家人修身养性，走路都能看出来，今天在银幕上看到一个外国修女，走路笔直，当她回头看人时，为了显示庄重不是只把头转过来而是全身同头一块儿慢慢地转过来，然后又慢慢地一块儿转回去。"阿崎笔直稳重的立势，就是从修女身上捕捉来的。这本书出版后，其封面设计的唯美和令人回味不尽的意境赢得了许多读者的赞许。

张守义有收藏癖，是个奇特的收藏家。他收藏已经进入历史的各种灯具：街灯、台灯、马灯、油灯等500多件。这些灯具，不少都成为他装帧设计的"道具"。最出名的是《巴尔扎克全集》（30卷本）和《中国思想家评传丛书》（匡亚明主编，200卷本）的封面设计。前者选用了巴尔扎克写作台上的一盏灯，这位大作家喜欢在深夜写作，他写每一本书用了多少灯油，都写在自己的日记中。后者分别用了各个时期的大量古灯。1992年，张守义迁到北京方庄新居，离潘家园旧货市场不远。这里很快成为他最惬意的去处。他收藏各种旧书刊、老照片，包括历代灯盏。他收藏起啤酒瓶盖的各种起子，以及不同民族的各种酒具，在常人看来颇有些怪癖。这与他日常生活中的啤酒代食有关。由于肠胃病常年不愈，难以消化普通食物，他就按照医生的建议，每日以啤酒做主食。每天早中晚三顿饭，他都要喝上一瓶啤酒。外出，必以啤酒或葡萄酒做伴。久而久之，他便成了一个啤酒不离手的人。不同的起子和酒具对于他，便有了特殊的念想。他有不少人生或艺术的感悟，都是在酒后生发的。为了不遗忘，他便撕下瓶上的商标纸，随时把心得写在纸的背面。说到此处，"为何将日记写在啤酒贴纸上"的疑问，便自然有了答案。而"酒后吐真言"的座右铭，也与此有关。他说，这样的日记已积累三百多张，他已写出的150篇短文大半来自这些日记，是这些日记的扩充。

他的另一个收藏品是石头，包括砖头之类，已有一百多块。他把它们存放在一个木箱中。这些石头被他命名为"寄情石"，因为这些石头、砖头均来自他画过的

张守义在兰州展览馆

作家居住过的房屋或院子里。这些作家包括歌德、席勒、塞万提斯、丁玲、严文井等。有些是他本人直接采集的，如歌德、席勒等。1980年，张守义为美国当代作家赫尔曼·沃克的《战争风云》《战争与回忆》作插图和装帧。1989年夏天，他有幸参加了中国出版工作者协会组织的中德出版文化交流考察组。考察组仅由三人组成，行动方便。他们参观了德国四个文化古城。在魏玛古城，他们拜访了大文豪歌德、席勒及音乐家李斯特的故居。在德国文学家中，张守义为歌德的作品作装帧和插图最多。能够亲临大师长期生活、创作和终老之地，感受颇深。歌德学识渊博，还是一位自然科学家，其故居陈列室陈列着歌德从事矿物研究的矿石样品。仰慕之情令张守义顿时萌生收藏一块矿石的念头。通过翻译询问，得知楼下出售的纪念品中并无矿石，他颇感遗憾。后到故居后花园参观，看到草丛中有很多小石头，他便躬身拾起一块珍藏。这是"寄情石"中的第一块藏石。有了自觉意识，接着便有了诗人席勒和音乐家李斯特故居的院中之石。在魏玛，主人还特意带他们到城郊，参观了二战大型纳粹集中营之一的布痕瓦尔德集中营，走进沃克作品描写过的"人间地狱"，亲眼看到囚房、毒气室、运尸车等真实景物。临别前，他们站在受难者的纪念碑前献花、默哀。经主人同意，他在集中营围墙铁丝网下的草地里和炼人炉的废墟中，各拾一小段生锈的铁丝网和烧焦了的一小块炼人炉碎砖片作纪念。也有一些藏品是由他的学生或同事代为搜集的，条件是，由他画一幅这位作家的水墨肖像画，赠送给该国此作家故居纪念馆。已画过20多幅，他颇感自豪。收藏中也遇到过尴尬。在丁玲北京故居，取了一块墙上砖石后，自行车的锁无论如何也打不开了，最后只好十分别扭地把自行车推走。他的"寄情石"中有一个特殊的藏品——童话作家严文井的牙。每逢春节，他都会去老社长严文井家中拜年。一次，他在严文井家的晾台上东找西找，想找一块石头。了解情况后，严文井说，我送你一块石头，前不久我掉了一颗牙，没有扔掉。说完打开抽屉，拿出一个信封，里面用纸包着一颗牙，纸上记着某年中秋因吃月饼不慎锛掉一颗牙。接着，严文井幽默地说，守义呀，这是一颗"佛牙"，你以后会走运的！说罢两人大笑。

张守义作画基本只用黑白两色，故把画室取名为"素墨斋"。1980年，他为《艾青诗选》作装帧设计，艾青颇为满意，特为他写了一个条幅"为人作嫁衣"。张守义觉得这句话更能概括他的工作，灵机一动，便把画室更名为"嫁衣坊"。这是他的书房，也是工作室。他在嫁衣坊为数千位中外作家的书设计过封面、画过插图，也为许许多多的作家画过头像。他的插图极具个性，充分体现出逆向思维的特色。画家通常画写实或写意插图，大都离不开面部的刻画，可张守义的写意黑白画，不仅大多不画脸，而且背影居多。如：《卡拉马佐夫兄弟》中三兄弟有动势的、能够显示不同性格和年龄的全身影像，《白鲸》中被一只白鲸咬掉一条腿的亚哈船长，《套中人》中古希腊语教师别里科夫，《悲惨世界》中风烛残年的冉·阿让，《战争风云》中体力衰竭的囚犯，《故乡》中木讷的闰土父子等，都达到了令人难忘的艺术效果。这是一种特殊的技巧。张守义的插图雄辩地说明，除了五官，依靠人的身体的特有动势，同样可以表达丰富的感情。但是，离开对生活的细腻观察和丰富的艺术想象力，则很难达到如此高的境界。由于他的一些插图无脸，他被人戏称为"不要脸的画家"。

张守义在举止上称得上一位绅士，对人彬彬有礼。他人虽瘦弱，握手却很有力。同时他又是一位不修边幅的画家，其衣着随意简朴，头发也不大梳理。我请他在签名本上留言，他认真地写道："情铸境，境传情。"六个字中两个情字，堪称艺术格言。他的处世原则也离不开情："以情待人，以情感人。"他把自己的情感全都熔铸在艺术里，因之张中行先生称他为"情痴"（见《负暄三话》）。他钤上姓名章，又用手指沾上印泥，在一个预先剪出图形的纸片上，按出一枚酒葫芦形的闲章，鲜亮醒目。他以酒为生，自称酒仙，这枚酒葫芦闲章，寄托了他的情思。因为闲章里印有指纹，无法克隆，而成为独一无二的张氏闲章的标志。在另一个场合，他又在宣纸上给我写了一幅"酒后吐真言"。他的书法是典型的画家字，一笔一画都像是画出来的。

途中有多次联欢会，让人见识了守义先生洒脱性情的另一面。一次，他演唱了山西民歌，音质谈不上好，但唱出了粗犷的神韵。到了厦门，最后一次联欢，主持人点他上场，我想他可能再唱一首歌，想不到他竟然爆出冷门：跳起了太空舞。已经66岁的老人，心理还显得如此年轻，动作奔放自如，完全进入到忘我的境界。全场几乎沸腾了，叫好声不断。他的表演成为当晚最抢眼的节目。

1997年5月，我们在郑州又一次见面。作为评委，我参加了河南省1996年度优秀图书的评选，张守义在其中的装帧设计组当评委，再次见面，格外亲切。某日晚，主办方邀请北京来的3位专家留下墨宝。我特意带上以往买的他的插图集，请他签字。张守义问我："上次在福州给你画了吗？"我说："没有。"他随即说："这次我给你画一幅。"他画了一个手托酒壶有几分醉意的少女背影,题款"酒仙"。

2003年,73岁的张守义退休。2007年1月,作为"走近大家丛书"之一的《我的设计生活·张守义》出版,书的封底印着这样一段话:"有天趣的人就是天才,人幼稚时个个是天才,长大后天才就少了。但一个人的天趣亦非不可以长久保持,天趣是可以长生的。所有的大师就是使天趣得以长久保持,他们的天趣是可以长生的。"

痖弦
（1932— ）
诗人、编辑家

痖弦：弦歌不绝，故乡情深

一

痖弦本名王庆麟，痖弦是笔名，也是谦词。"痖弦"的本义是弹不出声音的琴弦。他自称取自陶渊明诗句"但识琴中趣，何劳弦上声"之意。其真正的用意则是"这怪怪的笔名有一个好处，人们看过以后很难忘记"。作为诗人，痖弦终生发表诗作百余首，经自己审定收入诗集传世者不足90首，较之多产诗人，可谓惜墨如金。几十年之后，许多当红诗人已成过眼烟云，而痖弦却仍为海峡两岸及海外的研究者和粉丝津津乐道，其弦外之音不绝于耳。

与痖弦最初的联系始于1993年8月。听文心出版社社长牛雅杰讲起痖弦的两次故乡之行，备感亲切。痖弦是南阳人，我是唐河人，两县是邻县，同属于南阳地区，也可算作同乡。痖弦在台湾有大名，影响波及大陆和海外。南阳出了这样的才子，是同乡人的荣耀。当年我出了一本关于散文诗的书《美丽的混血儿》，书里引用了痖弦的名作《盐》，因有牛社长提供地址，我便把拙著给痖弦寄去，盼他赐教。同时，又另寄了一封短信，说到在牛雅杰与李元洛住处两人都谈起他。一个星期后，便连续收到他的两封信。第一封信是在收到书后寄来的：

幅明先生：

《美丽的混血儿》收到，多谢。这样的论著，台湾还没有。台湾散文诗有人写，但没有人为散文诗建立理论。

屠岸先生是前辈，我早年曾读过他译的惠特曼。我看了他为你写的序文，对《美》书增加不少认识。

敬请
文安

痖弦敬上
1993.8.31

一天后,又收到他的另一封信。显然,这是在收到我的信后写的:

幅明先生:

唐河距南阳很近,我的朋友很多都是唐河冯友兰家的人,我们等于是小同乡。

你的书可否再寄我一本?我试试看能否在此间出版。近年台湾出版界不景气,正经的文学书(特别是诗集和诗论),没人敢出,怕赔钱,坊间都是一些乱七八糟的读物。在台湾出书很难,本地作家也如此。

牛雅杰先生是我好友,我两次回乡都是他照顾。李元洛先生近访台湾,刚回去。

谢谢你在大作中评论了《盐》。《盐》诗是写咱家乡的。抗战时期,河南省西南一带一斗麦子换一斤盐,没盐吃的人眼睛会瞎。

祝

好

痖弦上
1993.9.1

说实话,收到信后我很感动。一是因为浓浓的乡情;另一点,则是他收到信当天就及时回复的职业精神。我们都同样做编辑工作,也同样都有职务,他当时仍在担任《联合报》副总编兼副刊主编,还兼任不少职务,忙碌程度可想而知。我一个月只看两本杂志,已感到没有时间回信了,一些信不能及时回,有一些信则始终未回。对照痖弦,敬佩之外,顿感汗颜。

一天后,又收到他的赠书,尔雅丛书的一种,由痖弦等编著的《极短篇美学》。他在扉页的题词上写道:"先生说散文诗是'美丽的混血儿',此语甚妙。'极短篇'(大陆叫'微型小说')跟'她'也有点血缘关系吧?"日期也是9月1日,说明是同一天寄来的。

"极短篇"这一文学形式在台湾的兴起,发端于1978年2月的《联合报》副刊。《联合报》副刊在开办此专栏的同时发表了编者按语:"极短篇是一个新尝试,希望以最少的文字,表达最大的内涵;使读者在几分钟之内,接受一个故事,得到一份感动和启示。"由于《联合报》副刊和《世界日报》副刊的大力提倡,"极短篇"很快形成了热潮,收获之丰大大超出了预期。《极短篇美学》便是此一文学现象的理论结晶。"极短篇"是小说,必须有人物和故事,散文诗则没有这样的要求,但它们有共同点：像金圣叹所说的"一笔作百十来笔用"的语言容量，尺幅千里、有限中包含了无限的美学追求，则是一致的。这本书对我颇有帮助。随后我又给痖弦寄去了我的另一本书《中外著名朦胧诗赏析》，书内选评了痖弦的《上校》和《如歌的行板》两首作品。他在收到书后的复信中说："《中外著名朦胧诗赏析》一书先生评了拙作二首，剖析十分深刻，我很敬佩，也很喜欢。我会在联副上发一则出版消息，使海外读者也知道此著的问世。"很快，我收到《联合报》1993年11月15日的样报，上面刊载了署名赵忠天的一则文坛消息，题目是《王幅明研究中外"朦胧诗"》。这则消息虽只有二百字，但却引起台湾一些同道的关注。后来，莫渝先生在给我的信中说，他一直保存这则消息的剪报，知道我研究散文诗也是从这则消息得知的。

痖弦与妻子张桥桥（1965年7月）

当时，《时代青年》杂志正在开办一个专栏《名人人生十问》，我便去信向痖弦约稿。很快，痖弦寄来了稿子。他是这样回答的：

1. 你成功的经验和秘诀是什么？

答：青年时攻学业，壮年时闯事业，晚年时修德业。

2. 你喜欢读什么书？

答：我什么书都读，多读书不求甚解。即使无法全知全解，半知半解也行，总比不知不解好。

3. 你最大的嗜好是什么？

答：读、写之余，听听或哼哼河南曲子。《李豁子离婚》一出，我百听不厌，也百唱不厌。

4. 你最大的烦恼是什么？

答：我不怕烦恼，消除烦恼最好的方法是面对烦恼，把烦恼当成是文学的肥料。新诗既成，烦恼远去。

5. 你是怎样看待金钱和名利的？

答：文人最好不要弃笔墨改抓算盘，贫穷是文人的宿命，改不了的。物质贫穷，精神才会富足。"文革"时人说"造反有理"，今天人说"赚钱有理"，在我看同样可怕。"文化搭台经济唱戏"，似乎应改成"经济搭台文化唱戏"才对。

6. 你是如何处理周围人际关系的？

答：我曾央人刻了一方闲章："这里拉人一把那里拉人一把，这里放人一马那里放人一马。"不能做伟大诗人，愿做伟大朋友。

7. 你向往什么样的生活？

答：闭门谢客，古卷青灯，自己恐怕没有那份耐力。倒不如盖一间茅庐，邀一群曲友，沏一杯苦茶，渔樵闲话闲话渔樵，帝力于我何有哉？

8. 你喜欢与什么样的异性相处？

答：交禁人，游禁地，不食禁果！

9. 你最喜欢的座右铭是什么？

答：杨万里诗"万山不许一溪奔，拦得溪声日夜喧。到得前头山脚尽，堂堂溪水出前村。"

10. 请你对想成名的人说几句话。

答：世人爱名位是因为名后头有利，位后头也有利，但利是无尽的。佛已入龛，就接受香火，时间久了，脸就黑了。

这便是痖弦的夫子自道。一个纯朴、正直、智慧、清醒、精神至上，又深爱家乡的知识分子形象，跃然纸上。

痖弦收到样刊后，又复一信：

幅明先生：

《时代青年》二册收到。"名人人生十问"也读了，你处理得很仔细，调整了语气和标点，使拙文看起来比初稿好多了。你是很尽职的编辑人，跟我一样。一笑。

谢谢你。

敬请

文安

痖弦上

1994.3.30

这封信又展示了痖弦的另一面：细致，对人厚道，对别人即便是微不足道的努力也给予肯定。

二

1932年9月29日，痖弦出生于河南省南阳县杨庄营东庄一个农民之家。父亲为小学教师，酷爱文学，曾与同好创办石印文学杂志《黄河流域》。痖弦为独生子，他的血脉里继承了父亲的文学梦想。他6岁上小学，13岁小学毕业跟随父亲到城里就读于南阳南都中学。因为家境贫寒，只能半工半读，放暑假时尚需到乡下去拾麦穗。父亲对儿子要求很高，庭训极严，除课堂功课，还辅导儿子学习《幼学琼林》《古文观止》《唐诗三百首》和一些新文学读物，传授写作技巧。他为儿子制定了学业目标——大学中文系毕业，之后努力写作，争取成为中国文坛上的"亮角儿"。梦想和现实常常打架。1948年11月，16岁的痖弦遇到人生的重大挫折。宛西会战的战火即将烧到南阳。南都中学便谋划迁到信阳，后来决定迁到更远的湖南衡阳，学生们别无选择，只有随着学校向南方流亡。1949年8月，陷入半饥饿状态的痖弦，在零陵县看到一河南老乡在召唤："有血性、有志气的青年到台湾去！"他禁不住人家一锅肉食的诱惑，饭后便报名投入国民党军队，一直南下，先到广州，再乘轮船过海来到台湾岛。

蒋介石败退台湾后，为稳定军心，台湾当局鼓励士兵学文化，继续完成学业，只要修满相应的学分，就发给正规的学历文凭。这使得一些中断学业的去台士兵完成了学业。其中一些人又出国留学深造，成了名家。痖弦也是这一政策的受益者。1953年3月，痖弦以士兵身份考入蒋经国亲手创办的台北复兴岗国防政工干部学校影剧系第二期学习，功课中有排演话剧和广播朗诵，这使他日后成为一名出色的话剧演员。1965年9月，痖弦因在话剧《国父传》中成功饰演孙中山一角，荣获台湾"第二届话剧金鼎奖"最佳男演员奖，被评为台湾十大优秀青年，并获"金手奖"。1954年9月毕业后，痖弦以少尉军衔分配在海军陆战队服役，任政治部主任办公室干事、左营军中广播电台编辑兼外勤记者。在上学的同时，他又于1953年10月，参加中华文艺函授学校诗歌班学习，师从覃子豪等人。是年，以"痖弦"为笔名在纪弦主编的《现代诗》季刊发表第一首诗《我是一勺静美的小花朵》。1954年结识张默、洛夫，参加创办《创世纪》诗刊。在左营军中广播电台，他与洛夫同事，两人同居一室，每天谈文学谈诗，相互交流切磋诗艺，兴致甚高。这是两位诗人创作多产且质量突飞猛进的一段难忘岁月。痖弦的诗作连续发表并屡屡获奖。其中有些获奖作品，如《火把，火把哟》及长诗《冬天的愤怒》《血花曲》等，作者一直未

痖弦与童年时的玩伴

将它们收入诗集。由此可以看出痖弦对待创作的态度极其严肃。他不容忍将自己不满意的作品流传后世。1957年，他以《印度》一诗，荣获台北诗人节新诗奖；1958年，他又以《巴黎》一诗，荣获"蓝星诗奖"。从此，他以创作实力奠定了自己在台湾现代诗坛的地位。1959年，27岁的痖弦加入了台湾"中国文艺协会"，任研究委员，并在香港国际图书公司出版了他的第一本诗集《苦苓林的一夜》。

《苦苓林的一夜》，运到台湾三百册书，由于手续繁杂，存放海关半年，等取出来时，封面已受潮腐烂了。痖弦决定自己重新设计封面，并将其改名为"痖弦诗抄"，装订后全部分送给亲朋好友，未曾交送坊间出售。

1961年5月，痖弦调回政工干部学校，任晨光广播电台台长，并在影剧系任教，讲述中国戏剧史、艺术概论等课程。1964年6月，痖弦完成政治作战学校影剧系大学学分补修，晋升为少校教官。1965年4月，痖弦与张桥桥女士结婚。1966年，他以少校军衔退伍。1966年9月，痖弦应邀赴美国，到爱荷华大学国际作家工作室作研究二年。1968年5月，他的英文诗集《盐》在美国爱荷华大学出版；同年10月，他的诗集《深渊》在台北出版。1969年，痖弦任台湾"中国青年写作协会"总干事。1971年4月，他的《深渊》增订版在台北出版。痖弦1974年兼任华欣文化事业中心总编辑及《中华文艺》总编辑，翌年任幼狮文化公司期刊总编辑。1976年9月，痖弦去美国威斯康星大学深造。1977年7月，其诗作入选台湾《中国当代十大诗人选集》。10月，痖弦获美国威斯康星大学东亚研究所硕士学位。回到台湾后应《联合报》之聘，痖弦出任"联合副刊"主编。1980年1月，痖弦升任《联合报》副总编辑，仍兼任副刊主编，此工作一直干到1998年8月退休为止。此后痖弦赴加拿大温哥华定居。

1981年4月，《痖弦诗集》在台北洪范书店出版，共分8卷，收诗87首，加上序诗，共88首。这是痖弦出版的十几本诗集中收诗最多的一本诗集。从某种意义而言，也可以说这是他一生仅有的诗集。他在自序中说："我常喜欢说一句话：'一日诗人，一世诗人。'喜欢诗并创作过诗的人，对于诗是永远不会忘情的。今年春节，在漫天爆响的鞭炮声中闭门自校这一本旧作，不禁感慨系之：活了这么久，好像只得到如是的结论：'人原来是这么老掉的！'又仿佛看戏，觉得刚刚敲锣，却已经上演了一大半。人生朝露，艺术千秋。世界上唯一能对抗时间的，对我说来，大概只有诗了。"

后一句话，的确让他言中了。痖弦从1953年发表处女作，到1965年写《复活节》一诗后戛然而止，仅仅写了13年。他得到的许多大奖和荣誉，都是在停笔后获得的。1988年11月，痖弦获世界诗人学会颁赠荣誉博士。他的诗集《深渊》被评为台湾10部文学经典之一。2004年2月，痖弦应邀赴美国洛杉矶，参加美国德维文学协会主办的"向诗人致敬·阅读痖弦"活动。活动包括朗诵和研讨。会后编印《阅读痖弦》一书，收入痖弦诗作及其评论，堪称洛杉矶华文诗界一大盛事。同年11月，痖弦获台湾第十一届东元奖。2005年7月，由香港大学中文系、武汉大学文学院和徐州师范大学联合召开的"痖弦与二十世纪华文文学研讨会"在武汉举行。痖弦应邀参加，并在会上接受了三个奖项：香港大学中文系颁发的"二十世纪诗学终身成就奖"、武汉大学文学院颁发的"二十世纪文学经典奖"、徐州师范大学语言研究所颁发的"媒体英雄奖"，以表彰痖弦在诗学领域多方面的贡献。当年11月，"台湾当代十大诗人"评选揭晓，痖弦名列其中。30多年来，台湾一共评选了3次"十大诗人"，痖弦均榜上有名。2006年5月，台北联经出版社出版了痖弦的有声诗集《弦外之音》。痖弦因有戏剧系出身的背景，有着低沉圆润的迷人嗓音，书中附有诗人亲自录音的原声CD3张，这是他比别的诗人多了一本"有声书"的重要原因。此书除收录诗歌代表作17首外，还包括作者手稿、不同创作时期的生活照片。装帧设计考究精致，是爱书人难以抗拒的典藏之物。封底印有诗人兼评论家白灵的一句评语："痖弦的诗是可以看的音乐，痖弦的声音是可以听的诗。"这句评语成为该书绝妙的广告词。

痖弦是台湾现代诗的代表人物之一。但就痖弦的诗观和创作实践来看，他与那些极力主张西化的现代派诗人有明显区别。他反对采取虚无主义的全盘否定的态度对待中国古诗。痖弦在《诗人手札》中说："我们雄厚的文化遗产，值得向全世界自豪，但不可否认的，我也在这庞大的积累中发现某些阻止前进的因素。我们的关键是，在历史的纵向上首先要摆脱本位积习禁锢，并从旧有的城府中大步地走出来，承认事实并接受它的挑战，而在国际的横断面上，我们希望有更多现代文学艺术的朝香人，走向西方，回归东方。"他对西方的超现实主义持某种保留的态度。他认为："坚持一种创作方法，是孤立的做法。真正有智慧的诗人往往不囿于一种方法，而是把各种方法熔于一炉而成为集大成者。"他广泛地吸收西方诗人的经验，也继承中国诗人的经验。他重视作品的社会意义和思想性，认为社会意义是评价文学作品的重要标准之一。他的不少作品都具有很强的社会意义，揭示生存与生命的真理。如代表作《深渊》《乞丐》《上校》《盐》《红玉米》《如歌的行板》《坤伶》《在中国街上》《战时》等。有人认为，《深渊》在思想和艺术上达到的高度，堪与艾略特的《荒原》比肩。他不倦地在中西诗艺的交叉处探寻，以独特的话语方式，创造出具有民谣与现代趣味变奏、戏剧感与抒情合一的痖弦体。

对痖弦的诗歌，已有多部评论与研究专著出版。1994年9月，萧萧主编的《诗儒的创造·痖弦诗作评论集》，由台北文史哲出版社出版。1998年6月，白灵、徐望云合著的《痖弦 郑愁予诗歌欣赏》，由广西教育出版社出版。2006年7月，龙彼德的《痖弦评传》由台北三民书局出版。2007年5月，黎活仁任总主编的《痖弦诗中的神性与魔性》，由台北大安出版社出版。罗青说："自五四运动以来，在诗坛上，能以一本诗集而享大名，且影响深入广泛，盛誉持久不衰，除了痖弦的《深渊》外，一时似乎尚无他例。"白灵说：痖弦写诗13年，"相当于众多诗人的一辈子或甚至一百年所要追寻的"。短暂的写作岁月，论数量尚不足百首诗，却"可以抵挡众多诗人长长一生所创作的……而且眼看还要继续抵抗下去"。

痖弦用一部诗集与时间对抗，创造了中国现代诗罕见的传奇。

痖弦的题字

三

痖弦虽然不再写诗，但他的生活一天也未曾离开过诗。除了诗人，他还有多个与诗有关的头衔：诗歌研究家、诗歌评论家、诗歌教育家、诗歌编辑家……自1966年赴美国爱荷华大学作家工作室进行文学研究开始，他在诗的田园开始了多项新的开垦，且都获得丰硕的成果。

作为诗歌研究家，痖弦以搜集五四以来新诗史料为起点，在《创世纪》上辟《中国新诗史料掇英》专栏，介绍刘半农、刘大白、康白情、李金发、王独清、朱湘、孙大雨、废名、戴望舒、辛笛、绿原等人的诗作，并编写1894年至1949年"中国新诗年表"，后结集为学术著作《中国新诗研究》出版。此外，他还编选了《朱湘文选》《戴望舒卷》《刘半农卷》《刘半农文选》等新诗史料文集。

作为诗歌评论家，其专论、诗评、序言收入《聚伞花序》（第一卷）、《记哈客诗想》等书，并多次出任台湾多项文学大奖的评委。

作为教育家，痖弦在东吴大学、静宜大学、中国文化学院、艺术学院等多所大学兼职，主讲新闻文学、编辑学、中国现代文学史及诗学等，曾多次在海峡两岸及多国华人文学讲坛发表演讲。

作为编辑家，痖弦主编《创世纪》诗刊和《诗学》《幼狮文艺》《联合文学》等杂志，兼任华欣文化公司总编辑、《中华文艺》总编辑，长期担任《联合报》副总编辑兼副刊主编。痖弦出任《幼狮文艺》总编辑后，把杂志发展成四本：一本《幼狮文艺》，初中高中每个班都订阅；一本《幼狮月刊》，属于文化类期刊；一本《幼狮少年》，仿照早年的《开明少年》，专门办给小学生、初中生看的；还有一本《幼狮学志》，给研究生和大学教授提供发表论文的园地。四本杂志，他都是总编辑。此外，与他人合编《六十年代诗选》《中国现代诗选》《中国现代诗论选》《八十年代诗选》《创世纪诗选》《诗学》《天下诗选：1923—1999台湾》等，主编《联副六十六年小说选》《中国新文学大系·诗卷》《联副三十年文学大系》《联合报第十届小说奖作品集》《联合报第十一届小说奖作品集》《联合报第十二届小说奖作品集》《一条流动的星河》《我写故我在》等。其中多部图书获台湾"金鼎奖"等出版大奖，个人多次获台湾"金鼎奖·副刊编辑奖"等编辑大奖。1997年1月，公司举办"世界中文报纸副刊学术研讨会"，提出"副刊学"的构想及蓝图，受到与会者首肯。1998年8月，痖弦从《联合报》退休。由九歌文教基金会和《文讯》《幼狮文艺》等七个单位发起，于台大校友联谊社召开"弦歌不绝——痖弦的编辑岁月"欢送会，欢送痖弦卸下"联副"老编重任，赴加拿大定居，气氛热烈感人。这是对他40年杰出编辑生涯的总结和褒奖。临行前，痖弦获台湾地区领导人颁赠的"华夏一等奖章"。

痖弦被认为是台湾文坛的奇人。无名氏（卜乃夫）认为他有三奇：一本诗集传青史；不只是一流诗人，还是一流甚至超一流的副刊主编、杂志主编，他办的副刊堪称有史以来最佳；创作难，批评不易，痖弦的诗论是杰出的，他又是一流的批评家。白灵说："痖弦有四奇。以一本诗集独步诗坛，难有敌手，一奇也；于高峰处戛然终止诗笔，众目渴其诗如渴甘霖，却无所动心，二奇也；从杂志到报刊，均值文艺思潮之黄金时期，企划编纂、引领文学风骚数十载，三奇也；绝对的磁性雄喉，群众处谈笑风生，众耳如沐春风，四奇也。以此四奇，求诸海峡两岸诗人，亦极少有，说是空前绝后，或不为过。"（《迂回于耳蜗的诗之流水》）我们略知痖弦的经历后，会感知白灵的话绝非溢美。

四

除去诗人、评论家、编辑家，痖弦还是一位重情者、一位绅士。天伦之情，家国之情，友情，爱情，乡情，犹如一腔热血，在他的血管里奔涌，形成他特有的人性体温。他是一位全身心浸润着儒家传统，又能恰到好处吸取西方智慧的中国文人。

凡是与他有过接触的人，无不为他的真诚所感染，难以忘怀。而他在退休后不断受到海峡两岸及海外华人世界的礼遇，可以理解为社会对他的回报。

他是一位受人滴水之恩而用涌泉相报的人。在他的生活一度濒临绝境的时候，曾经有人及时伸出援手，痖弦对此终身铭记，念念不忘。有诗友曾当众骂他"厚着脸皮占地球的一部分"，此人过世后，他仍撰文悼念，因为那人西装口袋里的通讯录上，王庆麟的名字赫然排在首位。他与洛夫、张默被称为《创世纪》的铁三角，他们三人及诗刊主要同仁间的友谊有口皆碑。《创世纪》成为台湾存活时间最长、影响最大的诗刊，与他们的友谊不无关联。他虽然居住在加拿大，至今仍任《创世纪》的发行人。

选择做诗人、文人，是痖弦的宿命。痖弦曾有从政的机遇，他却巧妙地避开了。痖弦曾经做过蒋介石的朗诵员。台湾有各种不同性质的军事学校，毕业的时候，蒋介石会亲自主持毕业典礼。毕业典礼上，蒋介石是一定要训话的。训话的内容都被印成小册子。有时候没有新意见，就让这个毕业班把以前的毕业训词拿来念。痖弦就被找去，在蒋介石旁边念"训词"，全校的学生在下面听。显然，念"训词"的人，政治必须可靠。经过考察，蒋介石官邸的人要调痖弦来每天给蒋介石念新闻，他以热爱教书为由拒绝了。他知道，一旦进入蒋介石官邸，就等于失去自由。没有自由的心态，也就不可能再有诗的生活。

痖弦是一位苦读者、一位博览群书者。他之所以能够在多领域取得成就，源于他广博的修养，源于他是一位通才。我们从杨牧先生为《聚伞花序》写的序言里得知痖弦在左营的兵营里如何读书:"在左营那两天,听他说夜间点灯阅读禁书的事,觉得不可思议,但也第一次体会到书有可能为你惹祸,原来如此。他说必要的时候,他甚至将那些借来的书中一些重要段落拿纸笔硬抄下来。后来他自己也公开谈到抄书的事:'面对书中那些爱不释手或消化不了必须进一步深研的章节,唯一的办法是把它抄下来,有时遇到海内孤本,就整本抄录。'"痖弦把那些手抄本锁在他的一个小木箱里,小木箱伴随他走过许多地方。这是他最早的"书房"。后来,他撰文告诫青年朋友:不单是作家,士、农、工、商,每一个人都该建立自己的书房,哪怕是你拥有的空间仅有书桌中抽屉那样的小角落,也能提供你精神支柱的来源。一个人在35岁以前,应把最重要的书都读完。除此,还要找一个好老师,请教应读什么书;交一批志同道合的朋友。他建议爱好文艺的青年朋友,坚持做好三件事:写日记,做读书札记,与文友通长信。这是他的人生经验。他受惠于斯,也无保留地传给后人。

痖弦的爱情婚姻生活,并没有多少离奇曲折的故事,却在台湾的文化圈内传为佳话。他与张桥桥有着才子佳人般的姻缘。以痖弦的才情和知名度,追求他的女性一定大有人在,可他却偏偏认准了一个爱好文学的病弱的女护士,并成为她终生的护花使者。他与张桥桥1958年相识,一见钟情,直到苦恋7年后的1965年成婚。而这一年,正是痖弦停止写诗的一年。他后来在《"被害"者》一文中写道:"一个没有妻子的诗人时常在诗中写出一位新娘来,可是一旦他结了婚,却往往写不出诗来。何故?莫非是应了巴尔扎克那句话'幸福杀害一切诗人'?我就是一个'被害者'。问题的关键在于:没有任何的词章能与生活甚至生命的本身相抗衡;'过'一首诗比'写'一首诗更美丽!"正如他所言,他们的婚姻生活充满诗意,比诗更美丽。痖弦为妻子写下一咏三叹的情诗《给桥》,张桥桥为丈夫写下至情美文《花非花》。张桥桥终生都在与疾病作斗争。而痖弦常常深夜背妻子去医院看病,充当爱妻的保护神。他在加拿大安家的主要原因,是当地的环境适合妻子治病、生活。痖弦挑选房子,也是按照妻子的审美标准。由于外形极像一个"桥"字,他便不假思索地将此幢房屋取名为"桥园"。2005年,张桥桥抛弃病痛,飞往天堂,但她并没有离开桥园。她的照片依然挂在最醒目处。虽然相隔两界,夫妻两人心灵的对话从未停止。

痖弦的乡情终生未泯。早年,由于海峡的阻隔,他的乡愁只能寄寓于诗句。两岸开放后,痖弦终于等来了返乡的机会。1991年9月,痖弦偕夫人回到阔别40多年的故乡探亲。他的老家距南阳城有45华里。痖弦进村后,全村的乡亲都出来热情迎接，由于时间间隔太久，他认识的人很少。故乡的变化很大，儿时的老屋已不存在，仅剩残垣。依旧不变的是永恒的乡情、乡音，还有百吃不厌的家乡饭。他仍能说一口纯正的乡音，让乡亲们备感亲切。他用老兵补偿金在故居旧址上新盖了几间瓦房，供亲戚们居住，同时也作为自己返乡的临时寓所。他要办一件大事：为祖父母、父母、叔叔婶婶扫墓立碑。痖弦老家有三座墓，一座是祖父和祖母的墓，一座是父亲和母亲的墓，一座是叔叔和婶婶的墓。墓碑都是痖弦新立的。墓碑上写着6个人的名字，实际上只有3个女人葬在这里。祖父死于土匪之手，始终未找到尸体。父亲病死在青海，亦葬于青海。叔叔也死在外地。在亲人墓前，痖弦万分伤感。当年他的父亲希望他有朝一日成为文坛的亮角儿，如今，这一愿望已变成现实，可是，父亲却无福看到。如果地下有知，他的父亲一定会感到欣慰。痖弦是孝子。2008年，76岁的痖弦与女儿一起，到青海寻找父亲的遗迹。他找到了父亲当年劳动过的农场，现在仍然是监狱。父亲在这里病故，也被埋葬在这里。痖弦冲着埋葬父亲的油菜田磕了三个头，在地里抓了一把泥土带回，以作永久的纪念。至今，痖弦偕家人已多次返乡。他第二次返乡时还为外公外婆、舅父舅母扫墓立碑。他多次带两个女儿回老家寻根祭祖。为了不忘本，他给两个女儿起的名字都打上了家乡的印记：大女儿小名叫小米，大名叫景平；小女儿小名叫小豆，大名叫景营。小米、小豆，是地道的家乡特产。景是女儿的辈分，平、营分别是舅家平洛和家乡杨庄营的其中一字。现在小米、小豆都已成家，痖弦还习惯这么叫。而且，痖弦还让两个女儿在家都要说南阳话。他十分怀念父亲任教时办过的"牛车图书馆"。牛车拉着适合儿童阅读的图书，从县城出发到乡下去巡展，他负责敲锣喊街。每到一处，村民和儿童们都会把"牛车图书馆"围得水泄不通，这是他最得意的时刻。由此，痖弦萌发了一个心愿：他将把故乡的老宅改建成一个儿童图书馆，里面放一些他的手稿、书信以及其他作家的作品，让更多的孩子受益。

五

2000年5月，痖弦第三次回故乡为已故亲人扫墓。13日路过郑州停留时，我有幸与他相见。同事马新朝告知我痖弦已在郑州的消息。几个南阳老乡约定与他一起共进早餐。早餐安排在龙祥宾馆，参与者还有诗人吴元成、田桑、冷焰、方向真等。因为都是同乡，又大多在媒体工作，虽从未谋面，但一见如故，格外亲切。痖弦说他已退休定居加拿大。他笑称现在台湾"台独"势力猖獗，两岸剑拔弩张，说不定哪天会打起来，住在加拿大会更安全。这是玩笑话。后来得知居住在加拿大的原因是方便给夫人治病。他动情地谈起乡情、初次回去探亲的感受、对父亲的怀念，也谈了他的编辑生涯、台湾的新闻出版业及政坛乱象。他认为，虽然国共两党曾经是仇敌，但不少政见却是一致的，比如都反对"台湾独立"。他表示他是彻底的"统派"。我提前把他在《时代青年》发表文章的稿费在财务室领出，当面交给他。

再一次见面是在10年之后。2010年10月27日，"痖弦中原行河南诗歌界座谈会"在河南省文学院举行，省会40余位诗人出席。会前，痖弦由冯杰等人陪同，参观了河南文学史展览。在当代展厅，他看到介绍他文学成就并有他照片的展板。家乡文学界对一位游子的认可，令他感动，痖弦特在展板前留影。许多人在此与他争相合影。座谈会由河南省诗歌学会会长马新朝主持。该活动是由福建省文联、海峡文学艺术发展研究中心、《台港文学选刊》杂志社主办的"2010海峡诗会——痖弦'文学之旅'学术交流活动"的一部分，已在武汉、南阳等地举办活动，两天前从南阳移至郑州。在南阳，他又一次返乡为亲人扫墓，还参加了南阳市文联举办的"痖弦先生原乡行"座谈会。在座谈会上，痖弦受聘担任南阳市作协名誉主席。南阳作家称赞他是"南阳诗歌的一个品牌"。

台港澳暨海外华文文学研究专家、郑州大学教授樊洛平介绍了随行的福建省作协副主席、《台港文学选刊》主编杨际岚，台湾旅美作家潘郁琦等来宾。痖弦首先致辞。他深情回忆自己与家乡文学前辈和同行的交往，介绍了豫籍诗人在台湾的状态，并与在座的诗人们进行交流。

痖弦幽默地说："我是1949年离开河南的，我的河南话还停留在1949年。河南话后来有所改变，但我的河南话没有变化，是河南话的活化石，可能还具有学术研究的价值。"痖弦十分关注河南文坛，一直在画一个河南作家诗人的地图。从古代开始直到当今，出一个作家诗人就画一个红点。现在他的地图已是"满堂红"。他说，今天看到这么多的诗人，可以说河南文学的星空非常灿烂。河南人口多，诗人当然多。河南的许多事业都在发展，文学也要加强。他回忆起河南文学前辈的一些旧事。"我小时候把姚雪垠读作姚雪'恨'。后来我爹纠正了我。姚雪垠的小说写得很人性，写农民如何变成土匪，变成土匪的人还会对着一块田地说，这是好地啊，一脚能踩出油。这是很深刻的人性描写。"姚雪垠为什么能写出《李自成》？痖弦认为有一个重要原因："姚雪垠年幼时，豫西一直有土匪，从未平静过。他本人也被土匪抓去过。他有这样的经历。"他还回忆起与老诗人苏金伞"约会"的一个场景：

"1991年我第一次回郑州,约好和苏老在车站见面。那时他已经80多岁了。我跟他说,手里拿着一本他的《窗外》诗集的人就是我。那本《窗外》已经跟随我几十年。后来苏老还在扉页上题字:'谢谢你保存了那么多年。'我特别喜欢他早年的《头发》,我念苏老晚年写的情诗'一边走一边吻着',问他'吻的是谁',苏老幽默地说:'谁还记得哪个龟孙!'"一句话把大家都逗乐了。

痖弦说起生于河南淅川、同在台湾生活的现代诗人周梦蝶。"他受佛教影响,但又热爱生活,与佛教若即若离。他不穿衬衣,摆书摊为生,过着苦行僧般的生活。虽与一些女性有过交往,但他的情感比柏拉图还柏拉图。一次他到家做客,家人以为敲错门而拒他于门外,后来开门一看是周梦蝶,惊呼:'大诗人来了!'他有一年生病,大家捐了不少钱,后治好病还剩下一些,他现在基本靠此为生。他的诗干净纯洁,把世俗与禅味很好地结合在一起。"他建议河南有识之士能为周梦蝶办一次研讨会。流落台湾的大陆籍作家,最看重家乡的肯定。大哲学家冯友兰的家人在台湾生活的不少。痖弦与他们保持着密切的交往,每次回河南都要到唐河看看。"过去不相信门当户对,通过与冯家人交往,现在信了。冯家人都很出色,其中有一个原因,就是门当户对。"

痖弦以诗名世,但他对自己的评价是"失败的诗人,成功的编辑"。他很看重几十年的职业编辑生涯。能够做到对作者的信件每信必复的编辑,世上能有几人?痖弦无疑是其中之一。他经常工作完回到家中,还要给作者回信,平均一天要回二十封信。他曾以通信形式对席慕蓉等人的诗作点评多年,使许多作家感念不忘。河南作家中,他与许多人都有通信联系,其中与冯杰的联系最多,因为冯杰在台湾得了很多重要的文学奖。冯杰笑称,都是开了痖弦老师的后门。痖弦严肃回应,台湾评奖都很公正,没有开后门现象。

杨际岚先生感慨地说,《台港文学选刊》杂志创办26年,接触过不少台湾作家,对痖弦先生尤为敬重。他不仅是优秀的诗人,更是伟大的编辑家。

因为发言的人多,主持人不得不限定每人不能超过5分钟。角度虽各有不同,但对痖弦的由衷赞美却高度一致。

痖弦感谢杨际岚和樊洛平为他所作的安排,感谢故乡的厚爱。他认为故乡的肯定是最真实的肯定,也是最重要的肯定。

中午聚餐,有幸与痖弦同桌。大家排队请痖弦签名。他在我的签名本上题写了这样一句话:"幅明先生:咱南阳是诗歌的原乡,你是荷锄的勤耕人。"竖写,内容写在整页纸的中间，只占全纸很少一部分。章法独特，如能再加上几枚印章，就是一幅很有味道的书法小品。这让我们从一个侧面看到大诗人与众不同的审美。"勤耕人"一说，受之有愧。这是长者的勉励。我把事先准备好的《河，是时间的故乡》一书送给他。他表示一定会带回温哥华认真阅读。

当晚7时，"红玉米——痖弦诗歌朗诵会"在郑大新校区大学生活动中心举行，一共19个节目，个个精彩。其中有他的诗作12首：《秋歌》《斑鸠》《盐》《伞》《乞丐》《深渊》《给超现实主义者》《芝加哥》《红玉米》《我的灵魂》《给桥》《我是一勺静美的小花朵》，还有听之令人断肠的张桥桥的作品《花非花》。最难忘的是《盐》。我流泪了。我看到痖弦也泪流满面。后来他上台亲自朗诵他的乡愁名作《红玉米》时，说他一边听朗诵，一边不停地流泪，朗诵水平之高超出他的想象。他说："中央电视台也不过如此。依郑大朗诵团的实力，完全可以组团到台湾去演出。"朗诵的最后一首，是痖弦的处女作《我是一勺静美的小花朵》，由一位女生朗诵。想不到朗诵者走下台后，竟把头上的发簪取下，送给痖弦作为纪念。一个唯美、感性的举动，令我对郑大学生刮目相看。我以为朗诵团是专业的，问过樊洛平老师，方知全都是师生临时准备的。由此可以感知他们的素质之高、对痖弦诗作的理解之深。

三个月后，收到痖弦一信：

幅明先生：

　　谢谢你赠我尊编《河，是时间的故乡》。好书名！

　　《盐》入选，是我引以为荣的事。各家作品，以年龄序，算一算，徐玉诺、于赓虞之后，就是我了。论资排辈，不敢，也不够。但这一大把年龄，也只有站到前头了。

　　我们通信很多，经验美好。这次难得见面，竟没有说上几句话，时间匆促，人又多，简直没有办法跟你单独吃碗芝麻叶面条，说说家乡话，只有期待来日了。

　　《河》书我带回温哥华了，已读了你的长序，宏观的视野，予我以极目千里的感受。

　　今日为农历年初四，谨在此祝福您新岁多福，万事如意！

痖弦敬上

2011农历年初四　温哥华

虽已年近八旬，但他几十年养成的职业习惯一点没变，依然坚持给文友写信。

2013年11月25日，第四届"中坤国际诗歌奖"颁奖典礼在北京大学举行。痖弦和波兰诗人亚当·扎加耶夫斯基成为本届诗歌奖得主。授奖辞说："诗人痖弦数量不多的这些作品，以其原创性和高度想象力，以其对人生的敏感、对世事的洞察，以及独特的语词、句式的创造，在新诗界影响深远。"痖弦应邀专程赴北京领奖。须知，这是一个已经停止写诗48年的诗人啊。这样的荣誉，可有相同的当代诗人享有？

2014年3月，痖弦与杨稼生通信集《两岸书》，由痖弦家乡的出版社河南文艺出版社出版。书中收入他与南阳同乡、散文家杨稼生30年间的200余封通信。这些朴素的手札，透出痖弦对待故土故人的赤诚情怀。其中不乏珍贵的史料，能使我们更加完整地了解痖弦，了解海峡之水阻隔不断的文化血脉和民族亲情。

虽然身居海外，但痖弦始终心系故土。退休后，他自感有了新的使命。几乎每年他都会受到邀请，到海峡两岸及世界各地参加文学活动，发表演讲。他演讲的主题主要是华文文学在当今世界的地位和影响。他将利用自身的某些优势，致力于中华文化在世界的传播。

弦外有音的奇迹仍在继续。

（原载《名人传记》2015年第4期）

鲍加
(1933—)
画家

鲍加：让生命飞翔

一、难忘大漠

1995年3月，利用在合肥出差的机会，我拜访了安徽省美术家协会主席、著名油画家鲍加先生。鲍加对我的来访有几分意外，毕竟我来自一家外省的杂志。这或许可以从某一个角度印证他在全国的知名度。1993年鲍加已从工作岗位上离休，但他似乎更加忙碌，没有了工作上的牵挂，可以全身心投入到创作中。

我们在一间不够宽敞的画室交谈。靠墙有多幅油画，大多为小幅，两件大幅作品吸引了我，准确地说，令我震撼。两幅作品全与大漠有关。一幅《地质队员之歌》，另一幅《大漠千里》，画的主人公都是地质队员。前一幅画的是两位身骑骆驼的女性地质队员正在亲切交谈，远处是高山，她们的身后是一个驼队。后一幅画了几匹走乏了的骆驼和两位疲倦的地质队员的身影，地上是刚刚卸下的沉重的仪器和生活用品，远处隐约有一队骆驼正在吃力地前进。两件作品的基调一样：朴素、凝重，内涵丰富。整个画面有一种雕塑感。画家用他充满深情的画笔，为地质队员树立起一座生命和信念的丰碑。《地质队员之歌》原为组画，1982年9月由中国地质博物馆收藏；《大漠千里》1984年8月参加了全国美术作品展览，后又在纽约"中国当代油画展览"展出。

由两幅油画引出了话题。鲍加说，1982年他曾去新疆号称"死亡之海"的塔克拉玛干沙漠写生，骑着骆驼，顶着烈日，跟随地质队员走向渺无人烟的荒原。与地质队员共同生活的十多天，给他留下了终生不灭的印象。他画了很多素描，也创作了多幅关于沙漠和地质队员的作品。这两件作品陈列在他的画室里，可以看出他对它们是多么地钟爱。

"地质队员的生活极其艰苦。沙漠昼夜温差极大，白天40到50度，夜晚下降到零度。那里流传过一首打油诗：'有女不嫁地质郎，一年半载守空房。有朝一日回家转，破衣臭袜堆满床。'至今我还记得。他们的事迹太感人了。是他们

王幅明与鲍加

发现了油田，发现了铀矿。因为辐射的原因，女工工作时间长了有可能不能生育，所以半年要换一次人。他们给我讲过一个故事，三个探矿的人在沙漠中失散了，后来找到他们时，他们都已死去，胸部都被抓烂了，实在太渴了……希望你们杂志多介绍一些地质队员的生活。现在的青年不知道林则徐、不知道孔子的名字，只知道刘德华。"

他的一席话，像他的油画一样让我感动。这是他对画作内涵的诠释。

鲍加是安徽歙县人，1933年9月出生于湖北武汉。他是一位自学成才的油画家，没有上过大学。他说自己走上油画之路，读的是和高尔基一样的社会大学。他从小喜欢画画。1949年7月，只有16岁的鲍加只身离家，加入芜湖市文艺工作团，学画宣传画，学搞舞台设计。1951年冬天他被调到治理淮河的工地。这个当时全国最大的水利工程吸引来一批又一批画家。他便如饥似渴地向他们求教，废寝忘食地苦练技法，并大胆地开始油画创作。1955年5月，时年22岁的鲍加创作了油画《淮河岸边》，参加了华东地区美术作品展览。接着，油画《汛——梅山水库》《工地的早晨》《大军回来了》《古城的早晨》相继参加省内和中国首届青年美术作品展、中国人民解放军建军30周年美术作品展。1956年，治淮委员会撤销，他来到了安徽省文联，1958年任省文联美术组长。同年，毛主席来安徽视察，他创作了大幅油画《毛主席在马鞍山钢铁厂》，在安徽省及新中国成立十周年全国美展展出。全国十几个画报先后刊登。这幅作品成为鲍加的成名作。他的名字开始引起美术界的关注。当年12月，他被特邀出席全国群英大会。他深情地说："马鞍山钢铁厂是我艺术的摇篮。没有这张大画，北京哪能知道安徽有个叫鲍加的人呢？"

1960年8月，鲍加出席全国第三次文艺工作者代表大会，就任中国美术家协会安徽分会秘书长。1961年，是鲍加艺术生涯中一个特别的年份。这一年中国革命历史博物馆邀请一批油画家集中进行历史题材油画的创作，经罗工柳推荐，当时28岁的鲍加有幸受邀，与油画大家董希文、艾中信、罗工柳等教授一起参加创作。1963年，30岁的鲍加进入中央美术学院进修，接受正规的绘画训练。他说，他第一次站在米开朗基罗代表作《大卫》石膏像前时，激动得泪流满面。《大卫》是米开朗基罗26岁时创作的旷世之作，而自己在而立之年，才有机会画第一张严谨的素描。经过两年的学习和修炼，1965年结业时，鲍加创作了油画《毛主席等在共青团第九次代表大会上》，作品构思新颖，场面恢宏，在全国引起较大反响，后被制作成巨幅织绒壁画在全国工艺美术作品展览会上展出，油画被中国美术馆收藏。

1966年至1976年，是鲍加创作的空白期。自70年代后期起，他的创作热情像泉水一样喷涌，油画《战地迎春》《湖畔》《极目楚天》《草原风情》《春融三峡》《激流——刘邓大军挺进大别山》等，接连参加全国美术作品展览，或被中国革命博物馆、安徽省博物馆收藏。为建党60周年而创作的《激流——刘邓大军挺进大别山》，画的是刘邓大军挺进大别山，画面中的刘伯承、邓小平神情坚毅，正在和战士谈笑风生中涉水走过湍急的河流，水中立着一块巨石，让人想到中流砥柱。1985年5月，他出席中国美术家协会第四次全国代表大会，当选为常务理事。1988年12月，他当选为安徽省美术家协会主席。

综观鲍加的作品，可以看出，50年代，他与那个时代的艺术家们一样，怀着强烈的历史使命感和社会责任感，满腔热情地歌颂新生活，留下了那个年代特有的烙印。"文革"十年动乱过后，历史开始了新的转折。艺术家的艺术生命在纷纷复苏的同时，又出现了形形色色的艺术新潮。经历了短暂的惶惑和迷惘，经过认真反思，鲍加有了更加成熟的选择。他决定走自己的路，不去跟风追潮。他重新背起画箱深入生活，走进建筑工地、钢铁厂、沙漠，与工人和技术人员日夜生活在一起，与他们建立了难以割舍的情感。他创作的《大漠千里》等大幅作品，便是他火焰般激情的流露。它们为他再次赢得了赞誉。这些作品后面隐藏着许多生动的故事，记录了画家饱满的激情、独特的构思和艰苦的创作历程。

二、百年经典

说起自己影响最大的油画作品，他首推1961年受邀为中国革命历史博物馆创作的《淮海大捷》。这件与人合作创作的大幅画作，被该馆长期收藏陈列，至今仍悬挂在国家博物馆大厅，被评为中国油画百年经典之一。

已经是30多年前的往事，但回忆起来鲍加依旧难掩激动。1960年秋天，他接到省委宣传部通知，中国革命历史博物馆邀他参加庆祝建党四十周年重大历史题材美术作品创作，分配给他的作品主题，是表现解放战争三大战役之一的淮海战役。对创作这一重大题材，他开始有些犹豫，因为难度太大了。如何来表现？全景？长卷？组画？企图在一幅狭长的画面上去表现如此宏大的题材，几乎是不可能的。在

鲍加在巴黎举办画展（1985年）

领导的热情鼓励下，他答应试试。

这年冬天，他带着一部内有论述淮海战役的《毛泽东选集》去了宿县，脚踏自行车只身前往淮海战役最后的战场——双堆集一带走访。放眼远望，看不到战争的任何痕迹。但不少抬过担架、推过独轮车的老农还清晰地记得那场战争的情景。还有经历过战争退伍回乡的战士。他们的回忆给他提供了宝贵的素材。

回到合肥，他阅读和参考了有关史料，也访问了一些老同志。经过思考，他感到一件作品容量有限，很难客观地表现这一伟大战役的全貌，唯一的办法就是按照艺术创作规律，在尊重历史真实的前提下，对素材进行创造性的取舍，并在此基础上发挥艺术想象，求得用局部概括全体。他决定不去画战争中冲锋和厮杀的场面，并要求将淮海战役的主题聚焦为"淮海大捷"。他的想法和方案得到了罗工柳教授的肯定。罗教授征得博物馆领导的同意，决定将这幅作品主题更改为"淮海大捷"。参加这次历史画创作的都是一些赫赫有名的大画家，如《开国大典》的作者董希文，《红军过雪山》的作者艾中信，《地道战》和《延安整风》的作者罗工柳，《狼牙山五壮士》的作者詹建俊，《征服雪峰》的作者靳尚谊等。与他们相比，他还是一个没有任何艺术学历和资历的年轻画家。罗工柳教授真挚的鼓励给了他力量和信心。罗工柳对他说："你前年不是画了《毛主席在马鞍山钢铁厂》的大画吗？我还推荐给革命历史博物馆收藏这幅作品呢。我们就是看到了你这幅画才调你来参加创作组的。别害怕，有这么多老师，一定会帮助你的！"他请求将安徽的张法根调来与他一同创作，罗工柳同意了。1961年春节后，他与张法根去北京，加入到历史画创作组的团队。

强烈的创作激情,往往是在认真学习过历史文献和进行深入的访问之后产生的。值得庆幸的是,创作组每周都会举行二至三次研讨会。前辈老师对他们的构思、构图给予了中肯的指导。这期间,中宣部还邀请郭沫若为他们讲解毛泽东诗词。郭老精辟形象的讲解给了他们很大的启发。领袖诗词洋溢着浓郁的革命浪漫主义,将残酷的战争"诗化"。鲍加反问自己:我们画画,为何不可以借鉴?他们将构图设计为"胜利交响乐",集中表现人民军队在人民群众的强大支持下展示出来的宏大气势,相对比的是失败的一方被摧毁的没落景象。画面中色彩明暗、冷暖的对比,"声响"的强弱,黑白关系的处理,都是为衬托敌败我胜的总结局。为了体现将革命进行到底的思想,画作描绘了部队在广大群众支援下乘胜前进的场面。

1961年7月1日前夕,《淮海大捷》这幅长达近4米的油画如期完成。它悬挂在中国革命历史博物馆宏伟的大厅中,得到了中央领导和观众的一致肯定。从那日起至今,这幅作品始终悬挂在博物馆的展厅。它参加过"百年中国油画大展",收入多种版本的大型画册和论著中。创作这幅油画坚定了鲍加用油画表现重大历史题材的信心。1965年创作油画《毛主席等在共青团第九次代表大会上》、1981年创作《激流——刘邓大军挺进大别山》等,都是得益于创作《淮海大捷》的经历。

三、黄山论剑

鲍加在担任安徽美协秘书长20多年的经历中,有一件事情令他最感自豪,这便是1985年由他与中国美术研究所倡议,并会同中央美术学院等共同举办,由他出面组织、由安徽美协承办的在安徽泾县召开的黄山油画艺术研讨会。这是一次产生了重大影响的全国性美术活动。几十年过去了,人们谈起此会,仍会津津乐道。研究当代中国美术史,学者们都会提到此会,并冠以中国油画家的"泾川起义""油画艺术的春天"这样的褒词。这是油画界一次思想解放的盛会。会议就破除油画创作的单一模式、批判题材决定论、主张观念更新、强调艺术本体的本质功能和艺术中个性的重要性、主张合理吸收西方现代艺术等问题展开研讨,切中时弊,因而成为有力推动中国当代油画艺术发展的里程碑。

1984年初冬,第六届全国美展油画作品展在沈阳举行,中国美协召集部分作者和理论工作者到沈阳参观、座谈。中国艺术研究院美术研究所的张祖英、陶咏白和安徽省美协的鲍加、周昭坎前往参加。他们在和油画家的交谈中,都感到这次展览的作品有"开倒车"的倾向,很沉闷。座谈会上,大家发言都小心翼翼,言不由衷,而在会外大家却谈得热烈、中肯。四人深感应该为油画家创造一个可以畅所欲言的平台，让大家把话说出来，有利于重新激发创作热情，开拓创作的新局面。大家认为，在当时的形势下由首都的艺术机构来牵头召开会议比较困难，因此，他们鼓动由鲍加牵头，争取在安徽开个"油画讨论会"。鲍加和周昭坎商量后爽快地答应下来，决定由安徽美协承办。张祖英等人帮助联系参会画家。联系画家的工作十分顺利，迅速得到王朝闻、白鹰、张明坦等领导的支持。经过协商，决定"油画讨论会"正式由中国艺术研究院美术研究所和中国美术家协会安徽分会两家联合主办，由安徽美协承办，由王路、王朝闻、华夏、朱乃正、张祖英、张蔷、闻立鹏、晨朋、阎振铎、鲍加、靳尚谊等11人组成"油画艺术讨论会"筹委会，推选王朝闻为主任，鲍加、靳尚谊、阎振铎、晨朋为副主任。会前，筹委会收到画家、理论家的论文40余篇。

讨论会规模预定一百多人。省文联的经济实力难以承受，鲍加直接找省委分管文教的副书记袁振请求支持，省财政拨出8万元专款支持这次活动。1985年4月20日，应邀参会的画家、理论家与媒体记者陆续抵达泾县泾川山庄。到会的画家"四世同堂"，不同门派的画家欢聚一堂。吴作人、吴冠中、罗工柳、靳尚谊、朱乃正、詹建俊和从美国应邀赴会的陈逸飞等"大腕"画家都如约到会，盛况空前。会议于21日举行开幕式。22日到26日，小组讨论与大会发言交替进行。会议几乎天天超时，常常到了吃饭的时间散不了会。晚上更加热闹，讲座、录像、幻灯齐上，一直持续到午夜。专家分别介绍日本美术现状、西方艺术趋势、欧洲绘画观念、苏联油画等，播放在国外考察、访问时拍摄的录像和幻灯。26日会议举行闭幕式，鲍加主持，靳尚谊作会议小结，最后，吴作人发表了讲话，他说：会议"各抒己见，这非常好。油画艺术方面的问题，本来就应当各抒己见。油画艺术从来没有规定的形式。油画艺术在中国发展到今天，更有这个可能性使每个搞油画的同志都能各抒己见，都能按照自己想要做的、能够做到的去作出应有的贡献。总的说，应该在我们这一代使油画成为中国的油画，把中国的油画推向世界，使世界承认中国的油画"。最后，会议通过了《关于发展我国油画事业的倡议书》。会议还决定1986年举行与会油画家探索性画展，编辑出版油画艺术讨论会文集。

这次会议着重谈了观念更新和创作个性问题。大家一致认为中国油画的发展最紧迫的问题是观念更新。艺术是一门强调个性创造的精神劳动，没有个性就没有创造，没有创造就谈不到发展。与会代表在"更新艺术观念""追寻艺术个性"和"要多样，不要一统"等方面取得的共识，成为新时期油画创作繁荣的起点。

由于这次会议涉及的议题是文艺界的焦点，因而在整个美术界乃至文艺界引起了极大的反响。美术界通过油画艺术讨论会举起了"创作个性的发扬""创作多样化"的大旗，为"创作自由"奠定了两个具体目标，对整个美术界的思想解放起到了推波助澜的作用。1985年7月，油画艺术讨论会纪要《迎接油画艺术的春天》发表。文化艺术出版社将讨论会40余篇论文结集为《油画艺术的春天》文集出版发行。1986年4月，由中国美术家协会主办的与会画家探索画展"中国当代油画展"在北京中国美术馆举行，油画题材、形式出现多样化。此展于1987年6月赴日本东京、名古屋等地以"中国现代油画"的名义巡展，在国内外造成一定的影响。以高等美术院校学生为主体的"1985新潮美术"逐步形成对美术界的冲击波。1987年4月，中国美术家协会油画艺术委员会在北京召开全国油画艺术讨论会，会议提出创作"具有中国时代精神、中国特色和个性特征的中国油画"，并决定第二年举办首届中国油画展。这正是讨论会提交美代会的《倡议书》的中心口号。1987年在上海举办的首届中国油画展和1989年在南京举办的第七届全国美展（油画部分），与此前的第六届全国美展（油画部分）呈现明显差异，差异之一是绘画风格、样式由单一转向多样，差异之二是画家结构的年轻化。首届中国油画展，第一次打出了"中国油画"的旗号。

黄山油画艺术讨论会的精神及其实践，已作为中国当代美术史不可或缺的一页而永载史册。

四、能飞翔，就不应爬行

鲍加说，1985年6月，国家派他到欧洲进修。他有机会赴法国等西欧多国考察，进行艺术观摩，并于同年11月在巴黎国际艺术城展厅举办个人画展，令他眼界大开，感受很深。"雷诺阿86岁还坚持作画，手伸不直，抖动，用绳捆起来画，最后死在画架前。他说，我活着就要画画，不画画，我活着还有什么意义？"他为法国艺术家的艺术精神所震撼，也为印象派画家莫奈及凡·高的作品所倾倒。他意识到艺术应该是多元的，对美的追求无所不在，思维限定在一个框架内，只会扼杀艺术的发展。

出国的机会接连不断。1987年9月，他率团赴保加利亚参加"国际写生节"活动并参加作品展览。1988年6月，他应邀赴斯里兰卡，为其国家大法院绘制油画《立宪》。此画是一件巨幅历史画，画面上有160多个不同的人物，个个栩栩如生，受到广泛赞誉。同时他还创作了《菩提树》等作品。1988年8月，油画《家乡的老树》参加"中国油画邀请展"并获"国际文化交流奖"。1991年5月，鲍加率团赴日本东京、前桥市等地举办"中国现代书画作品展"，其作品为日本收藏家收藏。1993年3月，鲍加赴美国纽约、华盛顿等地访问考察，油画《家乡的老树》《中央公园的春日》等由纽约亚洲艺术馆收藏。在美国参观著名盲人女作家海伦·凯勒的纪念馆，成为他一生难忘的经历。"当你感受到生活中有一股力量驱使你飞翔时，你是绝不应该爬行的。"海伦·凯勒的话深深地震撼了他，成为他终身的座右铭。

鲍加为王幅明题词

鲍加依然保持着退休前满负荷工作的习惯，每天黎明即起，稍作洗漱，简单吃过早餐便进入画室。他的日程总是排得满满的。唯一的烦恼是嫌时间流逝太快，画室太小，画得太少。

说起时间，他想起赖少其的一枚闲章"来不及了"。他深情地回忆起他的前辈、老画家赖少其。赖老曾长期在安徽工作，任安徽省文联主席兼美协主席，后来回老家广东。赖少其曾让篆刻家为他刻一枚"来不及了"的闲章。1994年，赖少其80大寿时，鲍加去广州为赖老祝寿，赖老提起这回事，两人感慨系之。当年刻这枚闲章时赖少其61岁，而今，鲍加也过了61岁。鲍加说，他已把"来不及了"当作警语，不断鞭策自己。

自80年代后期起，他画了一大批风景画。1991年3月，《鲍加油画集》出版。他在自序中说："40多年来，我一直坚定走着向生活探索、到大自然中采撷艺术素材的道路。我从凡·高的短暂一生和艺术探索中悟出一个道理：无论在什么样的境遇中，艺术家追求美、给人类以美的慰藉决不应终止。近些年来，逐渐找到一种属于自己的艺术语言和形式——借助大自然抒发内在情感和审美情趣，展示出抒情的明快的清新的风景画创作风格。"他将东方艺术语言与西方油画技法和谐结合,力图创造出属于他的个性特点的绘画语言和意境。

1992年9月,鲍加被评聘为享受国务院特殊津贴专家。1993年12月,鲍加受聘为安徽师范大学艺术学院名誉院长。1994年11月,鲍加在新加坡文物馆举办《自然流韵——鲍加油画艺术展》,并出版大型同名油画集。

说着,他从柜子里取出一本画集签名送给我。这是格外养眼的一本画集,也是他的第二本画集。收入画集里的大部分作品是风景画:秋林、九寨沟之春、晨雾、天涯海角、春林泊舟、村道羊群、老桥、白桦、鱼雁、冰川夕照、赛里木湖畔、石林、高原牦牛、在草原上、藏族高原、塞纳河的秋天、纽约中央公园、莫斯科的冬天等,作品高雅、平和、清新,象外之象的诗意灌注其中,令人陶醉。新加坡环境发展部高级政务次长何家良为画展写的献词说:"鲍加的风景画,由于融入了自己的感情,其艺术感染力愈发引人入胜。读了他的画,不禁令人沉醉于他那甘醇与成熟的色彩里而不忍离去……鲍加的油画,已臻炉火纯青的地步,他驾驭色彩的能力极强,是一位杰出的中国画家。他这回将近作携来展出,让新加坡爱好艺术的朋友有机会亲睹具有高超水平的中国油画,可说三生有幸。"看了画册,深感他的献词并非溢美。

告辞前,我请鲍加对想成名的年轻人说几句话。

他的回答包含着夫子自道:"成名是一个人劳动积累和创造成果的副产品。去追寻任何一个成名者,你都会看到他们跋涉和攀登时留下的坚定、踏实、艰辛的足迹和奋发的心声、辛勤的汗水。"

1996年8月,鲍加受聘担任中国油画学会常务理事。1997年7月,鲍加应法国国际艺术城邀请再次赴法国考察。1997年11月,鲍加赴新加坡举办"鲍加油画艺术展览",并出版大型油画集《山川情怀——鲍加油画集》。1998年10月,鲍加被聘为新加坡南洋艺术学院客座教授,在教学结束后举办"狮城情怀"个人油画展。2002年,鲍加出版《鲍加油画作品选》。2008年汶川大地震后,当得知四川省松潘县被确定为安徽省对口援建县后,75岁的鲍加怀着强烈的社会责任感,来到松潘看望灾区群众,创作出《黄龙彩池》《黄龙飞瀑》《宝鼎山风云》三幅油画。2009年3月,他前往新疆阿勒泰地区,顶着零下十几度的寒冷冒雪写生。同年7月,由全国100多位画家共同参与、历时两年多时间创作的"中华颂·中国世界文化遗产系列油画风景展览"在北京首都博物馆展出,鲍加的《黄龙彩池》《黄龙飞瀑》《宝鼎山风云》3件作品入展。之后,他随中国对外友协组织的中蒙建交60周年油画家访问写生团前往蒙古访问写生并办展，中国画家的作品在乌兰巴托国家美术馆展出，鲍加有5件作品入展。

鲍加对自己的老师非常尊重，这些老师在世时，他每年要寄茶叶。罗工柳2004年去世后，他还是年年寄。罗工柳的老伴接到茶叶后感慨地说："我90多岁了，鲍加还想着给我寄茶叶！"

2011年4月16日，以"桥"为主题的"鲍加、鲍蓓油画艺术展"在北京798艺术区开幕。以"桥"为主题命名的艺术展与画廊的名称相同，鲍加、鲍蓓是"798桥艺术空间"年度推出的最重要的父女两代艺术家。虽然绘画风格迥异，但一脉相承的乡土情怀就像桥一样把父亲鲍加和女儿鲍蓓的艺术生涯紧紧相连。鲍蓓早已从版画转入油画。著名画家闻立鹏为本次画展所作的序说："地球是圆的，各村落的艺术追求者，一路西行或执意东往，最终都会回到你的原点。但只要尊重自我又心胸开阔，这时你已不是原先的你，而是一个走出盲井的自由人，一个吸纳了各种甘露营养丰沛的真我。……分道扬镳又殊途同归，发展创造又和而不同，这就是著名的父女画家成功的色彩与笔迹给我们的珍贵启示。"

鲍蓓是身处异域而心怀祖国的艺术家，她于1980年以华东区最优异的成绩考入中央美术学院，毕业后于1987年移居美国纽约。鲍蓓在美期间，多次参加艺术展览，作品为美国及瑞典、丹麦、法国、德国等多个国家美术馆及个人收藏。2000年起她放弃所有的工作，开始了长达三年的旅行和文化反思。2002年，在新加坡举办"父女艺术作品"联展，同年她回国定居，开始了她情感回归和自我进化的历程。她归国后的作品浓缩了丰富的人生经历，展示了学院专业训练的技法。她在穿越古今与中外疆界中寻找到艺术风格与精神上的同一。2004年，鲍蓓在新加坡举办个展《土地》。2008年至2011年，鲍蓓分别在北京、上海举办个展，展出了《往事并不如烟》《立春》《既远又近》《流动的风景》等作品。在这些作品里，鲍蓓把中国文人绘画博大的情怀融入当代油画绘画中，强烈地表达着艺术家探索人文与故乡的心路历程，风格独具，充满独立与叛逆精神，令人耳目一新。

虽已年过八旬，鲍加仍然在画。绘画是他终生的事业，只要健康许可，他从未打算过放下手中的画笔。海伦·凯勒的话一直在他心底回响：能飞翔，就绝不应爬行！

王酩：难忘今宵

王酩
（1934—1997）
作曲家

20世纪80年代，王酩是中国影视歌曲发展时期的重要代表人物，最受听众追捧的作曲家之一。1979年，中国音乐家协会与中央人民广播电台联合做过一次"听众喜爱的十五首歌曲"评选，结果，王酩独占四首：《妹妹找哥泪花流》《绒花》《青春啊青春》《边疆的泉水清又纯》，全部都是电影插曲。1980年，他作曲的电影《小花》荣获第三届电影百花奖最佳音乐奖。1983年，中央电视台举办首届春节联欢晚会，他作曲的《知音》经李谷一演唱后，迅速传遍全国。由词坛泰斗乔羽作词、他作曲的《难忘今宵》，由李谷一在1984年春节晚会首唱后，成为历届春晚长唱不衰的保留曲目，其流传的盛况，为中国音乐史上所罕见。

80年代初期，关于流行歌曲的界说，音乐界一直众说纷纭。不少人把"流行歌曲"与"黄色歌曲"等同看待。王酩的流行歌曲和李谷一的演唱方法都遭到严厉的批评。直到1984年下半年，胡耀邦发表了关于流行歌曲的著名谈话，一锤定音，争论才逐渐平息下来。胡耀邦说，凡是群众喜爱、在群众中流传的歌曲，都可称为流行歌曲。他特别以1984年春节晚会上张明敏演唱的《我的中国心》为例加以说明，说他全家都喜欢这首歌曲。他的讲话并未公开发表，是以内部文件的形式印发给县处级以上单位的。当时，时代青年杂志社正在讨论创办一本专门刊登流行歌曲的刊物，胡耀邦的谈话给我们指明了方向，也使我们更加坚定了创办《流行歌曲》的信心。创办手续办得十分顺利。创刊消息在新闻媒体发表后，立即在全国产生了异乎寻常的积极反响，编辑部收到了来自全国各地数以万计的来信和汇款。著名音乐家时乐濛、王酩、赵沨，歌唱家刘秉义、李谷一等寄来了热情的题词。创刊号于1985年5月出版，印数高达40万册，很快销售一空。

《流行歌曲》期刊的创办，使我得以与王酩先生相识，目睹和感受他的风采，留下了难以磨灭的印象。

1987年，由中国音乐家协会主办，《流行歌曲》在郑

周扬为获得第三届电影百花奖最佳音乐奖的王酩颁奖（1980年）

州承办了"全国通俗音乐研讨会"，来自全国各地的音乐家时乐濛、张非、谷建芬、王酩、付林等70多人参加了会议。与会者对流行歌曲在理论上如何界定、当下发展状况及流行音乐如何改变创作力量薄弱的现状等问题进行了研讨。大家各抒己见，在碰撞中获得共识。会议取得了圆满成功，对流行音乐的发展起到了积极的推动作用。

1989年5月，王酩在北京创办了中国轻音乐学会，张丕基任会长，王酩任常务副会长兼秘书长。此后，编辑部与王酩的联系更多了。为不断提高刊物质量，使之更加贴近读者，从1992年起，《流行歌曲》聘请了11位音乐界名人作刊物顾问，王酩是其中之一。编辑部多次在北京举办《流行歌曲》座谈会，顾问是主要邀请对象。王酩每次都热情参加，建言献策。因为社内工作走不开，这些在京召开的座谈会，每次均由分管副总编带领编辑部的同志参加，但回来后他们都详细通报了会议情况。因为王酩风趣幽默，又有酒量，大家说他的话题最多。他曾为杂志题词："《流行歌曲》，我是你们的知音，你们是我的知音。"他的题词表达了他与杂志的亲密关系。

1995年12月16日，《流行歌曲》编辑部与中国轻音乐学会一起，联合主办了全国第二届流行音乐研讨会。会议在郑州金桥宾馆召开，来自全国各地的词曲作家、音乐评论家、歌手以及媒体记者80余人与会。这是继1987年之后，流行音乐界又一次高品位、高层次的盛会。时隔8年之后，流行音乐发展势头迅猛，加强对流行音乐的研讨非常必要。这届研讨会更有特色，既有学术性，又有大众参与。研讨会中间还安排了一场高水平的演唱会，与会专家现场给予评说。

16日上午大会开幕式后，会议即转入研讨，研讨持续到18日上午结束。在两天多的时间内，共有30多位代表发言，他们就当时流行乐坛的热门话题各抒己见。研讨会气氛热烈，提出了不少有指导意义的引人深思的观点。王酩的发言高屋建瓴，他尖锐地指出，流行歌曲需要生活，需要严谨的创作态度，要经得起推敲，现在美学思想没有跟上。他认为当时突出的问题是创作缺乏理论指导，媒介每天播放许多歌曲，但学术观念不强。18日下午，在河南省广电中心演播大厅，参加研讨会的歌手陈明、火凤、白雪、伊扬、周艳泓、孙萌、王焱、李进、陈思思、俞静、张恒、周亮、高松、叶凡、火鸟三人组合、老兵三人组合等登台演唱了作曲家的新作，受到观众的好评。其中一些新秀，后来都成长为著名歌手。王酩、张黎、徐沛东、陈小奇、李广平、颂今等作为嘉宾被邀请登台讲话。时乐濛先生代表组委会向本次研讨会的承办单位郑州田野影视有限公司总经理田野先生赠送了纪念杯。王酩先生发表了热情洋溢的讲话，他说，这次研讨会取得了圆满成功，希望社会各界都来关心支持流行音乐的发展。

由于本次研讨会会期较长，我也住在金桥宾馆。朝夕相处，就有了多次与王酩单独交谈的机会。他的粉丝众多，有的采访，有的拿着笔记本让他题字，有的请求合影，有的请教问题，他都笑脸相迎，给予满足，丝毫看不到名家的威严。

在我的心目中，王酩属于天才一类的人物。作为一个作曲家，一生能有一两件作品留传后世，已算不易，可他竟能写出这么多旋律优美、风格独特的作品，只能归结为天赋。当了解了他的经历后，我才知道，天赋固然重要，但王酩的成功，主要来自他超越常人的刻苦、投入和扎实的功底，来自他对音乐忘我的热爱，来自高标准的艺术追求。

1934年11月8日，王酩出生在上海郊区一个贫苦花农之家。少年时代，王酩便受到音乐启蒙，酷爱音乐。由于家境贫寒，他从小跟随哥哥一起外出打工。1947年，家境有所好转，他考入上海交通中学。在学校，他在反饥饿、反内战的歌咏活动中加深了对音乐的理解。1949年，上海解放，学校送他到音乐训练班学习乐理和作曲，从此把他引上了音乐之路，也奠定了他一生的志向。他的歌曲处女作就是在高中写成的《南下参军歌》，当时获得上海学生歌咏比赛一等奖。1953年高中毕业后，他连续两年报考上海音乐学院作曲系，都因患肺结核病，体检不合格未获批准。之后的5年，他一直在区中心小学任教员。几乎所有的课程他都教过。业余时间，他一刻也未曾放松对音乐的钻研。1956年，他在陕西《群众歌声》杂志发表歌曲《来听情人唱山歌》，引起上海市工人文化宫的关注，被吸纳为创作组成员。1957年，他以第一名的成绩考入上海音乐学院夜大作曲系。1959年，身体完全康复后，他第三次报考上海音乐学院作曲系，终以总分第一名的成绩被录取（其中乐理与和声两门分数均为满分）。院方表示，该学生可免修和声这门课。上大学后，王酩师从曾留学法国的著名音乐家丁善德教授，深受老师影响，学习成绩一直处于全系领先地位。

1960年，学院开展边劳动、边创作、边演出、边采风、边学习、边辅导的"六边"活动，这是王酩大学生活中一段难忘的光阴，王酩收获颇丰。他来到江西，采集了不少民歌素材，根据当地采茶戏曲调创作了表演唱《巧姐妹》，演出后颇受群众欢迎，王酩给王幅明题字"知音"

后在杂志上发表。1961年,他开始尝试采用西方现代派的技巧创作,但连遭挫折。最早,他采用德彪西的印象派手法创作了钢琴组曲《垦荒》,试图打破传统,用复杂的和声效果表现北大荒人的垦荒生活,却被一些人批评为离经叛道,还附带赠送他一个令人哭笑不得的"雅号"——"王彪西"。更有甚者,1963年,姚文元撰文对德彪西的音乐及其在中国的影响大加抨击,不仅点名批判丁善德,其弟子王酩也未能幸免。经过反省,他重新审视自己的创作方向,开始大量观摩欣赏民族音乐。他得出的结论是:创新必须根植在民族文化的土壤里。

1964年7月,王酩以优异的成绩毕业。经专家推荐,他直接被文化部分配到中央乐团创作室任创作员。受益于老一代作曲家瞿希贤和指挥家李德伦的指导,他尝试多种形式的创作,在实践中逐渐成熟。"文化大革命"期间,他怀着对领袖的热爱,曾坐火车去太原,然后徒步到达革命圣地延安朝拜。那个时期,他创作了大量的毛泽东语录歌。最值得一提的是他采用湖南花鼓戏音调创作的《我们共产党人好比种子》,这首歌不胫而走,流传甚广。但他为北京京剧团样板戏《杜鹃山》苦心创作的音乐及配器,却被于会咏一句话彻底否定。1973年,王酩被借调到北京电影制片厂。著名导演谢铁骊请王酩为影片《海霞》谱写音乐。这段经历成为王酩音乐生涯的一次转机。他的音乐才华得到展露。电影拍成后,电影与音乐一起遭到粗暴批判。直到1975年,政治环境相对宽松,《海霞》才得以平反。影片的主题曲《渔家姑娘在海边》一时广为传唱。

因为有《海霞》的铺垫,1978年,王酩受命为电影《黑三角》谱写音乐。影片上映后,其插曲《边疆的泉水清又纯》迅速风靡全国。从此,他与影视音乐结下了不解之缘。20年间,他为一百多部影视剧、广播剧、话剧配乐,平均每年5部以上。最多的几个年头,1981年9部,1984和1988年,每年达到10部。这还不包括他同时期创作的交响乐《忆先烈》、管弦乐组曲《海霞》《沙鸥》、长笛协奏曲《与海的对话》、琵琶协奏曲《霸王卸甲》等其他类型的音乐作品。王酩的许多节假日都是在工作之中度过的。火车、飞机、旅馆都是他工作的场所。他对饮食要求不高，两菜一汤足矣，但都离不开小酒数杯，这是他的爱好，也是他的灵感之源。他对待每一件作品都很细心，大都是在征得别人认可之后才出手的。

王酩并非一个单纯的作曲家，他还是一位有担当的社会活动家、音乐教育家。他是第七、第八届全国政协委员，还担任民盟中央委员、民盟中央文化委员会委员、中国音乐家协会理事、中国电影家协会理事、中国轻音乐学会常务副会长兼秘书长、音乐生活报社社长、中国电视音乐协会特邀理事、中央乐团一级作曲家，是享受国务院特殊津贴专家。王酩是中国最早开办通俗音乐培训班的音乐家之一。1987 年，他创办的由中国音乐学院代培的通俗音乐培训班培养了孙浩、李殊、胡晓晴等青年歌手。

王酩是新时期中国大陆流行歌曲的开山人之一。他创作的电影主题歌有《黑三角》的《边疆的泉水清又纯》、《小花》的《妹妹找哥泪花流》、《樱》的《妈妈看看我吧》、《泪痕》的《心中的玫瑰》、《第二次握手》的《祖国春常在》、《被爱情遗忘的角落》的《角落之歌》。对于中国人来说，这些电影主题歌意味着一个音乐新时代的开始。它们的诞生打破了港台歌曲红极一时的局面。它们的演唱者李谷一、朱明瑛等成为中国大陆第一批流行歌手。

对于这次两家合作的会议的成果，王酩非常满意。他说，《流行歌曲》杂志为中国流行音乐的发展作出了重要贡献。全国仅有的两次流行音乐研讨会都是在郑州举办。召开这么大规模的会议，要找赞助，很不容易，可你们都做成了。我请他在我的签名本上留言，他只写了两个字：知音。我深知，他比别人更熟知这两个字，但也不会轻易赠送这两个字。它使人联想起历史典故，联想起他创作的电影音乐和插曲，联想起我们之间为了流行音乐的发展而进行的合作，其中包含了多么深厚的感情啊！

按照日程安排，18 日晚间，与会专家、歌手在金桥宾馆礼堂与宾馆员工一起举办一场联欢会。金桥宾馆是赞助单位之一，联欢会是一种回报形式。可是在演出前出现了意外。一些演员提出罢演，原因是承办方原先答应的演员劳务费尚未发给。承办方十万火急地找到我，让我协调。我找到王酩，承办方向他说明原因，保证明天上午演员离开前全部解决。王酩笑着说："王总编，你放心。这次活动一定会善始善终的。你们去会场吧。"说完，他去找有关人员做工作了。联欢会按时开演，气氛热烈。更令人感动的是，王酩亲自登台演唱了两首歌，第一首《知音》，第二首《难忘今宵》。在唱《难忘今宵》前，他还说了几句话，说这首歌是他的得意之作，已连续十多年被春节晚会采用。过去也听过作曲家演唱自己创作的歌曲，印象都不太深刻，但听王酩演唱，终生难忘。他的嗓门并不大，但特别入戏，所有的音符里都充满了无限的柔情，感情真挚、细腻，如泣如诉。他的演唱赢得了满堂喝彩，也为其他闹情绪的演员作出了表率。联欢会圆满结束了，我的心久久不能平静。别人并不知道幕后的故事。作为知情人，我对王酩的敬意油然而生。我在心里默念：难忘今宵！

两年之后的 1997 年 11 月 28 日，王酩在外出散步时突发脑溢血，被人用出租车送至医院抢救，昏迷 7 天之后，最终在 1997 年 12 月 5 日告别人世，享年 63 岁。天地有灵，当日傍晚，北京突降大雪。

王酩的名字与酒有关，其引申义为让人大醉的好酒。王酩一生好酒。他的人生里有酒，他的音乐里有酒。他是开一代歌风的大师，其曲如酩。他的"有酒的音乐"，将长久地陶醉着无数的知音。

李敖

（1935— ）
学者、作家

李敖：历史有真也有假

访问台湾是我多年的梦想，因为30年出版人生涯，有机会去过祖国的许多地方，唯独没有去过台湾。这次终于实现了这个夙愿。

由中国传记文学学会组织的赴台参访团一行十人应台湾"中国新闻学会"和传记文学出版社社长成露茜女士的邀请，于2009年5月8日自北京起程奔赴台湾，参加两岸传记文学座谈会，并访问一些文化机构。参访团成员有中国传记文学学会会长万伯翱，副会长董保存、张洪溪、杨正润、俞健萌、李福顺，理事石楠、孔东梅、程力栋和我。

台湾之行，颇多难忘的记忆，而听李敖无主题的神聊，则是最难忘怀的。

初见李敖

5月11日下午4时30分，东道主安排我们一行与台湾著名作家、享有"文化顽童"与"斗士"之称的李敖先生会见。万伯翱会长2005年夏天曾来台北，见过李敖。当年他送了李敖一套文房四宝和河北作家王立新写他父亲的传记《要吃米，找万里》。当时因堵车他比预定时间晚到了20分钟，留下了遗憾。所以，这次会见，万伯翱会长格外注意时间。下午2时30分参观联经出版社，之后在联经书店购书。大家意犹未尽，他就催着上车。我看表，还不到4点，就问何故。他小声给我讲了这个秘密。他说这次一定要提前到，不能再留下遗憾。万伯翱会长的认真令我感动。我是到了书店就失去时间观念的人。万会长如是说，我只好拿着刚选好的书匆忙结账上车。

会见地点就在我们入住的福华大饭店三楼的冬梅厅。我是紧随万会长进入会见厅的第一批人，比预定时间早到了几分钟。虽然如此，李敖先生还是先到了。大家寒暄过后，他自我介绍说："我也是'共匪'，和你们一样，大家都是亲人、同志，所以就不必客气了！"一句话把大家逗乐了。这是最初的气氛,这气氛一直持续到会见结束。

赠物寄情

万会长介绍了各位后,大家开始互递名片,相互赠书、拍照。因不知我们来了多少人,李敖只带来几本书,不够赠送。李福顺慷慨解囊,派人到书店又买来几本,这样皆大欢喜,每人都有李敖亲笔签名的著作了。李敖声明,第一本书一定要先送给老太爷(万里)。他在赠给万里老先生的扉页上写道:

万里老先生请赏

先有万钧,方有雷霆

先有万里,方有鹏程。

李敖

2009 年 5 月 11 日,中国台湾

他几乎是不假思索,随手写出的一句话,语简意丰,不仅万伯翱看了异常高兴,还赢得了大家一致喝彩。

孔东梅送给李敖三本她写的书《翻开我家的老影集——我心中的外公毛泽东》《听外婆讲那过去的事情——毛泽东与贺子珍》《改变世界的日子——与王海容谈毛泽东外交往事》。三本书都是领袖后人用第一手资料写成的,异常珍贵。孔东梅是李敏的女儿、毛泽东的外孙女,也是毛氏家族第三代中唯一的女性。她的名字是毛泽东亲自起的,用了他名字里的一个"东"字,"梅"是他平生的最爱。她为何要写老一代的传记?这源于她在美国攻读国际传播与媒体研究硕士学位时,收到母亲写的回忆录《我的父亲毛泽东》后萌发的想法。书中所写的家族往事,使她泪流不止,几夜不能安眠。她暗下决心,一定要写一本关于外婆的书,还要写一本关于三代女性生活变迁的书。2001 年学成归国后,她创办了北京东润菊香书屋有限公司,把志愿变成了现实。李敖送了一本他新出的小说《虚拟的 17 岁》给孔东梅。他说:"这是去年写的,内地还没有。他们说这书是黄色的。其实我是写电脑里虚拟的人物。17 岁,是你姥姥参加革命时的年龄。"万伯翱接过话题:"她姥姥贺子珍可不简单。井冈山雕塑园仅有两座女性塑像,一座是贺子珍,另一座是伍若兰。"李敖提笔签名,问孔东梅哪一年出生,孔说 1972 年。李敖端详了片刻,笑着说:"年龄像是冒充的!"一句话又把大家逗乐了。"长得真像你姥爷。我过去看过你的照片,好像是韶山吧,在毛主席的铜像下,与你妈妈一起,没有穿这好的衣服,也不像现在这么漂亮!

会见时合影 左起：杨正润、王幅明、董保存、石楠、万伯翱、李敖、孔东梅、俞健萌、程力栋

我觉得真是时代在改变。怎么称呼？有别号吗？"孔答："没有。"李敖用了"女史"一词称呼孔东梅，我知道那是对知识女性的一种尊称。说起孔东梅像毛泽东，大家也都有同感，不但脸型像，就连毛泽东那颗著名的痣，也出现在孔东梅下巴同样的部位。

我把随身带来的由我主编的一套《中国散文诗90年》送给李敖，还送了他刊载有他事迹的那期《名人传记》。李敖回赠了他写的《冷眼看台湾》一书。我请他题字，他在我的题字本上写下："为者常成，行者常至。"这是先贤晏婴的名句，讲的是常为常行才能成功的道理。我很满足，因为同行者只有我带了题字本，因而我比他们多了一个座右铭，一件同样可以传之久远的纪念品。

解放军出版社副总编董保存送给李敖一本他们社出版的连战爷爷连横的传记。石楠送给李敖她写的《刘海粟传》。李福顺送了一幅韩美林所画《群驴图》的水银印刷品和他本人的书法。除书外，李敖还送给我们每人一件特殊的印刷品：中国智慧党宣言及章程。看过文字，才知道这是李敖创办的一个没有具体组织，不收党费，一切活动皆出于自愿，不收政治献金，凡认同该党理念的，即可成为该党党员的特殊政党。以下是党员共同认同的十项智慧：1.智慧使我们不相信中华民国是一个国家。2.智慧使我们不相信"台独"。3.智慧使我们不相信以台湾之名进联合国。

4. 智慧使我们不相信共产党是敌人。5. 智慧使我们不相信军购。6. 智慧使我们不相信固守保台。7. 智慧使我们不相信美国来救我们。8. 智慧使我们不相信美国是台湾人的朋友。9. 智慧使我们不相信自己不是中国人。10. 智慧使我们不相信"蓝""绿"阵营。这10项智慧每项都附有若干条论据,让你口服心服。可以看出,李敖是一个彻底的"统派"人物,从他给每人赠书签名时都留下"中国台湾"几个字中,也可看出他的细心和立场。

李敖题词

"文化顽童"

"诸位对我有什么特别的指教?"李敖的谦恭令我们吃惊。他是一本正经说这句话的。

大家都说没有。万伯翱认真地说:"我们都很佩服您,赞同您的讲话,也都很喜欢听您讲话!"

话从上午世新大学的座谈会说起。李敖突然问了一句:"中午,世新大学请你们吃饭没有?"这句话还真让他给问着了。

我们说中午没请,但来的当天晚上请过了。

李敖说:"成露茜的爸爸成舍我是全世界最有名的小气鬼。我给你们讲一个故事,他买了两根油条,吃不完了,剩下的一根卖给他的司机。"他特有的幽默逗得大家哄堂大笑。我在舍我纪念馆注意到,成舍我的节俭办学是出了名的。这是两个角度的不同版本。

"你们来得真巧。明天,5月12日,是我来台的60年。凤凰卫视让我做一个节目,谈60年前的那些事。明天我要去基隆。60年前今天的傍晚我从那里下船,开始了我在台湾的生活。中间又两度住了国民党的监狱。"李敖说。万问:"住了多长时间?"李答:"一共五年零八个月。"

李敖说起他的狱中生活。当年他和陈水扁住同一个看守所,陈住32房,李住28房。他讲了国民党时期和历史上几个严打成招的案例。"这是最可恶的。他折磨你,还不让你死。有医生在旁边，不断听你的心脏，不会让你死。十指连心啊！他抓住我的右手捏我的左手。然后说，李先生，疼吗？不是我们使你疼，是你的右手让你的左手疼。当时我的头脑还清晰。他们说，你恨你的右手吗？我说，不恨我的右手，我恨圆珠笔！（众人大笑，李也跟着笑。）那时候虽然肉体背叛了你，但精神依然有力量。"

万伯翱说："你看上去一点也不老。大师，请喝茶！"万双手把茶杯递给李敖。的确是这样。从李敖的举止、神态看，他哪像一个74岁的人啊！

李敖接过茶杯："我在北大演讲以后，记者们问李维一有何感想。李维一说，李敖先生自己说，他的演讲很成功。"李敖禁不住笑，大家也跟着笑了起来。他又放下茶杯："第二点，他说我一直不爱笑。既然李敖先生说他金刚怒目地讲，我在台下就金刚怒目地听。他真会讲话！第三点，他说，我们和李敖先生求同存异。什么叫求同存异？这是周总理万隆会议时的政策，是对外国人的。现在把我当外国人？（众笑）我跟你一样，也是'共匪'呀！我太惨了。这一次陈云林来，刘长乐约我和他们见面，正好接待我的是李维一。见了我，他满脸笑容。我说你也会笑呀。他说会笑。我说以为你是×××，不会笑的。"大家乐得前仰后合。

李敖又看了一下孔东梅送的书上的李敏的照片，对孔说："你妈妈比过去变胖了。过去，穿不了这么好的衣服。为什么不可以穿？革命不是请客吃饭，但革命的目的是请客吃饭。"说到这里，大家都笑了，甚至有人为他的诙谐鼓掌。

听那些过去的故事

李敖说："有一本书我向你们请教，叫《毛泽东思想万岁》。这本书你们听说过没有？"

杨正润说："'文革'期间出过一本，汇编了毛的各种讲话。"

李敖说："台湾出过一本毛主席的假语录！"

董保存补充："有一本书叫《战无不胜的毛泽东思想万岁》，是北京编的。这一类的书可以找出几十种。里边有真的，也有假的。"

李敖说："台湾的情报部门做过一本假的毛语录，我见过，封皮一样，内容不一样。我对这本书（指《毛泽东思想万岁》）更感兴趣。"

余健萌问："我请教一个问题，当年为什么要到上海？"

李敖回答："这是（由于）一个判断的错误。因为斯大林说分江而治。我们

王幅明与李敖互赠图书

认为到上海会好一些,没想到上海也守不住。怎么守都守不住。事实上,国民党花了二十万人没有守住上海,十五万撤不出来,只撤出五万。眼看很多人吊着绳子往船上跑,装不下,后来把绳子砍断。"

李敖回忆起他当时就读的学校和住地。"只在那里三个月。我的英语不好,又不会讲上海话,只好受上海人欺负!"李敖的幽默又引发了众笑。

后来话题说到有一些共产党人潜伏到台湾。李敖说:"那时国民党到处抓共产党。一个警察头子说,谁是共产党,我鼻子一闻就知道。(众笑)实际上很难抓。"

万伯翱说:"李大师佩服过去的共产党!"

李敖说:"我在香港凤凰卫视说过:'新加坡人笨,香港人坏,台湾人老实,大陆人不可测。'本来好好的,大家在一起吃饭,可一转眼,他变成共产党了。"众人大笑。

万伯翱提起小说《红岩》里的革命者。李敖显然没有看过这部书:"文天祥,他没有吃过药丸,所以他不投降!"

李福顺说:"共产党人在信念上很厉害,打死也不说!"

李敖说:"过去革命革得太多了,现在革命革得太少了!"这句话意味深长。虽然大家都笑了,但笑过之后似觉余音缭绕。

董保存说及台湾有一些年轻人不认同祖国,有"台独"倾向。

李敖说:"这些人都是小孬孬,孬种,玩真的又不敢。我为什么看不起国民党人?我知道共产党人是怎么玩的。国民党是假的嘛,最后一个城一个城地撤退。国民党去延安,共产党撤退。当时,你(指孔)姥爷说,你到我家来,我到你家去。你要我们的延安,可以,但,我们要有一个交换,我们要南京。(众笑)你们是写传记文学的,我讲一件事给你们听。《传记文学》杂志创办人刘绍唐死后,杂志要关门。刘太太刘大嫂找到我,想把书送给我。后来世新大学花两千万买去了。我只给《传记文学》写过一篇文章,后来就不找我了,因为怕我惹祸。这篇文章是绍唐大哥临死前找我写的。他留下了遗憾。因为他最终知道我是对的,他是错的。"

历史有真也有假

话题说到张国焘的传记及对他的评价。徐向前的回忆录说到过去对张国焘的评价不够公正。

李敖说:"历史呀,有时真的、假的很难分辨。蒋介石日记,别人说是研究蒋的真实资料。可能要上当。日记有两种,一种是写给自己的,不让别人看;一种是专门写给别人看的。蒋的日记就是写给后人看的。我是专门戳穿蒋的,写他的书一共有7本。"他认为日记是不可靠的,不仅是蒋介石的日记,包括张学良的日记,也是有真有假。这个观点与在世新座谈会上听到的蔡登山介绍的情况是一致的。"历史是很好玩的。有些人专门不讲真话。大家看了蒋的日记,觉得蒋委员长了不起,敢骂美国人。这些日记是写给别人看的。还有陈立夫。蒋写过台湾如何需要陈立夫,陈立夫不能走。可赶走陈立夫的,正是蒋本人。"在座有人表示疑惑。他坚定地说:"就是他赶走的。这是陈立夫的儿子亲口讲给我听的,绝不是假话。陈立夫在美国养鸡也是假的。照片上他戴着领带,明显是假的嘛!哪有穿西装戴领带养鸡的?所以,我建议你们写新的历史。"

谈兴正浓,可天色渐晚。万伯翱邀请李敖与我们一起吃晚饭。晚饭由程力栋的朋友、在台湾做事的盛先生做东吃台北著名的"春天素食"。李敖谢绝了。他的生活习惯是过午不食,已经坚持了很久。

李敖在台湾是一个颇有争议的人物,但在大陆则广受欢迎。此时近距离的接触,让我们见证了这位"文化顽童"的风采,我们也彻底为他的幽默、学识和智慧所折服。

(原载《名人传记》2011年第5期)

李铁城
（1936— ）
诗人、学者

李铁城：中原文化守护者

一、东北边陲牧马人

人的一生，有时会出现偶然的事件。正是这些偶然事件的后续效应，改写了人生的轨迹。

1997年，李铁城从报纸上偶然得知炎帝公祭活动面向全球征集祭祖文。抱着试试看的态度，他向湖南省政府办公厅寄去了作品。不久，他收到一份获奖证书和奖金。更让他没想到的是，2000年，这篇《祭炎帝文》进入教材，被选入人民教育出版社《高中语文读本》。这是一篇别具一格的古体散文。作者以典雅祭文的形式追忆炎帝开创中华历史的丰功伟绩，告慰炎帝在天之灵，勉励中华儿女同心同德，共图大业。此文在《散文选刊》和一些报纸上发表后，受到一致好评，在全国散文创作研讨会上受到不少大家高度评价，但被人教社选入教材则是出人意料的。2002年，李铁城接到新郑市委、市政府的邀请，请他为河南新郑轩辕黄帝撰写碑文。此后，全国各地请他撰写碑文者络绎不绝。人生晚年，他似乎成为一个职业写碑者。

我与李铁城相识于20世纪80年代。那时，他在省文联一家文学刊物当编辑，我在团省委《河南青年》（后改为《时代青年》）当编辑，同行。我们曾一起参加过为评定职称而举办的编辑培训班。因为人多，虽然每天都见面，却没有多少机会交流。第一次近距离的接触是在1990年10月，当时汝州市文联主办了一个诗歌讲座，诗人易殿选负责牵头，参加者有阎豫昌、李铁城、易殿选、高金光、关劲潮和我，一共6人。每人一讲，内容都与诗歌有关。我讲的题目是"散文诗的历史与现状"，李铁城讲的题目是"古典诗词漫谈"。印象最深的是李铁城的讲座：清晰、有条理、生动。后来得知，他是中学教师出身，古典诗词造诣深厚，这样的讲座对于他，犹如小菜一碟。讲座之外，我们一起参观了汝州市汝瓷博物馆，游览了汝州名胜风穴寺及三苏坟等地。同行人少，就有了较多交谈的机会。

铁城先生是河南省新密人，1936年出生。1954年，18岁的李铁城从师范学校毕业，怀着一腔热血，积极响应国家支援边疆建设的号召，加入到新中国成立后河南省第一批支边青年的行列中。经过几个月简短的培训，甚至没来得及告别家人，他便来到东北边陲黑龙江省齐齐哈尔市一所中学当教师。年轻人总是充满无穷的梦想，可严酷的现实又在不断挑战这些梦想。首先是气候的挑战：大风雪，严寒。青春犹如旭日，能将冰雪融化。敬业与才气很快将一个青年教师推向前台。由于教学成绩优秀，李铁城被教育局选定为全市教师作示范讲学。面对教育界领导和同行，他淡定从容而又激情四溢的讲课，赢得了一致首肯。前程似锦。眼看梦想就要开花结果，新的挑战猝然降临。

1957年，反对官僚主义、宗派主义和主观主义的"整风运动"席卷全国。党号召公众积极帮助党整风，并且声明，言者无罪，闻者足戒。他依旧响应党的号召，给《人民日报》写了一封信，反映基层个别领导人的问题。但是风云突变，他稀里糊涂地被打成右派。一个支边青年的命运被改写。他被从教师队伍除名。学校给他买了张票，让人把他送上了开往河南的火车。刚刚年满21岁的他，觉得冤枉之极，心想上级一定是英明的，一定有说理机会，等离开这个单位再申诉。他决定与命运抗争，他要上诉！单位不能回了，他找了家便宜的车马店住下。白天，面对冷眼四处上告；晚上，与车把式们为伍。直到有一天，他又被单位派人带走。这次，没有再送他回河南老家，而是直接把他送到劳改地接受改造。一个纯朴正直、为报效国家主动要求支边的青年才俊受到如此惩罚，他百思不得其解。何况，又没有改造期限，他痛苦得几乎要崩溃。好心的同事告诉他，那时上面提出依靠基层，相信基层，你告到哪儿还得回到基层处理，认了吧。

在漫长的等待之后，李铁城成为真正的自由人。在此之前，改正他的右派问题时人事部门却在他的档案里找不到右派的材料，他的档案中根本没有右派的记录。世间罕有的荒唐事被他遇到了。这就意味着：他被无辜禁锢了20余年。他如果不较真，不从火车上跳下，也许就不会有20年的牧马生涯，可时光能够回转吗？

1980年，他回到故乡。经陈昊苏、萧军等人推荐，1981年1月，他到省文联文学刊物《莽原》任编辑。到省文联上班并非易事。他因写陈毅事迹《陈将军之歌》结识陈毅之子陈昊苏，两人成为朋友。因为母亲双目失明，李铁城想回老家工作，以尽孝心，特请陈昊苏帮助解决。陈昊苏说，这个忙我可以帮。因为时任河南省委第二书记的胡立教,曾在新四军当过陈毅的秘书。陈昊苏给河南省委第一书记刘杰和胡立教各写了一封信。萧军又给时任河南省文联主席的于黑丁写了推荐信。李铁城来《莽原》编辑部上班后,于黑丁找他谈话:"你的运气好。全国各地给我介绍了30多人,可我们只有6个名额。"由于工作出色,几年后李铁城升任《当代人报》副主编,后又任河南省《文化志》主编。这期间,他发表了一些新诗、旧体诗词和文学评论,受到读者关注。他于1985年撰写的有关古典戏曲品评的系列文章"二十四戏品",尤其受到戏曲界好评。

1983年,电影《牧马人》上映,李铁城看后颇多感慨:"多么像我当年的生活啊,只不过我没有许灵均的家庭背景和艳遇。他在西北,我在东北,干的是同样的活儿。"他在塞北草原当了20年的牧马人,陪伴他的,除了通人性的马和猫,便是随身携带的古诗词和文学名著。有感而发的《牧马生涯》绝句12首,真实纪录了他当时的生活和心境:"与马常厮守,相亲似弟兄。幼驹跳左右,彼此两心通。"(其2)"黄昏蚊蚋起,远看似兵阵。燃艾疑暂退,偷来背上吮。"(其4)"秋虫声渐寂,月落夜已深。荒野无良伴,小猫似至亲。"(其5)"直言身遭罪,罚作马司令。暂为自由人,纵横任驰骋。"(其10)"生作鞭下奴,死为刀下鬼。以身比牛马,差可聊自慰。"(其12)无边荒野,人迹罕至。堂堂七尺男儿,唯猫与马与之相亲。有评者谓:"读之凄然,不忍细味。"

二、繁忙的人生开始了

1995年,李铁城有感于全社会道德下滑,犯罪率上升,怀着强烈的社会责任感,撰写出版了他的心血智慧之作《新道德经》。我较早收到作者赠书。他在扉页上还题写了赠语:"每忆君,常有惺惺相惜之情。"他的赠语令我感动。我们之间见面虽然不多,但都有一种心灵相通的感觉。全书分"立身篇""治国篇""事理篇"三部分,用文言文写成,集哲学、政治学、社会学、伦理学、文学于一体,无论形式与内容,均有老子《道德经》、孔子《论语》的语录体的遗风。虽言"道德",并非仅仅论述伦理道德,大到社会运行规律、治国理民,小到处世为人应遵循之准则,皆有所探讨。有褒有贬,有扬有弃。对古人成论有所阐发,如求同存异、对"势"的诠释;对传统定见有新的见解,如"难得糊涂""无欲则刚"等;更有所创见,如社会运行"九法则","己所不欲勿施于人","名利"新解,重人欲而有度,幸福观,人生意义,人生四宝,机遇的成因及如何对待机遇、命运,如何对待不得志，自力更生的重要性，道德核心说等。此书肯定人欲的合理性、必要性，不少观点与老子针锋相对。为了不致与《道德经》混淆，故在"道德经"前加一"新"字。为便于读者阅读，每段原文之后均有注释。他在《后记》中说："本书多为哲理，我觉得这种语言形式和文章的内容还较相称。"作者追求凝练、典雅、含蓄、

李铁城近影

畅达的艺术效果，力避晦涩古奥。《新道德经》凝结着李铁城半生苦难经历之后的人生感悟，是一部探求生存大智慧的警世之作。《新华文摘》选摘了其中的五千字，产生了较大影响，赢得读者高度评价。此书受到民政部领导同志激赏，让秘书到处寻找作者，指示新成立的全国慈善总会发给会议代表人手一册，用以学习践行。

1996年，李铁城退休。自1997年《祭炎帝文》发表，李铁城真正繁忙的人生开始了。

1998年1月，由李铁城与苏湲共同编选的《苏金伞诗文集》问世。李铁城为该书的出版作出了突出的贡献。苏金伞在该书的《跋》中说："李铁城是出版本集的倡议者。他和作协一起写报告，与各方交涉，各处奔走搜集、编辑文章，并撰写序言、年谱，尽了全力，是不能忘记的。"李铁城称得上苏金伞的忘年交。苏金伞应邀为台湾诗集《远方的星群》写序，因身体欠佳，让李铁城为之代笔，序中评论了多位台湾诗人。李準读后大加赞赏，得知是李铁城所写，笑着说："怪不得序写得这么好，原来是出自铁城之手！"

鉴于李铁城在文化领域里的造诣和贡献，2000年9月，河南省人民政府聘任他为河南省文史研究馆馆员，当时的省长李克强签署并颁发聘书。

2002年5月，河南美术出版社出版《李铁城诗书画文集》。2003年4月，大众文艺出版社出版《李铁城诗词选》。2003年5月，天马图书有限公司出版由李铁城撰书的《轩辕黄帝之碑》。2006年7月，河南美术出版社出版李铁城撰书的《孔子之碑》，此碑被誉为50年来孔子第一碑。2007年5月，线装书局出版由李铁城撰书的《振兴门记》。2007年12月，西泠印社出版由李铁城撰书的《中原山水赋》《巩义三碑》（包括《诗圣杜甫之碑》《秋登将军寨碑》《振兴门记》三碑）。2008年12月，广陵书社出版李铁城撰书的《荥阳当代名碑》（包括《郑氏三公之碑》《嫘

祖之碑》《唐哲学家、文学家刘禹锡之碑》《唐诗人李商隐之碑》《卧龙台碑》）。2011年4月，大象出版社出版李铁城撰书的《昂昂溪古遗址赋碑》。2012年2月，伟大诗人杜甫诞生1300周年，九州出版社出版李铁城以诗的形式为杜甫写的"诗传"《杜甫诗传》。2013年5月，河南文艺出版社出版李铁城诗集《失爱者》。2014年6月，河南人民出版社出版《李铁城选集》，该书分为"新道德经""碑文""古典诗词及现代诗""杜甫诗传"四部分，汇集了作者60年写作生涯的主要成就。

我调入河南文艺出版社，李铁城得知后便去看望，赠我刚刚出版的《李铁城诗词选》和《轩辕黄帝之碑》书法册。他说，这几年他大多在山上居住，回郑州的时间很少，撰写碑文成为他的主要工作。

2002年，他受邀撰写轩辕黄帝碑文。"夫天地悠悠，生生灭灭，而亘古及今其名不泯并受后世尊崇者，其行必有殊勋，其品必有盛德。念我中华民族有史以来，唯我始祖炎黄二帝其可当之。"

李铁城向日本创价学会会长赠送书画集

《昂昂溪古遗址赋》碑文（上图）
李铁城撰写碑文（下图）

经过许多不眠之夜几十遍的推敲修改，碑文终于成稿。主办方请北京国家级专家审阅。意见传回，此文刻碑可一字不改。为了不误三月初三黄帝故里拜祖大典，有关部门在当地找了个民间石匠连夜刻碑。《河南画报》邀请李铁城到新郑拍照片。李铁城到现场一看，瞬间气呆了。刻字水平太差，他感觉受到了侮辱："中原文化这么深厚，我们不能让河南丢人，推倒重刻吧，重刻费用我可以承担。"这件事引起了新郑市委书记的重视，他拍板重拨费用，来年推倒重刻。李铁城找了个著名的雕刻家和他一起来到新郑。他趴在石头上，用毛笔逐字逐句地写上碑文，目睹碑文一字字刻好，才彻底放心。新碑受到众人赞赏，被誉为碑文与书法双绝。有了这次教训，李铁城在此后应邀撰写碑文时多了一个条件：刻碑文字必须由他本人书写。他的书法功力深厚，四体皆能，造型雅致，与碑文相得益彰。

我问他何时练字，他说，4岁起开始临帖。书法是家传，曾祖父是秀才，乃当地有名书法家，祖父是高等法院书记，父亲也是教师出身，都是文化人，且都善书。曾祖父时常为乡人写匾，有的匾至今仍在悬挂。祖父曾任省会的密县同乡会会长，在本地小有名气。李铁城碑碣书法艺术广受好评，既源于他的童子功，又源于他自觉的独特追求。他为自己定下三原则：书写的字要易识、多样化和规范。尽量不用冷僻字，采用多种书体以丰富观赏。大量使用简化字，以显示这个时代的文字特征。

2013年3月初，李铁城约我与《失爱者》诗集责编李勇军等人同去巩义市米河镇小里河村游览。我原先对小里河村所知甚少，通过此行，不仅了解了小里河，且对李铁城对小里河的贡献和影响印象至深。我们到达后，李先生热情相迎。先到他的住所小坐。这是小里河村鑫旺集团为他提供的一套两居室住房。他把校对过的诗集交给李勇军，一边烧水泡茶，一边给我们介绍小里河村的情况。在当家人张春旺的带领下，全村已提前进入小康，被省政府命名为"小康村"。全村幼儿园、小学、中学全部实行免费教育，而且办有高中，为全省仅有。村民全都住进套房，享受多种福利。正当事业蒸蒸日上之时，突然面临困境。村里支柱企业为铝业，受世界金融危机影响，出口中断了。工厂停业，只发给工人生活费，允许另谋职业。现在领导班子正在谋划转产事宜。李铁城把他最近撰写的几篇碑文的打印件给我们传看。他说："碑文文字量不大，有些只有二三百字，但颇费精力。有些历史人物，《史记》等典籍都有记载，但我未全按古人的观点写，那样就太省事了。我写的碑文，里面必须要有时代感，并有我个人的东西。"成一家言，是学人的至高追求。李铁城以此来要求他的碑文创作。

喝过茶，李铁城带我们参观鑫旺集团投资建立的"神墨碑林"。碑林依山而建，有书法碑刻一千多通，洋洋大观。山顶上有湖，湖边立着一块宽2米、高达5米的巨碑，上面刻着李铁城撰书的长赋《中原山水赋》。这是他的得意之作，堪称神墨碑林的点睛之笔，令所有来此观赏的人兴叹不已。午饭过后，我们继续参观。先看小里河村的"振兴门"门楼，李铁城撰书的《振兴门记》刻在门楼古色古香的木质屏风上。正面楷书，背面行书，十分严谨。李铁城从头到尾为我们朗读了一遍，共532字。

碑成，村里曾印 1000 份，村民人手一份。不少人能背诵。其中名句"天不佑贫，因振而兴；天不佐富，因德而继"几乎妇孺皆知。《振兴门记》石碑立在村办三星级宾馆的广场上。2007 年 2 月春节初一到初六，全村都在欢庆佳节，李铁城却冒着严寒，身穿大衣，立在摞起的两张桌子上，在露天写碑中度过。6 天中，他在巨石上一笔一画写完了两块碑。除《振兴门记》，他还写了"天不佑贫"16 字箴言碑。小里河人的精神激励着一个年逾古稀的老人，令他做出常人难以想象的壮举。

王幅明与李铁城在《振兴门记》木雕书法前

下午，李铁城与我们一起回郑州，他说他因写碑之事要去驻马店工作一段时间。途中路过荥阳，我们又参观了埋葬刘禹锡的诗豪园和李商隐公园。这两个公园中的碑文"唐代哲学家、文学家刘禹锡之碑"和"唐诗人李商隐之碑"，都是李铁城撰书的。李商隐公园中有一尊灵犀的雕塑，上面刻着李商隐的无题诗《昨夜星辰昨夜风》。看到一群农民在此观看，李铁城主动给他们当起讲解。讲者绘声绘色，听者如痴如醉，之后是掌声雷动。此行收获颇大，开阔了视野，又对李铁城加深了了解。同伴郭建伟感叹地说："今天，我们属于深度游啊！"我也有同感："是啊。能让李老师亲自陪同、讲解，一般人是很难遇到的。"

三、失爱与施爱

作为一个特立独行者，李铁城在不少人眼中是一个具有怪癖的人。日常生活中，他极为谦恭、随和，但一旦较起真来，会令人十分尴尬。男婚女嫁是人之常情，可他却选择终身不娶，颇令一些人不解。也许是初恋刻骨铭心，美好与痛苦的记忆足够一生享用？一些追求者和介绍人都被他礼貌地谢绝。一位福建省的单身文艺女性对他情有独钟，千里迢迢来到郑州，找到李铁城，说她一直未嫁是因为没有找到知音，后来读了他的诗文，认定他就是自己的所爱。不少人认为这或许是一对佳配。出乎大家预料，李铁城并不接受。那位千里寻"夫"的女子只好失望而归。他的情感生活始终是一个谜。有些记者试图解开这个谜，采访他的初恋，但都无一例外地碰了钉子。直到诗集《失爱者》出版，大家终于可以窥探深藏在他心中 50 多年的隐秘。

《失爱者》是李铁城自传性质的诗集，全部写于他遭遇苦难的年代。他在自序中说："转眼，56 年过去了。本书中最早写下的诗句距今同样已有 56 年了。这些诗在艺术上的成就姑且不论，但有一点应当指出的是：它们真实和真诚，它们真实反映了一代知识分子在一个特殊时代的命运——不仅被剥夺了发挥自己聪明才智的机会，从而对一个国家造成不必要的损失，同时又对他们从人格到心灵造成了深深的伤害。这不能不说是这场运动在道义上的亏欠。青春本应该是充满快乐和阳光的、充满梦幻和追求的，它应该是一个人的黄金时代，可是就这样被葬送了……对今天的年轻朋友来说，无法想象当时怎么会是那个样子！然而，它确实又是那个样子。当然，这些诗作也不仅仅是叙述苦难，它更多地表现了对美丽大自然的热爱，对友情的珍视和忠诚，对爱情的希冀和追求；也说明即使在那样的环境，人性的光芒，还在幽幽地闪烁。"爱和被爱，是做人的基本权利，可是，一个人正当青春韶华，基本权利却被无端剥夺，生命受到摧残，被迫沦为失爱者。诗作极其真实地记录了那段历史，令人心痛，撼人心魄，催人泪下。诗集出版后好评如潮，不少读者都是流着眼泪读完全书的。一本写于几十年前的诗集，尚能使当下的读者动容，颇为罕见，说明它具有穿越时空的艺术感染力。有人称赞它"是一部史诗，是那个时代知识分子的心灵史""为历史留下一代人心灵的档案，是失爱者为爱树立的碑碣""尽管诗多写于20世纪五六十年代，但从艺术上讲仍不过时，而在当时是堪称经典的"。

诗集里的爱情诗并不多，但都写得蕴藉、感伤、唯美，令人难忘。"常常，我走在大街上，／人流像弥漫的沙尘。／我盼望能遇到你，／像寻找沙里的黄金。……我害怕见到你，／又盼望见到你；／我知道看不到你，／又无益地寻找你。／世界上只有你，／把我的心牢牢紧系。"（《常常，我走在大街上》）"假如我抓起一支墨笔，／能把她的形象胡乱涂抹；／于是她变得令人厌恶，／这也许会把悲伤解脱。／假如谁会用可怕的言辞，／恶毒地把她诅咒；／于是她变得让我鄙视，／也许会把痛苦赶走。遗憾的是：／这一切永远不会发生。"（《这一切永远不会发生》）"假如有一天我突然死去，／永远摆脱痛苦的重担，／我的灵魂将化为鸣琴，／把心里的歌儿随意轻弹。……那最动人的乐曲，／对她的颂赞：／她会梦到自己变成一朵花，／有一只蜜蜂在花丛盘旋。"（《假如有一天》）这些词语的密码，已经告诉我们诗人终身不娶的谜底。我曾经问过诗集的作者："她当年离开你，你谅解吗？""怎能不谅解？不要说没结婚，结过婚的人不是照样离婚？那时的环境，只允许这样的选择。有的记者总想套出我的话，我可以明确地讲，到死我都不会说出她的任何信息。这是做人的底线。"他有些激动。我为他的大爱深深感动，连忙把话题岔开。从世俗的眼光看，李铁城的确是一个失爱者，同时，他又是无可争辩的大爱拥有者。

他拥有的精神之爱，远比我们这些得到世俗之爱的人更丰富、更纯粹！

爱心未泯，是他在最孤独无助的岁月里顽强生存下来的精神根基。他是一个施爱者，终生都在播撒爱心。他的所作所为、他的诗文著作，无一不是爱心的呈现。

作为诗人，李铁城始终坚持"真我写真情"的原则，从不写应景诗、应制诗，从不无病呻吟、逢场作戏。他的所有旧体诗词和新诗作品，都有一个真我在思索，在欢笑，在低泣，在感慨。他的心与大自然息息相通，他在精神上视大自然为母亲、兄弟姐妹和知己，时而依偎，时而赞颂，时而倾诉，从中汲取温暖和力量。他的诗具有奇幻绮丽的特色，想象力丰富，不少作品来自神话或梦境，如古体诗《梦中吟》《黑龙潭醉歌》《中岳大帝歌》《天马歌》《奇石歌》《二郎屠龙歌》《女王率军殉国歌》《聚仙台歌》等。李铁城很少参加热闹的社会活动，颇像一位与世无涉的隐士。其实，他是一个时刻都在关注国家发展和百姓命运的真正文人和热血男儿。他的诗歌具有鲜明的时代特色，有些则上升到哲理层面。如《登鹳雀楼》："白日升还落，黄河昼夜流。欲知忧乐事，更下一层楼。"一首相隔千年的同题诗，王之涣的诗是经典，想超越很难，但李铁城善翻古意，终使两诗各有千秋。"欲知忧乐事，更下一层楼"，与古诗对应，一上一下，妙趣横生。细细咀嚼，幽默里浸透着沧桑和哲理。

截至2014年底，李铁城已为全国多地撰写碑文65个，创造了5项非赛事世界纪录，为中国的碑碣艺术作出了前无古人的重要贡献。被世界纪录协会认定并颁发世界纪录证书的有：（1）世界上撰写历史名人碑碣最多。（2）世界上由同一人撰文并书写碑碣最多。（3）世界上撰写碑碣文体最多（诗、词、赋、散文、评论5种文体）。（4）世界上撰写碑碣书体最多（楷书、行书、草书、隶书、篆书、魏书）。（5）世界上书体最多的碑碣——《昂昂溪古遗址赋碑》（6种书体）。这些碑碣无不倾注着创作者的大爱之心和赤子情怀。

李铁城所作碑文在墓主身份和题材开拓上都有重大突破。他打破以往为尊者、亲者立碑的习俗，不避尊卑、远近、亲疏，做到有功者记，有德者颂，既有声名显赫的帝王、名士，也有默默无闻的护林员和普通乡民。在题材方面不拘一格，人物之外，凡地理物产、山川树石，甚或一个黄牛之冢，都能进入他的视野，有感而发，化平凡为神奇。为先贤立传，不是神化历史人物，而是以当代人的理念，对其功过是非作出客观公允评价，既彰显历史名人的崇高和伟岸，又写出他们作为普通人一面的生活真实；既有历史的厚重，又能体现当代人的认知高度。如《祭炎帝文》《轩辕黄帝之碑》《嫘祖之碑》《大禹之碑》《孔子之碑》《郑氏三公之碑》《赵王陵碑》

《杜甫碑》《韩昌黎先生赞碑》《刘禹锡之碑》《唐诗人李商隐碑》《司马光之碑》等都是此类佳作。这些碑文彰显了蓬勃的民族精神、光照千古的人格魅力，启迪人们尊崇先贤，不断向着人生高峰攀登。

李铁城的历史名人碑文只有23个，更多的碑文是为当代人及历史遗迹、自然景观作传。他怀着一腔深情为烈士杨靖宇和赵尚志免费写碑，分文不取。他为嵩县天池山护林员老罗写碑，在当地传为佳话。从2001年夏天开始，李铁城应邀到嵩县天池山参与景观的开发和建设，时间长达4年之久。他自带粮食，不计报酬，人称老年志愿者。他跋山涉水，访遍天池山的角角落落，为景区开发献计献策。2004年10月，林场一位埋头苦干的职工突然病逝在岗位上。李铁城惋惜不已，立即挥笔写下简短碑文《护林员老罗之碑》："护林员老罗，貌清瘦，话不多，逢人唯一笑而已。日修路，夜值勤，数十年如一日，兢兢业业，无怨无忧。2004年10月24日因病去世，石西即生前所居之屋。"他亲自选择一块自然石，托人将碑文雕刻其上。老罗英年早逝，有其不幸，但有幸收获此碑，成为天池山一景，是他未曾梦想过的殊荣。老罗的同事感叹地说："能让李老师写碑，这辈子值了！"

李铁城喜欢与大山亲近，六登少室山，因山险峻，五次都没能成功登顶。第六次登少室山时，他特意请当地采药人尚银权当向导带路，终于从连天峰的后侧爬上了峰顶。下山途经安阳宫时见到一座坟。有人告诉他，当年建安阳宫时一头老黄牛不需人驱赶，自己驮砖往返于窑场与工地，安阳宫建成之日老黄牛力竭而死。牛主人为牛的忠诚所感动，立坟在此。李铁城闻此感触甚多，当即决定自己出钱为老牛建碑。下山后他便提笔撰写《黄牛冢记》："人为牛营葬，天下少有，然此牛敬于业，忠于事，默然而生，竭力而活，终以生毕其功。一生得之少而付之多。此种献身精神，即我等凡人可与相若？……大义大奇之事，不可任其泯灭，特为刻石以彰其状。来日游人睹此，想亦有同感也。"立碑那天，李铁城邀请了8个国家一级演员义务给当地万余百姓唱戏庆贺。从此，黄牛碑成了当地一处著名景点。他的不少碑碣，都隐含着不同的爱心故事。

李铁城古道热肠，乐于助人。早在汝州笔会期间，他曾向我问起《流行歌曲》的情况。《流行歌曲》是一本颇受读者欢迎的音乐刊物，1985年创刊之初是自办发行，由全国民营渠道销售，最高时达到100万册，创造了音乐刊物的发行量之最（据天津音乐学院一位研究音乐史的教授考证，此发行量创造了世界专业音乐刊物纪录）。1989年，由于特殊的社会原因，大量的民营渠道萎缩，1990年起交给邮局系统发行，订数维持在20万左右，仍然是让人羡慕的数字。"你知道吗？我是创办《流行歌曲》的最早建议人。"他的话题一转，令我大为惊愕。一个老夫子，一本青春时尚刊物，我无法将两者联系在一起。听了他的讲述，我信服了，并瞬间对他刮目相看。80年代前期，李铁城有过一段下海的经历。他随着全国各地的南下人群，到深圳一家民营公司任办公室主任。终因不适应商品经济的社会关系，一年之后他又打道回府重操旧业。在深圳，他多次目睹了一个难忘的场景：每逢举办流行歌曲演唱会，总是人山人海。他不是歌迷，但他确信，如果办一本专登流行歌曲的刊物，一定会拥有可观的读者。回到省文联大院，每逢休息日，大院显得格外冷寂。只有两个单身贵族住在办公区，一个是李铁城，另一个是省群众艺术馆《豫苑》编辑部编辑田杨林。田杨林想干点事情，但一直未找到突破口。一次两人在聊天中说起这个话题，李铁城说，你想法去办一本《流行歌曲》杂志吧，保证你以后日子好过。田杨林听后如醍醐灌顶，便积极努力起来。在若干次碰壁之后，他找到了我和同事李秋海，说出他的想法。我立即向陈鹤翔总编做了汇报。通过调研和中层干部会议论证，决定以时代青年杂志社名义创办《流行歌曲》。创刊申请很快得到批准，田杨林的命运也很快被改变。我们先是将他调入时代青年杂志社，紧接着任命他为《流行歌曲》编辑部副主任、主任。社里设立年度"好建议奖"，一次发给他300元奖金（当时约为一个编辑的半年工资）。田杨林很快成为省音协理事。后来王酩创办《音乐生活报》，又把他调往北京了。我所说的这一切，李铁城并不知情。但他听后深感欣慰。这只是我所知道的他无私帮助友人的一例。我确信，这样的同类故事，应该还有多个。

四、先贤墓地守护人

为保护春秋时代大政治家子产的墓地，李铁城像一个不达目标决不罢休的斗士，花费4年心血多方奔走呼号，终有所成，书写了他晚年闪光的一页。

2011年3月，新郑市文物旅游局邀请李铁城撰写子产碑。他提出先到子产墓看看。子产墓位于新郑市西南30华里的陉山之上。子产任郑国执政（宰相）22年，是品德高洁、见识卓绝、政绩辉煌、深受民众爱戴的一代名相。孔子评论子产有四德："其行己也恭，其事上也敬，其养民也惠，其使民也义。"孔子听说子产去世的消息后流着泪说："子产，古之遗爱也。"因为他的去世"郑人皆哭泣，悲之如亡亲戚"。晋代的杜预曾去拜谒子产墓，撰文说其墓极为俭朴，甚至不用山石，因为山石可供民间使用。"君子尚其有情，小人无利可动，历千载无毁。"新郑文物局的同志陪他一起去查看子产墓。哪知不看不知道，看后吓一跳！原来陉山已开山炸石近60年，山体早已千疮百孔，子产墓周围的山石几被挖空，墓已岌岌可危。墓两边的采石场上，大型挖掘机、起重机、卷扬机应有尽有，载重汽车进进出出。山体的原始地貌仍在，肌体却被掏空，惨不忍睹。李铁城看后激愤不已，对同行的人说："子产这样一位仁人君子去世2500多年以来，朝代历经兴亡更替，国家也频经风雨飘摇、积贫积弱的时代，但他的墓地却能安然无恙。……此事若放在改革开放前，鉴于人们愚昧贫穷，缺乏文物保护意识，还情有可原。可今天，人们已三餐无忧，保护文物已有法律，为何仍然开山炸石不止？这只能归结为对金钱的贪婪。我们有良知的中华儿女，绝不能让先贤的墓地毁在我们这代人手里！"下山后，他作诗《陉山归来》以明志："陉山看罢心悲痛，万箭齐锥不欲生。轧轧机声天地颤，隆隆炮响鬼神惊。先贤彪炳千秋史，鼠辈狠毁七尺茔。蜀道艰危攀岂止，要留根脉照汗青！"

　　他感到自己有了新的使命。他要通过自己的努力让非法开采停止，以告慰先贤。他没有想到求助之路竟如此漫长，让他在几年间26次上山。开始，他通过打电话、登门造访、求援于新闻媒体等方式，得到不少有识之士的热情支持。媒体报道之后，时任郑州市市委书记的连维良作了5条批示。批示下达后，情况有好转，但采石并未停止。他一次次上山查看，又一次次向郑州市、河南省文物部门及省人大反映。此间多位领导曾亲临现场，召集采石单位开会，明令禁采，并采取了一些相应措施。但开采者为了一己之利，贼心不死。虽然郑州、许昌两市文物部门已分别重新划定、扩大了保护范围，相关部门也多次组织专项治理，大规模开山炸石得到了遏制，但采石活动却一次次死灰复燃。由于石价大涨，一些村民经不起金钱诱惑，非法采石愈演愈烈。

　　为了让郑州及河南的民众了解先贤子产，李铁城撰写了《十上陉山》《一位被忽视的中原伟人》等文章在报纸发表。他从五个方面总结子产为后人留下的精神遗产：（1）子产是中国廉政文化的源头。"子产死，家无余财，郑人皆哭，三月不举乐"，人们争着把自家的金银首饰送到他家为他陪葬，他儿子受他的影响，一件未用，最后把这些金银器投到河里，河水金光闪闪，这就是郑州金水河的来历。（2）子产在中国历史上第一个制定成文法律，是中国依法治国第一人。（3）子产是中国最早具有朴素民主意识的政治家，"不毁乡校"，广开言路，尊重民意，凝聚人心。(4)子产是中国历史上最早具有朴素唯物主义思想的政治家,信德而不信神。（5）子产是中国历史上第一个承认土地私有、按亩收税的政治家。清朝史学家王源推许子产为"春秋第一人"。子产的事迹和精神,对后世的影响之大绝不亚于黄帝。而子产的名言"苟利社稷,死生以之"被认为是影响中国的十三句名言之一,林则徐的名句"苟利国家生死以,岂因祸福避趋之?"即源于此。李铁城在《子产之碑》中写道:"自黄帝以来,历代执政者中子产可谓出类拔萃者,实为政者永恒之楷模!子产生于中原,死葬中原,乃中原之荣;中华有子产,乃民族之宝,世世代代,当珍其人,学其品,识其才,实复兴中华民族之要务。"然而,就是这样一位被誉为春秋第一人的古代圣贤,却正在被他的葬身之地——陉山脚下的某些后代所遗忘。

在屡禁不止的无奈情况下,李铁城撰写《陉山子产墓保护僵局亟待解决》的报告,由河南省文史馆以"馆员建议"方式直接上报河南省政府。李克常务副省长阅后批示:"请郑州市委、市政府认真研究处理好。"除此,李铁城还直接给河南省领导写信,提出"关于彻底解决子产墓保护的建议",还给河南省委书记郭庚茂、国务院总理李克强分别写信,反映保护子产墓的问题。

我曾多次收到李铁城的短信,告知子产墓受到威胁的消息和新闻媒体的有关报道。在最近的一次见面中,他向我展示了多家媒体报道子产墓的文章及他上书的复印件,还有他上山查看的照片。我问子产墓的近况,他如释重负似的露出了笑容:"这次好像真正解决了。已经半年没有人上山采石了。"他告诉我,这是他一生中最有成就感的一件事。他曾对友人说,为了子产墓,赔上性命也值得!

子产如果有知,该作何感?

我想起《论语》中曾子的一段话:"士不可不弘毅,任重而道远。仁以为己任,不亦重乎?死而后已,不亦远乎?"2500多年过去了,民族精神的血脉没有中断。这样的士人也未绝迹,李铁城理所当然地名列其中。

应该如何给李铁城定位?诗人?学者?书家?哲人?碑碣大家?不错,他是这诸多称号的集大成者,但我更喜欢用"中原文化守护者"称他。他为古人写碑,为今人写碑,为大自然写碑,为微小的生灵写碑。他无意为自己写碑,但他已经用一生的道德文章,在天地间写就一尊光耀后人的丰碑。

(原载《时代报告》2015年第8期)

许淇
（1937—　）
诗人、画家

许淇：文图并茂春秋笔

一、"不如我，那就记住我"

2007年11月11日，纪念中国散文诗90年颁奖会暨研讨会在北京中国现代文学馆隆重举行。来自内蒙古的老作家许淇荣获"中国散文诗重大贡献奖"。会议要求每位获奖者发表一句获奖感言。许淇是这样说的："大会要求一句话，我带来了两句话。按诗的分行，两句；按散文诗，一句。古罗马一位诗人说，假如你祷告的比我好，那就忘掉我；假如你祷告的不如我，那就记住我。这个你，是带'女'字旁的你，也是读者。"他风趣且意味深长的感言获得了满堂喝彩。颁奖仪式后，他将部分手稿和他自己创作的一幅国画《雁飞塞北》捐赠给文学馆，又一次赢得了热烈的掌声。

这是我第一次见到许淇。他的风趣、多才、机智、率直、亲切，一面难忘。当时他已年逾古稀，但给人的感觉，精、气、神尚在中年，他发表了五点不同凡响的灼见：（1）散文诗依附于"诗的内核"，而不依附于诗歌。（2）散文诗不同于时下流行的借助别的因素的散文（如历史文化散文、纪实散文、报告散文、学术散文等），而是具有诗的灵魂的纯散文。（3）散文诗"矫揉造作"。他是指吐词不能随便直白，要有艺术的"造作"，像鲁迅所称赞的"越轨的笔致"。（4）散文诗"风花雪月"。他认为风花雪月即大自然。隔膜疏远大自然，还谈什么"天人合一"？（5）散文诗是"小摆设"。摆设不以大小比高低，以艺术性强弱为贵贱。他用逆向思维的方式来重新诠释常为评论家们诟病的内容，初听似感离经叛道，品味后才觉别开洞天，且有理有据。

之后，我们又于2008年5月在北京"老故事"频道会议厅的散文诗朗诵会上、2009年8月在吉林长白山散文诗笔会上两度相见，使我有机会再一次见识和感受了他的本色、他的激情、他的智慧、他的友情。

许淇1937年出生于上海，1956年肄业于苏州美专。当时，国家向城市知识青年发出了支援边疆建设的召唤。刚过19

岁的许淇积极报名参加。他毅然告别了黄浦江畔的父老，佩戴大红花，在欢呼声中踏上支边大军的列车，来到内蒙古大草原的新兴钢城包头。一个浪漫气质的热血青年，很快在这里找到了用武之地。他先在煤矿筹备处的工会工作，和工友们一起劳动、画板报、写通讯稿。火热的生活激发着他的创作热情。一年后，他便写出处女作《大青山赞》，发表在《人民文学》1958年2月号上。这个高起点为许淇带来很大的声誉，也成为他人生的转折点。上级发现了这个有文学天赋的人才，把他调入团市委的《包头青年报》（最初为《青年建设者》）当编辑记者，编辑文学副刊《摇篮》。1959年市委又抽调他编《包头史》一年。1960年许淇调入市文联，编辑刊物《钢城火花》。业余时间他坚持搞创作。自1958年至"文革"前的几年是许淇创作的一个高潮期，他几乎每年都会在《人民文学》发表作品。他写散文、散文诗，也写小说。他是新中国最早投入散文诗创作的作家之一。他从不放过每一次到基层体验生活、收集素材的机会。内蒙古的草原大漠、山川森林、城市街区，都见证过许淇热情而奔放的足迹。这些足迹，最终都成为他文学创作的源泉。

1974年，许淇出版了第一部散文集《第一盏矿灯》。那时，正是极左思潮泛滥之时，"散文诗"这个被认为带有小资情调的文体不可有立足之地，也无人触及。70年代后期，文学的春天终于到来了。文学刊物和报纸的文艺副刊开始陆续发表散文诗。许淇的创作欲再次被点燃，从此一发而不可收。1981年3月，上海文艺出版社出版了他的散文与散文诗合集《呵，大地》，收入他五六十年代及70年代的作品44篇（出版社作为散文集出版）。当时这些受郭风《叶笛集》影响的作品还谈不上自觉的散文诗写作，现在看，有些作品只可称为类散文诗。他发表于80年代初期、1983年5月由湖南人民出版社出版的《北方森林曲》则是纯粹的散文诗作品。1981年，《诗刊》曾经组织过"散文诗六人谈"，许淇是受邀人之一。他用了一个"梨苹果"的形象比喻来说明散文诗的特性：既有梨味又有苹果味，但它不是梨也不是苹果，是嫁接出来的独立存在的新品种。他始终坚持这样一个观点，不断地去充实和完善它。从那以后，他对散文诗倾注了极大的热情，孜孜以求，不停地探索、创新。虽然他同时也写散文和小说，但最终散文诗成为他成就最高的文体，受到全国散文诗作家的好评和尊敬。

此后，他的作品被陆续推出。1990年，出版《许淇散文诗近作选》（青海人民出版社）。1992年，出版《词牌散文诗》（广西民族出版社）。1994年，出版《城市意识流》（广西民族出版社）。2002年，出版散文与散文诗合集《白夜，有一只夜莺》（贵州教育出版社）。2005年，出版《许淇世纪散文诗选》（香港银河出版社）。2006年，出版《词牌散文诗百阕》（中国档案出版社）。2011年，出版《城市交响》（河南文艺出版社）。2014年，出版《辽阔》（内蒙古人民出版社）。30年时间，共出版10部散文诗集。除此，还出版了散文集、随笔集《美的凝眸》《许淇随笔》《许淇

王幅明与许淇

散文选集》《在自己的灯下》《伞语》《草原的精灵》等，短篇小说集《疯了的太阳》，共计约300万字。

他自1983年起任包头市文联主席，直到1997年退休，整整14年。他是享受国务院特殊津贴专家，现任内蒙古作协名誉副主席、内蒙古文史馆馆员、包头书画院名誉院长等职。退休后，他戏称自己才真正成为"自由人"，成为他梦寐以求的"专业作家"。退休后的十几年，他共出版9部诗文集和大型画集《许淇的画》及《许淇国画小品》，还有多部文集待出版。他的创作热情一点不减，像年轻时一样。

二、草原牧歌

许淇的散文诗有四个明显的主题：森林和草原、城市、词牌、艺术家与作品。每个主题都有鲜明的艺术个性。许淇在内蒙古生活已半个世纪。内蒙古已成为他的第二故乡。他与这块土地早已血肉相连，密不可分。他不是一个旁观者，而是拓荒者、建设者。他目睹并切身感受了草原钢城的沧桑巨变、草原各民族儿女生活的沧桑巨变，常常神游在大草原的"风花雪月"中不能自拔。虽然他身上还保留着与生俱来的文人气质，言语中仍有几分沪上口音，但草原儿女从没有把他当外人，他早已成为他们中的一分子，令他们为之骄傲的出色的一分子。

他本是学油画的。大草原色彩斑斓的自然风光最适合用油画来表现。刚到草原不久，他贪婪地到处欣赏到处写生，心中不断涌动着创作冲动。但，刚刚草创的钢城没有条件，繁忙有序的工作也让他抽不出充足的时间从事油画创作。好在他还有另一套简便的创作形式：写作。他是一个超级文学爱好者，阅读过许多中外名著，包括当时仅有的一些现代派著作。1956年，在"百花齐放"文艺政策感召下，《人民文学》发表了柯蓝《草霞短笛》和郭风《叶笛集》中的一些作品。许淇对这些作

品读得如痴如醉。特别是郭风描绘闽南风情的短章，与他的审美产生了强烈的共鸣。他讨厌当时流行的模式化的散文和充斥着豪言壮语的诗歌，这种介于诗与散文之间的非诗又非散文的文体更加纯粹，也更符合他的审美理想。

许淇向中国现代文学馆捐赠绘画作品

《大青山赞》是以勘探队员的口吻唱出的边塞赞歌，写一群勘探队员在老支书带领下如何发现和开采煤矿，使沉睡荒凉的大青山到处回响着劳动的歌声。一千多字的篇幅分若干节，每一节又有二至四句分行诗，颇像合唱曲的主歌和副歌。整篇作品洋溢着明朗和向上的基调，节奏铿锵，读之激情浩荡。现在看这篇作品，也许可以找出明显的不足，但那是时代的印记。在当时，这已经是很有创意的作品了。本来还有一篇类似的作品被《人民文学》留用，后因反右运动开始，"百花齐放"的政策未能再继续，他的此类作品也未能再发表。后来，他又写了歌颂勘探队员的《雄健的山鹰在飞翔》《四季》《篝火旁》，描绘草原风情的《在马头琴声里》《河》《云》《晚归》《井旁》等短章。"文革"十年，散文诗创作完全中断。直到1978年，他才又恢复用他心爱的文体创作。他在《虹》中写道：

如同青年时初恋的再现，在朦胧的期待、热切的渴慕中，相逢于天上人间，虽然短促即逝，光华照临一生。你绚烂的生命的瞬间呵，留在人们的记忆里，却是永恒！

呵，虹，美丽的虹！

你是诗的灵感，你是梦想的翅膀，你是我心中的激情的异化，你象征着我正在编织尚未完成的半圈花环，准备整个地奉献给伟大的新时代。

他心中的虹，多像他钟情的散文诗！

如果从1958年他发表第一篇作品算起，至今已50多年。而从1978年重新开始算起，也已30多年。他所有的散文诗作品，大致可以分为两类：牧歌与交响。他写草原、写森林、写牧人生活的作品，有浓厚的牧歌情调；而他那些写城市的、词牌的、艺术家的组诗，则像是雄浑的交响曲。

即使是牧歌，许淇少有宁静的田园风光，他的作品大多都是动感的，像马头琴声，像牧人的心跳。他在《春在途中急驰》中这样写草原春天的脚步：

听,她疾驰的马蹄声,像炸了群的马,像野性的风暴,席卷着不肯消退的严寒冰雪。她是强力的,因为她深沉的爱,从禁锢的苦痛中挣扎出来……

虔诚地期待着的草原,感觉到了么?隆隆的雷碾过你的胸膛。这是春在途中的急驰。

她,来了!来了!

他的牧歌总是离不开蒙古族和鄂温克族兄弟姐妹的生活,他们的劳动和爱情。他在《森林的夏恋》中写道:

北方森林遇到热情的夏季。雷阵雨像令人窒息的吻。

暖雨后河面上蒸出白烟,多汁的松枝发散刺鼻的潮气。河也在喘息。雨点抹过一串琶音。

树木棵棵怔愣住了。我在林中站着,忽而忘却了自己,变成半老的树。在无比的喜悦过后,绿在一寸寸地疯长。

水淹了牧草地,冒一股腐烂水草和鲜蘑菇的味儿。沼泽更泥泞。驯鹿踩得唧唧咕咕响。

驯鹿恋着颈铃和鄂温克姑娘的盐袋。苦艾的烟熏熟了狞肉。是喝酒和唱歌的日子。

东北方弥漫着乌云,升起的雾气不安地飘摇。我的左眼为什么跳?莫非相爱的人儿来到?

西北方弥漫着乌云,很快便雷雨交骤。我的右眼为什么跳?莫非知心的人儿来到?

山峦的云霭化不开,一切均为迷离恍惚的回忆。我戴月披烟,追踪森林的夏恋。

一幅声色俱佳的多媒体图画。油画般艳丽的森林风光,草地散发着多种气味,在化不开的云霭之中,传来动听的情歌。在这样的艺术氛围里,一切都令人神往。

许淇是艺术家,他对中外艺术家有惺惺相惜般的深情。他写过一百多章为艺术家立传的散文诗作品,分别以"掀开世界画册""音乐有时漂我去"等为题发表,代表作有《齐白石》《德彪西》《列宾》等。这些作品,或写个人,或写群像,在有限的篇幅里,包含着极大的艺术和思想的容量。用几百字去写一个人或几个人的心灵史,是难而又难的事。为破除一些人认为散文诗只能表现小花小草的偏见,许

许淇绘画

淇乐意知难而进。他成功了。这类作品陆续发表后，广受好评。《齐白石》还获得了《星星》诗歌创作奖。这些在文学史、美术史、音乐史上都占有一席之地的大师们的心灵传记，给了人们新的审美愉悦。人们在审美的同时，心灵也受到洗礼。

他没有满足于已经取得的成绩，他还要向新的领域进发。词牌散文诗是他的另一个创新产品。且听许淇的夫子自道："'词牌'和'散文诗'，本是风马牛不相及的。词牌曲谱，唐初兴，后渐发展，至宋极盛，讲究字声组织，是要诗人按字数协律填写的，是要音乐家按辞采意格、宫商角徵羽谱曲的，是要教坊歌手合红牙铁板击拍而歌的，以达到'美听'的目的。散文诗是既不必严格填字，又不能谱曲、无法依声的。散文诗是'先锋音乐'，故意的不和谐，破坏了对位和声，追求大自然本真的原始的散文化的生命效应，任何一首诗都比散文诗接近词曲。""'词牌'是古典的，散文诗是现代的。寻找现代世界和民族传统的结合点，创造一种新的艺术。于是有了我的所谓'词牌散文诗'。"旧瓶里装新酒！又是一种高难度的尝试。许淇同样获得了成功。词牌只是他借用的一个工具。他用古人创造的极富审美意味的特定语汇，去诠释既五彩缤纷又苦辣酸甜并陈的现代生活，重新营造出全新的审美空间。他用前后20年的光阴去进行这一艺术探险，终得词牌散文诗百阕。他的探索得到了专家和读者的一致好评。著名诗人公刘在读后写道："在中国，写散文诗的作者大有人在，但写出味道来的不多。我以为，在这'不多'之中，许淇先生，可算得其中的一位。而尤其可贵的是，他把散文诗视同一个变数，拒绝程式，拒绝凝固，拒绝僵化；在这方面，许淇先生晚近所做的大胆试验——词牌散文诗，付出了艰辛努力，取得了丰硕成果，堪称独领风骚。"（《可喜的尝试，成功的试验》）

这些作品，将古今中外熔为一炉，是一座既有古典意蕴又充满现代人文光辉的玲珑剔透的精美建筑。代表作有《烛影摇红》《疏影》《河传》《自度曲》《青衫湿》《菩萨蛮》《阮郎归》《思远人》《荼瓶儿》《月下笛》等。

三、城市交响

城市题材的散文诗,是许淇广受赞誉的另一个重要成果。2011年1月出版的《城市交响》是这类作品的集大成者。全书共176章,分为四辑:"城市交响""城市与人""中国的城市""欧洲的气息",同样是古今中外,仅看题目,即可感觉到其中的信息量之大。为何写城市?许淇在一段自白中为我们做出了回答:"散文诗不能只写故乡小河、童年和母亲,散文诗从它一出生便打上现代都市的胎记。波德莱尔的《巴黎的忧郁》是写城市的,我们中国是农业国家,从二三十年代到50年代,散文诗的题材都是以农村为主。我从小生活在上海,有条件写城市。""我将每一章散文诗都作为一件精美的工艺品来精雕细刻,而又要自然天成,不显矫揉造作。我在为未来写作,力求作品经得起时间的考验,我的肉身化成灰,我的艺术依然活着。"这两段话透露出两层意思:一是他对世界散文诗史的熟知和对其特征的把握,二是显示了他作为中国作家的时代责任感和创新意识。

"城市交响"多侧面展示出城市的繁荣与斑驳。作者在自序中说:"散文诗是两根和弦以上的双调性结合;它应拨动意象的和弦——交织、复沓、重叠、并列……它可以表现时值、速度和生活节奏的急剧变衍,表现现代生活中现代人的潜意识和深层意识;它甚至可以出现不谐和音。那将是富于暗示的多层次、多声部的交响音乐。"这是我们理解许淇散文诗的一把钥匙。《人行道》可作为代表。这是一曲多音部的交响。一组蒙太奇剪辑的世界各地的人行道画面,最后定格在中国中小城镇富有民族特色的人行道上。这时,作者笔锋突然一转,发出如下的感慨:"人生的甜蜜和辛酸,都裹在那冰糖葫芦里,装在捏面人儿吹糖人儿老头担的盒子里。你信么?你信么?"初读,似觉调侃;细品,意味深长。《印象》写了作者对现代城市的整体印象。美与丑交织着,先进与落后交织着。他用一支神奇的画笔描绘出人流中的各种面孔:"漠然的面孔;悲哀的面孔;惺忪的睡醒的或者焦虑的得意的面孔;模糊的无表情的虚饰的面孔。"他以沉重的心情写出几千年沉淀于每个人表情上的集体无意识和一些小生产陋习,指出我们必须要勇敢地前行,更新自己:"千万不要重复昨天。确认人流中的我已是新我。"

"城市与人"写城市里形形色色的人生:艺术家、诗人、农民工、调酒师、时装模特、流浪汉、老人……这些短章不少都有充满诗意的故事,可视为微型小说型散文诗的佳构。并不是完整的故事,只是各种人生况味的生活瞬间,结局全都留给读者去猜想。作者用不同的笔调写不同的城市人,有时是同情、怅惘和敬意,如《流浪汉》《最后的探戈》《故事》《音乐和乐队指挥》《我是农民工》《芭蕾舞蹈家》《练摊儿》；有时则带着揶揄和轻蔑，如《现代人的传奇》。

也有一些抒情之作，如《人生的醉舟》。许淇从法国著名象征派诗人兰波的"醉舟"写起，进而是尼采，再进而是张旭和怀素："只有中国的线才是醉舟的放诞——狂呼乱走的张旭和绝叫三声的怀素，那气势夺人的草书，在浪谷波峰盘旋。感觉被黑涛掀翻，坠入海底又举上天空。如此，我愿不断醉于线与色，醉于音乐，醉于语言及视听之受识。"醉舟是一个颇具浪漫色彩的象征。作者认为"生命的悲剧在于清醒"，"一叶醉舟，永在抵达的过程"。这是一种人生的高境界，不仅仅适用于艺术家，同样也适用于所有愿为理想而献身的有识之士。

"中国的城市"共有五组，分别写北京，上海，草原城市，江南城市，其他北方、南方城市及香港、澳门、台北。作者没有充当导游，去介绍每个城市的名胜，而是选取这个城市最具特征的一些景观和作者自身的感受，从而写出每个城市与众不同的个性和灵魂。比如《京都杂章》，既写了北京独特的历史和追求，又写出它日新月异的变化。"多少帝王的梦悄悄地或者轰轰地陨落了！洒水车洗出个新浴的早晨。"（《故都》）"黑色的轿车疾驶而过，便成了昨天。"（《长安街》）"让全世界的鸟全都和谐共存在这里，不再有枪声和伤害、饥饿和死亡。鸟巢，是春天与和平的胎盘。我愿是其中之一翼。"（《鸟巢》）在作者笔下，鸟巢已由具象变为意象和象征，作者也成为象征体的一翼。

作者感叹中国城市的变迁，他在写自己的出生地上海时，用了更多的笔墨，也更加富于感性："我的童年在地图上消失。房屋、街道、家具、人，再也找不到丝毫印记；地图上也不再标明。"（《童年在地图上消失》）"桥如活的生物，犹昂首的漂亮的雄鸡，赤冠耸立，强劲的颈、肩和尾的弧线，如一张绷紧的弓，弹出朝阳。桥扛起黎明。""桥随着昨天屈辱的历史一起消亡又重构。因为桥是路的延伸。桥是此岸与彼岸的生命链。桥的目的不在到达。桥的意义在占领新的空间。"（《上海的桥》）他怀着复杂的情感写上海老市区住宅的狭小和拥挤，和由此形成的特定文化："鸽子窝终于拆毁了，然而边界里面的内容却要重复千百年。因为这就是实在的人生。"（《鸽子窝》）

他用细腻而深情的笔触写草原上大大小小的城市。他没有把青城呼和浩特放在第一，而是把包头排在首位，可以想见这座城市在他生命中的分量。他用蒙太奇镜头展现包头的历史，劳动工地的场景，画外音是爬山调、马头琴、驼铃和礼炮声。

许淇说:"回想此生我并未虚度,六十年建一座城市,五十多年我添砖加瓦。我可以骄傲地对后人说:'这座城市是我们的,我们的!'"(《我们的城市》)许淇的作品贯穿着浩然之气。辽阔的大草原培育了他,也塑造了他豁达豪放的个性。

"欧洲的气息"写了作者出访欧洲诸国各城市的独特感受,从中可以看出作者深厚的历史修养,以及在司空见惯的芸芸众生中发现美和表现美的本领。这些作品丰富的信息量和文化底蕴,使知识欠缺的读者很难真正进入。对于求知欲强的读者,也许是一次难得的机遇。如《塞纳河畔》,文中提到的历史人物有10人之多,不了解这些历史人物,就很难理解塞纳河与艺术家的渊源。有些短章写得精致且深蕴内涵。如《书店》:

> 推开门的同时,铃声便响了。金铜的小铃铛发音很好听,也很轻,撞击四壁书脊上的尘埃,莎士比亚的同性恋商籁的尘埃也轻轻扬起,好像三角铃从奏鸣中逃逸,陷入古老的墓窟,或是一只来自草原的昆虫,误落入写作者封闭的思维,不住气地向一丝儿光亮求救。

> 吊灯是路易十四时代的精巧的工艺品。白天亦亮着,使幽暗的教堂里生出麝香的气味。店主人的脸像他身后黑非洲的木雕像,叼着油墨的旧烟斗,读一本袖珍的波德莱尔的《恶之花》,深褐色的布面精装,如同画有插图的祈祷书和淫秽的小册子,可带进大教堂,忏悔自己的一生。

> 又一位穿旧大衣的读者闯入。我似听到某位已故的大师家中叩响悒怏的钟及风铃的和鸣。

> 珊瑚在海底生长,珍珠孕育在深藏的内心。思想在尘封已久的书缝里呼吸。

前三节是对书店氛围绘声绘色的真切描绘,后一节写书籍与人类的关系。主题隐藏在诗句里,只有品而得之,美感由此而生。

读"欧洲的气息",让我们见证了许淇文化贵族的一面。

许淇是中国当代为数不多的散文诗大家之一。他的散文诗有其鲜明的艺术个性:

其一,他是波德莱尔和鲁迅的继承者,坚持写当下的现实生活,歌颂美,揭露丑,既写美之花,也写恶之花,显示出一名作家应有的社会担当。他揭露和鞭挞当代社会残存的丑陋,是为警示世人,使其更加文明。

其二,他是大自然歌手普里什文的继承者。他之所以为写"风花雪月"辩护,是因为中国当代真正能写出大自然天籁之音的散文诗不是太多,而是太少了。他是一个身体力行者。他的牧歌写出了北方大草原的神韵。

其三，他是一个勇敢的开拓者，题材没有禁区。他用自己的创作实践证明，散文诗决非只能写小草小花，既可写世态万相，又能写心态万相。

其四，他是散文诗文体特征的坚守者。在保持"诗的内核"的前提下，他广泛借鉴其他艺术形式的表现手法，最终谱出打上许氏印记的"交响"。

与耿林莽、李耕一样，许淇也是"散文诗是独立文体"的倡导者。他著有《世界现代文学的新品种》一文，充分阐述了他的观点。他长期担任《散文诗》"世界名家作品赏析"的撰稿人，向读者推荐世界经典，从而做到"洋为中用"。早在1992年，他就主编过《中外散文诗鉴赏大观·外国卷》（漓江出版社）。2015年，他又出版了《闪光的珍藏——外国散文诗名家名作赏析》（海天出版社）。他的作品表明，他是一位能够融汇古今中外的大家。

四、色彩的盛宴

许淇是一位功力深厚、风格独具的画家，因为散文诗名气大，较长时间里，把他的画名掩盖了。其实，他是内蒙古美协80年代恢复后发展的首批会员；只是，他长期游离在美术界圈子外。他不是业余画手，而是上过科班、有过师承的画家。许淇说："我往往用一辈子的时间来还自己的心愿。譬如画了一辈子的画，直到今年77岁高龄，才到北京中国现代文学馆和上海朱屺瞻艺术馆搞个人现代彩墨的巡回画展，以慰平生。"（《闪光的珍藏·后记》）

许淇早年就读于苏州美专沪校，校长颜文樑。颜文樑大师和他从法国购买装箱搭邮船运回国的石膏像，教给他美术基础的第一堂课。在上海"海庐"，他上了第二堂终身受益的艺术教育课。50年代，苏州美专沪校撤并到苏州沧浪亭总校。不久，又经院系调整，合为设在无锡的华东艺专。许淇和他上海的几位同学觉得学校空气令人窒息，复投"艺术叛徒"刘海粟大师门下。"海庐"成为他50年代中期经常朝拜的"圣殿"。在那里，他读到大师从巴黎带回来的许多和原作尺寸接近的印刷品。凡·高《麦田上空的乌鸦》色彩强烈对比造成的视觉冲击力，直击他的心灵。他从此爱上了印象派和表现主义绘画。他学习了后期印象派和刘海粟大师本人的油画大写意。大师告诉他：中国的大写意和西方的现代派有很多相通之处，完全可以兼收并蓄，熔为一炉。之后，他又拜林风眠和关良两位大师为师，学习了艺术教育的第三堂课、第四堂课。

四堂艺术教育课为他日后的美术创作打下了牢固的根基。后来，几位大师都被打成了"资产阶级形式主义"的代表人物，加之他到内蒙古支边，社会环境和物质条件发生了变化，他必须适应严酷的现实生活。于是，他转换方向返回来研究俄罗斯巡回画派。因为有素描基础和写实能力，可以很快应用到工作需要中去。但在当时的条件下，住房尚且解决不了，哪敢梦想有一间画室？50年代，包头市第一工人文化宫建在荒郊野外，大厅里却有一幅和北京人民大会堂一样的巨幅油画——《开国大典》，画面上毛泽东、刘少奇、周恩来、朱德等领袖人物栩栩如生。人民大会堂悬挂的是著名画家董希文教授的原作，而包头第一工人文化宫悬挂的则是许淇的临摹品，用今天时髦的话说就是"高仿"。没有扎实的功底，很难摹到以假乱真的地步。

近30年来，许淇找回了自己的时间，也找回了自己的语言和画风。两次欧游，印证了大师们给他的启迪：不能放弃绘画的第一元素——色彩。广大观众需要视觉的愉悦、色彩的盛宴。

2009年9月，河北教育出版社出版了大型画集《许淇的画》，全面展示了许淇近年的绘画成就。画集分"东方表现主义——色彩的盛宴"和"从传统中来——从传统到东方表现主义，既是过程也是目的"两个系列。一百多幅作品，包括"生命的树""岩画系列""古韵""我生活在北方""梦江南""戏曲皮影""静物""人体系列""荷、葫芦及其他""欧游四幅""写实和写意"等内容。他将中国传统的笔情墨趣融入西方印象派，画作造型、风格独特。这是他的华丽转身，由油画家蜕变为一个新锐的中国画家。

2013年10月12日，"色与墨之和弦——许淇现代彩墨画展"亮相中国现代文学馆。许淇向文学馆赠送了两幅精心创作的画作及书籍，并接受了馆方回赠的巴金手模水晶纪念品。展览共选许淇现代彩墨画新旧精品近百幅。随后，在上海朱屺瞻艺术馆及苏州、常州等地举办巡回展览，2015年2月在包头市抱云堂、2015年6月在呼和浩特市今雨楼书画苑继续展出。几次展览均受到观众普遍好评。

许淇说："我创新传统中国画，经和西方现代派碰撞，产生融合中西的新的绘画语言，这也是先驱林风眠大师等实验成功的，我名之曰'东方表现主义'。""宣纸上作画依旧，留水、留笔、留墨，却觉得人生若仅仅依靠'墨分五彩'，则未免仍嫌单调，应当融入西方现代主义精神，享受一下色彩的盛宴、表现的狂欢。""最新的访谈录称我为'新文人画'画家，其实，若说'文人画'，我不是新，而是旧。

但'混个眼熟',大家喜欢,因而有小范围的'市场',可换'烟酒茶食'也。"

　　许淇的书斋兼画室名为"淇竹斋",取自《诗经·卫风·淇奥》:"瞻彼淇奥,绿竹猗猗。"该诗赞美德才兼备、宽和幽默的君子,充分展示了男子真正的美在于气质品格、才华修养,表达永远难以忘怀的情感。"淇竹斋"有"淇"字,与他的名字暗合;借用《淇奥》之意,则显示了斋室主人高雅的文人情趣。"淇竹斋"内,一个大的写字台摆在正中,临窗摆着一张画案,左有文竹青藤垂络,右有米兰散发幽香。宽敞的房间内,到处都充满了艺术气息。墙壁上时时挂出他收藏的名家画作,也可以看到主人临摹的古典油画,或即兴创作的国画小品。最醒目的当是一壁顶天立地的书柜。许淇少年时就喜欢蹲旧书摊,以藏书为乐。许淇还是音乐爱好者,他说自己的不少散文诗便得益于音乐,习惯用名曲来培养创作情绪。《天鹅之死》就是听着圣桑的大提琴曲《天鹅》写出来的。

　　2009年,在长白山散文诗笔会期间,笔者曾写俚诗一首,表达对许淇先生的敬意:

　　　　支边生涯五十载,浦江男儿鬓毛衰。
　　　　森林草原咏大地,驼铃雁阵绘边塞。
　　　　词牌城颂受赞誉,意炼古典与现代。
　　　　文图并茂春秋笔,散文诗坛一鬼才!

　　许淇读过一笑:"鬼才?不敢当。文图并茂,尚可接受。"

　　我向许淇求一幅骆驼。不久,便收到他惠赠的《五驼图》。它已成为我的珍藏,不时取出展赏,为自己渐弱的意志充电。

　　(原载《草原》2011年第5期、《鹿鸣》2011年第5期、《翠苑》2012年第1期)

石楠
（1938— ）作家

石楠：歌唱苦难

一、异代知音

潘玉良是20世纪享誉世界画坛的女画家、雕塑家，原名陈秀清，改名张玉良，1895年生于扬州。因父母早逝，她14岁被卖入妓院做歌妓，尝尽人间辛酸。"桐城怪杰"潘赞化偶然与她结识，为其气质打动，花重金为她赎身，并不顾世人反对，和她结婚。张玉良感谢贵人再造之恩，改名潘玉良。1918年，她考进上海美专学习，1921年考得官费赴法留学，先后进了里昂中法大学和国立美专，与徐悲鸿同学，1925年又进入罗马国立美术专门学校。潘玉良的作品陈列于罗马美术展览会，曾获意大利政府美术奖金。潘玉良归国后，曾任上海美专西洋画系主任，后任中央大学艺术系教授。1937年潘玉良旅居巴黎，曾任巴黎中国艺术会会长，多次参加法、英、德、日及瑞士等国画展。她是第一个以雕塑作品走进巴黎现代美术馆的中国艺术家，在世界艺术珍品的宝库中，占有一席之地。1977年潘玉良病逝，葬于巴黎的蒙帕纳斯公墓。当时，她在祖国默默无闻。几年后，其命运大变，其事迹被搬上银幕、荧屏、剧场，潘玉良成为家喻户晓的传奇人物。这一切，源于一部描写她的传记小说《画魂——潘玉良传》，作者：石楠。

这是石楠的处女作，也是成名作、代表作。这部作品发表时，作者已45岁，且当了奶奶！

石楠以此书走上文坛。30多年来，她笔耕不辍，陆续创作出版了16部长篇传记文学、4部长篇小说、2部中短篇小说集、3部散文集，共出版了70多本不同版本的书，硕果累累。影响最大的，是她的传记。石楠凭借众多的优秀传记作品，成为我国传记文学领域的一位重量级作家。2005年，新中国首次评选"当代优秀传记文学作家"，石楠当之无愧地位列其中。她曾任中国作家协会全委会委员、安徽省作协副主席，被评为安徽省劳动模范。一部女画家传奇，最终成就了一个女作家的传奇。

《画魂》韩文版封面

石楠的《画魂——潘玉良传》自1982年第4期《清明》杂志发表（最初为《张玉良传》），1983年人民文学出版社出版至今，已由国内及海外多家出版社出版了16种不同的版本，包括韩文版，累计发行700万册。该书面世后，被搬上了银幕，由著名导演黄蜀芹执导，著名影星巩俐饰潘玉良。该书还被搬上了荧屏，由著名导演关锦鹏执导，李嘉欣演潘玉良。该书还被改编成黄梅戏、沪剧、话剧等多种戏剧形式搬上舞台演出。三位画家依据原著改编创作的连环画也得以出版。该书还被录制成长篇广播剧和长篇小说连播节目，台湾也有两家电台加盟连播。2010年台湾交响乐团将《画魂》改编成同名歌剧，在中正文化中心大剧院公演。30多年前的一部传记，至今仍有如此强劲的生命力，史所罕见。虽然影视剧都是名导导演，且由名演员主演，但石楠仍然感到留有遗憾。她认为影视剧未能表现出她的作品的真正内涵。

民国时期出国留学的画家本就不多，女画家尤其少见。民间曾有过"民国六大新女性画家"（潘玉良、方君璧、关紫兰、蔡威廉、丘堤、孙多慈）一说。六人中，其他五位均出自名门望族或富贵之家，唯潘玉良出身贫寒，容貌最不出众，经历也最坎坷。她是巾帼豪杰，从不向苦难低头。晚年的潘玉良住在巴黎蒙巴拿斯附近的一条小街，生活清苦，整天在家作画。历史的长河大浪淘沙。时至今日，出身最低贱的一位最终成为六人中的翘楚。这是苦难的赐予，也是艺术家盖世艺术才华的实至名归。1984年，潘玉良的七大箱遗作远涉重洋，运回祖国，正式入藏安徽省博物馆。她的绘画受西方印象派与野兽派的影响，又得中国传统绘画神韵，中西合璧，独树一帜。她尤擅画女性人体，变化多端。2005年，她的一幅《自画像》以964万港元落槌。2006年，她的一幅《非洲裸女》拍得902万元人民币的高价。

石楠1938年出生在安徽太湖县一个贫穷落后的山村。4个姐姐一出生就遭受遗弃，是慈爱的祖母把她留了下来，希望她能引来个男孩。无巧不成书，年月一转，石楠真就引来了个弟弟。村里历来有不成文的传统：不供女孩读书。为此，直到13岁，石楠才有机会上了3个月的扫盲夜校，辍学后又读了1年半的小学，1955年夏天，她以全区第一名、全县第二名的优异成绩考上了太湖中学，并靠助学金读完了初中。土改前先辈因地价低落匆忙购地，划成分时她家被划成地主。先辈本想造福后代，却不料给后代带来挥之不去的阴影。石楠因为家庭出身不好，尽管学习成绩名列榜首，也无法继续享受助学金。初中毕业她不得不放弃继续求学的梦想，到安庆市一家集体小厂当学徒工。此时，父亲病重，母亲双目失明。她每月只有12元的生活费，懂事的石楠还要节省出5元送回家中。随后20年中，她先后在三家小厂干过文书、统计员、技术员等多个工种。不论工作再忙再累，她始终没有放松过自学，只要听说哪里有文学讲座，她都会想尽办法参加。她常常去市图书馆借阅图书。通过这种方式，她阅读了大量的中外名著，写下的读书笔记可以装满一麻袋。家庭成分成了她的原罪，无论工作再努力，好事总是与她无缘。她整天都在提心吊胆中度过，饱受歧视的目光。但她从名著中结交了人生的导师，最终悟出苦难或许是她一生无价的财富。

1976年，石楠患重病做了大手术，身体虚弱，不适宜在工厂继续工作。几经托人帮忙，石楠于1978年调进安庆市图书馆古籍部当管理员。当时她已过不惑之年，家中尚有两儿一女需她操心。凭着一股韧劲和虚心向老同志请教，她很快成为称职的管理员。此工作使她有机会接触大量史志文献，她逐渐萌发了为在苦难中成长和崛起的才女立传的梦想。有了想法，她便着手搜集资料。1981年夏天，常来图书馆阅读的老读者李帆群向她讲述了潘玉良的故事。她被潘玉良的传奇身世和非凡业绩深深打动，并在心灵深处产生了共鸣。她产生了创作的冲动。她鼓起勇气拿起笔来，决心一试。写着写着，她流泪了。她想起自己的身世，写潘玉良竟像在写自己。两人的灵魂融为一体。那些爱，那些恨，那些白眼和冷落，那些与苦难搏斗的快乐，已分不清你我。尽管是初次写作，但潘玉良的奋斗历程给了她巨大的力量。通过对潘玉良的刻画描写，她的心灵境界也不断得到提升。她把自己想象成潘玉良。潘玉良的追求就是她的追求。只有在不倦的追求中，人生才能闪耀出光辉。

石楠的工作十分繁忙。那个时代是全民读书热的时代，来图书馆借阅的人总是络绎不绝。写作只能放在夜晚。她的心里像有一团火在燃烧。每到晚间来临，她便极度兴奋，跟随着潘玉良去寻找她走过的苦难之路。经过几个月的连续奋斗，一部大作终于诞生。她未曾想到，她用心血为苦难的潘玉良唱出的奋斗之歌迅速得到广大读者的认可。作品发表后一周，石楠便收到读者接连不断的来信。两个月里，她竟收到了三千多封热情洋溢的信件。很多地方形成了"潘玉良热"。《文汇报》《中篇小说选刊》等20多家报刊转载连载，多家电影厂争相组稿，众多报刊发表了大量评介文章。与此同时，作品引发了较大的争议。一些人对作品的真实性提出了质

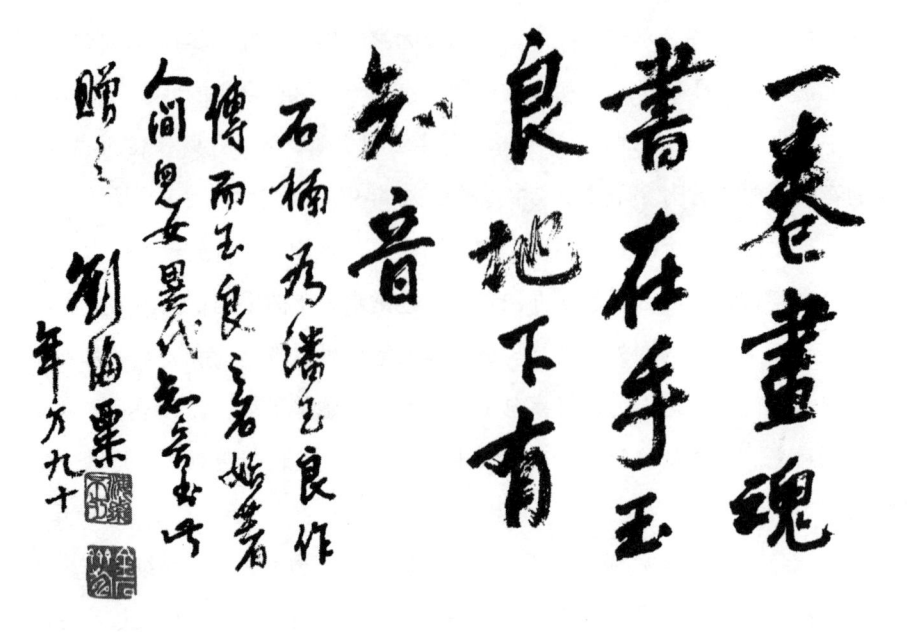

刘海粟为《画魂》题词

疑，有的人甚至怀疑石楠抄袭。一时谣言四起。艺术大师刘海粟和徐悲鸿也被牵扯到争议中。石楠陷入难言的痛苦之中。一封封热心读者的来信，给了她莫大的安慰和力量。最终尘埃落定。刘海粟在接受《文汇报》记者采访时说："石楠写得好啊，所有的人和事基本上都是真实的……"他致信石楠："……《潘玉良传》之所以轰动一时，说明人们觉悟之愈高，对封建主义之憎恶愈甚，绝不是任何人可轻易否定，一切可置之不理也。专此奉答，不尽凄凄。"又在信后空白处写道："纸上人间烟火，笔底四海风云。"后来，在刘海粟的寿宴上，他听说石楠到场，急忙对身旁的宾朋说："我要见石楠，我要见石楠。"他对石楠充满感激之情。他紧紧握住石楠的手说："石楠呀，石楠，你怎么这样理解我们画家，理解我们美专呢？"一番亲切交谈后，刘海粟特为石楠题词："一卷画魂书在手，玉良地下有知音。石楠为潘玉良作传而玉良之名始著。人间儿女，异代知音。书此赠之。"不可否认，《画魂》的出版，不仅为潘玉良扬名，也对刘海粟和徐悲鸿在潘玉良成长道路上的有力扶持作了充分肯定。

石楠2005年在为《画魂》的第13个版本（作家出版社）写的序中说："苦难是财富，苦难是老师，苦难使人奋进，苦难造就不朽，苦难可以增添人生的光辉，苦难也可把我们的灵魂引到光明的祭坛。我歌唱苦难！我想，也许这就是一代一代的读者厚爱《画魂》的原因所在吧。"

台北两岸传记文学座谈会。前排右二为石楠

二、为苦难者立传

《画魂》为石楠的创作之路定下了基调：歌唱苦难。至今她已出版16部长篇传记。她自言一生都在为苦难者立传，还专门托人刻了一枚"为苦难者立传"的印章。她在赠笔者《中国第一女兵：谢冰莹全传》的扉页上盖有此印，令我印象极深。她写的传主大多毁誉参半，但都是在苦难中自强不息精神上顶天立地的英才。

石楠成名后，由安庆市图书馆调入市文化局戏剧创作研究室，任专业作家。

不少出版社和文学刊物瞄上了这颗已过不惑之年的文学新星，纷纷向她约稿。而她接受约稿是有条件的，必须是自己愿意写的人物才行。凭着厚积薄发的积累和超人的勤奋，石楠的创作犹如山洪奔涌，一发而不可收。继《画魂——潘玉良传》之后，她连续发表、出版了传记类著作《美神——刘苇传》、《寒柳——柳如是传》、《从尼姑庵走上红地毯》（写昆曲名家梁谷音）、《一代明星舒绣文》、《回望人生路——亚明的艺术之旅》、《沧海人生——刘海粟传》（50万字本）、《刘海粟传》（35万字，修订本）、《百年风流——艺术大师刘海粟的友情和爱情》、《不想说的故事》、《陈圆圆——红颜恨》、《张恨水传》、《海魂——杨光素传》、《艺术"叛徒"刘海粟》（史传）、《另类才女苏雪林》、《一代画魂潘玉良》、《中国的女凡·高——杨光素传》、《潘玉良画传》等，她为艺术大师刘海粟共写过4本传记。除此，还出版了长篇小说《真相》《生为女人》《漂亮妹妹》《一边奋斗一边爱》，中短篇小说集《弃妇》《晚晴》等，散文集《爱之歌》《寻芳集》《心海漫游》等，文集《石楠女性传记小说选》、《石楠女画家系列》（3卷）、《石楠文集》（14卷）等，电影文学剧本《女画家潘玉良》等。作品获安徽文学奖、《清明》文学奖、红烛奖等十余项奖。1988年石楠加入中国作家协会。同年，安徽省政府授予石楠省劳动模范称号。她被评定为一级作家、享受国务院特殊津贴专家，先后任中国作协第五、六届全委会委员和第七届名誉委员，安徽省作协副主席、名誉副主席，安徽省政协常委。

　　石楠笔下的人物大多有着各种各样的苦难与不幸，尤其是一些历尽磨难乃至劫波的奇女子。但她并没有停留在对这些主人翁不幸身世的简单描摹，而是深挖她（他）们不屈不挠、奋力拼搏、与命运顽强抗争，历尽艰辛终于取得成功的不平凡经历，用她的笔触尽力挖掘人性中阳光的一面，歌颂真善美，歌颂生命的光辉。她的作品以其悲壮深沉的思想内涵发人深思，以其丰满生动的人物形象引人入胜，受到广大读者的喜爱和文论家的广泛好评，在海内外产生了较大的影响。

　　由于忘我写作，石楠的身体严重透支，她先后动过3次手术。但她一旦进入创作的情景便欲罢不能，即便患病也无法中断。她常常利用输液的时间构思，拔掉针头就继续写作。她还在床头放了一个氧气枕，以便心脏早搏时用吸氧来缓解心慌症状，完全是一副用生命写作的架势。每每写完一部作品，她都像大病一场，甚至有死去活来的感觉。为提高写作速度，花甲之年的她又开始学用电脑。她60岁以后的作品，都是坐在电脑前写出的。

　　2005年10月，中国传记文学学会、河南文艺出版社和《名人传记》杂志联合主办了中国当代优秀传记文学作家颁奖活动。这是新中国成立以来内地传记文学界的首次评选活动，备受文学界和出版界瞩目。王朝柱、叶永烈、石楠、祁淑英、朱晴、陈廷一、胡辛、徐光荣、韩石山、董保存等10位作家获奖。特意从北京赶来为获奖作者颁奖的中国文联副主席、著名评论家仲呈祥说："在当今人文生态环境比较差的情况下，太需要向默默耕耘的传记文学作家们表示敬意。传记文学作家都有丰富的体验和感悟，他们从人切入历史，折射出人类的智慧。……一个人要健康成长，就要多读些名人的传记，汲取营养。"评委会对石楠的颁奖词是："石楠的作品，自始至终贯穿着一种生命意识，这在以往的传记文学创作中是少有的。她笔下的人物，给人一种立体感。作品情感细腻丰富，叙述流畅；人物性格鲜明，血肉丰满，具有相当的史料价值和独特的艺术魅力。"颁奖会后，与会作家们进行了研讨。67

岁的石楠在发言中介绍了她的创作情况。她说，她每天仍然要上街买菜、做饭，在烦琐的生活中坚持创作。

2006年，14卷本的《石楠文集》由中国戏剧出版社出版。文集收入了石楠20多年中创作的绝大部分作品，共五百多万字。其中，第1—10卷为长篇传记小说卷，收进了13部长篇传记小说；第11卷为长篇小说卷；第12卷为中、短篇小说卷；第13卷为散文卷；第14卷为附卷"石楠作品集评"，选收了60多篇作家、评论家对石楠作品的评说。文集还附有石楠著作全目和她的简历，每册中还选编了石楠各个时期的活动和生活图片，为研究石楠笔下的人物和石楠作品提供了详尽的资料。评论家钟扬说："石楠的传记小说，以文艺型巾帼豪杰为主体，几乎每个人的经历都令人震撼，每个人的人格都令人仰慕，每个人的成就都令人奋进。那一幅幅洋溢着阳刚之美的人物画卷，可惊天地，能泣鬼神，读之叫人荡气回肠，受灵魂的洗礼，得人格的熏陶。掩卷之余，你才钦佩西哲名言，任何历史都是当代史。我则认为，石楠笔下之杰出女性，皆以人格魅力参与了当代灵魂拯救工程。"评论家余昌谷认为："石楠传记小说的成功之处并不仅仅体现在题材的独特性上，那种对题材内涵的深入开掘和表现，那种通过女性形象所体现出来的中华民族自古以来就有的正气、骨气和坚忍不拔的求索精神，以及作者在描写她们时所倾注的真挚、真实的感情，这一切才真正构成了石楠小说最深刻、最动人之处。"

石楠在文集的总序中对自己的传记作品作了概述："我的绝大部分作品都是人物传记，我把它们称作传记小说。顾名思义，这种文体是以真人真事为依据的小说，是传记，又是小说。既是小说，就允许合并、虚构人物、腾挪细节、合理想象和艺术加工。在我这些作品中，离当今时代远的，像《画魂——潘玉良传》《寒柳——柳如是传》《陈圆圆——红颜恨》，虚构的成分较多，真实的只是人物的主要经历，细节几乎全部是艺术想象和虚构的，小说的成分占主导；而刘海粟、张恨水、亚明、梁谷音、舒绣文、杨光素、刘苇、苏雪林等的传记小说，人物的生平经历绝对真实，只有极少部分细节是来自合理想象和艺术加工的，这些想象和艺术加工，又都来自历史和生活的真实，但不是生活的再现，是为了让人物立体活过来，还给他有血有肉有灵的本来个性。评论家把我这种文体称为'石楠体'。我不求一言一行的形似，而要求的是神似。……我的这些传记小说，读者很爱读，可能就是我舍弃了一言一行的形似，选取了忠实历史，忠实人生，不为尊者讳，不为贤者讳，追求神真而形似，史实和艺术相统一的艺术手法。苦难冶炼人生，苦难造就不朽，苦难造就辉煌，苦难增添人生的光辉。如果老天假我以年，如果老天赐我健康，我会继续用我的传记小说艺术歌唱苦难，继续为苦难者立传。"

三、大爱传奇

2009年5月，应台湾"中国新闻学会"和《传记文学》杂志社的邀请，中国传记文学学会代表团一行10人赴台进行学术交流。我与石楠都在其中，因而有了更多交谈的机会。

万伯翱团长和台湾传记文学出版社社长成露茜共同主持了在世新大学召开的两岸传记文学学术研讨会。海峡两岸传记作家、评论家就两岸传记文学的现状、未来和目前遇到的困境，进行了深入的探讨。石楠在发言中谈了她的著作在台湾出版的情况和她的传记文学观。她是在台湾出版传记著作较多的一个大陆作家，共有3种传记、5种书出版。台湾海风出版社出版了她的处女作《画魂——潘玉良传》及中篇小说集《晚晴》。另一家出版社出版了《画魂潘玉良》的插图珍藏版。地球出版社出版了《沧海人生——刘海粟传》，古籍出版社出版了《陈圆圆》。她写的传记以女性为主，只有刘海粟、张恨水和亚明3位男性。传主大都经历了很多苦难，却能够在苦难中坚持人生目标，不屈不挠，最终做出成就。近年，她为台湾的两位名作家写了传，一位是苏雪林，另一位是谢冰莹。她说，她的每一部作品，都是传主的精神先深深打动了她，然后她才决定写。石楠说，这次在台北还有一个意外的收获，台湾交响乐团执行长得知她来台北，专门去福华大饭店看她，洽谈将《画魂——潘玉良传》改编成歌剧。

年逾古稀的石楠，表面看有几分柔弱，但讲话和做派无一不显示出她仍是一个强者，仍有一颗年轻的心。她对许多事物都表现出强烈的好奇心。采访期间，她拍了不少关于花的照片，看到鲜艳如火的花朵，她难掩兴奋之情，总想多拍几张。在许多场合，她是一个静静的聆听者，很少发言。白天活动很满，逛书店只能在晚上，我看到她去了不打烊的诚品书店，还买了书。

通过交谈，知道她有一个幸福的家庭，老伴一直关心支持她，甘当绿叶，几十年风雨同舟，在当地传为佳话。

石楠在工厂和图书馆工作期间，看了不少文艺复兴时期的名著，崇尚纯洁的爱情，持有爱情至上的观念。24岁时，孩子刚刚出生，石楠就果断结束了短暂而痛苦的婚姻。情感的极度苦闷没有令她走向沉沦，她反而更加坚强，坚持读完三年合肥师院的函授中文,拿到平生最高的学历。另一方面,她对男人小心翼翼,甚至有点"谈情色变",爱情之火很难再次点燃。直到有一天,她认识了程必,她的爱情生活才掀开新的一页。

　　程必也是离异者,同样有爱情至上的观念。程必的前妻是个漂亮的演员。因为发现妻子有了外遇,他冷静地提出了分手。离婚时他的要求很简单:不要财产,只要孩子。他独自带着一对儿女生活。两人相识仅仅两个月,石楠就有了明确的意向。她发现这个大她8岁的兄长,正是她要寻找的男人。程必是个成熟、稳重、有修养的绅士,他那低沉的嗓音、关切的眼神给了她久违的温暖。他一手秀丽的毛笔字,也是令石楠心仪之处。同时,程必对石楠也颇有好感。他喜欢石楠娇小的身材,更喜欢她刚强有主见的个性。在别人看来,石楠更具择偶的优势。她才27岁,孩子也不在身边,不少人劝她谨慎考虑。可当她听到程必说"她比我小,不会带孩子,还是让我来带吧",心中顿时涌起一阵暖流,确信这是一个有担当的男性,不愿再多想,就决定嫁给他。从此,两人相依为命,共度人生。结婚后她才知道当后妈不是件容易的事。程必的儿子被接回家来时,不肯亲近继母。多日之后,孩子终被石楠的爱所感动,他发现别人说的后妈不会对他好、不会给他洗脚的话都是骗人的,都是无根据的猜想。孩子遇到了一个具有大爱之心的继母,石楠也拥有令她欣慰的懂事的儿女。

　　石楠的大爱让她做出令常人难以理解的举动。结婚第二年,石楠怀孕了,可她竟然决定不要这个孩子。不要说旁人,连程必都接受不了,那是他们爱情的结晶啊。他坚持要生下这个孩子,并动员所有亲戚朋友来说服妻子。石楠的想法是经过深思熟虑的:我已经有了一个孩子,老程也有两个孩子。我们如果再生一个孩子,这个孩子会因为父母都在身边而产生优越感,其他孩子就会有失落感。这对其他孩子会是一种伤害,所以,这个孩子一定不能要!最终,石楠做剖腹手术拿掉了怀孕4个月的婴儿。石楠没有后悔自己的决定。但那次手术失误意外地给她造成的痛苦,却整整伴随了她许多年。手术后医生缝合伤口时缝错了,把子宫内膜与肌肉缝在了一起。当时她在工厂上班,肚子痛得厉害时她就用手顶着。在重新开刀纠正错误之前,石楠不知去了多少趟医院,直到查出症结所在。而在这期间,程必和孩子们为她熬汤煎药,给予她最温暖的照顾。

　　石楠说,上天给予她厚爱,赐给她一个幸福的家庭,使她成为遭遇不幸之后又得到幸福的人。他们的爱情经受了政治风雨的考验。"文革"中,石楠因为成分不

石楠夫妇向中国现代文学馆捐赠手抄本《画魂》

好成了单位里的等外公民,常常无故受到怀疑。她担惊受怕,忍痛把读书笔记、日记本丢到水井里。不料被人揭发,读书笔记、日记被捞出来逐字逐句分析,上纲上线。造反派将批判石楠的大字报贴在老程的单位里。此时,程必充当了妻子可靠的保护伞,为石楠遮风挡雨。1982年,石楠发表《画魂》一举成名,嫉妒与意想不到的烦恼接踵而来,程必不停地安慰、鼓励妻子,成为她的避风港和力量之源。人们常说,一个成功男人的背后,一定会有一个支持他的女人。而使石楠深感庆幸的是,她的背后,始终有一个为她撑起心灵绿荫的胸怀博大的男人。

　　程必不仅能写漂亮的小楷,而且还会画画。石楠珍爱自己的一幅肖像画,这幅画长年累月挂在卧室。画面上的她十分传神,一张饱尝人间苦难却又微笑着的面孔,一双坚毅执着的眼睛看着远方。油画作者不是别人,正是她的丈夫程必。石楠说,她每天都会看看这幅画。这幅画画出了她的个性,能够激发她不断奋进。程必是一个感情丰富却不善于表达的人,他相信真正的爱不在言语而在行动中。从石楠开始创作《画魂》起,石楠所有的稿件都经他一笔一画抄写,共抄了几百万字。直到1998年,石楠使用电脑写作,程必抄写员的工作才得以结束。抄稿停止了,他开始了另一项工作:用毛笔在宣纸上抄写石楠已经出版的著作,每天抄7页,十多年来,抄完了6部,近300万字。人称一奇。在朋友的资助下,程必特将《画魂》和《刘海粟传》两部手抄本少量影印出版,一部分赠送图书馆收藏,另一些赠友人分享。除此,程必还默默地搜集整理粘贴石楠发表的所有作品,几十年从未中断。

　　真正的大爱无独有偶。1984年,程必因车祸导致继发性癫痫,当时石楠心疼丈夫,舍弃了写作,陪程必四处求医问药。住院时,石楠更是全身心地陪护在一旁,帮助丈夫一次次战胜病魔。后来,程必的病多次复发,有时在夜间频繁发作。多少个寒冷的夜晚,石楠都在不停地换着床单。白天醒来,程必看着换洗的床单和疲惫不堪的妻子,内心愧疚不已。每当这个时候,石楠就耐心做他的思想工作,直到丈夫放下心理包袱,露出笑容。

　　石楠说,老伴,老伴,老来相伴,不只是陪在身边,贵在贴心知己。

四、春秋之笔

从台北回来后不久，我便收到石楠题签惠赠的程必手抄宣纸影印本8册一函《刘海粟传》；2010年秋天，又收到石楠、程必夫妇题签惠赠的程必手抄宣纸影印本3册一函《画魂》。这是极其珍贵的收藏品。它的价值不全在于书法。它让后世见证了这个时代罕有的大爱传奇。仅仅用感激一词难以表达我心中的感谢之情。2011年秋，我口占打油诗一首，手抄宣纸之上，寄赠石楠。诗云："乙酉菊月十树花，媒体聚焦传记家。一卷画魂名遐迩，才力犹如春笋发。十六大传写苦难，古今强者誉中华。大爱情怀春秋笔，人生有涯艺无涯。"款识："乙酉秋，当代优秀传记作家颁奖会在郑州举行，石楠女史为十位获奖作家之一。己丑年初夏，有幸与石楠大姐同访宝岛台湾，多日亲聆教诲，受益匪浅，终生难忘。特草俚诗一首，以资纪念。书呈石楠大姐雅正。辛卯年荷月，王幅明书于古商城。"石楠收到后，给予了热情鼓励。

虽已年过古稀，且患有多种疾病，但石楠仍在继续创作，她的创造力有增无减。

历时一年多，她完成了长篇小说《漂亮妹妹》，交由上海文艺出版社出版。这是她继《生为女人》之后，又一部以女性命运为主题的小说，可视为《生为女人》的姐妹篇。《生为女人》写的是农村女性，《漂亮妹妹》写的是由乡村走进城市的女性，讲了一个美丽女子的悲剧，通过这个大时代变迁中发生的故事，揭示人性的善恶美丑和人在不同价值观、道德观强烈冲突时的不安和痛苦，把美撕毁的灵魂震颤，带给读者警示和启迪。这个题材在石楠心里生长了很久。她在为苦难者立传的漫长劳作中结识了很多女性朋友，她们在阅读她的作品后成为她的知音，无话不说。这些女性朋友向她倾诉内心最隐秘的伤痛，或把不幸和痛苦写成长信寄给她，或千里迢迢来找她，一吐心中块垒，使她积累了大量素材。作为一个女性作家，石楠熟悉女性，知道她们性格中的光明和黑暗，了解她们内心的苦乐和追求，写起这个题材得心应手。

2014年，76岁的石楠又为读者奉献了两部新作：她的长篇小说《一边奋斗一边爱》、长篇传记《潘玉良画传》分别由长江文艺出版社和中国青年出版社推出。石楠说，由于视力出现问题，这两部作品当是她的长篇封山之作。《一边奋斗一边爱》是继《生为女人》《漂亮妹妹》之后又一部描写女人命运的情感小说，成为女性三部曲的最后一部。《一边奋斗一边爱》凝聚了作家今生今世的生活体验，记录了作家对爱情、婚姻和事业的深刻感悟，展现出不同历史时期知识女性对幸福的追求和对爱的梦想。三部曲完成了作家对女性人物的成功塑造，读之令人荡气回肠。作家对题材内涵进行了深入开掘和表现，通过女性形象体现出中华民族的浩然正气、铮铮骨气和坚忍不拔的求索精神，使这几部作品显得深刻、动人和现实意义深远。《潘玉良画传》翔实记述了潘玉良为了深爱的艺术、为了争得做人的权利和人格尊严，不屈不挠与苦难较量的一生。《潘玉良画传》不是对《画魂——潘玉良传》的改写，它是石楠长期搜集新资料之后重新写的一本史传，书中收录了画家的一批代表作，从而让读者看到一个更加真实的画家形象。1998年12月，石楠去巴黎采访旅法油画家杨光素，获得较长时间的签证，这使她了却了一桩多年的夙愿，找寻潘玉良墓地，并献上鲜花。除此，她还有一个重要的收获：在当地华侨的帮助下，了解到潘玉良和王守义更多的真实生活情况及诸多细节。加上一些了解潘玉良的读者提供的真实资料，使她决心重写一部潘玉良史传，以告慰潘玉良在天之灵，回报热心的读者。

长篇著作不写了，短篇文章的写作不会停止，因为写作已成为她生命的一部分。只要有话要说，她就不会停止写作。

石楠原名石纯男，后者是按照族谱取的名字。她的血脉里有男性的因子。她不乏女性的柔情和厚德，又有男性的坚忍和博大胸怀。在第一本书出版时，她署名石楠。她为《一代画魂潘玉良》写了如下的"作者小传"：

> 欧洲日德兰半岛有种敢于和人类较量的顽强野草，叫石楠。江南园林中有种春开伞状白花、秋结球形红果，别号"千日红"的常绿灌木也叫石楠。本书作者也有这样一个草木姓氏。她生在贫瘠山地，在集体小厂工作二十冬春，她爱文学之美，终于在不惑之年的人生秋季，绽开了为中国女性立传的第一朵花。家喻户晓的《画魂——潘玉良传》，使那个生活在扬子江边的普通女人蜚声文坛。她虽没有日德兰半岛石楠的显赫和红艳，却有它不甘屈从的性格；她虽没有园林中石楠优裕的生活环境，却生命顽强，霜雪中一样常绿，一样殷红。

自称草木姓氏的石楠，用春秋之笔歌唱苦难，在掌声和鲜花中，走进当代传记名家之林。

周俊杰
（1941— ）
书法家、
书法理论家

周俊杰：书坛俊杰

一、素描

周俊杰在1992年出版的《周俊杰书法短论集》的封底配图文字中写过这样一段话：

> 周氏俊杰者，名不副实也：既不俊，也不杰，且性如顽石，不识时务，以家慈祖籍山东，友人赐笔名曰鲁岩。画过画，写过诗，做过小说，皆无成。出版过几本书，发表过几百篇文章，均过眼烟云。然嗜书成癖，嗜酒若友，偶与侪辈挥毫侃山，则悠然不知岁月忽忽矣。已届天命之年，碌碌如此而已。
> ——鲁岩自识于中州挥云斋

夫子自道，或曰自画像，颇为传神。至于对"俊杰"二字的解释，未免过于自谦了。

笔者以为，周氏在当代书坛的地位，用其名"俊杰"二字形容极为贴切，可谓名副其实。以他的贡献论，书法创作和书论均属于重量级；说起书坛知名度，用一句"天下谁人不识君"当不为过。

周俊杰是中原书风的主要代表人物之一，现任中国书协学术委员会副主任、河南省书协副主席兼学术委员会主任。他曾任多届全国中青展的评委，有十多种书法理论专著及多种书法艺术作品集问世。退休后，他被聘为河南省文史研究馆馆员。

人们常常把"大汉"一词赠给山东男人，也许出于历史上曾有武二郎的缘故。周俊杰是不折不扣的河南大汉，在开封出生，又在开封长大。当然，他的血液里也有山东人的因子。因母亲有山东血统，他遂有鲁岩的雅号。说他是河南大汉，不仅仅因为他身材高、块头大，他的性情、气质、文章、书法，处处透出大气凛然的男人味。河南人的憨厚、质朴、豁达、粗犷、好友的地域之风，在他身上均有充分的表现。连他的书斋名也与众不同。他曾撰文解释说："至于余所用之'挥云斋'，大概更近于我的禀性：为人和艺术，均少弯曲；

处世、挥翰则直抒胸臆，如入九天层云。"如此话语，掷地作金石声。他也有过柔弱：笔者曾当面看到他谈起去世的好友李伯安时，用词极尊，说到动情处，几近哽咽。这是他侠骨柔肠的另一面。

他属于精力旺盛思维又特敏捷的一类人，整日在繁忙中度过，读书、创作、写文章、饮酒、会友、神聊，常常在深夜工作，灵感来时会心一笑，不觉东方已发白。

他关注书坛，对于书坛发生的一切了然于心，加之善于思考，所以写起文章，既切中时弊，又多有灼见。他是急性子，做事不喜欢拖泥带水，许多文章在他手下挥笔而就，立马可取。河南省书协成立十周年时，电视台拟拍一部专题片，急需解说词。此任务非他莫属。一万多字的容量，下午接受任务，翌日上班时他便完成交稿。所点评中原书坛六十四家，每人百余字，如数家珍，音容字貌，呼之欲出。所评之人，无不欣喜。此文堪称微型书评之精品。

无人不羡慕他强健的体魄。首次见面的人，没有谁能猜出他的真实年龄。看上去，他要比实际年龄年轻十多岁。满头乌黑茂密的长发，可视为他健康的标志。不少人怀疑它的真实性。一次，他去重庆参加一个书法会议，会议期间他与南京书家黄惇一起散步。黄惇冷不防抓住他的头发不放，妄图发现一点秘密。其实，秘密并不存在。谁也没有说什么，双方哈哈大笑而告终。

二、人生从 60 岁开始

2001 年是周俊杰的本命年。这年的 8 月，他将度过 60 周岁的生日。即将离开工作岗位，对于大多数人而言，都会有一种莫名的失落感，也伴随着放长假似的轻松。辛苦工作几十年，总该喘口气了。可对于周俊杰，这一年既不失落，也不轻松。这是他平生最繁忙的一年，也是最风光的一年。

耳顺之年，他赋诗一首，以抒情怀："年方六秩自开颜，呼酒论书醉未眠。笑退岂因惊巨浪，乐游原为好名山。雷鸣耳顺情难已，笔落云飞体益坚。正剧渐从辛巳启，千声万籁入毫端。"（《六十初度》）诗后还附一小跋："辛巳农历七月初六乃余之生日，不可无诗，作此乃自寿也。"真是气如长虹！他给友人说："60 岁将是我真正的第二青春。我的人生，将从 60 岁开始。"

20 年来，他参加过无数次的书展，但从未办过个展。他选在这一年举办个展。开幕式上，同时推出他的大型书法艺术专集。除此，他还要举办个人摄影展，主编两部大型书法丛刊。

2001年8月24日上午，郑州升达艺术馆内人潮如涌，翰墨飘香。由中国书法家协会、河南省文联、河南省书法家协会、河南省文学院联合主办的"周俊杰书法艺术展"在这里隆重举行。中国书协主席、书坛泰斗沈鹏先生专程从北京赶来，亲临开幕式，这大概是他至今唯一一次到外省参加个展开幕式。省委常委、宣传部部长孔玉芳亲临祝贺。中国书协分党组副书记、学术委员会主任张传凯代表中国书协致辞，他称周俊杰是河南书坛的代表书家之一，是一位在全国卓有影响的书法家、书法理论家。

王幅明与周俊杰（上图）
周俊杰域外风情摄影展（下图）

这次展览共展出周俊杰不同形式的作品80件，既有他擅长的隶书巨制，还有他别具一格、气吞山河的大草、狂草，也不乏自然率意、功底不凡的小楷、手札。展出获得了巨大的成功。人们一边凝神观赏，一边交流观感，赞叹之声不绝于耳。

开幕式后举行了周俊杰书法创作研讨会。研讨会由中国书协创作委员会秘书长刘文华主持。数十位专家各抒己见，对周俊杰的书法艺术创作从多角度给予肯定。专家们认为，周俊杰已进入真正的艺术创作阶段，他的作品已经与他自身的生命状态相契合，达到了黑格尔所说的"这一个"的至境。有感于开幕式和研讨会的热烈，以及书展带给人的冲击，沈鹏说："这是我迄今参加过的个展中最成功的一次。"

《周俊杰书法艺术》《21世纪书法》《书法潮》也在这年问世。前者为周俊杰所著，后者是由周俊杰主编的两个刊物。两刊在一年之内同时推出，可称为中原书坛的盛事。

"周俊杰域外风情摄影展"也于2001年深秋在德亿俱乐部举办。影展展示了周俊杰多年以来的域外行踪，他用审美之镜在瞬间撷取了不同民族的万种风情之花，向人们提供了不同于书法的另一种审美愉悦。他自称是摄影界的票友，但他的作品受到了摄影家们的首肯。

这便是周俊杰的花甲之年，多么丰富，多么充实！正像他自己所说，序幕结束了，正剧刚刚开始。这是新的生命的开始，令人羡慕、催人奋起的开始。

三、幸运者

朋友们说起周俊杰，都说他是个幸运者，造化待他不薄。他想想自己的大半生，觉得此话有理。他的艺术之路和学术之路，基本上可用一个词语概括：一帆风顺。

连时任河南书协主席的张海也这样认为。张海对周俊杰说过这样的话："俊杰，你在河南想干的事，没有干不成的。"如何理解张海的话？这应该是对他的能力的首肯。

周俊杰各方面的成功，也许与他的性格有关：他待人谦和，从不摆名家架子，所以他的朋友多，人缘好；可能还有更重要的原因：他是个勤奋者。他认为，河南书界有两个最勤奋的人，一个是李刚田，另一个便是他。他自称在60岁以前几乎没有在凌晨2时前入睡过。

一分汗水，一分收获。

他获过不少奖，而且这些奖大多是首届：首届中原书法大赛一等奖，首届河南省文学艺术优秀成果奖，首届中国文艺评论奖。笔者曾有疑惑，当面询问过他，首届兰亭理论奖为何没有他的大作？他回答说，他是首届兰亭理论奖评委会副主任，按照游戏规则，评委作品不参评。他是全国书学讨论会中唯一一位参加了从首届到第六届全程的评委，见证了中国书法二十年来理论研究的复苏和发展。

他庆幸自己选择了书法，最终成为幸运者。而他小时候的梦想，是当一名图书管理员。他喜爱读书，当图书管理员，可以使人遨游书海。20世纪60年代初，他从艺术学校毕业后参加工作，便是在市图书馆当图书管理员。他的梦想实现了。一位女馆长语重心长地对他说："你要珍惜这个工作呀！你知道吗？毛主席年轻时也曾当过图书管理员。"这句话他一直牢记在心。他为他的工作感到自豪。他在书海里畅游，对书如饥似渴般地热爱，就像一个饿汉面对着香气逼人的面包。在工作之余，他拼命地阅读。他的阅读兴趣十分广泛，文学、史学、哲学、美学、艺术，不论古今中外，都在涉猎范围之内。"文革"时期，图书馆曾停止对外开放。这是他读书的黄金时段。他有得天独厚的条件阅读那些别人无法读到的书籍。

图书管理员的工作岗位，使他有机会在校园之外读完中外文艺理论、艺术史等专业的课程，也奠定了他日后成为一名书法理论家的基础。他对艺术理论的兴趣和酷爱，起源于那一段特殊的岁月。

"文革"中有一个时期进行"斗、批、改"，他被分配到工厂劳动。周俊杰在工厂里认识了书法篆刻爱好者王宝贵，共同的志趣使他们成为挚友。王宝贵把周俊杰引荐给自己的恩师付隐戈，两人一见如故。从此，周俊杰成为付先生的第二个学生。这个历经坎坷的智慧老人不仅教学生如何写字，还把自己毕生的人生经验真诚地传授给弟子。

5岁半时，俊杰的父亲把他交给开封德高望重的书画家庞白虹先生，学习书法和绘画。庞先生是他的启蒙老师。庞先生亲切的点拨，在俊杰幼小的心灵里撒下了热爱书画艺术的种子。之后的青年时代，他又拜陈瑶生先生为师。

这三位老师在他心目中犹如三座永不褪色的丰碑。

周俊杰好朋友，重友谊。除了王宝贵，他还结识了开封书法圈里的王澄和李逸野（肖诗寒）。多年后，他们几人均成为河南书坛的中坚。王宝贵离开工厂后曾就职于开封市有名的"京古斋"。这里后来成为道友们经常会面并高谈阔论的沙龙。他们轮流做东，在家中聚会，探讨书法心得。有时唇枪舌剑，颇为热烈，以至于多次引发邻居不愉快的警告。难忘的友情成为他们共同的财富。1980年5月，经王澄提议，他与王宝贵、周俊杰合写书学论文《清中晚期书法艺术的地位和贡献》。这篇书学论文是友谊和智慧的结晶，也是20世纪80年代初期中原书坛学术研究的一个重要成果。从此，周俊杰的书学文章便一发而不可收。王澄对周俊杰说："你的优势是理论。当今书画界搞理论的少，你应该从事理论。我预感你在中国书法理论界将占有重要的一席之地。"这无疑是莫大的鼓励，也促使周俊杰对自己的奋斗方向做出理智的选择。事实证明王澄有先见之明。当时，周俊杰曾在十字路口徘徊。绘画本是他的主业，他有很好的基础，也创作过不错的作品，但最终他还是毫不犹豫地放弃了。同时，他的理论才华亦为张海所识，周俊杰后来一直负责河南书协的理论工作。帮助周俊杰确立隶书风格的，则是王宝贵。一次，周俊杰在天津劝业场买到一本《开通褒斜道刻石》，爱不释手，欣赏两年，未敢动手临写。一天他拿给王宝贵看。王宝贵一眼便看出了此刻石与周俊杰性格中的契合之处，建议他写隶书可以此石为基。一句话使犹豫中的周俊杰豁然开朗。

说他幸运，自然包括他有一个幸福的家庭，周俊杰自视为自己的福分。夫人韩

周俊杰与夫人韩榕鹭在韩国（上图）
周俊杰在巴黎卢浮宫（下图）

榕鹭出身名门，美丽娴雅，从小受到父辈严格的家庭教育。其祖父为国民党的高级将领，曾在冯玉祥部下任军长，1938年在厦门抗击日军，立下过战功，不幸于1944年英年早逝。其表姑父恽代英是共产党早期党员，著名的烈士。榕鹭籍贯河南，因出生于厦门，故有此名。俊杰与榕鹭的表哥是好朋友。一次周在韩的表哥家遇到韩，两人一见钟情，彼此都有了触电的感觉。一个是风流倜傥侃侃而谈的才子，一个是温文尔雅且有闭月羞花之貌的淑女。性格的互补，使他们顿生爱慕之心。不久，他们便组建了温馨的家庭。韩开始在一家大国营厂当天车工，后调入市和省医药公司。周俊杰谈及妻子时，总是在骄傲中带着感激。婚后30多年，韩榕鹭几乎承担了全部的家务。他们育有一女一子。孩子小时候，妻子从未让丈夫洗过一块尿布。妻子知礼、大度和默默奉献的美德，成为周俊杰事业上无形的动力。他常常沉浸在莫名的幸福之中。1978年秋，俊杰到上海出差，在黄浦江畔的月光下，他为妻子写下了为朋友们广为称道的一首词：

戊午仲秋，余于上海黄浦江畔，望如盘明月，念爱妻榕鹭，得词一阕。

水月粼粼，深思忆，娉婷杨柳。相饮处，淡眉含笑，醉颜春酎。一瓣榕花明镜启，半池秋月玉人瘦。梦黄河，漫步夕阳迟，携纤手。

离别话，凝路口；年复日，朋兼友。向京华翘盼，飞鸿去久。蝶使蜂媒萦苑囿，鸾鸣凤蠹穿云岫。喜今世，比翼结同心，长相守。

——《满江红·赠爱妻小鹭》

2003年，一家杂志的记者采访周俊杰，让他谈谈平时的私人生活。周说除书法外，他有"十不"：不养花，不养鸟，不养狗，不养猫，不打牌，不下棋，不收藏，不钓鱼，不锻炼，一生不用化妆品；也有"十爱"：爱读书，爱文学，爱摄影，爱品茶，爱小酌，爱旅游，爱交友，爱侃天，爱家庭，一生爱给夫人买化妆品。从他不乏幽默的谈吐中，可以感受到他广泛的爱好和情趣、对时间的珍惜、对妻子的爱恋、对家庭的责任。他的话都可以找到注脚。笔者曾有幸与周先生同游欧洲。在巴黎，周为夫人选香水、选服装；在阿姆斯特丹的珠宝店，周为夫人买钻石。他是代表团中唯一一个为夫人买钻石的人。

法国思想家蒙田认为，人的一生，有三件东西应有神交的必要：爱情、友谊和书卷。笔者以为，周俊杰这三件东西件件具备，且无一不是神交。从这个角度而言，他是一个精神富有的人，一个实实在在的幸运者。

四、翰逸神飞

周俊杰以书法家兼书法理论家名世。能在两个领域都取得突出成就的书家，可谓凤毛麟角，他是无可争辩的一位。周俊杰书法理论的特色之一是直面当代，灼见迭出，因而更为书坛熟知。一个时期，书法理论家的光环几乎掩盖了他的其他成就。以笔者所见，周氏在书法创作上的成就丝毫不亚于他在书法理论上的贡献。若排顺序，前者应列首位。

周俊杰最早以他的书法创作崭露头角。1984年，在影响深远的首届中原书法大赛上，他摘取了一等奖的桂冠。这次大赛改变了许多人的命运，他是其中之一。他先被抽调到省书协帮助工作，后被正式调入，开始了他的职业书法工作者的生涯。1986年，他作为中原15名中青年书家之一，参加首届墨海弄潮展，在首都中国美术馆和全国几大城市先后亮相，成为博大雄强的中原书风的主要代表。令他深感幸运的是，1988年，他的作品入选著名出版家许力以主编的《当代著名书法家作品精选》一书。这是一个很大的荣誉。因该书入选标准甚严，包括老一代书家在内，仅入选66人，他是河南入选的三人之一（另二人为张海、王澄）。1990年，《周俊杰书法作品集》出版，收作品八十余件。该书荣获首届"河南文学艺术优秀成果奖"。在周俊杰眼中，这只是他的一个阶段性成果，缺憾颇多。笔者1997年5月获得此书，特请周先生题签，他在"幅明道友惠正"之后，写下"此七年前出版，已不堪入目，存之留念而已"，虽是谦辞，但真实表达了他在艺术道路上永不停歇、锐意进取的心态。

周俊杰坚持"历史、时代、个人"有机结合的创作理念。"历史"代表传统，"时代"代表时代精神，"个人"则代表与众不同的艺术个性。他在研究古今大书家成功经验时发现，能找到此三者的交会点者，大概是产生大家的关捩之处。就个人而言，书法只有与人的生命状态达到或接近契合时，方能进入到真正的艺术创造阶段。他强调并孜孜以求的，是黑格尔老人所说的"这一个"。几十年来，他的追求始终如一。1986年出版的《墨海弄潮集——河南中青年书法家15人作品选》中，周俊杰有一段作者告白："书法创造的最高才能，与顽强的排他性紧密相连。当我们找到时代的主旋律之后，就应朝最偏僻的方向走去……"在时代精神之外，他强调"顽强的排他性"。1990年出版的《周俊杰书法作品集》的扉页印有作者题诗一首："远方／那飘着的是／儿时的梦境／我总在寻觅／也许要走遍天涯／但我／只想走出一条／属于自己的／孤寂的旅程／也许终生不获……"作者强调得再清楚不过，他要寻觅一条只"属于自己的"路。这是艺术家追求的至境，即使冒着"终生不获"的危险。应该说，这条路他已经找到。凡读过这部作品集的读者都会感受到这些作品已深深打上周俊杰个人的印记。这里有远古的回声，有现代的交响，有中原人及周俊杰本人特有的气质和审美积淀。

2001年出版的《周俊杰书法艺术》是周俊杰20年艺术探索的集大成之作。沈鹏先生在该书的"前言"中提出："他的草书与隶书风格一脉相通。两种体都不专师某一家、某一帖，而是在广泛地学习了真、隶、行、草（章今二体）的基础上再转益多师，以《开通褒斜道刻石》为底蕴，虽竭力向外扩张，然因其笔法的厚重沉着，整个作品则无轻飘之感。俊杰隶、草在精神气质上相一致，是以'笔'为根基，仍以'意'相贯通的。'笔'与'意'之间的一个重要环节是'势'。"沈老所言极妙。他点出一个"势"字。笔者认为，这是周氏书法最精彩之处。周俊杰的书法是生命的燃烧，是情感的奔流，不求技绝，全以势胜。当然，说他不求技绝，并非指他不重视技术。他常大处着眼，谋篇布局，而不斤斤计较于某些细节的得失。

周氏风格的形成，经历了长时间的苦苦探寻。少年时代，他在老师指导下临写过柳公权的《玄秘塔碑》、褚遂良的《雁塔圣教序》，有牢靠的童子功。有朋友看到他早年写的褚楷，颇为惊叹，始知周氏书法来之不易。他的隶书早年学《曹全碑》，后临《华山碑》《张迁碑》《石门颂》。他的草书学赵孟頫。进入而立之年，无名的烦恼涌上心头。他痛苦地感觉好像迷失了方向。遇到《开通褒斜道刻石》（亦称《大开通》），他坚持临写多年，很快找到了艺术感觉。他参加首届中原书法大赛荣获一等奖的作品，即是以此刻石为基调的8尺隶书。他觉得，自己与《大开通》是一场神遇。他们的相交是一次神交，就像庄周梦蝶。《大开通》打开了他的艺术生命之门。他们注定要相伴终生。

在河南当代老一辈书家中，陈天然对周俊杰影响最大。他们在20世纪60年代末相识，陈曾借周所藏古法帖数种，对书法的爱好使他们有了师生之谊。在鸡公山的笔会上，周第一次观摩陈先生写字，两个擘窠大字"听涛"令周俊杰慨叹良久。他心仪陈天然博大雄奇的风格。这和他的艺术理想不谋而合。但他是聪明的学生，他学陈只学"神"而不学"形"。他将在陈天然那里获取的艺术感觉用在写隶书上，后又用在写行书草书上。

对草书的探索，周俊杰自称是走了一步险棋。他没有加入浩浩荡荡的王铎、米芾大军，也没有选定一家作基点，而是古今中外广收博采，侧重从艺术感觉上找灵感，在严格遵从传统法度的基础上，在墨色运用、章法布局和笔法变化上大做文章，从而形成强烈的艺术个性。

周俊杰的代表书体为隶书和草书，两种书体在周氏手中均已臻化境。它们都有全新的语言形式。观其原作，其势如天马行空，其象似无风海涛，每每给人以强烈的震撼。这正是周俊杰所要追求的整体效果。他认为能给人带来大震撼的作品，可视为大成功；小震撼，小成功；平淡无奇，不能给人带来震撼的，只能视为不成功。他的狂草《国歌》（六条屏）、《赤壁怀古》（四条屏）等，都是给人以大震撼的杰作，展出时都曾引起轰动。一位长者在《国歌》前长久伫立，观赏再三，后对周说："这幅作品，无论文字内容还是艺术形式，都堪称我们这个时代的代表作。"

周俊杰并不满足于已经取得的成就，感觉自己仍在不断追求的过程之中。他一生最讨厌有了一点成绩便洋洋自得。在20年的书法热潮中，他目睹一茬又一茬人被无情淘汰。要想不被淘汰，就得不断吸收，不断创造。他多年不变的日程是，第一读书，第二临帖，第三研究，然后寻求新的突破。他在马来西亚讲学时谈到这个观点。两天后一家报纸副刊赫然印出醒目的标题：《周俊杰不想被淘汰》。

五、书法新古典主义

20世纪80年代以来，周俊杰共出版过《书法美探奥》《临帖通解》《书法短论集》《当代书法艺术论》《周俊杰书学要义》《马来西亚书法行》《书法复兴的寻绎》等著作十多种，发表论文、评论、序跋四百余篇。若以字数计，应在200万字以上。除此，他还主编多部重点图书和书法丛刊。无论从著作数量还是书坛影响来论，把他列入当代最重要的书法理论家之一，他都当之无愧。书坛朋友称他是创作与理论"两手抓"，且又两手都很硬的少而又少的人物之一。

周俊杰属于挑战型理论家。他从不满足于以古人或现当代名人的论点来解读书家或诠释书坛现象。他最喜欢的座右铭是英国皇家自然知识促进学会会徽下所镶的一行拉丁文："不要迷信权威，人云亦云。"他用自己的眼睛去观察，用自己的头脑去思考，从而得出打上周氏印记的结论。

1982年冬，周俊杰发表论文《书法艺术性质谈》，与美学家刘纲纪商榷书法美学问题，引起书法理论界的关注。他是那场波澜起伏意义深远的书法美学大讨论的发起人之一。那场讨论是将书法这门古老的艺术引向现代的观念更新的分水岭。通过讨论，整个书法界对书法本体的认识深化了一大步，对它蕴含的审美的、社会的内容有了比较深刻的理解。周俊杰认为，书法是最能体现东方人艺术观和审美理想的形式，那朴素的黑白二色和富有韵律的线条，深植于东方民族认识世界、认识宇宙的观念之中，栖息于中国人生命本体的体验之内。可以说，书法是直入生命本质的纯表现形式的艺术，是生命的呐喊中创造的一个艺术境界。

周俊杰书法理论的一大特色是关注时下，关注时代。他从不撰写隔靴搔痒或无病呻吟的文章。他的文章都是有感而发，且有很强的针对性。有一个时期，他同时为《书法导报》《中国书画报》等报刊主持撰写专栏，被誉为"地毯式轰炸"的评论家。其中，《书坛焦点纵横》《书法新古典主义》两栏影响最大。他提出书法怎样反映主旋律的问题，广西现象的问题，古典如何与现代衔接、融和的问题，等等。

周俊杰在书法理论上的一大贡献，是他的"书法新古典主义"理论。他执笔撰写的《论"书法新古典主义"》一文1991年在《书法研究》发表后，被多家报刊转载，受到广泛关注，并引发一场持久的论辩。经过十多年来艺术实践的检验，它已得到书法界的广泛认同，被视为20年来书法理论界最有价值的理论之一。沈鹏先生在《周俊杰书学要义》的序言中谈及这一理论："周俊杰和他的伙伴们把'新古典主义'运用到当代书法，逐渐被大多数人接受，其间经过一番阐释、界定。重要的不在于将外国艺术名词用于中国书法，重要的是赋予怎样的内涵。以我的初步了解，俊杰的'书法新古典主义'是一个广泛的概念，几乎除'纯传统'与'现代派'之外都囊括在内。同时，俊杰也吸收了这个名词本原的含义。他宣称：'当代艺术的发展绝不是浑浑噩噩地任其自流，当代书法创作应当以复兴古典艺术精神为主线，这种精神包括豪放博大的民族气魄与充满童稚的童心。在清人崇碑之后，我们应向民间书法这一广阔的未被开垦的艺术土地吸取自由的创造精神，同时，又要以强烈的民族自信力去吸取国外艺术精华，将文人书法、民间书法、国外优秀的艺术创造精神与手法融为一体，从而开辟出只属于我们这个时代的艺术之路。'"

周俊杰在书法理论上的贡献是多方面的，几乎是全方位的。除上所述，他对当代书法理论建设，对书法史观，对书法全息重演律，对书法学的学科构架，对现当代书法史，都有独到的见解和理论建树。《周俊杰书学要义》和《书法复兴的寻绎》是他最重要的两部书法论著。

六、20 岁的心理年龄

在周俊杰的书法艺术研讨会上，王澄说："俊杰实际年龄60岁，生理年龄40岁，心理年龄20岁。"

这是对周俊杰生命活力的真实描绘。

他是一个刻苦的人，也是一个潇洒的人。

在书法和书法理论之外，他还有多方面的兴趣和修养。他有数顶桂冠：诗人、作家、摄影家、旅行家、编辑。

他是中华诗词学会的会员。两年前，《中华诗词》开办《书画家诗词》专栏，首选蔡若虹、徐邦达、范曾、周俊杰四人的作品发表。这是值得炫耀的事，但他在朋友面前几乎没有提起过，他觉得只是玩玩，票友而已。作为书法家，不能自作诗词，应是缺憾。但他又没有太多精力去大量创作。他主要写旧体格律诗，虽然不多，但都是符合格律的精雕细刻之作。偶尔也作打油诗。滕世宗先生是河南著名教授，擅演讲，不擅演唱。周对滕的演讲赞美有加，口占打油诗一首相赠："世宗教授翁，才过张仪公。论到痴情处，说比唱好听。"滕教授听后大喜，一天，特掂茅台酒登门求字。周将此诗写成隶书条幅。二人畅饮。滕公欢笑而归。

他是河南省作家协会会员。他发表过一定数量的文学作品，尤擅散文，其作品曾数次为《散文选刊》选载。他的序跋集近期可问世，散文集正在筹划之中。他用散文笔法写评论，情理并茂，大大增强了文章的可读性，也拓宽了读者面。

他是河南省摄影家协会会员。他已举办个人摄影展三次，出版摄影集《梦萦南洋》。大型摄影集正在筹划之中。笔者与周氏同游巴黎。一日晚，他与同好结伴沿塞纳河畔拍摄夜景，回宾馆已过凌晨2时。这已不是口头上的"玩玩"而已，其执着劲儿显然已入真刀真枪之境。

他酷爱旅游，去过不少地方。但他的兴趣决非游山玩水。旅行对于他，是另一种阅读方式、另一种求知方式，也是获取灵感的方式。没有这些壮游，就没有他那些国外艺术考察的游记和那些记游诗词，也不会有他的三次摄影展。

在他的游历中，传播中国书法艺术，开展中外文化交流，是一项重要的内容。

2000年7月,他应韩国国际文化协会姜信雄先生邀请,率团访韩,参加该会与中国中央电视台书画院主办的"周俊杰师生书法展"开幕式等多项活动。2002年8月,他应马来西亚书艺协会马六甲联委会等单位之邀,访马一个月,讲学、举办个人书展,并主持马来西亚全国书法大赛。各项活动都获得巨大成功。

他是优秀的编辑。20世纪80年代,他参与执编颇有影响的《书法家》杂志。他还是厚重无比的《墨海弄潮百人集》的主要执编人。此工程从策划、征稿到编辑、出版,历时五年。同时推出百位书家的百本作品集,史无前例。这是河南书协的首创。此书在2002年获得首届兰亭出版奖的殊荣。

他能画一手不失韵味的中国画,只是"寻常看不见,偶尔露峥嵘"。他虽未将绘画作为主业,但骨子里对它的爱恋丝毫未减。笔者与俊杰先生同游阿姆斯特丹时,曾结伴参观凡·高博物馆、荷兰国家博物馆。他在凡·高、伦勃朗原作前如痴如醉的神态,一直清晰地定格在我的记忆里。他书法作品形式美的营造、那些精彩的题跋,无一不在传递着他对中国文人画传统的巧妙借鉴。

在河南书法圈里,他还是一名不错的男中音歌手。他演唱的俄罗斯民歌令不少聆听者难以忘怀。

凡此种种,当然都在书法之外,好像又在书法之内。写书法家兼书法理论家周俊杰,舍去这些,总感有欠完整。

2003年岁末,笔者与周先生一同参加河南省新闻出版局组织的图书选题论证会。因同居一室,方有难忘的一夕长谈。海阔天空的神聊之后,我问他近期有何打算,他扳起手指如数家珍:作为河南重要文化工程之一的《中原文化大典·书法卷》,他受聘担任主编,编撰工作正在进行。由他撰写序言、与沈鹏共同主编的一百多万字的《当代书法论集》已编辑完成,即将交付出版。《河南书法论文集》第二集正在编辑之中,2004年可望出版。《全国第六届书学讨论会论文集》,他担任执行主编。计划撰写的著作有《当代书法史论》《20世纪河南书法史》《马来西亚书法史》《书法学》《书法创作论》《书法新古典主义》《中国书法大历史》。一看题目便知,不少是填补学术空白之作。

听了他雄心勃勃的计划,我惊呆了。毕竟已是62岁的人呀。王澄说的"心理年龄20岁"指的就是这些吗?可现在20岁的青年,有几人有此雄心?

说起人生追求,他说他是一个入世者,永远都不会出世,除非生命停止。他信奉古人的"穷则独善其身,达则兼济天下"。他认为做一个男人应有阳刚之气,应宠辱不惊，有自信力、承受力、亲和力，而成为"小男人"是很可悲的。他读过不少人才学方面的书，也发表过关于人才的文章。他相信爱因斯坦说的话："天才就是这样的人，机遇到来时，能紧紧抓住。"但机遇又很吝啬，只钟情那些有准备的人。1982年，周俊杰在访问杭州时结识朱关田，与之成为挚友。朱向他谈了自己的人生之道：第一身体，第二朋友，第三专业。他听后如醍醐灌顶。30年过去了，这句话对他的影响依然如故。这些，也许是他走上成功之道的谜底。

周俊杰说人生从60岁开始。其诗作《六十初度》有"正剧渐从辛巳启"之句。让我们看看他60岁以后的大事记：

任中国书法家协会理事，中国书法家协会学术委员会副主任，河南省书法家协会名誉主席，河南省文史研究馆馆员，河南省文艺评论家协会副主席，郑州大学名誉教授。

2006年，河南省委决定在文艺界推举一批代表人物。省委宣传部与河南省文联主办了"河南代表书家——李刚田　周俊杰书法展"，展出周俊杰作品70余件，同时出版作品集。

2008年4月，共55卷本的文化工程《中原文化大典》出版，其中书法卷为周俊杰主编。

2009年10月，中国书协、河南省文联主办"大风歌——周俊杰书法艺术展"，展出周俊杰的书法精品力作100余件。《大风歌》作品集、《周俊杰自书诗词选》及《周俊杰书法序跋集》同时首发。数千书界同仁及爱好者参加了开幕式。同年，周俊杰的草书作品在第七届世界书艺双年展中获得唯一大奖，其书法艺术的国际影响力由此可见一斑。

笔者有幸观看了"大风歌——周俊杰书法艺术展"，心有所动，曾有一首打油诗相赠。诗曰：

周君翰墨唱大风，如意湖畔众人惊。
峻岭云烟人心醉，狂飙掀起无限情。
大俗大雅铸诗魂，犹见纸上走蛟龙。
弄潮健儿真俊杰，盛世风华谱新声。

——己丑深秋，周君俊杰先生书法艺术展"大风歌"在如意湖畔河南省美术馆举办，盛况空前。大雅狂草与大俗古隶，给人以强烈的震撼，心中波澜久久不能平息。吟成俚诗一首，敬奉周君一粲。

2011年8月，周俊杰《书法美学论稿》研讨会在郑州举办。同年，马来西亚"纪念辛亥革命百年——周俊杰书法展"在吉隆坡开幕。马来西亚和我国台湾等地几所著名大学多次邀请他前往讲学。

2013年12月，《中国书法》推出"当代书坛大家——周俊杰"，共刊登周俊杰书法作品、文章及大家评论文字12个版面。该期扉页配发了周俊杰整页照片。

2015年4月，惠风和畅。第五届中国书法兰亭奖开幕式及兰亭奖颁奖仪式在古城绍兴举行。"中原书风"的代表性书家李刚田、周俊杰获中国书法兰亭奖艺术奖。周俊杰与绍兴、兰亭和书法兰亭奖有不解之缘。多年来，周俊杰多次来到绍兴，或担任书法兰亭奖创作奖的评委、兰亭奖理论奖的评委会副主任，或参加精心挑选书法才俊的"兰亭雅集"，在兰亭曲水流觞、赋诗挥毫。与会者静静聆听了评委会对周俊杰的授奖词：

> 周俊杰先生在书法创作、理论研究方面均有建树。对他而言，理论与创作如舟之双楫，相倚相佐，深入结合，同襄共进。其书法创作以隶、草见长，气势开张，性情豪放，具中原气象，秦汉之风；其理论研究于书家个案研究、创作论、美学、书法批评等方面鞭辟入里，辩证详实，对于当代书法理论体系建设具有重要的贡献。

时年，周俊杰74岁。据悉，20卷本的《挥云斋荟要·周俊杰书学、创作》已进入河南美术出版社的编辑程序，不久即可面世。

在繁忙的创作、研究和出访之余，周俊杰还不时写一些散文小品，记述行踪及人生感悟。文章发表后，多篇被《散文选刊》选载。

这便是书坛俊杰的周俊杰。

祝愿俊杰先生永远保持"心理年龄20岁"。

艺术之树常青。理论之树常青。生命之树常青。

（原载《名人传记》2004年第11期，有改动）

张海
（1941— ）
书法家、
书法活动家

张海：墨海弄潮领航人

一、云梦山摩崖石刻

2003年秋天，在豫北名胜云梦山漫游，一处奇观令笔者惊叹良久。

云梦山在淇县境内。淇县因淇河而得名，是殷商都城与西周卫国国都朝歌所在地，历史悠久。云梦山在淇县县城西南太行山余脉东部。这里峰峦叠嶂，云蒸霞蔚，泉涌瀑飞，险径通幽，素有"云梦仙境"之称，是古代名人高士的隐居之地。相传战国时期的纵横家鼻祖鬼谷子曾在此隐居，著奇书《鬼谷子》，并收徒传艺培养出孙膑、庞涓、苏秦、张仪等一大批风云海内的军事家、战略家。鬼谷子的讲学遗址犹存。因此，云梦山又被称为"中华第一古军校"。这个自然与人文并重的景区堪称风水宝地，对外开放不久，便名列河南省十佳名胜区。到此一游，确有不虚此行之感。

令笔者惊叹进而惊喜的一处景观，既非自然，又非古迹，而是今人所为。它是整整占据一面山壁的摩崖石刻，内容为《鬼谷子》全文，近万字，隶书，面积约100平方米。书写者：张海。由于雨水冲刷，石刻上面已有一些雨痕，给人以沧桑之感。

为何惊叹？因为在全国境内，尚未看到如此巨大而又出于当代书家之手的摩崖石刻，可称一奇。为何惊喜？因为书写者是时任中国书法家协会副主席、河南省文联主席兼河南省书协主席的张海先生。河南名家书写，又在河南风景区刊刻，如此大手笔、大气魄，作为河南的一名书法爱好者，怎能不由衷地感到骄傲？

站在石刻前，笔者浮想联翩。《鬼谷子》乃千古奇书，深蕴哲理，高深莫测；张氏隶书神采飞扬，气息高古，名冠天下。两者奇妙地融为一体，更加深了其神秘感，伴着山风松涛，让人若有所悟，品味不尽。

出现雨痕恐怕是制作者始料未及的。为使游客完整欣赏书法全文，风景区管理者进行了补救：在云梦草原上修建了

张海与沈鹏

一个巨大的照壁，上面可以清晰再现书法全文。

回郑州不久，我便带着在景区购买的《鬼谷子》书法字帖请张海题签，并向他请教。令我不解的是，张海尚未看到这本字帖。字帖由淇县文物旅游局于 2001 年印制。书写者没收到样书，显然是由于他们工作上的疏忽。我向张海表述了我看到石刻时的欣喜之情。他翻了翻字帖，淡然一笑："这是 10 多年前的东西，现在看，有很多不满意之处，只能说是一个阶段性的成果。"接着，他谈了书写《鬼谷子》的经过。1992 年春夏之交，淇县旅游局一行人找到他，说县里准备开发云梦山，云梦山因鬼谷子而得名，风景区不能没有《鬼谷子》，恳请书法大家将《鬼谷子》全文书写，他们负责制作成摩崖石刻供游客观赏，以提高云梦山的文化品位和知名度。张海是热心人。他把此事视为公益事业，况且这是弘扬中华传统文化，没提任何要求便答应下来。那时，他还在省文联院内居住，两室一厅，没有专门的工作室，会客厅兼餐厅又兼创作室。时值盛夏，张海白天忙书协工作，晚间挑灯夜战。不知写了多少张纸，也不知流了多少汗水。写错了重写，不满意重写。张海以对历史、对游客负责的虔诚之心，历时 3 个月，终于完成了《鬼谷子》12 篇的书写。这是迄今为止张海尺幅最大的书法作品，恐怕也是当代书法篇幅最大的作品之一。

"写完没给一点报酬？"我好奇地问。

"最后他们来看我，提了两袋小米，也可以视为报酬。"张海笑了。那是由衷的笑，即便有些许遗憾也让人看不出来的笑。

本来我还有不少问题想要请教，为写他的文章作准备，不料他工作太忙。他说，近期有一大堆事情要做：六届书学会的预备会，去日本访问，参加费新我诞辰 100 周年纪念会，参加八届全国书展评审，等等。他送我几本资料，说还有两本即将出版，等出齐一并再送我。"等你看过资料，提问题会更有针对性，咱们再另约时间谈。"我问："新书是不是省文联组织的丛书中的一种？"他答："不是。那套书是有资助的，我争取的，本人不宜享用。"一件小事可以令人感受到当家人的崇高境界。这使我想到另一件事：河南几位首届书法兰亭奖的获得者，本省又给予一次奖励，奖金全由张海个人出资。

几个月后，我的工作突然有了变动，工作繁忙，实在抽不出时间写文章了。拟定的写作计划只好放下，与张海约定的采访整整推迟了11年。

二、三恩师

1941年9月，张海出生在偃师县南蔡庄乡香峪村的一个农民家庭，家族几代人都是农民。祖父张遂木勤劳节俭，对土地一往情深，希望子孙们都能以土地为本，继承家业。父亲张士俊当了叛逆者，他选择经商，以图改变命运。1953年，国家实行公私合营，张士俊成为新中国的营业员，他的愿望实现了。少年张海继承了先辈们的勤劳、善良和聪慧，但他选择了另一条路：通过读书来确定人生的方向。张海是一个品学兼优的学生，从小对汉字表现出来的特别兴趣尤其让人感到惊奇。最先发现他书法天赋的，是他的高小班主任郭树泰。郭老师有意识地严格要求他、鼓励他、引导他，成为他最早的启蒙老师。1955年，张海顺利通过了初中考试，以优异的成绩升入偃师第一初级中学。过去，祖父总是以干农活的优劣来评价晚辈，而今，他的评价标准发生了改变。他从孙子身上看到了更大的希望。张海兴趣广泛，除去主课优秀，他还参加了学校多个业余小组。他是班里的篮球队员和学校的排球队员。由于写得一手好字，3年间张海一直担任着班级的墙报编辑，从组稿、编稿到书写，基本上都由他一人完成。

初中毕业，张海顺利地升入了偃师高中。1960年，张海在读高中二年级时，赶上了国家扩大招生的机遇，学校决定每班选5名学生与高三毕业班同学同时参加高考，张海是其中之一。他喜欢文科，在填写志愿时，报考了开封师院和其他几个院校的文史类专业。不料通知书下来，他却被录取到河南省新乡师范专科学校理化科。课程几乎没有压力。课余时间他几乎全都用来练字。一次逛旧书店，他意外地得到一本《汉碑范》。这是张海接触到的第一本像样的隶书字帖。许多年后，他在《我的隶书道路》一文中回忆道："我初学隶书没人指导，因见到一本《汉碑范》，觉得那上面的字很美，就没日没夜地临写起来。也不知道临过多少遍，也记不起来临了多长时间，反正在读大学的数年间，业余时间除去打球就是临它。"张海以后在隶书创作上卓然成家，《汉碑范》的启蒙功不可没。

1962年秋天，张海大学毕业，被分配到安阳工作，任安阳市西大街小学教师。一次，市文化馆举办书法展览，同事鼓励他去参展，他也有心一试，但他看到展厅里装裱过的作品后，强烈意识到自己的差距，自信心受到打击。面对这种情况，有的人会怀疑自己的天赋，选择放弃，但张海选择了坚持。后来，张海偶得魏碑《龙门二十品》拓本，他在精神上与拓本产生了共鸣。他对这本魏碑拓本爱不释手，一遍又一遍临写，为书艺的提高奠定了基础。1964年3月，他被调至安阳市总工会职工学校任教师、工人文化宫干事。

张海与恩师费新我

1966年，"文化大革命"开始了。在这场空前的动乱和灾难面前，有人投机，有人中枪，有人发疯，有人怅然进而颓废。张海在冷静思考、观望的同时只能选择有限参与。1969年，市工人文化宫、广播站、图书馆、博物馆、文化馆合并为毛泽东思想宣传站，他成为宣传站的一员，被分配在宣传组，成为一名职业书法工作者。这期间，他开始举办小型的橱窗书法展览，还开办了青少年书法培训班。编讲义，印教材，安排讲课，全由他一人负责。出于教学需要，他系统地学习了书法理论，组织能力和策划能力也得到锻炼。他的小屋里常常挤满了书法爱好者。他与他们交谈，解答他们的问题，乐此不疲。安阳市的展览渐渐多起来。参展的作品都需装裱，但装裱的行家稀缺。1974年4月，经同事联系、领导同意，张海一行3人赴北京百年老店荣宝斋学习书画装裱工艺。他的指导老师张贵桐是资深的装裱艺术家和书画鉴定家。张贵桐得知张海是搞书法的却来学装裱，认为张海有眼光，加之张海虚心好学，因而更加得到老师的赏识。张贵桐不仅悉心传艺，还带张海去拜访荣宝斋专业书法家徐之谦先生。在荣宝斋的半年多光阴里，张海与前辈大师朝夕相处，目睹历代书画名作，视野大开，受益良多。30年后，他在京与张贵桐的孙子张杰谈起此事，感慨万千。在此期间，张海看到展厅费新我的一幅书法作品，颇为震撼。这幅作品书写内容是毛泽东的词《十六字令》，书法凝重奔放、纵横捭阖、浪漫飞动，同词作的内涵达到了完美的一致。落款是"新我左笔"。从此，他牢牢记住了费新我的大名。

1975年，毛泽东思想宣传站撤销，张海被分配到新组建的安阳市群众艺术馆，任宣传股副股长。通过他创造性的努力，短短数年，安阳便被打造成河南的书法重镇。1976年，他筹划出版了书法集《书法作品》，特请赵朴初先生题写书名。1977年，他又编选出版了《现代书法选》，特请费新我题写书名，首开出版当代名人书法集的先河，在全国产生了很大影响。许多书友看到后欣喜若狂。这本书的署名是"安阳市群众艺术馆编"，知情人都知道，真正的编选人是张海。在给费新我寄样书时，他诚恳邀请费老到安阳讲学。当时已经75岁高龄的费老欣然答应。张海是细心人，在征得馆领导同意后，他先向费新我寄去150元车旅费。1978年5月，费新我抵达安阳。开讲那天，能容纳百余人的大教室座无虚席，就连门外也站满了人。这场面令费新我深受感动，他没想到书法在安阳能如此普及。费新我在人们心中是个传奇人物，他本是著名书画家，可在55岁时右手不幸患病残废，全靠毅力改用左手写字，坚持10多年后终有所成，成为20世纪唯一公认的"左笔"书法大家。他在安阳受到众人尊敬，无论走到哪里，都有人群簇拥着他，热情向他请教。讲课期间，费老原在上海美术出版社工作的四儿子突然因病去世。这突如其来的打击使费新我异常痛苦。按预定计划，课程只进行了一半。张海一再劝慰费老，催他赶快回去，这里的事以后再说。但费新我坚持讲完一个段落后再走。费新我的高风亮节令张海感动，也由此奠定了他们之间近20年的师生情谊。接着，由张海策划，费新我在安阳成功举办了"新我来洹书作展"，观摩者不仅有来自安阳的人，还有来自郑州和周边多个地市的人，盛况空前。1979年4月，张海前往苏州拜访费新我，费先生亲自陪同他游览拙政园。之后，张海又邀请费新我到河南多个城市讲学。

中年时代的张海

1980年，张海任安阳市群艺馆副馆长。同年，河南省第二次文代会召开，重新恢复了河南省文联。在研究成立省书法家协会的时候，参与研究的陈天然力主借调张海到省书协帮助工作。有人问："借调是什么意思？"陈天然回答得很干脆："借调就是为了调动，这个人在各方面都好，是个难得的全才。搞书法活动，河南在全国比较早。书法展览，安阳、开封比较多。开封是传统型的，安阳是后来居上，而安阳的活动都离不开张海。"这位平时言语不多的版画家兼书法家说起张海毫不吝啬赞美之词。大家都被他说服了。1980年11月，张海开始来往于郑州、安阳之间。没有办公室，就在美协办公室里放一张小桌子；没有地方住，就睡在会议室乒乓球台子上。中国书法家协会于1981年5月在北京成立，张海作为河南书法代表团的成员之一，与河南老一辈书法家谢瑞阶、陈天然、李悦民等人一道出席，成为中国书协的首批会员。

1981年4月，张海邀请天津大学王学仲教授到河南办展并进行讲学活动。活动安排在郑州、安阳、新乡、开封、洛阳五城市巡回进行，在讲学与展览的同时，对学员进行辅导、示范。王学仲是著名书画家和学者，治学严谨，功力深厚，在河南巡回演讲一个多月，为数以千计的爱好者播撒了书法的种子。许多书家切实认识到理论对创作的重要性，还有一些书家由此走上了书法研究之路。张海的用意与王学仲的想法不谋而合：让更多的人热爱书法，书法事业才能有更大的发展。回到天津后，王学仲给张海寄来一幅字："人生得一知己足矣，斯世当以同怀视之。"这是对张海所作所为的高度认可，由此确立了他们长久不变的师生之谊。

1981年初，张海正式调到河南省书协工作，成为书协驻会的第一位专职干部。1982年7月，他策划在安阳举办"篆刻培训班"，全省30余名篆刻骨干参加。张海特邀沙曼翁和苏白两位篆书和印坛大家来豫讲学。由于苏白身体欠佳，辅导工作后来几乎全落在沙曼翁身上。他讲学很认真，给听课者一一示范和辅导，几乎没有休息时间。结业之际，他还为所有学员每人治印一方。对此，大家深受鼓舞。此后，李刚田、许雄志等一批篆刻家脱颖而出。在安阳，则直接影响了刘顺、刘颜涛等主攻篆书的青年书家的成长。

张海对费新我、王学仲、沙曼翁三位老师没有执弟子礼，他们之间的师生情并不拘泥于外在的形式，他们之间更多的是精神上的相知相通。从书法本体上看，张海的书法风格与三位老师相去甚远，很难找出师承的蛛丝马迹，但在做人、书法理念和继承创新上，张海则完全与老师一脉相承，在某些方面，甚至比老师走得更远。关于尊师，他曾说过："对于费新我、王学仲、沙曼翁三位先生我是非常尊重的。尽管他们的影响、成就以及公众评论各有不同，有的甚至还曾遭到不公正的批评，但我不管这些，我从他们身上学到了许多东西，有些记忆终生也难以抹掉。单凭这些，他们就是我最可尊敬的老师。"（《从师之道》）

如今，三位老师都已仙逝，张海对老师的敬重仍无改变。1992年，费老辞世，在他辞世5周年之际，张海在郑州筹划了费新我遗作展，以告慰费老的在天之灵，并个人出资为费老出版了《费新我左笔大字典》。2012年费老110年诞辰，张海在人民大会堂北京厅为老师主持了高规格的座谈会，80多位书法家及文化界人士参会，全国政协副主席黄孟复参加。座谈会后，费老的作品价格一路攀升。位于湖州市南浔区双林镇的费新我艺术馆筹建工作进展缓慢，张海几次去湖州后，情况大变，项目很快落实。费老110年诞辰之际，在费老的故乡隆重举行了费新我艺术馆开馆仪式。王学仲去世后，张海撰写纪念文章《灵魂若有在　凯歌唱未休》在《人民日报》发表，并向其基金会捐款20万元。沙曼翁去世后，张海积极协助其家人及有关单位筹备有关纪念活动。

张海作为中国书坛的领军人物，在地位和影响日隆之际仍能对老师如此谦恭，彰显了他尊师敬贤的美德，在书法界传为佳话。

三、创造力的实现

如果说安阳为张海初试锋芒提供了舞台，省会郑州则令他雄心勃勃，他要在此为自己的未来绘制更宽广的蓝图。他是一个视书法为生命和有担当意识的男儿。张海调入省书协后，策划和实施了一系列书法活动，河南书法从此迈向了复兴之路。1982年，"河南省首届书学讨论会"在鸡公山召开，此后每年召开一次。"王铎书法展览"在河南省博物馆开幕。此展由河南与日本"王铎先生显彰会"各提供30件作品，先后在郑州和大阪展出，并派代表团互访。1984年，张海任省书协副秘书长。他在省委宣传部和省文联的直接关心指导下策划了一个被称为书法"省运会"的中原书法大赛。为在省会举办大赛，张海向各级领导逐一汇报，争取支持。前面一路绿灯，但到了中途却亮了红灯，几近夭折。关键时刻，他收到父亲病危的电报。他把电报藏起，泪水咽回肚里，继续努力争取。等到有了结果，他便立即赶回陕西宝鸡。当他赶回家里时，父亲已于几个小时前去世。此事传开，不少人为之动容，对张海的大我情怀深表敬意。大赛如期在1984年2月16日举行，千余书家参与，加上现场参观者，人员达万余之多，场面极为壮观。比赛取得了巨大成功，并经受住了历史的检验，各种名次的获奖者后来都成为河南书坛的中坚。大赛获得如潮好评。启功先生赋诗曰："千人大赛古无俦，逐鹿中原笔墨遒。万木草堂诗句在，八方风雨会中州。"王学仲献诗之余，兴犹未尽，又特别作《中原书法大赛记》记述盛况。1983年，河南省开始了每年一度按豫北、豫南、豫东、豫西划分的地区系列展览。"河南省书法篆刻展"，"明清书法墨迹展"，由费新我、魏启后、刘自椟、王学仲、陈天然参加的"墨林五家书展"，日本"村上三岛学习王铎书法展和古稀纪念展"，"沙曼翁书法篆刻展览"，"黄河流域十省书法联展"先后在郑州开幕。1984年，"费新我书展"在郑州开幕，"全国魏碑学术研讨会"在洛阳举行，"中日书法交流展"在大阪展出，"河南十老书法作品展"在郑州开幕。

1985年4月，中国书法家协会第二次代表大会在北京召开，张海当选为理事。他已成为书法界瞩目的活跃人物。其组织活动才能和实效获得全国书界的普遍认可。6月，张海任河南省书协副主席兼秘书长。这一年，河南省书协组织举办了20多个国家和地区选手参加的"国际书法展览"，书展收到作品3万件，入选作品一千多幅。

孙家正（中）、赵实（左一）、景俊海（左四）、沈鹏（左二）、张海（左五）共同开启第十一届"国展之灯"

同时出版《国际书法展览作品精选》。国内外三千多人出席开幕式，河南博物馆双层玻璃大门被挤得粉碎，如此场面，史无先例。有人将这一天称为"国际书法家节"。中国书协主席舒同等国内外书法名家出席。国际书展之后，各地的中外文化交流活动趋于频繁。河南省书协在原有《书论》基础上，创办季刊《书法家》（出刊至1987年底）。第二次"中日书法交流展"在郑州开幕，日本村上三岛一行25人随展进行交流访问。河南省书法展赴贵阳展出。"河南书法教育中心"成立，后改为"河南书法函授院"。该院开办6年，学员2.5万人，遍及全国30个省区，其中不少人步入了专业书法道路，成为当地乃至全国有影响的书法家。"河南书法奖励基金会"建立，并设立书法"龙门奖"，定期奖励在书法创作、篆刻创作、书法理论方面有成就的作者。

1986年对于河南书坛更具有里程碑的意义。是年10月，由河南省文联、河南省文化厅、中国书协河南分会主办的首届"河南中青年书法家15人'墨海弄潮'展"在北京中国美术馆开幕，精美的作品集同时首发。这批个性鲜明的作品极具震撼力，很快引发了轰动效应。这是蓄势已久的河南中青年实力派书家的集体亮相。首都的专家们给予高度评价，并引发了关于中原书风的讨论。入展的张海、李刚田、王宝贵、刘顺、王澄、周俊杰等15位书家日后成为中原书风的代表性书家，其中的多人则成为当代书坛公认的名家。展览成为一面镜子。一些外省书协旋即召开会议，研究河南的经验，寻找自己的差距。展览的创意来自张海，"墨海弄潮"的名称则出自理论新秀周俊杰的建议。张海这样设想："墨海弄潮"展每次推出15位到20位中青年书家，每4年举办一次，用20年时间，推出百名书家，河南书坛在全国的地位将大有改观。这项跨世纪的工程逐渐变为现实：第二届"墨海弄潮22人展"（1990）、第三届"墨海弄潮19人展"（1994）相继出台。后又于2000年，出齐"墨海弄潮百人集"。前后用14年时间，集中推出100位优秀书家，这在全国没有先例。它成为河南书协的首创，在书坛引起巨大反响。此套书后来荣获首届"中国书法兰亭奖"出版奖。

1987年9月，河南书协在郑州同时举办了"全国第三届书法篆刻展览"、"全国新十年书法论辩会"、首届书法"龙门奖"颁奖大会、"河南书法函授院师生交流大会"等活动。

1990年，河南书协成立10周年，为了系统地、综合性地向大家展示河南书坛10年来的成果，张海策划在北京举办了"河南书法周"，其中有"河南省篆刻展览""第二届河南中青年墨海弄潮展""河南省老书家书法展""河南省女书法家作品展"等10个展览，共展出作品665件。

通过张海及书协一班人卓有成效的工作，河南逐渐从一个书法小省、弱省，变为书法大省、强省。河南参加全国第一届书展时，入选作品仅为全国的1/40，处于中下游。从1989年全国第四届书展开始，河南的书法创作上了一个大的台阶，河南入选作品和获奖者均为全国第一。此后的全国性大展，河南入选、获奖数均名列前茅。

1991年11月，河南省书协换届，张海高票当选第二届书协主席，以后又连任多届。1994年1月，张海任河南省文联副主席，兼任河南省书画院院长。2000年5月，张海任河南省文联主席。2000年12月，张海任中国书协副主席。

河南省委一位领导在谈到用人重要性时深有感慨地说："用对一个人，会搞活一个部门和一项事业。用对了一个张海，则搞活了整个河南书法界。"了解新时期河南书法复兴历史的人都会有同感：没有张海，难以想象会有河南书法今天的繁荣。他的长远目光、办事能力及无私奉献赢得了众人的口碑。

张海对中国书法事业的杰出贡献不仅仅体现在他是一个卓越的书法活动家，具有非凡的组织领导才能。他同时还是一个风格独具的书法家、具有战略眼光的书法思想家。他是一个名副其实的通才。真、草、隶、篆、行五种书体，一个书家能有一体出类拔萃已属不易，张海却诸体皆擅，取得了令人羡慕的艺术成就。

最具有创新意识的，当数他的隶书，人称草隶。1986年，首届"墨海弄潮"展，张海以一件隶书震动书坛：他将汉简、草书融入了规范的隶书中，水乳交融，不露痕迹，自然潇洒，刚健飞动。此作被公认为张海的成名作之一，无论对他本人还是中国当代书法史，都具有里程碑的意义。这样的写法前无古人。张海谈到过他草隶创作的艰辛历程："我开始学隶书的时候，各种范本都拿来学习，《曹全碑》《张景碑》等汉碑都临过。后来看到《封龙山碑》，被它的博大气象震撼不已。它的隶书特点并不突出，但隶意十足。这正是我的所爱，临写的遍数也最多。后来以此风格创作，参加了书展。虽受到好评，但仍不满意，因为在众多的参展作品中，未能明显地跳出来。我想，能不能融进汉简？把隶书、行草、汉简融合成一体？我开始尝试草隶。这有点像农学家培养新品种，要经过杂交、试种、育种，反复试验才能成功。开始，每天都进行试验。有时一整天才能出现一个自己满意的字。然后就把这个字挑出来，按照相同的思路再进行试验。经过几个月的反复试验，到1986年终于取得初步成功。而由此思路创作出来的作品，也得到专家们普遍的认可。"

张海没有在"张氏草隶"的赞扬声中止步。他是一个不倦的探索者。他认为草隶的探索只是开端，为同人们提供了某种思路和方向，后人会在这条路上走得更远。此时，他一方面在隶书上深化丰富，另一方面又把关注点移至行草书。1992年，全国第五届书展，张海以其清新雅健风格的小字行草作品高票获全国奖，让书界又一次为之刮目。书作整体风格俊逸，不同于隶书的狂肆大气；字的结构极具个性，碑帖相容，自出机杼，很难对应于历史上或现当代书坛任何一家。他的探索与创造是全方位的：在篆书中竭力表现笔墨情趣的草篆，"破锋行草书"极力表现笔墨变化；以张猛龙碑为基，融会魏唐的碑体楷书；近于墨戏的"一笔草"……他说：书家是要靠作品说话的。一个艺术家，一旦艺术探索的步伐停止了，创作的热情消殒了，那么他的艺术生命也就枯竭了。

较之理论家们，张海的理论文章不能算多，但他谈及书法的言论都具有原创性，启人心智。有些短语几近格言。如："潜在的创新意识和过人的辨识能力，是艺术家的共同特质。二者的完美结合，使自己发现了不与人同但最终被社会承认的那一'点'。这时，你就可以骄傲地宣称'成功了'。"（《墨海弄潮集》）"受着创新愿望的驱使，一步不停地追索，希望之路终于由朦胧、遥远变得清晰、真切起来。"（《张海书法》）他的言论离不开创新二字。创新，成为他书法理论的基石。

1995年，《张海书法》出版，沈鹏先生以"创造力的实现"为题写序。这句话可以视为对张海书法创作包括书法活动的整体评价。序中说："张海所说'只要在继承传统的基础上能有一点明显异于前人之处就算成功'，我以为是关于继承与创新关系的一种很好的表述。这种表述既表明了继承与创新的一般规律，也有他独到的体会。这种表述可能有人以为'不过瘾'，然而却是真正对待'创造性'的诚实态度和认真精神。"沈鹏对书中隶书《李颀：听董大弹胡笳弄兼寄语房给事》格外欣赏，沈鹏认为："这是在张海书法中具有特殊意义的当今杰作，是他长期积累达到的一个飞跃，我们没有必要用学究气的办法分析一笔一画的出处。杰作之所以为杰作，就好在它光彩照人，一新耳目，让你分辨不出笔画的由来。……张海的书法实际上有的已经形成、有的初步形成几种不同的风貌，几种风貌之间既可以互相渗透也可以各自沿着既定的方向前进，逐步通向灿烂的格局。"

1998年，《张海新作选》出版，张海的一笔书与草书创作又引起广泛关注。一笔书指作品字数不管多少，仅蘸一次墨，从第一个字开始，一直写到最后的落款。这种在笔法、墨法上具有强烈视觉冲击力的作品给人们留下了深刻的印象。张海在试验中强化墨色的对比，在挥毫运动中不断调锋，进行巧妙的疏密处理，以强化节奏感；根据作品需要，或一笔，或多笔完成，将草书这一难度甚大的艺术形式推向极致。2003年，《张海书法作品精选》《隶书增广汉隶辨异歌》出版。

2004年7月1日，"张海书法展"暨"张海书法研讨会"在北京中国美术馆成功举办。书法展展出张海近作50余件，各体皆有，尺幅以8尺为主，气势壮观，同时也展出一部分小字行草作品。展出的作品辅以作者手记和创作自解，便于观众欣赏作品，成为展览的一大亮点。首都和外地书家学者100多人参加了研讨会，气氛热烈。大家对张海在书法艺术上的探索精神以及探索所取得的成就表示祝贺和敬意。也有对一笔书的探索持不同意见者，当面直陈己见。2005年4月，张海书法艺术评论汇编《创造力的实现》出版。该书汇集了30多篇对张海其人其书的专业评论，是一部难得的个案研究。

由于张海的工作业绩和他对书法事业的突出贡献，他被评为国家有突出贡献的专家，当选为全国人大代表、全国政协常委。其作品多次赴日本、新加坡、韩国、法国、德国、加拿大、芬兰等国家和台湾、香港地区展出。张海多次应邀担任全国或河南省书法家代表团团长，访问日本、新加坡和中国香港，举办展览和讲学。他1990年到新加坡讲授隶书，1991年随费新我到新加坡办展，从1993年起他先后四次应邀赴香港讲学和举办个人书法展、"张海师生书法展"。他还为香港中文大学师生举办书法讲座，担任全港双年艺术展评委。他的影响遍及海内外。

四、淡月疏星照路人

2005年12月，在中国书协第五次代表大会上，张海高票当选为中国书协主席。

2010年12月，张海又在书协六代会上蝉联主席。这是中国书协诞生后第一次由首都以外的书法家担任主席，也是中国书协历届主席中第一位连任者。从安阳市群众艺术馆到河南省书协，再到中国书协，张海由一个最基层的专业书法工作者一步步走进并入主最高书法殿堂。张海用他的执着、智慧和汗水写就了一部新时代的传奇。

"我出生于'草根'，基层经验是我的优势。我了解书协的工作规律，了解书法创作，了解基层作者需要什么，了解如何把书法的普及与提高相结合，了解如何使老、中、青三代书法家形成合力。大家把我推到这个位置上，如果我不能尽职、尽责、尽心、尽力，将对不起全国的书法工作者，也对不起我的良心。"成为中国书法界的领军人物，给了张海更大的舞台，也使他有了更大的责任和担当。他充满自信，希望在任期内能够给中国书协带来变化。当然，这种变化是建立在过去几届工作的基础之上的。有些工作具有开创性，有些则是对以往工作的深化和完善。

10年来，中国书协实现了多方面突破：组织"中国书法家进万家"活动；取消专门"评审委员会"，以书体设置专业委员会，引导书法家集中精力专攻一体；理事会由一届召开一次改为一年召开一次；评审工作实行组织和评审两权分立；中国书法、篆刻申遗成功；理论课题申报付诸实施；筹备成立中国书法发展基金会；实施学术课题申报……书法界存在的许多困难与难题逐步得到解决。作为全国人大代表、政协委员，他提了不少关于文化建设的建议、提案。

作为一个视书法为生命的书法家，张海的艺术追求是无止境的。在繁忙的工作之余，他一刻也没有中止创作，依然笔耕不辍。2009年，张海在杭州、上海、南京、济南和沈阳等地举办了"创造力的实现——张海书法展"；2010年，张海在北京举办"岁月如歌——张海书法展"；2014年，张海在郑州举办"古稀新声——张海书法展"。他是首位在任期内举办个展的中国书协主席，成为当代书法史上的一个特别范例。他的每次个展都不是对以前个展的简单重复，无论从形式上还是作品上，都有很大的不同，给人以耳目一新的感觉，都能引起轰动效应，有媒体称之为"张海冲击波"。展览中的草书《望海潮》、行草书《苏辙〈黄州快哉亭记〉》（八尺四条屏）等被评为经典之作。张海用他的书法艺术完成了创造力的实现，他站立在当代书坛的制高点，是一位名副其实的引领潮流之先的书家。多次研讨会的成果汇编为《岁月如歌——张海书法展评论集》一书，成为关于他的第二部个案研究，为当代书法史研究留下了宝贵的资料文本。

张海是书法界当之无愧的领航人和思想家。他的思想成果主要体现在《关于代表作的思考》《努力构建和谐繁荣创新有为的当代书坛》《学书三问》《时代呼唤中国书法经典大家》《书法经典大家怎么出》《坚持健康的书法批评，为繁荣书法艺术鼓与呼》《笔墨当随时代　勇攀书艺高峰》等文章里。每篇文章的发表都产生了广泛的影响。有的文章产生的影响远远超越了书法界。河南省政府机关党委曾把张海的《学书三问》印发给机关干部，成为书法史上罕见的案例。文章谈的虽然是书法，但对于其他行业都有指导意义。文中问：能耐得住寂寞吗？精品意识强吗？能超越自己吗？对任何从业者都是振聋发聩之音。20世纪末，张海倡导"让我们沉下来"，提出了著名的"代表作"思想；在新世纪，尤其是他领军书界以来，倡导了"和谐书坛""经典与大家"的理性思考。当代书法已经进入"重温经典"的阶段，但尚未来到创造经典的时期，书法创作明显缺失原创性。而张海书法的创造性和理性思考引领了书坛风气，给书法发展以强有力的启示。"经典与大家"之说曾经引发一场热烈的讨论，众多学者和书法家参与其中，讨论的成果最后结集为《时代的呼唤——关于书法经典与大家论集》出版。

张海认为，营造创新有为的环境和平台应该成为中国书协的职责，以便为后人留下这个时代具有经典性的书法成果。一个时代最终要留下这个时代的印记，包括代表这个时代各种艺术门类最高水平的经典作品、代表人物。如果没有这些经典作品、代表人物，这个时代的艺术就会在历史的长河里黯然失色。为此，他提出举办"三名工程"（即以名家书名篇推出名作）书展的建议，中国书协提名最终评选出当代书坛具有较高知名度和广泛影响力的50位名家，书写古今脍炙人口的经典文学名篇，创作出代表这个时代的艺术名作。此举旨在呼唤时代书法大家，强化代表作意识，创作出一批具有强烈艺术魅力和鲜明时代特征的精品力作。他说：如果最终能留下几件经得起时间考验的书法精品，也就无愧于时代。2014年，首届"三名工程"书法展在北京展出，引发了强烈反响，成为书展史上影响最大的一次书展。一市级艺术馆缴付1500万元人民币收藏了这些作品。张海回忆整个过程，感叹不已。"三名工程"书展从提出选题到实现整整用了4年，仅展览名称大家从讨论、争论到选定就用了一年。入选条件极为严格：参考在全国获奖的情况，先由各省书协推荐，也可由书法家个人申报，然后从300人中评选出120人，书协付给适当费用，书法家用一年时间进行创作，最后确定50人参展。

2014年，中国书协组织实施的"翰墨薪传工程"中小学书法师资首批培训在全国12个省区市同时开学。1000名中小学书法老师就近接受书法专业教学培训。该工程是一项公益性活动，由张海捐资200万元作为启动经费。"翰墨薪传工程"将逐步改善中小学书法教师严重匮乏的现状，推动书法基础教育。2015年，中国书协与有关单位合作，计划用3至5年的时间，在全国逐步推广完善培训计划。

在郑州举办的"古稀新声——张海书法展"上，一幅巨大的篆书中堂"梦"吸引了许多观赏者。该书作有一个较长的款识，诠释了中国梦的内涵，也引发了每个人关于未来的梦想。他在书展的前言中说："不久前我出版了一本小字行草册页作品集，取名为'淡月疏星'。有些朋友开始不解其意，认为书名不够响亮。他们看了我写的《后记》之后，便欣然接受了。所谓'淡月疏星'，看似是说小字行草书的审美意境，其实表达的是一种心境、一种期望，代表了自己多年来的心路历程。关于人生的自我角色认同，我不想去谈强者弱者、成功抑或失败。人生苦短，况已届垂暮，希望自己能像淡月疏星一样，不求光芒多么耀眼，只求把一抹淡淡的光亮无私地送给在夜中匆匆赶路的人，使他们能借助这朦胧的光亮少走一些弯路，少跌一些跤子，早日梦想成真。苟能如此，我就非常欣慰了。"

张海，新时代先行的寻梦者。他像一颗星辰，启示着后来的寻梦人。

五、偃师文化新地标

偃师市古称西亳，以武王伐纣在此筑城"息偃戎师"而得名，曾为夏、商等七朝故都，是华夏文化的重要发祥地之一，史书载"昔三代之居，皆在河洛之间"即指此地。偃师名胜古迹颇多，最有名的要数二里头遗址、商城遗址、唐恭陵、玄奘故里。偃师城西南的翟镇二里头村是一个不断改写"中国之最"的地方，这里的古都遗址距今已有3700年，它是中国第一个王朝——夏王朝中晚期的都城所在。位于偃师市城关镇大槐树村至塔庄村之间的3600年前的古商城遗址，被认为是汤都西亳城——汤灭夏后建立的第一座都城。唐恭陵是唐高宗李治与武则天的儿子李弘的陵墓，它开创了中国陵墓石雕仪卫体制的先河，其石刻艺术超过了武则天与高宗合陵的乾陵，堪与龙门石窟媲美。偃师缑氏镇的陈河村是唐代大佛学家、翻译家、中外文化交流杰出使者玄奘的出生地。四处古迹，其中任何一处都堪称偃师的文化地标。但这些地标都是祖先的遗迹。21世纪之初，一个全面展现当代书法成果的新地标在偃师市区拔地而起。

2005年4月16日，偃师高中新校区张灯结彩，礼炮声声，张海书法艺术馆开馆典礼在此举行，来自日本、新加坡、马来西亚、奥地利等国及国内的书家代表千余人出席。笔者有幸参加，目睹了这个令人难忘的历史性场面。艺术馆占地10亩，建筑面积3000平方米。馆名由启功、沈鹏题写。馆设五厅一室。其中，"国内名家厅"展出舒同、林散之、启功、沈鹏、陶博吾等近百人的珍品。它反映了中国当代书法的基本面貌。"国际名家厅"展出日本、新加坡、韩国、马来西亚、加拿大等国代表书家村上三岛、稻村云洞、陈声桂、赵守镐、符永刚等人的代表作，由此可见书法艺术在国际上的影响和地位。"三老厅"展出费新我、王学仲、沙曼翁三位书坛大家的作品。"张海书法厅"主要展出张海近20年来各个时段的大幅力作，真、草、隶、篆四体皆备，显示了书家不懈追求的足迹。将"三老厅"和"张海书法厅"作一比较，可知张海与三位老师的区别之大，这对研究他们的师承关系意义重大。而"三老厅"的设立，让人深刻感受到一位书法大家的谦恭与美德，对后人会产生诸多启迪。"学术厅"是该馆的创意之作。此厅展出陈振濂、陈方既、丛文俊、周俊杰、侯开嘉等20多位当代理论家的书学专著。"名砚室"展出张海多年来收藏的50方名砚。这些名砚多数为他个人购买，少量为友人所赠，其中有费新我赠砚三方。藏品中有汉砚三方，分别为箕形瓦砚、三足石砚和双狮砚，弥足珍贵。艺术馆开馆同时，"河洛书法基金会"正式成立，张海首次捐资20万元。河南美术出版社出版的《创造力的实现——张海书法艺术评论集》和《张海行草书佳作解析——苏辙〈黄州快哉亭记〉》两书同时首发。

曾有多个地方提议为张海建艺术馆，都被张海婉言谢绝了。张海希望河南先为老一辈书家修建艺术馆。然而，因资料收集难等种种缘故，一直未果。60岁以后的生活，他开始使用减法。考虑到自然的规律，不能做的事全都放下。可是，作为一个受到社会厚爱的文化人，总得为家乡为后人留下点什么。经过深思熟虑，他决定办好两件事。一是采纳家乡人的建议，修建一座艺术馆，艺术馆可以用他的名字命名。名字只是个符号，馆内并非只收藏展出他个人的作品，而是一座多功能的艺术馆，不仅陈列他的作品，更多的是陈列当代其他书家的作品，为后人留下这个时代的书法精品。同时，通过这一载体，提供书法艺术交流和研究的场所，为繁荣基层文化尽到一个艺术家的责任。馆址选在他的高中母校校园内，这样做可以增强学校的文化氛围，使学生得到传统文化的熏陶，有利于综合素质的提高。二是由他出资，创建一个书法发展基金会，利用艺术馆的场地举办培训和展览，为促进中西部地区的书法发展做些实事。

张海书法艺术馆开馆以来，接待了数百个团体和数以万计的观摩者。除常年展出外，艺术馆还举办了一系列重要的展览和学术活动。随着影响的不断扩大，来此参观和要求在此举办活动的团体越来越多，艺术馆已远远不能满足需要。于是，偃师市委、市政府决定扩建艺术馆。经过近一年的施工，2012年4月16日，举行了隆重的竣工典礼，同时举办了一系列展览：国际国内及港澳台地区书法作品展、张海书法新作展、张海师生书法作品展、张海夫人杨凤兰捐赠书画作品展、"墨舞神州"全国电视书法大赛作品展等。

张海赠王幅明书法

扩建后展厅增加到了9个，面积达到6000平方米。各厅的展品都做了扩充。"理论著作陈列厅"收集展出了1978年以来出版的大部分书学专著，成为一个品类齐全的书法理论库。2015年4月16日，在开馆10周年之际，张海书法艺术馆举办了"魏碑圣地·全国魏碑书法大赛暨魏碑书法论坛""谁是高手·百名书法家争霸赛"颁奖暨展览开幕式。新辟了"石刻陈列厅"，展出数十方馆藏魏唐墓志。砚台增加至百余方。洛阳是中国书法的主要发源地之一，也是魏碑圣地，仅洛阳龙门石窟造像题记就多达3680品，在洛阳出土的北魏时期的墓志有400余方。本次大赛及论坛的举办，对进一步弘扬魏碑书法艺术，推动全国魏碑书法创作的繁荣与发展，促进当前魏碑书法理论的深入研究意义深远。"谁是高手·百名书法家争霸赛"由《书法》杂志提名邀请书法家参与，对百位书法家的作品进行评比打分，择优选出前20名，由张海提名前20名作品作者到现场进行比赛，内容涵盖临摹、创作和文化考核等方面，颇具竞技色彩。两项赛事均由张海书法艺术发展基金会赞助。

开馆10年后，张海书法艺术馆成为名副其实的当代书法艺术宝库和培训、展览基地。它的诸多功能得到全方位的实现。"张海书法作品厅"陈列了近10年来书家在多次个展中的一些代表作，无缘看到他个展的爱好者可在此一饱眼福。笔者看过之后，颇感震撼。较之10年前展出的作品，张海的书艺更显炉火纯青。特别是他的多条屏草书作品，大有翻江倒海之势，极具感染力。厅内还陈列了张海的书法集：《张海书法》《张海新作选》《张海书法作品选》《张海书增广汉隶辨异歌》《张海书法精选》《张海隶书宋词五首》《泰山赋》《创造力的实现——张海书法选》《岁月如歌——张海书法展作品选》《张海行草书佳作解析——苏辙〈黄州快哉亭记〉》《佳作解析——张海隶书宋词五首》《张海隶书新作〈门里赋〉》《四体书创作自述》《淡月疏星——张海小字行草书册页选》《古稀新声——张海书法展作品集》等。馆内有一副嵌名联："张扬万法汇千年艺术，海纳百川成一代书家。"这是对张海的准确写照。"学术报告厅"内，正在进行"中国书协第二期西部书界新秀系列书法研修班"的教学，所需经费全部由张海书法艺术发展基金会提供。

　　张海书法艺术发展基金会完全是他个人出资，尚无向社会募捐，现在已有基金近4000万元，资助了多项书法活动。"西部书界新秀系列书法研修班"学员来自13个省，要求50岁以下，按四种书体再加上理论每个省推荐5名，若干旁听，每期70人左右，集中一个月学习。中国书协负责派人培训。教师都是全国的名家、教授。每周5天课，周六、周日到省内书法名胜地参观。到2015年6月，研修班共举办了10期，培训了700名学员。培训的效果是显著的。近年来，中国书协发展的会员中，西部的人数大增。参加全国性书法比赛的入选和获奖人中，不乏西部新秀。2014年"农行杯"全国电视书法大赛，从5个一等奖中决出1个最高奖，获奖者为谢全胜。张海为他颁奖。谢全胜在发言中特别感谢张海主席。张海开始感到不解，以为是恭维之言，听到最后，才知道他是西部研修班的学员，深感欣慰。这是谢全胜平生获得的第一个奖项。此后，他又获得了中国书法最高奖"兰亭奖"。有人称赞说，西部书界新秀研修班办成了西部书法的"黄埔军校"。研修班学员的作品正在结集出版。张海计划为西部培养1000人，希望这些人能成为当代书法的中坚力量。2012年的"墨舞神州"全国电视书法大赛也是由张海书法艺术发展基金会资助的。一等奖的奖品为价值16万元的汽车一部。获奖的中学生如报考大学书法专业，凭证明可获基金会资助学费3000至5000元。这些史无先例的创举对于广大书法爱好者起到了极大的激励作用。除了资助书法艺术发展，张海还是一位慈善家。他曾多次为地震灾区、希望学校及患病者慷慨解囊。

　　张海为书法事业和社会的爱心付出得到了全家的理解和支持。夫人杨凤兰为艺术馆捐赠了自己多年来收藏的100多幅古今书画佳作，受到众人赞誉。他们已成为有志之士学习的楷模。

　　作为领导者，张海是严谨和低调的。除了家乡的郑州大学美术学院，他谢绝了多所院校和有关单位的兼职邀请，也没有设任何工作室。20世纪80年代以后，他坚持不以个人名义带学生。他把工作之外的时间全都用在书法创作和艺术馆的发展上。

张海书法艺术馆门前的广场上有两块泰山巨石，名为"沐泽"和"萦云"。一块长12米，高3.6米，厚1.6米，重80吨；另一块高7.4米，宽3.8米，厚1.3米，重30吨。由于巨石的造型不同凡响，又名为"吃一惊"和"吓一跳"。泰山石是世界上最古老的石头，形成于25亿年前，被誉为世界化石中的珍品。"沐泽"和"萦云"气势恢宏，形状颇似树木年轮，内涵丰富，令人叹为观止。这是一个奇妙的组合。在历史的霞光中，它们将与张海书法艺术馆"相看两不厌"，相得益彰，互为印证。

（原载《名人传记》2015年第9期）

黄健中
（1941— ）
影视导演

黄健中：四代影人举兄台

一、不喜按常规走路

与黄健中相识，缘于《大秦帝国》。

2006年春，电视剧《大秦帝国》的第一任制片人给我打电话，说黄健中导演要到河南焦作地区选择外景，让我们提供方便。我未假思索便满口答应，原因很简单：我和我的同事们都是黄导的粉丝，对他拍过的许多影视作品耳熟能详。河南文艺出版社主办的《名人传记》杂志2004年第2期发表的有关黄导的头题文章《云深不知处——电影导演黄健中的艺术与人生》，大家都读过。我们社又是历史小说《大秦帝国》的出版单位，听说黄导要执导电视剧《大秦帝国》，大家都很高兴。一部电视剧，选好导演意味着已经成功了一半。电视剧成功会直接推动图书的销售。这么大的事，我们怎会不关注！

恰巧，我社刚买了一部商务别克汽车，就提供给黄导使用。几天后，黄导一行从焦作回到郑州，我们在龙祥食府为黄导接风。我们提起话剧《商鞅》曾使朱镕基总理感动落泪的事，黄导满怀信心地说："《大秦帝国》肯定也会让很多人流泪的！"

同年8月底，我去北京参加国际图书博览会，开幕前应邀去《大秦帝国》制片人所在的公司小坐，未想到与黄导不期而遇。他们正在谈电视剧的事情。可以感觉到在对某些场景的处理上，他们的看法不尽一致。我也加入到交谈中。这次难得的交谈使我对黄导的经历和艺术追求有了更多的了解。

因为我来自河南，话题就自然而然地谈起河南籍的著名作家李準。黄导对李準印象特别深，原因之一是他第一次"触电"便是在李準的《龙马精神》中任场记。那是20世纪60年代的事。李準对生活细节的把握及对电影的熟悉程度让全剧组的人都佩服得五体投地。当时剧组正在拍一个小偷偷粮食的场景，李準在场。他一看用光不对，就对摄影师朱今明说："站在水边那么亮的地方，能偷东西吗？粮食袋从窗户伸出来，观众还没看到底下有人。光线不能强，要跟随着，等到有人悄悄地去接粮食袋，人才在微光中露出来。老朱，你没有偷过东西吗？"一句话把摄影师说服了。"导演石一夫也没有这个招。"黄导对李凖充满由衷的敬意。1979 年，李凖见到黄健中，第一句话是："《小花》我看了，小黄，没想到你变得这么厉害！"老作家对一个年轻导演的关注和首肯使黄健中深受感动。他佩服那些有深厚生活底蕴的作家。他对妻子金萍说："我这辈子很幸运，二十多岁就接触过一些大家，像崔嵬、李凖、浩然等人。我对他们有一种近距离的崇拜感。当时，浩然正在写《艳阳天》，他说，写了这部作品，我就可以成专业作家了。这句话真让他言中了。这部书出版以后他真的成了专业作家。"

"《大秦帝国》的剧本还在修改吗？"我把话题转到电视剧上，这是我最关心的。

"不是，只是在补充。整个剧本已经定型了，而且重大题材领导小组也已充分地肯定。不能再伤筋动骨了。"

"'重大题材办'已经通过了？"

"他们评价很高。现正在补几场戏。老孙也想通过这次补充，等以后小说全部写完后，出合集时再丰富一些内容。"

他谈起读过历史小说《大秦帝国》之后的感受："这部书到了 50 年、100 年后，大家就未必说它不是一部经典。相对而言，写历史的东西比写当代的人与事要保险一些。写当代题材的东西容易成为主流作品，但主流作品往往流传不下来。因为主流作品一般都是目光短浅的。沈从文的作品为什么能流传下来？因为它是非主流的。包括电影史上的作品。国际上电影史学家认为，中国 20 世纪三四十年代最好的电影是《小城之春》。费穆的《小城之春》为何能流传下来？因为它是非主流的。1981 年我说过一句话，被政府盯了 10 多年。我说：'一个艺术家，要跟政府保持一定的距离。'这是从审美的意义上去认识的。'六四'时，汪洋厂长找我说：'黄健中，你最近又怎么胡说八道了？'我解释说，那是 1981 年说的一句话。这句话让我被看成'持不同政见者'。"

"看来你对《大秦帝国》评价很高！"我没有想到黄导如此看《大秦帝国》。

"一个作家最可贵的，就是有独立的历史观，不让史学家牵着走。对史料的研究可以独立判断，作家完全是独立的。为什么非要让史学家来审视呢？如果曹雪芹的作品让史学家审视，也不会是现在这个样子。一个曹雪芹，养活了中国多少所谓的专家、大家、红学家呀！其实他们不都是在吃曹雪芹的剩饭吗？反过来，作家要说的事物，跟历史学家说的事物肯定是不一样的，比历史学家要生动得多。我特别欣赏老孙的作品。"他一口气讲了这么多，只为肯定孙皓晖作铺垫。

接着，话题转到剧本上。"第一次见面，我感到老孙的剧本存在不少问题。他对戏剧显然有些外行，他没有研究这些。我对制片人说，你们接受我的意见，我就拍；如果不接受，我就不想拍了。我宁可保留作家在文学上的成就。听到制片人和文学策划秦培春与我的看法完全一致，我就放心了。我和老孙沟通得非常快，只用了两三天的时间。我首先看到了，这是一个非常好的东西。但要变成戏剧，变成电视剧，必须要研究矛盾冲突，没有矛盾冲突就没有电视剧。小说是写全景的，写一场战争可以拉得很长，但电视剧必须在两三分钟内就看到人物。"

王幅明与黄健中交谈

为拍好战争戏，黄健中专门看了十几部欧洲古典战争片。第一集开始时的战争戏，来自达·芬奇一句名言的启迪。达·芬奇说，你要观察洪水，不要在它到来时观察它，要观察洪水退去之后的破坏性。这句话是黄健中在年轻时读到的，印象极深，以至于老年时又派上用场。原剧本开场戏是常规战争戏，黄健中把它改为战争结束时的场面。一群乌鸦从头顶飞过，镜头跟着这群乌鸦，越过一个山头，那里是一大片尸体。一只乌鸦停在一块石头上，俯瞰这个惨烈的场面。一般电视剧没这么开头的，这是黄健中的创新。他要让商鞅第一个出场，看到秦兵在战场上血不流干死不休战的惨烈场面，看到秦人英勇善战的性格，也为以后的仕秦埋下伏笔。这种直接进入的手法颇像电影。

这便是黄健中。在艺术上他不喜欢按常规走路，喜欢反传统，即便已经到了65岁这样的年纪。他特别欣赏前辈夏衍常说的四个字：离经叛道。因为这句话，夏衍付出了沉重的代价，在"文革"中被造反派批得体无完肤。黄健中是受益者。他执导的第一部电影《小花》便有些离经叛道的味道，也因此一炮打响。他没有按原剧本那样去表现一场常规战争。电影拍出后，汪洋厂长说他是北影厂最大的自由主义者，因为很多戏是剧本里没有的。汪洋为此给他提了8个问题，他都理直气壮地一一给予反驳。结果，他把厂长说服了。在党委会上第一个支持黄健中的，是汪洋。汪洋的文集有一章"黄健中与《小花》"，专门记述了这件事。

黄健中说，导演最难驾驭的，是整体把握，这是考验导演文学功底的，其他的一些，则是玩技巧。"你们放心。《大秦帝国》拍出后，肯定是大气磅礴，与原小说的风格一致。"从黄导的话语中可以感觉到，他对拍好这部戏已胸有成竹。

《大秦帝国》于2006年9月下旬在内蒙古坝上草原开拍，辗转几个地方，最后到焦作影视城及周围外景地拍摄。11月底，我与社内几位同事陪同河南出版集团的领导去拍摄现场参观，当时正在拍老演员吕中（饰太后）的一场戏。拍完后黄导热情地给我们介绍吕中及她所饰演的片中剧情，并和我们一起合影留念。晚上，我们一起聚餐。因另一个拍

在焦作战国影视城《大秦帝国》拍摄现场
左起：吕中（饰秦孝公母亲）、黄健中、王成法、王幅明。

摄小组距焦作市区较远，赶不过来，我们只和饰演甘龙的老演员孙飞虎见了面。孙飞虎异常兴奋，他对大家称他"蒋委员长"不以为然，自信地说："等到你们看完《大秦帝国》，再评价我演得最好的角色是哪一个。"他对历史小说《大秦帝国》赞不绝口，一口气说出前4部的书名，说他全都读完了，急切期待着读后两部。"这部书告诉我们，中国在两千多年前就是一个统一的国家，分裂不得人心！"一个老演员能对原著有这么深刻的理解，令我们无比敬佩。

二、《大秦帝国》未播先红

《大秦帝国》是黄健中继《越王勾践》之后执导的第二部历史正剧。《越王勾践》由张敬编剧，陈宝国主演，是一部颇见导演及演员功力的优秀电视剧，写的是先秦春秋时期一位大英雄兼大阴谋家复国的故事。2006年12月，央视八套预告2007年播出的大片，《越王勾践》排在第一位。我们期待着早日播出，因为该剧的小说版也由我社出版，责编也是许华伟。真是天有不测风云。等到年初，实际播出的不是《越王勾践》，而是相同题材的另一部电视剧《卧薪尝胆》，令人啼笑皆非。即便是央视，也会出现这样的事情。显然，里面有一场幕后较量，我们不得而知。我们知道的是，此时，黄健中正在夜以继日地赶拍《大秦帝国》。

2007年4月初，我们应邀参加在杭州举办的电视剧《越王勾践》媒体见面会，和在宁波举办的该剧首播式和明星见面会。之所以选择宁波电视台首播并买断播映

权，因为春秋时代的宁波正是勾践卧薪尝胆、成就复国大业之地。在这里举办活动，有几分"王者归来"的味道。该剧在全国部分卫视及地方台播出后，广受好评。

我们期待着《大秦帝国》能在央视早日播出，但依然事与愿违。2007年10月，第14届法国秋季戛纳电视节传来喜讯，《大秦帝国》颇受与会各方好评与重视。很多国家知道秦始皇统一中国的故事，韩国一家电视台当即买下版权，拟把这部51集的电视剧改编成多集电视电影播出。多国电视台表达了购买意向。

由于《大秦帝国》在美国、日本、韩国等国及台湾电视台的播出，网友通过网络视频即可收看。制片方在国内先期发行了正版影碟。当然，盗版碟也随之出现，不计其数。

2008年4月下旬，全国第18届书博会在郑州举办。全套共6部11卷的完整版《大秦帝国》在会上首次亮相。宽敞的会场有一个令人难忘的景观，便是河南展区唯一的大屏幕上不停地播出电视剧《大秦帝国》的片花，吸引众人驻足观看。这个在戛纳电视节展出过的短片大气磅礴，准确地浓缩了全片的精髓，观后令人荡气回肠。

电视剧虽未在电视台播出，但由于《大秦帝国》的光碟在各地热卖，网络视频的点击率也很高，网友们众口一词，给予这部电视剧很高的评价。2008年12月7日的《南方都市报》破例用几个整版的篇幅，对该剧作了全方位的报道，标题颇为醒目：《〈大秦帝国〉悄然崛起，未播先红》。光碟的销售商成了大赢家。

2009年4月21日，中国作家协会创研部、文艺报社、中国现代文学馆、河南文艺出版社等单位在北京联合举办了纪念秦统一中国文明2230年《大秦帝国》典藏版新书发布暨作品研讨会。一些著名评论家参加了这次活动。黄健中也应邀参加。他的讲话是其中最精彩的发言之一，让我们见证了一位大导演对待艺术的执着、认真和谦恭。他背了一个包，里面装着他在阅读孙皓晖剧本之后所写下的36页笔记。他说，他与孙皓晖的接触，是先读孙皓晖《大秦帝国》的第一部《黑色裂变》的剧本。"读完以后第一个感觉是肃然起敬。我从影49年，从19岁从影，今年68岁，不管是自己做助理的时候还是自己做导演的时候，真正一部作品让我连着十几天心潮澎湃，这是第一次。当时第二个感觉，就是作者是一个学者。后来接触老孙，我就更深地感觉到他是一个学者，然后才是一个作家。他对于先秦的文化、先秦的历史，有自己的独立见解。我读第一集、第二集的时候，那种对战争的描绘让我非常震撼。当时的感觉，拍这个剧的担子我可能挑不起来。作为一个作家，他很有激情。读他的剧本的时候，我感觉到他在把对先秦文化所感受的东西，全部化为文字、化为电视画面的时候，充满着激情，有极丰富的想象力。最近有一个媒体采访我，让我谈谈《大秦帝国》小说与电视剧的区别。我说很简单，小说是全景式地、全面地大开大阖地把握一个时代，电视剧没有办法这样展开，我们只有线性地来展开，围绕着秦的主体。"黄健中还说，"小说是充满着作家的个性的，电视剧是给大众看的，同时又要受到审片小组的审查，所以我必须做很多的妥协。电视剧跟小说怎么能比较呢？我无法望其项背。我读他的剧本以后，始终在想，到底怎么来把握，怎么把握作家对战国时代的宏大描绘？已故的中国秦汉史学会会长林剑鸣先生曾称赞孙皓晖以艺术的想象填补了战国时代很多说不清的史料盲区。可见这部书的分量之重。我想，我不是拍一般的电视剧，我至少得有半年的准备。我当时做了三十几页的读书笔记，今天我把笔记也带来了，可以作证。"说着，他把笔记本展示给大家看。当时主持会议的中国现代文学馆常务副馆长李荣胜兴奋地说："可不可以把手稿捐给我们文学馆啊？"

黄健中讲了很多对孙皓晖的赞美和尊重。他的真诚和谦虚感染着与会的每一个人。"大家看我的读书笔记，都是铅笔写的。（笑声和掌声）我不敢轻易地去接这部戏。我当时讲，真是如履薄冰啊，尽管我比老孙岁数大，尽管我从影的时间很长。我当时写的导演笔记，题目叫'浩浩然《黑色裂变》'。在我做了这三十几页的读书笔记之后，战战兢兢地跟孙皓晖见了面，我跟他谈对每一集的想法、意见。导演与编剧如果不是门当户对的话，往往是很难沟通的。要门当户对，我就用了两三个月的时间，恶补这一段的历史知识。我们在一起讨论剧本的过程当中，我感受最深的，就是老孙对那个时代的研究、对史料的研究，完全变成很个人的、情感性的东西。他就像一口丰富的油井，喷出来的力度都很大。我特别享受这种感染。所以我每次见到老孙，都把自己家里珍藏的好酒、黄酒带给老孙，要让他留下'买路钱'，给我讲这些东西。导演永远都能从这里学到东西。"他听说孙皓晖参加这次研讨会，依旧带来了珍藏的好酒。他刚进会议厅时我就注意到了。

他对《大秦帝国》这部书的发行寄予厚望。他说他在拍戏的时候有一个群众演员跟他说，看过《大秦帝国》。"我觉得太好了！一个群众演员都能喜欢上这部书，所以我相信这部书的读者面将会很广。我还有一个看法，实现中国文化的伟大复兴，文学一定要还原为文学。文学要有文学的审视，艺术要有艺术的审视。"他确信《大秦帝国》会成为一部能够长久流传的作品。

他还说，这部剧接受审查的时候，中央电视台的一个编剧对老孙说，这个戏肯定没人看，因为没有搞成阴谋戏。老孙当时对投资方说，如果你们搞成阴谋戏，我收回我这部剧本。"这体现了他治学的严谨。老孙为这部书写了16年，一个人能有多少个16年？16年呕心沥血，诞生了这么一个自己的'孩子'。当时在拍的时候，我要对每个演员讲人物的性格、对人物的把握，我说老孙你帮我写。后来老孙写了，对每个角色都写了人物特征和人物的把握点，虽然署的是我们两个人的名字，实际上是他一个人写的。"

《中国图书商报》在年终分类述评时，把这次新书发布会列入年度十大发布会之一。在引用与会专家的发言时，只提到黄健中。

错过了在央视播出的时机，《大秦帝国》的制片方最终决定2009年12月18日起在4家地方卫视首轮播出。第一部的全剧缩减为48集，片名也改为《裂变》。同年9月，媒体见面会在京举办。黄健中、孙皓晖及几位主要演员侯勇、王志飞、高圆圆、孙飞虎、卢勇等出席了见面会。他们接受了多家媒体的联合采访。我看到，黄导异常兴奋，他很少谈自己，更多的话是赞扬编剧和演员。他还石破天惊地赞颂那个时代。他认为，如果今天存在"美国梦"，美国是世界各国人民梦想中的国度，那么，在几千年前的华夏大地上也有一个"秦国梦"，秦国就是当时六国人民梦想中的国家，商鞅、李斯、张仪、郑国、吕不韦，一个个大名鼎鼎的人物都在秦国实现了自己的梦想。

《大秦帝国》是近年来绝无仅有的一部未播先红的电视剧。它曾在网络视频上高居点击率的榜首，网友们发帖热烈。两位主演侯勇和王志飞都因之有了一个庞大的粉丝群，王志飞的粉丝尤甚。观众喜爱这部电视剧，主要是因为它体现了原著的精髓，再现了商鞅变法给秦国带来的翻天覆地的变化，从而奠定了秦王朝最终统一天下的伟大创举。追古思今，全剧的悲壮气氛既使人热血沸腾，又让人感慨良多。黄健中采用写实主义兼浪漫主义的风格导演此剧，赋予孝公和商鞅以强烈的精神理念和英雄主义色彩。剧中的三个女人白雪、荧玉与太后，都体现了那个时代特有的神韵。反派角色也很出色。很多人都有一个共识，认为甘龙是孙飞虎演艺生涯中塑造得最成功的一个角色。剧中的道白妙语连珠，充满哲理，启人心智，颇有几分莎剧之风。

电视剧播出后，影视界的评论大腕们众口一词地给予好评。《人民日报》《光明日报》等权威的主流媒体都刊发评论，给予肯定。2010年9月，该剧荣获了第25届中国电视金鹰奖优秀电视剧奖。

三、五十年艺术人生

黄健中祖籍福建泉州，1941年出生在印尼，1948年回国，1960年进入北京电影制片厂附属电影学校学习。后任北京电影制片厂场记、副导演、导演。黄健中没有上过大学，是自学成才型的导演。由于他勤于学习，勇于探索和创新，又被誉为学者型导演。1979年，他与张铮联合执导《小花》，初露才华，引起影坛前辈汪洋、钟惦棐等人的关注和支持。《如意》是他首部独立执导的影片，以内蕴的人性与人道主义精神以及挖掘"非人环境中人性的优美与善良"而广受好评。《良家妇女》是黄健中的代表作、"女性三部曲"的第一部（其他两部为《贞女》和《银饰》）。影片对人性的深层次关注，内容与形式的完美统一，在国际上赢得很大反响，先后获西班牙第十八届大西洋国际电影节"最佳影片奖"、第二十五届卡罗维发利国际电影节"主要奖"和"国际评委奖"等国际电影节八个奖项。20世纪90年代以后，黄健中又拍出了关注现实生活、追问生存环境和歌颂中国外交官的《过年》《龙年警官》《中国妈妈》《火船》《山神》《大鸿米店》《红娘》《我的1919》等，艺术风格多变，显示了他适应不同题材的艺术才能。《过年》获第四届东京国际电影节"评委特别大奖"及"最佳女演员奖"。探索性影片《一个死者对生者的访问》摄于1986年，影片对电影的视听语言做了全方位的探索，深入探讨了人性恶的一面，引起社会各界的争论。作为中国电影第四代导演的中坚人物，黄健中始终以多变的风格活跃在影视创作的第一线，在50多年的艺术创作生涯中，共导演了近20部电影和十多部电视剧。即使已近古稀之年，黄健中依然保持着年轻的心态，不停地忙碌着、追求着、创造着，每年都有新作品问世。新世纪以来，他影视并重，拍了多部优秀的电视剧。仅2008年以来的3年，就拍了《母仪天下》《雾柳镇》《大风歌》《经纬天地》《天堂秀》《王海涛今年41》6部，平均每年两部。其中，《天堂秀》是他执导的首部都市情感悬疑剧，《王海涛今年41》则是他执导的首部家庭伦理剧。除了《良家妇女》《过年》等片多次在国际上获奖，《小花》《龙年警官》《过年》和《红娘》还分别荣获第三、第十四、第十五、第二十二届电影百花奖最佳故事片奖，《龙年警官》《过年》《红娘》《我的1919》分别获1991年、1992年、1997年、1999年度中国电影"华表奖"。2002年，黄健中作为电影界的唯一代表，参加了中国共产党第十六次全国代表大会。2005年，在纪念中国电影诞生100周年的活动中，黄健中被授予"优秀电影艺术家"的崇高称号，《小花》入选百年百部优秀影片。

2011年1月17日，由福建省委宣传部、福建省文联和中国国际电视总公司联合主办的黄健中从影50周年座谈会在北京西单的一家高档酒店举行。说是座谈会，实际上是一个庆典。这是一次难得的名人明星聚会，从中可以感受到黄导的人气之盛。出席座谈会的有国家影视部门领导及著名导演、制片人、影视评论家、演员共百余人。十分荣幸，我和许华伟受邀参加。

黄健中与孙皓晖

凡与会嘉宾均收到一份珍贵的纪念品：大型画册《黄健中艺术之路五十年》和28片装的DVD光盘《从影50周年纪念——黄健中影视作品精选》。画册精选了黄导执导的14部电影和12部电视剧的精彩剧照及他的工作生活照，光盘收录了他有代表性的电影和电视剧各6部。

参会的领导和艺术家们发表了热情洋溢的讲话，其中未到现场的孙皓晖在贺信中写道："公好读书，勤思索，向为中国影业界之学者也。唯其如此，公之审美品格，公之人文良知，皆如上善之水弥漫流淌于公之作品……"导演李少红自称是黄导的学生、弟子，制片人李小婉则称黄导为恩师。她们都生在电影之家，在北影厂长大。李小婉说："我和少红都称呼他小黄叔叔，他结婚那年我们俩11岁。平日他写大字报，我们就跟在他后面提浆糊桶。他不仅教我们艺术，更重要的是教我们如何做人。大年二十九是黄叔的生日，每年这一天他的弟子们都会从各地赶到北京为他庆贺生日，从电影《小花》获奖那年开始沿袭至今，没有一年例外。弟子们现在大多都已成名，各顶一片蓝天，但都不忘恩师栽培，饮水思源，足见黄导亲和仁厚的人格魅力。"说完，她郑重地向黄健中鞠躬道谢，情景感人。导演吴天明与黄健中是同时代人，他佩服黄健中的不倦探索和高产，表示今后要向黄健中学习，多多拍片。

葛优和父亲葛存壮同台发言，葛优先说，老爸补充。提起往事，葛优兴奋地透露，40年前，他们家和黄健中家同住在一座筒子楼中，他经常从家里偷小米去喂黄叔家的鸡，有时还去挖蚯蚓。"这两只鸡是为了黄家阿姨生儿子坐月子养的，后来把这两只鸡杀了，我好伤心。黄家生了儿子，婴儿要换尿布、喂牛奶，这些事我都帮他家干过，前提是要黄叔给我小恩小惠。"一番爆料让大家哄堂大笑。他真诚感谢黄导20年前让他在《过年》中担任角色，得了一个百花奖最佳男配角奖。黄健中也表扬葛优在片中作出的贡献，那场他和谭小燕握手不放的细节是葛优设计的，获得了极佳的观赏效果。葛存壮说，家乡人为黄健中举办从影50年的仪式使他深受感动。1970年前后，他们两家是邻居。俗话说"远亲不如近邻"，所以，他们两家之间的关系，不光是拍电影的合作关系，更重要的是还有一层亲情的关系。

张光北、陈宝国、李幼斌、六小龄童、侯勇、王志飞、张国强、王馥荔等演员先后发言，他们都用最简明的语言，回忆曾经与黄导合作的难忘经历，表达对黄导的祝贺、感谢和祝愿。王馥荔是最后一个赶来的，因为她在住院，打过点滴就立即来到会场，还给黄健中带了礼品。她曾出演过《山神》和《红娘》中的角色，对黄导的德行称赞不已。六小龄童在讲话中称黄导是他的良师益友，20年前有幸在电影《过年》中扮演性格憨厚的大哥程志，一改他的戏路，成为他演艺生涯的里程碑。黄健中对艺术的执着坚毅给他留下了极其深刻的印象，从此他们结下了深厚的师生情谊。

黄导还专门安排我作一个简短发言。他和我共同走上舞台。我向各位嘉宾报告了一个出版信息：2011年5月，河南文艺出版社将在全国书博会上推出文图并茂的《黄健中评传》一书。为把这本书做成精品书，我们安排了优秀编辑许华伟和刘运来分别担任该书的责任编辑和装帧设计。我谈了对黄健中的印象。为表达对黄导的敬意，我写了一首贺诗，以书法的形式敬献给黄导。诗是央视主持人管彤朗诵的：

　　影坛小花初绽放，如意良家展异彩。
　　喜庆过年笑后思，恢宏大秦扫阴霾。
　　风格迥异众口誉，四代影人举兄台。
　　年届古稀君未老，奇葩嘉卉次第开。

——贺黄健中导演从影五十周年

管彤在朗诵后还加以点评，她说这首诗是一份非常好的祝福，总结和归纳了黄导的艺术历程。

黄健中致答谢词时，激动地说："我19岁进入北影，当时只是一名普通高中生，在人才济济的北影是个不起眼的角色。可我有幸遇上了电影大师崔嵬、陈怀皑和其他几位前辈，在跟他们学习的过程中，我渐渐从无名场记变成导演。当时电影学校停办，我想报考电影学院，崔嵬不让我考，他说你到电影学院也没有更好的老师可以教你，摄影棚是最好的大学，在我身边你可以好好学。他安排我到第二创作室当场记。陈怀皑也鼓励我，让我多读书。此后我就每天工作之后用4个小时的时间读书。陈怀皑说，小黄就这么读，10年之后你再回过头看和你一起进厂的人。10年后我们都去了五七干校。我先干食堂后养猪，不管劳动再忙，一直没有间断读书。陈怀皑一次见到我又问，小黄平时还在看书吗？我说，在看，陈老师10年前的一句话我至今仍未忘记。陈怀皑高兴地说，还要再读10年书！有一次深夜读书被散步的厂长汪洋和丁峤发现。他们看到养猪厂黄健中的房间还在亮着灯，走进一看发现我正在读一本电影理论书，老厂长拍着我高兴地说，好哇，小黄！整个干校只有你还在钻研业务。以后会有用处的。后来北影恢复生产，崔嵬主抓业务，筹拍《小花》时便大胆起用了我。人们总说我是自学成才的导演，我说我不是，我有自己的老师，我有北影厂这样一个课堂。没有崔嵬，没有陈怀皑，没有汪洋老厂长这样的领导，就没有今天的黄健中。"

主持人请同样也做导演的黄健中夫人金萍致辞。金萍显得异常激动："真不知道如何讲，我只有一句话，谢谢，感谢大家！"黄健中深情拥抱着妻子，向嘉宾介绍妻子："金萍也是导演，做少儿片的一级导演，享受国务院特殊津贴的专家。"大家无不羡慕这一对影坛夫妻，为黄导的介绍报以热烈的掌声。因为两人一个姓黄一个姓金，他们两人被同行戏称为"黄金搭档"。我国有3亿儿童，然而在荧屏上看到的儿童剧却不多。金萍自1984年执导儿童剧以来，一直在这块园地里辛勤地耕耘着。她所拍的片子连年获奖。她本人也获得了宋庆龄基金会、中国电视艺术家协会联合授予的"儿童剧优秀导演奖"。

仪式到此应该圆满落幕了，没想到王志飞最后又掀起一个高潮。他手拿一本厚厚的精装书，再一次走上舞台。他说："今天的会议非常成功，但也有遗憾，缺了一拨人：观众。这本书来自观众，是几个《大秦帝国》迷自费制作的，书名叫'任是无情也动人——《大秦帝国》之商君·珍藏版'。现在，我将这本凝结着大秦迷深情厚谊的书送给黄导。"这本书让黄健中感到惊喜。这是一本精美的图文书，我们在王志飞的座位上已经看到并翻阅过。这是大秦迷网友专为扮演商鞅的王志飞设计制作的，该书精选了网络上关于商君的文章和诗歌，配以精美的剧照。这本书让我们为王志飞的成功表演感到骄傲，也为黄健中的慧眼识珠感到骄傲，更为《大秦帝国》产生的巨大影响感到欣慰。

黄健中接着讲起《大秦帝国》拍摄期间王志飞的花絮，他的超常的认真、刻苦和对角色的独特理解。在众人面前，黄导郑重地表扬和推荐王志飞。他说作家出版社即将出版他的文集《黄健中影视文存》，分"导演笔记"和"导演日记"两部分，里面有不少关于王志飞的内容。王志飞向大家透露，他很幸运，下一部戏也是黄导的，将在3月开拍。

主宾席是一个能容纳50人座位的巨大圆桌，我与六小龄童毗邻而坐，因而交谈也最多。他对黄导起用他出演《过年》中的大哥心怀永久的感激。他当时对演好这个角色是没有信心的，是黄导的信任和鼓励使他成功地塑造了这个角色，以至于影片上映后人们不相信这个角色是那个无人不知的美猴王扮演的。一旦弄清真相，他便被人刮目相看，新角色的片约也随之接踵而来。这便是大导演的不同寻常处：能在常人看不到的地方发现演员的潜质。

黄健中带来家中珍藏多年的茅台，为每一位来宾敬酒。刚敬完酒，又被一些人包围，要求签名和合影，他都一一满足。这一天，不仅对黄健中，对所有来宾，都是令人难忘的一天。其中的信息量之大，足够我们用许多天去细细琢磨和回味。

黄健中在《黄健中艺术之路五十年》画册的序言中写道："生性中庸，外圆内方，为而不争，艺术信奉离经叛道。从艺五十载，行五十而知四十九非。云山苍苍，江水泱泱，六十顿悟，山高水长。浩然之气寓于寻常之中，塞乎天地之间。不累于俗，不忮于众，呼吸万壑，天不容伪。既择艺蹈之，自是其愚，却喜为异说，敢为高论，标新立异，独树一帜，终身逸乐。"好一个真诚豪迈的夫子自道，与我眼中的黄健中何其相似。

四、历史反思与人性关怀

5月18日是国际博物馆日。2011年5月18日至6月19日，北京中国电影博物馆举办《影人·影响》专题展：黄健中从影50周年系列活动。活动意在"扩大电影影响"和"推动影响电影"，对在中国影坛上作过重要贡献的影人表达敬意。活动期间，观众不仅可以看到黄健中电影作品藏品展、图片展、剧照展，还能免费观看黄健中导演的10部电影作品《小花》《如意》《良家妇女》《贞女》《龙年警官》《过年》《大鸿米店》《红娘》《我的1919》《银饰》，电视剧《笑傲江湖》，以及两部专题片《从小花到笑傲江湖》《世纪影人——黄健中》等。以中国电影博物馆会员为主体的公益观影团，集中观看黄健中的电影代表作《我的1919》，之后写出影评，择优在官网和馆刊发表。

我和许华伟受邀参加了研讨会。研讨会5月22日举办，主题为"历史反思与人性关怀——黄健中作品研讨兼论第四代导演的贡献"。第四代导演丁荫楠、谢飞等电影界知名人士、电影专业学生等 30 余人参加。黄健中在致辞时谦虚地说，他的排名应该在几十名之后，可研讨会却安排为第一个，又在世界最大的电影博物馆举办，他真是幸运。他表示要把自己珍藏多年的一些宝贵资料、信件，捐赠给电影博物馆。

年过八旬的电影评论家马德波说，这种学术会议很久没有开了，很难得。"第四代"是幸运的一代，较之一、二、三代，有较多的自由；较之第五代，商业影响又少一些，是一个难得的时代机遇期。短短 10 年，成就了一大批影人。"第五代"来势汹汹，但被商业大潮挡回去了，没有剩下几个。"第三代"是政治传声筒，"第五代"是商业牺牲者，"第四代"是艺术主体。他认为黄健中是第四代导演中变化最多的一个，总想超越自己，有语不惊人死不休的精神。《大秦帝国》在揭示人物性格的复杂性上达到了新的高度。资深电影评论家戴光晰认为，"第四代"可称为中国的新浪潮电影。黄健中是在实践中成长，与谢飞殊途同归。已经有了七代影人，可黄健中还在拍戏。她相信黄健中的艺术道路很长，会一直拍到拍不动为止。

同为"第四代"代表人物的谢飞与黄健中是同龄人。他谈了几点感想：（1）"第四代"值得回想。我给电影学院的学生们讲，要了解"文革"后的生活，就要去看"第四代"的作品。（2）"第四代"是对批判现实主义的继承。（3）"第四代"有理论指导，注重艺术的探索、创新。"第四代"这一代人还在拍的只有黄健中了。研究黄健中要影视一起谈，电视剧是他电影的延续。他提出向黄健中学习。另一位"第四代"的代表人物丁荫楠感谢博物馆关注"第四代"，他笑说突然感到幸运了。他认为"第五代"冲出亚洲后，"第四代"被淹没了。"第四代"的美学观是什么？要研究。"戴老师说是新浪潮，谢飞说是批判现实主义，我说是现实主义。"

马润生把黄健中的作品分成三个部分。第一季 1979—1989 年，第二季 1990—1999 年，第三季 2000—2011 年。每一季都有重点作品，贯穿深刻的历史反思和人性关怀。《大鸿米店》自觉运用了表现主义美学。新世纪 10 年是黄导的高产期，拍了电影《银饰》和 14 部电视剧。600 集电视剧相当于 200 部电影的长度。这得益于他丰厚的人生阅历和淡泊名利的贵族精神。《银饰》在拍摄中全面采用了数字拍摄，是一部没有胶片的作品。这是黄健中对工业化时代电影事业的贡献。黄候兴认为，正是因为黄健中在陈怀皑的鼓励下读了 20 年书，才有他后来高水平的作品。《大鸿米店》的灵感来自鲁迅和陀思妥耶夫斯基的人性恶，写出了人的灵魂。《笑傲江湖》有人文关怀，超出了一般的武侠片。中国电影评论学会会长章柏青说，黄健中是一个不可忽视的艺术上独树一帜的导演。思想上求深，艺术上求新。《如意》过去评价不够，应重新认识。《良家妇女》在拍摄前，他做了很多案头准备，读过《中国妇女史》等书，上升到文化层面。《一个死者对生者的访问》不可小视，难懂，因为它有哲学的高度。当代看重理论的导演，黄健中应在前二人。陈山、陈旭光、邵瑞刚、郑春雨、郭靖等人从不同的角度发表了各自的见解。

研讨会结束前，黄导点名让我说几句。在电影界的众多大腕面前，我这个外行能说些什么呢？我谈了4点观影体会：（1）对芸芸众生的人文关怀。挖掘深蕴在普普通通小人物身上的人性之真、人性之善、人性之美。对人性恶的揭露畅快淋漓。（2）艺术上敢于离经叛道，独辟蹊径。黄健中是拿来主义者，《小花》明显受法国新浪潮的影响。同时，他又是不倦的探索者，每一部作品都不想重复自己，敢于闯前人未走的禁区。在50年的艺术生涯中，几乎没有固定的创作模式和套路。（3）对原著作者和编剧的尊重。我举了他与孙皓晖相处的例子，两人的关系是惺惺相惜。他不少作品是"青取之于蓝而胜于蓝"，《小花》《如意》等都做到了来自原著，高出原著。（4）流淌在影片中的诗意。他导演的影片耐看，其中一个因素是有诗意，留余。另外，他在影片的雅俗共赏上成就卓著，如《龙年警官》《过年》等，既保持了艺术的高水准，又能照应广大电影观众的欣赏心理，使影片达到较高的上座率。

研讨会开了一天。结束时，黄导给大家签名赠书：两卷本《黄健中影视文存》，包括《黄健中导演笔记》《黄健中导演日记》。这是黄导献给同代人和后人的珍贵文献。看了黄健中电影作品藏品、图片、剧照等展览，更加深了我对黄导的理解。

黄健中在《"第四代"已经结束》一文中说：第四代作为一种现象、一种思潮，已经在学术意义上结束了。作为其中的个人，他们仍然是有力量的。他们还要长时间活跃于、贡献于中国影坛，甚至还会创造奇迹。

黄导在90年代以后的实践印证了他自己的话。

（原载《名人传记》2012年第2期）

朱峰
（1944— ）
画家

一、神奇先生

1983年初夏，美国加州一个学习中国画的代表团来到黄山，由黄山的业余画家朱峰陪同，观赏黄山的奇妙景色。黄山瞬息万变的云海和沿途的奇松怪石就是大自然一幅幅的绝妙杰作，使异国朋友不时发出赞叹。就连朱峰这个已经在黄山生活了15年的人也抑制不住心头的激动，鸟瞰云海，用刚刚学会的一个英语单词忘情高呼："Wonderful!"（"神奇的"意思）想不到，它引起了美国朋友的共鸣，大家不约而同地呼喊起来。一时，"Wonderful!"的声浪，在山谷里回荡不息。

下山之后，接待方安排朱峰与代表团作一次艺术交流。这位仅读过五年小学，因贫穷不得不中断学业，然而却靠不懈努力自学成才的业余画家，曾在上海等地举办个人画展，出版画集，引起了世人的注目。他当场为外宾画了一幅写意山水。他拿起一支用秃的画笔在宣纸上挥洒，使这些大洋彼岸的朋友们惊叹不已，纷纷投来赞许的目光。朱峰是个急性子，写意画往往一挥而就。画面再现了黄山气吞山河的壮观云海，用笔之苍劲，用墨之酣畅，意境之博大，使众人无不叫绝。朱峰将作品题赠给代表团。团长接过画幅，激动地握着朱峰的手说："访问贵国，我们一路上看了许多表演，唯有看朱先生的表演最过瘾！"

一位名叫雅莲的女士好奇地指着秃笔问："这支笔能在商店买到吗？"朱峰笑答："买不到的。画得多了，画秃的。"她提议与朱峰合影，立即得到大家的响应。遗憾的是，别人都站在前面，她坚持靠近那幅画，因而只照到上半个面孔。

雅莲亲切地称朱峰为"Wonderful 先生"，同样得到认同，大家都跟着她喊起来。

"神奇先生"，这称呼让朱峰感到好笑。

雅莲回国后多次给朱峰写信。她称观摩朱峰作画是一次令人振奋的经历。为了学习中国画，她暂时放弃了其他的学习计划，专攻中文。她在信上说："我读过许多中国正在发生巨变的文章。我希望永远如此！中国人都是那么友好和彬彬有礼。"她寄给朱峰一些西方大师的画集，供他借鉴。她将朱峰寄赠的黄山画的照片装在一个相框里，放在桌子上，天天观摩，以作激励。

荷兰名画家威尔布里夫到黄山观光时结识朱峰，非常喜欢朱峰的画。威尔布里夫对黄山脚下黑瓦白墙的民房赞不绝口，不停地说："美！美！这些建筑太有味儿了，荷兰没有，我再次来黄山时一定要画这些民房！"威尔布里夫建议朱峰在宣纸上表演作画。朱峰画完后，荷兰画家连声赞叹。朱峰把它送给荷兰画友，威尔布里夫也把从家乡带来的仅有的两幅水彩画送给朱峰。回到荷兰，威尔布里夫很快来信，并寄来他们的合影照片。这张合影照很有意思，是两幅照片的复合体，背景是荷兰首都的夜景。

一年之后，荷兰画家给朱峰寄来了请帖。世界艺术交流协会邀请朱峰参加阿姆斯特丹一个博物馆举行的展览会，希望他将画作寄去，写上标题和价格，并提供生平简介。

据朱峰所知，他是唯一被邀请的中国画家。多么好的机会——作品在凡·高和伦勃朗的故乡展览并出售！他回信表示感谢，但没有寄去作品。荷兰画家大失所望，没有再回信。他无法理解一个中国画家的所想。当时中荷两国关系紧张，中国政府对荷兰向台湾出售潜艇一事表示强烈抗议。

许多画友深为朱峰遗憾，他却说："在当时特定的环境里，这是我唯一的选择！"

二、小小油漆匠

浙江省兰溪县是一个山清水秀的地方。街头有个以画人像为生的画匠，吸引着一个刚刚穿了收裆裤的孩子。他像着了魔，一有空闲就跑向街头，目不转睛地盯着画匠的画板，有时能看到太阳偏西，直到父亲的竹烟袋冷不防敲打在脑壳上。他崇拜那位一直不知姓名的民间画家，渴望有一天自己也能拿起画笔为人们画像。

这是最早播在朱峰幼小心灵里的艺术之种。

后来，他上了小学，在老师的指导下画画。课堂上的图画作业满足不了他的兴趣，他画课本上的插图，画家里贴的门神和年画。一直过着贫穷生活的父母不理解幼小儿子朴素的追求，看到儿子在那里画就横加干涉。朱峰为此不知挨了多少次打。

放学回家，父亲指派他去打竹柴、砍猪草。朱峰干活回来仍是画。冷不防一顿巴掌袭来。砍了猪草还有别的事。穷人家的事情永远也做不完的呀。可父亲哪里知道，儿子对艺术的热爱，怎能指望用棍棒打掉呢？

朱峰理解父亲，从未因不让他画画而怨恨。父亲是一个硬汉，说话不好听，但为人正直，能吃苦，谋生能力强。因为贫困，母亲选择离家出走，扔下丈夫和孩子改嫁到江西。从此，父亲又当爹又当娘。朱峰虽挨了骂，心里却对父亲深怀敬意。

朱峰也曾做过考美术学院的美梦。实际上他连初中都上不起。考上了，交不起学费，只得放弃。他不能无视全家五口人只盖一床被子的严酷现实啊。朱峰决心独立生活，以减轻父亲的负担。他含着眼泪，忍痛辍学，拜当地一个油漆匠为师，学习民间彩绘。那一年，他刚满13岁。

油漆画多用于装饰，从不登大雅之堂。然而对于一个酷爱绘画的少年，却有着迷人的魅力。朱峰认真地向师傅学习，在家具上画，在墙壁上画，从不感到劳累。这种色彩浓重、对比强烈的装饰画，竟能使一个少年忘记饥饿。

大饥荒的年代，生产队长看朱峰体质差，派他干轻一点的活——在供销社的墙壁上，画一幅节约粮食的画。他站在梯子上画，心里很不是滋味。饥肠辘辘，却要画节约粮食，完全是自我嘲讽！他饿得发昏，终于从梯子上摔了下来，额头、下巴上被划出几道长长的口子，鲜血直流，至今伤疤犹存，成为永久的纪念。

三、在危险中漫游

朱峰18岁应征入伍。他在连队当卫生员。看到一部《人体解剖学》，他惊喜得像发现了一个新天地。别人看这部书只是因为业务需要，而他，却同时将其看作艺术解剖的教材。后来，他做了图书管理员，有机会阅读到文学和美术史方面的名著。他的绘画处女作是在部队发表的，一幅战士学雷锋的黑白木刻。

1968年，24岁的朱峰复员回到故乡。有一年，他因病到黄山休养，黄山那天然的奇趣神韵给了他极大的感情慰藉，激发了他描绘黄山的欲望。最终，他通过与人对调，选择了远离家园的黄山作为安身之地。

很长一个时期，他的工作是在黄山公安局当警卫。警卫是一个辛苦的差事，这对朱峰这个从小就吃惯了苦的战士来说，并不算什么。他感到满足的是，他有机会经常上山。他几乎把全部业余时间都用在写生上。周末一下班，他便带上画具和干粮上山了。山上的旅馆客满，他就睡地铺。山上伙食昂贵，他自带馒头和米饭充饥。下雨天，别人往屋里跑，他却往外走。冰天雪地，人们都躲在炉边取暖，他却甘愿

朱峰作画（上图）
朱峰在自作画前（下图）

坐在冰块上画画，双脚冻得麻木。盛夏之际，别人都知道在浓荫下避暑，他却伏在滚烫的岩石上画个不停。局里一位领导对此发过感慨："真是十足的傻瓜！"

有一个时期，一连串的灾难降落在朱峰身上。老人相继去世，孩子生病，加之自己不被人理解，他痛苦极了。但这些并没有使他沉沦。他始终没有停下那支求索的画笔。

他发誓要走遍黄山一切人迹罕至之地。只有踏遍黄山，才能看清黄山的真面目，进而才能画出黄山的神韵。为此，他险些丧命。有一次，朱峰在石笋矼、仙女峰一带写生，不小心踩在一块风化的巨石上。由于专心写生，最初石头微动他没有觉察到。后来他感到像在船上一样晃动，旁边的游客高喊让他走开。他急忙走开几步，刚一停脚，巨石掉下，惊天动地，几个游客吓得脸色都变了。还有一次，他站在两尺多深的雪地里画黄山雪景，画得入了迷，等他把一幅写生画完，双脚已冻僵在雪地里不能自拔。多亏一位同去的摄影工作者及时发现把他从积雪中拉出来。他夜宿过西海沟的山洞，夜半山洪暴发，差一点被洪水冲走。在人迹罕至的雪原上，他曾与狗熊为伴……

严冬在山上写生，气温常在零下二三十度，有时连调色板都拉不动，朱峰只好在冰块上调色。等画完站起来，人已和冰连在一起，刚一抬脚，冰把裤子拉破了一大块。妻子一边在灯下为他补衣，一边嗔怪道："你的衣服要用铁打才行！"

他为自己刻过的画印有"披云卧石""汉瓦当石""黄山樵者""黄山老客""执一"。

鲁迅说："危险令人紧张，紧张令人觉到自己生命的力。在危险中漫游，是很好的。"

饥饿、危险、种种甘苦，都在强烈的热爱中被忘掉了。

四、石匠女儿相助

朱峰之所以能在工作之余画出数以千计的黄山画，得力于他的贤妻——一个石

《黄山神游图》长卷局部

匠女儿的慷慨相助。

他曾在部队与一名女护士相爱。她希望朱峰留部队当干部，而朱峰却要求退伍。现实是冷酷的。他的离去意味着这段爱情的终了。

他失恋了。他在部队患有支气管炎，到地方后发展为肺结核，最后导致大吐血，生命危在旦夕。他用拼命画画来解脱自己的痛苦。这时，善良纯朴的农村姑娘朱爱莲走进了他的生活。爱莲当时只有十七八岁，是黄山文艺宣传队的积极分子。她性格开朗，活泼爱动，能歌善舞。朱峰是宣传队的独唱演员，也是组织者和导演之一。共同排练和同台演出，使他们得以相识并建立了纯真的友谊。

爱莲是一个大胆、豪爽的女性。为了朱峰，她暗自吞下了屈辱的眼泪。爱莲的父母坚决反对这门婚事。他们怎能忍心把自己眉清目秀且又聪明伶俐的女儿嫁给一个身材矮小、瘦弱多病的男人呢？更何况军代表在会上几次点此人的名，批判他不应该画那些山水画。爱莲尊敬、爱戴自己的父亲，但她没有听从父亲的劝告，依然不断到朱峰那里去，为他打饭、烧水，安慰他。

没有人看好他们的恋爱。对别人冷言冷语的议论，爱莲只当没有听见。朱峰到屯溪住院长达半年，爱莲都陪伴他、服侍他。有人曾预测朱峰不可能活着回到黄山，以至于把分给朱峰的房子也悄悄占用了。朱峰一度也对自己的病失去信心。

一个昏黑的夜晚，朱峰对爱莲说："我想了很久，爱莲，以后，你别再来了！"

他看到爱莲眼眶里闪耀着泪花。

"你怎么也说出这样的话？这是在向世俗的偏见屈服……"她扑到他的怀抱里。

朱峰出院了。他的病并未痊愈。一位民间医生许诺治愈他的病，条件是必须坚持服用一种大剂量的草药。朱峰一日两次把两大碗苦汁饮下肚。两个月后，病明显见轻，半年之后，基本痊愈。他听从医生的忠告，又连续喝了两个月的苦药。

朱峰像换了一个人。他奇迹般地活了下来，活得十分健壮！

患难中结出的爱情之果成熟了。他们组成了简朴的家庭，又有了两个宝贝女儿。

为了支持丈夫的追求，爱莲默默地承担了全部的家务。收入菲薄，还要首先保证丈夫购买画具和书籍的支出，爱莲只好省吃俭用。在朱峰去南京艺术学院进修的两年多，她总是把朱峰的工资一分不留地寄到学校，家里生活由她负责解决。为增加收入，她甘愿放弃当营业员的工作，而去做比较劳累的餐馆服务员。

两个个性强的人一起生活，免不了会打嘴仗。生计发生问题时，争吵往往更加激烈。朱峰发火时易失控，爱摔东西，但有一件东西除外。爱莲看透了这一点，争吵得不可开交时，爱莲就说："再吵就把画撕了！"朱峰顿时哑口无言。

五、黄山一怪

1979年5月1日，朱峰的"黄山写生画"在上海徐汇区工人俱乐部展出。展品全是油画，共一百余幅。出乎意料，预展期间，在沪的名画家程十发、应野平、吴青霞、万籁鸣、汪观清等前往观看，并且给予热情的赞赏。上海美术出版社决定从中选一部分作品编一本画集出版。上海的几个大报和美术刊物均在显要位置作了报道。画家笔下的黄山雄姿，那种将中西画法糅合一起，显示出开阔、豪放、俊逸的独特风格的艺术美，深深地把观众征服了。

画展由一次偶然的机会促成。上海工艺美校的一位老师在黄山看了朱峰的画，突然问道："你的画愿意到上海展出吗？如果愿意，我们可以提供帮助。"朱峰心头一热，同意了。他乘坐工艺美校的车子，携带近百斤重的画稿，只身来到上海。

画展获得巨大成功。在沪展出结束后，画展又继续在南通、南京、东北等地展出。从此，江南画坛出现了"黄山一怪"。

无论油画还是国画，朱峰画黄山最多的题材有两个：一是松，二是云海。一次，与朱峰通过20多封信的美学家王朝闻在黄山看了朱峰的松画后问朱峰："你为什么喜欢画黄山的松树？"朱峰不假思索地回答道："我是把松树当作人看待的。为什么有的松树被雷电击毁，没有头，仍能在抗争中生长？主干断了，支干又从旁边生出来，越发长得茂盛。它们是强者。我们人，不同样也是在抗争中才能成为强者吗？"老艺术家赞许地点了点头："噢，怪不得你这么喜欢画松树……"

朱峰记不清一共画过多少张松画。在朋友建议下，他选出一百多幅，编成《黄山百松图》，交给上海书画出版社出版。画册1982年出版后，深受读者喜爱，1988年又予重印。松树有各种姿态，朱峰在描绘它们时同样用了各种姿态。伏在岩石上画，立在岩石的缝隙中画……就像战士在执行任务。他常用古代画家荆浩的话自勉：写松万本，方得其真！《黄山百松图》有这样一段题词："朱砂峰顶下攀，接二连三遇见露根古松，不胜欣喜，肚皮甚饿，亦不觉矣。"其写生足迹可见一斑。画册由刘海粟老人亲笔题签。海老七上黄山时，朱峰结识了他，两人成为忘年之交。

　　"年轻人总是要后来居上，超过我们这些老头子的！"时年已经85岁高龄的海老仔细看了朱峰的画，声若洪钟地说。"你的画气韵很大，但功夫还不足，要读书，要做人！"

　　朱峰后来明白了"要做人"的含义，即"人品的修养"。

　　朱峰手捧画稿，恳求海老为《黄山百松图》题签，海老当即应允，欣然写下"百松图"三个苍劲有力的大字，还在朱峰的一张四尺写意松上题字："纵横郁勃，朱峰画笔气韵不凡，他日未可量也。"海老题完意犹未尽，对朱峰说："要胆子大。我在没有你这么大时，就当了院长。你的胆子还算大，敢放手用炭条画宣纸，百花中可算一花，情趣并不单调。以后胆子还可再大些。多看看黄道周的二十九松长卷，还有伦勃朗的风景画，会有启迪的。他们的画，洋溢着对生活的热爱和信念，以及渊博的学者风度。不能仅从丹青得之。"最后，刘海粟又写了"朱峰画展"四字相赠，鼓励朱峰适时举办一次国画展。

　　1983年，经刘海粟推荐，朱峰进入南京艺术学院美术系进修，师从刘海粟和张文俊两位教授达两年。这期间，他系统学习了中西绘画理论，又得以陪同海老同登黄山，经海老耳提面命，受益匪浅。他开始研究焦墨山水画，并将其画法用于黄山画创作。

　　《黄山百松图》成稿之后，适逢著名中年画家范曾上山作画。朱峰闻讯登门拜见。范曾住在黄山宾馆后面山上的小白楼，听了介绍，一见如故，爽朗说道："朱峰！黄山一怪呀！人家都说你很狂、很骄傲。这方面你还不如我！"

　　范曾正在地上画一幅丈二巨画《太白醉石图》，一边和朱峰交谈，一边不离画笔。他问朱峰："你现在正在画什么？"

　　朱峰说："画点松树。"

　　"好！拿来看看。"

　　朱峰回去当即把尚未出版的《黄山百松图》的翻拍小册子送给范曾一套。

当天下午，黄山公安局长找到朱峰："喂，这是范曾送给你的书法。"朱峰打开一看，惊喜万分。又遇到一位知音！这是一首曲子。曲文写道：

"记千古画工多少，霜袭冰摧苦煎熬。盈箱草稿，虬枝傲干着意描。悬崖峭壁惊魂吊，烈日狂飙闻山魈。信史传荆浩，赞朱峰谱出了松风调。"

六、神游黄山

1985年冬季，结束南京艺术学院的学业，受黑龙江友人邀请，朱峰在哈尔滨市举办了他个人第二次"黄山画展"，受到北国观众的热情欢迎。黑龙江省美术馆和博物馆分别收藏了他的作品。

回到黄山，朱峰很快陷入了一场严重的精神危机。他听到种种冷言恶语，加之工作环境的改变和不适应，每天步行上下班要走20多里地，孩子上学比他上班还远。他的精神瞬间崩溃了。一怒之下，他把曾在沪、宁、哈等地展出（出版）过的国画、油画精品，共计二百余幅，全都烧毁，还砸碎了常用印章数十枚，并在门上贴出"朱峰已死"字样，想从此"洗手不干"。这个疯狂的举动令全家吃惊，他自己也感到吃惊。最心痛的是妻子，妻子只好作出让步，腾出一间房，为他专用。这件事立即成为黄山管理局爆炸性的新闻。无巧不成书，此时恰逢黄山管理局新领导上任要烧"三把火"。领导听了汇报，"第一把火"便烧到朱峰门前。首先为朱峰解决了住房问题。到黄山工作18年，朱峰终于住进了公寓。这是不幸中的万幸，朱峰终于有了可做画室的房间，任他"面壁"和"操戈"了。他从疯狂中清醒，在日记本上写下"人生，从40岁开始"以警醒自己。画黄山是他的宿命。不画黄山，他的生命还有何意义？

他开启了一个宏大的计划：用焦墨画出五百里黄山的神与貌。巨作完成后，或将创下中国山水画之最。他首先要做的是走遍五百里黄山，"搜尽奇峰打草稿"。他先沿着明代地理学家徐霞客当年探险的路线写生，徐霞客未到之处，他也要走到。经历了"九九八十一难"的写生，他获得了丰富的素材，整个黄山了然于胸。创作

朱峰赠王幅明的国画

此画耗费了他一年多的光阴。全画120米长，1.5米宽，由30帧丈二巨宣连接而成，总面积达到180平方米。

《五百里黄山神游图》完成了，朱峰却倒下了。400个日日夜夜全身心的投入，耗尽了他所有的心血。难以想象，一个人整天趴在地上，在笔墨中神游黄山，时间达一年之久。他一直处于低烧之中，神情恍惚。经过母亲和妻子一个多月的精心照顾，朱峰才终于恢复过来。

1988年9月，92岁高龄的刘海粟老人十上黄山。朱峰陪同恩师下山。在云谷山庄，朱峰拿出局部《五百里黄山神游图》向海老求教。海老看了长卷，激动得一夜未眠。第二天，海老题署诗跋："心听灵峰对话，眼观烟霭争流。瀑泉岭岭飞舞，共赞仙乡少俦。"大师用诗句赞美弟子黄山长卷的灵动和内在神韵，令朱峰感动不已。

1989年6月，《五百里黄山神游图》在深圳博物馆展出，观者如潮。长卷气势恢宏，博大壮丽，力透纸背，创中国山水画长度和面积之最，在国内和东南亚引起轰动。中央电视台和海外媒体竞相报道。美学家郭因赞赏道："能画出黄山的真精神、真品格、真性情的，论古人仅有浙江的某些作品，论今人也仅有黄山朱峰的某些作品。"之后，长卷又在浙江建德展出。

2013年，时隔24年，"朱峰黄山画展"在深圳关山月美术馆举办，共展出朱峰60幅焦墨画作，其中，有作过两次修改的《五百里黄山神游图》长卷。展出再次引起轰动。专家认为，朱峰的多幅焦墨长卷，无论在形式上还是笔墨情趣上，都有历史性的突破。他将黄山画引入到一个新的时代。就绘画语言的创造性而言，朱峰与前辈艺术家们拉开了明显的距离。

作为一个特立独行者，这些年，朱峰云游四海，应邀创作各类画作。但是，他画得最多、最好的作品，仍是黄山。他认定画黄山是他的命。他是不折不扣的"黄山之子"。

（原载《报告文学》1986年第9期，有改动）

庞中华
（1945— ）
硬笔书法家、
教育家

庞中华：硬笔书法开拓者

一、一本字帖改变命运

认识硬笔书法家、教育家庞中华，始于1981年6月在郑州召开的河南省青年自学成才座谈会上。会议由共青团河南省委和北京《人才》杂志社联合举办，整整开了两天，共有十几位各界代表发言。庞中华因出版了一本钢笔书法字帖受到注目。他的发言声情并茂，语惊四座，给人留下了难忘的印象。

1945年10月，庞中华出生在四川达州大巴山区一个秀美的山村。上学前他是一个放牛娃。他8岁跟随伯父来到重庆。伯父送给他一支钢笔，他用这支钢笔读完小学和中学。他对写钢笔字有特殊的兴趣，因而在学校时写字已小有名气。12岁，他在重庆少年宫学会了拉手风琴，此爱好一直保留至今。除此，他还酷爱航空、诗歌和绘画。他14岁成了国家航空模型二级运动员，然而报考北航却未能如愿。1965年夏天，他从重庆建材专科学校（西南科技大学前身）地质勘探专业毕业。然后收拾行装，来到北京华北地质勘探队报到。他再一次回到大山怀抱。勘探队员整天与大山打交道，每天手握锤子、镐头，爬山越岭，只为寻找一个又一个矿藏。在帐篷里，始终陪伴着他的，是一台手风琴和经常变换的书籍。几年间，他随着勘探队辗转湖北、湖南，最后来到河南信阳的大别山。他订了一个学习的课程表，保持着学生时代的习惯。刚参加工作时，有人告诉他，人们在工作后，总会要沾染一些社会流行的坏习气，会被同化。他不信这个邪。他一直坚持不抽烟、不喝酒、不打扑克。庞中华给自己定了两个目标，一是锻炼好身体，二是学习不停。当时地质队员们业余时间都喜欢打牌、喝酒，或者拎杆猎枪去打兔子。他每天早起，读唐诗宋词，白天进山干活，晚上就在宿舍里点起油灯，在废纸、烟盒上练字。他的爱好和特长未被埋没，抄写勘探队黑板报的任务非他莫属。但在那个极左的年代，有些事令他啼笑皆非。一次他画了一棵松树，竟然遭到批判，说他东方的叶子画得少，西方的叶子画得很繁茂，有何寓意？庞中华读了许多书，包括《鲁迅全集》，写了好几本读书笔记，间或抄写鲁迅的文章。当他读到鲁迅《禁用和自造》中的一段话"和我们中国一样，一向用毛笔的，还有一个日本。然而在日本，毛笔几乎绝迹了，代用的是铅笔和墨水笔，连用这些笔的习字帖也很多。为什么呢？就因为这便当，省时间"时，他心中突然一亮：日本有钢笔习字帖，中国为什么没有？写得一手好字的庞中华突然感到有了追求的方向：他要写出一本中国的钢笔字帖。

社会的进步和科学文化的发展要求人们更加注重效率、节省时间。钢笔正是顺应了历史的潮流，成为当代主要的书写工具。钢笔被中国人使用已有很长的历史，有其独特的书写技巧和书法艺术规律。数亿人每天使用钢笔写字，但不少人写字不符合规范，影响到学习、工作和健康。他决心要找出这些规律，并体现在他的钢笔字帖里。他被自己这一宏愿所激动、所鼓舞，夜不能寐。接下来，他千方百计找来所能看到的毛笔字帖，用钢笔描摹王、赵、颜、欧、柳各种字体，细心钻研毛笔与钢笔在汉字结构上的共通之处，探究中国传统书法的独特美感如何在钢笔书中得到传承。一种使命感从天而降，并时时鞭策着他。工具箱成为他随身携带的书桌，读书笔记、日记、往来书信，都被他作为认真练字的机会。别人在用喝酒、聊天、玩牌打发单调的时光时，庞中华却在对汉字的反复描摹中，一步步向心中的目标迈进。

1968年，他完成了《谈谈学写钢笔字》的初稿，满怀希望投给北京、上海等地的多家出版社，结果却令他大失所望：退稿，外加一封铅印的退稿信。之后，他每年都会换几家出版社继续投稿，失望一遍遍重演，连收到的退稿信都是惊人地一致。写字不成，他改练小提琴。他给一个全国有名的小提琴家写信请教，收到热情回应。连续几年，他享受探亲假不是回四川，而是去北京学习小提琴。他的小提琴演奏能让许多人感动。他拉一段阿尔巴尼亚的乐曲给单位的同事听，想不到却意外招惹了祸端。有人误认为他拉的是黄色歌曲，说他是"裴多菲一类人物"。他感到好笑，反问："你知道裴多菲是什么人？""反革命。""错了。鲁迅说裴多菲是匈牙利的革命诗人！"对方一时语塞。小提琴之路依然不通。他对钢笔书法字帖并未死心。他到国务院文化组询问，碰壁；到文字改革委员会去求教，又失望而归。在返回河南时，一位新乡的老人听说他会写字，希望能看看他写的字。为此，他专门买了车票，带着自己写的字来到新乡。人们告诉他，这位老人已不幸被车子轧死。听到这个消息后他泪如泉涌，即刻去老人的家，在老人的遗像前虔敬地三鞠躬。

虽然事情一直不顺利，但他的自信心并未磨灭。随着国家形势的好转，奇迹相继出现。庞中华是受惠者，也是奇迹创造者。他在北京拜见了住了10年监牢的文学前辈聂绀弩，聂老介绍他去找齐燕铭和文怀沙。齐燕铭不幸于1978年去世。1979年，他来到文怀沙的寓所。文老慧眼识珠，认定庞的书稿有价值，推荐给老友江丰。时任中国美术家协会主席的江丰在病榻上看了书稿，十分兴奋，让文怀沙记录，他口述该书的序言。之后，江丰将书稿介绍给天津人民美术出版社。1980年，《谈谈学写钢笔字》出版，首印20万册，两个月便销售一空。此后多次重印，当年销售量逾100万册。

整整等了12年，庞中华的梦想终于实现。字帖受到欢迎的程度出乎他的意料。他为文怀沙的学识和胸襟折服，虔诚地拜文老为师。遗憾的是，他在全国是一颗闪亮的"星"，单位某些领导却不认可，认为他不务正业，在调整工资时予以刁难。信阳地委书记闻讯专门到地质队做工作，特意给他们上人才学的课。本来庞中华与电视台达成合作意向，给孩子们讲如何写钢笔字。他也作了充分准备。不知何故，他接到通知，讲座取消了。他猜想背后一定与单位有关。他很难过，也很无奈。

随着《谈谈学写钢笔字》的热销，一股学习钢笔书法的热潮迅速在神州大地掀起。他经常受邀到各城市做报告，有时一天做多场报告，还常常延长时间为听众签名。多家出版社主动向他约稿。1981年4月，受河南大学邀请，他发表了首次演讲。紧接着，开封的几十所学校、机关纷纷邀请他去演讲。古城开封很快掀起硬笔书法的热潮。

1984年，他应中央电视台的邀请，主讲《钢笔书法讲座》（以下简称《讲座》）。通过电视的荧光屏，钢笔书法进入了千百万观众的生活之中。他通过《讲座》向广大电视观众介绍了钢笔书法的基本知识和技法，并回答观众提出的问题。《讲座》播放后，在观众中引起了强烈反响，观众纷纷来信索取有关资料，希望《讲座》能够出版发行。在此之前，四川少年儿童出版社为配合中央电视台的《讲座》，曾出版过庞中华的《青少年钢笔字帖》《和小学生谈写字》两本钢笔字帖。《讲座》播放后，出版社约他将《讲座》的内容整理成书，作为前两本字帖的姊妹篇，奉献给热心的读者。

《钢笔书法讲座》封面

1985年，他辞去地质队的工作，来到郑

州，创办了"中华钢笔书法函授中心"，全副身心投入到他热爱的钢笔书法教育事业。

二、硝烟中的讲台

第二次与庞中华见面是在1986年秋天，我去他在郑州的家中拜访。一套三开间的住房住着他的岳父、岳母和他们一家三口；这里还作为拥有数万名学员的"中华钢笔书法函授中心"的办公室，每天有七八位工作人员在这里上班。

庞中华就是在如此拥挤的环境里，进行着推进社会文明的伟大事业。

"我们是老朋友了！"他热情地说着，紧握着我的手。我即刻想起1981年初夏的那次座谈会，一个极富感染力的人。当你听过他一次谈话或一次演讲，就绝不会忘记当时的场面。他的话里有火，烘烤着你的心。这火来自他的心中。自从他选定了毕生的志向，这火就没有熄灭过。此话并不夸张，即使在"文革"动乱的岁月里，在探矿的野外，他也常常用钢笔在腿上练字。

庞中华与大学生交流（上图）
庞中华在中央电视台主讲《钢笔书法讲座》（下图）

这火，烤得千千万万颗心不能平静。几年来，他应邀到过许多机关、学校、军队甚至劳教所、劳改队去演讲，其中包括中央直属机关、新华社和一些名牌大学、中学、东海舰队……在南京大学演讲时，一直讲到夜间12点，他被学生包围着，要求签名，他一一答应，直到凌晨3点也没有签完，无奈校团委书记出了一个主意，从后门悄悄把他送走。在河南第一监狱演讲时，犯人们敲锣打鼓地把他迎送……

魅力究竟在哪里？

魅力在于他讲授钢笔书法，但又不全在此。他讲他为何走上钢笔书法之路，讲他曾经遇到过的坎坷，又如何对待这些坎坷。虽然他没有讲人生的大道理，听者思索的却是如何做人……

他书架上的摆设吸引着我。

上面全是一些"战利品"。有六〇迫击炮的弹壳，有用弹壳外部的塑料制成的酒杯，有战士在潜伏时穿的迷彩服，有印着"战士万岁"字样的战士的秋衣，有长在罐头盒里的"老山兰"，还有一双后方姑娘寄给前线将士的鞋垫，鞋垫的针脚很细，真可谓千丝万线，上缝一块白布，写着"四川省广元市中区大滩乡光辉村一组罗三莲"……

不久前他去了一趟老山，这些都是前线战士送给他的纪念品。

这些奇特的纪念品引起了我强烈的兴趣。他的老山之行也成了我们交谈的重点。

激发庞中华去前线的，是那些可歌可泣的战士们。

中华钢笔书法函授中心第一期是1985年9月1日开学的。一万余名学员中，最多的是青年，来自部队的学员几乎占了一半。广州某部队的指战员60人集体报名。令人感动的是那些正在用自己的血肉之躯在南国边疆与入侵者浴血战斗的战士们也积极报名参加函授学习，仅老山前线就有数百名学员。一份份感人肺腑的信件和工工整整的书写作业，从硝烟滚滚的南疆，寄到地处大后方的函授中心。

后来，庞中华决定，从第二期起，凡老山和法卡山前线指战员报名参加函授者，一律只收费10元（其他人收学费15元）。虽只有5元之差，但其中包含的意义，又怎能用经济眼光去度量呢？一个战士含着热泪给庞中华写信，正文只有4个字："理解万岁！"

这时，正值庞中华的第9本字帖《庞中华钢笔字帖》出版发行（9本的总印数约1300万册）。为了表示他对前线战士的敬意，他热情地向法卡山和老山两地的指战员赠书一万册。他在给部队领导的信中写道，如有可能，他将去前线看望函授中心的学员和广大指战员，并为他们授课。

很快，他收到了前线部队的邀请信。战士们欢迎他去。部队首长为他的老山之行作了精心安排。

一架军用专机降落在老山机场。机场指挥塔的指挥官听说庞中华要去，特意在那里等候迎接，他也是函授中心的学员。

庞中华成了传奇人物。一个普通的地质队员，被一些专家认为不登大雅之堂的钢笔书法的研究者，他到老山受到的待遇甚至比有些省长还要高。他乘坐的是大军区司令员的专机，而且由军区政治部某位首长亲自陪同。

为什么给予他这么高的礼遇？因为他太理解和热爱我们的战士了。这待遇也许是"理解"的回报。试问，有几家函授单位特别提出给予前线战士以优惠收费的待遇？又有几家学校的老师提出到前线为我们的战士上课？

"我们给你乘坐的直升机都安排好了，因下雨起飞不了。"指挥塔的指挥官解释道。

他们乘吉普车到指挥部，一路上运输车辆川流不息。庞中华感受到严峻的战争气氛。

首长安排庞中华在指挥部上课，他却坚持到连队去。教室总是挤满了人。当时北京军区的慰问团正在那里慰问演出，听说庞中华讲课，纷纷要求赠书和签字，其中有歌唱家张振富等人。他们都是中央电视台钢笔书法讲座的听众。

自从中央电视台钢笔书法讲座播放以来，钢笔书法的爱好者们几乎无人不知庞中华的大名，包括在京的外籍人。1985年元月在首都钢笔书法大赛的颁奖大会上，庞中华应邀讲话，日本文化参赞水野丰走上前去热情跟他握手："庞先生，早就认识你了。"庞中华一惊，当他说完"你的节目我天天看"时，庞中华才恍然大悟。

凡是要求赠书签字的，庞中华一一满足，一周时间，他共给一千多人签字留念。

"这七八天时间，我会终身难忘的。在这几天里学到的东西比平时几年都多。从战士们的身上我感受到一种崇高的感情。几次我都是强烈地抑制自己，才没让泪水流出来。"

他在房间里来回踱着步，激动地讲述着。

一次，他和一位年轻的团长一起吃饭。这个团长性格直率豪爽，非要让庞中华把酒喝下不可，并让他到该团给战士们上课。团长摘下帽子时，庞中华发现他剃了光头。"我的战友们都剃了光头，为了打胜这次仗，我们准备作出最大的牺牲！"团长认真地说。

前线首长还给庞中华播放了极其珍贵的战地录像——突击队员出击前的悲壮场面。谁都知道，参加这样的突击队很少有人能活着回来，但大家都争先恐后地报名。临行前，队员们宣誓，首长敬酒，战士们流着热泪一饮而尽……

战士们需要理解。他们为何高呼"理解万岁"？不正是因为有许许多多的同胞还不太理解他们吗？有人把他们看成是头脑简单的人。就是这些"头脑简单的人"，当后方的一些人为着一点小事争得面红耳赤时，他们却从没有人去争功，宁愿把功勋都让给死去的战友。

大大小小的课共上了十几次，有问有答，像是座谈会，像是朋友之间的交谈，几乎看不出谁是老师，谁是学生。战士们给庞中华讲战斗故事，庞中华也给战士们讲书法故事。

使庞中华深感悲痛的是，他带着函授中心的名单来看望他的学生，而有的学生已经牺牲在疆场！

"你们在猫耳洞里那么艰苦，为什么还会想到学习钢笔书法？"他这样问他的学生。

"只有到了战场上，才更懂得时间的宝贵。过去没有抓紧时间非常懊悔。现在学习是为了以后……"一位战士回答道。

随时都可能会牺牲的人却不谈死，也不曾想到会死。他们比安然生活在后方的人们想得更长久。这便是我们的战士。

在函授中心加班的工作人员离去时，我才猛然发现，天已经很晚了。我起身告辞，庞中华送我到马路上。

我问他以后有何打算。

他说他将尽力把函授中心办好。"前不久，湖南《老战友天地》杂志向全国1500多个部队发行站发去'您最喜欢的函授学校'调查表，据统计，我们的函授中心名列第一。这对我们是一个很大的鼓舞。但这并不意味着我们的工作没有误差。我们要力争把误差减少到万分之一以内，以对得起前线的将士和各界的学员。若有机会，我很想到法卡山去看看。"

他穿着一件旧马夹，似乎不大注意穿戴。1984年他应邀到中央电视台录像时，还是临时借亲戚的一套西装。大概凡是做学问、搞事业的人都具有这种朴素的品格。

我当时觉得，站在我身边的人，是一个极其朴素的普普通通的地质队员；然而，他又是一位不容置疑的了不起的人物。他是强者，是新时代的骄子。

三、二次创业

数年之间，庞中华迅速成为名人，且名利双收。他成为令人羡慕又引人嫉妒的百万富翁。一方面，他是纳税大户，受到表扬；另一方面，他又成为非法牟取不义钱财的小人敲诈的对象。烦心的事情接踵而至。某位省报的见习记者囊中羞涩，急于挣钱，道听途说得知庞中华可能有偷漏税问题，顿时以为发财时机已到，凭借记者的特殊身份，谎称掌握了庞的偷税材料，以披露报端相威胁对庞进行敲诈，要庞"借"给他两万元了事。庞中华与有关部门密切配合，终使这位"高才生"很快落入法网，法院以敲诈罪判处他有期徒刑2年。更有甚者，有记者急于成名，想从揭露名人"丑闻"中寻找成名的突破口，听说庞中华可能有偷漏税行为，就去有关部门打听，得到"无可奉告"的回答，便"合理想象"，炮制出《硬笔书法家庞中华偷漏税款近200万》的骇人新闻。一夜之间，十几家报纸予以转载。有的"文摘公"竟再度创作，以《校长庞中华近日离家出走》《逃税近二百万的庞中华跑了》等离奇标题抢人眼球。最终，媒体还是还原了真相，可庞中华的公众形象却大受影响。

1990年代初，庞中华的事业陷入低谷，函授中心最终因税务风波关闭。一次，他向我道出了苦衷。他平时一心忙于事业，财务问题全由妻子及其家人打理。后来，他发现他已无法支配这些金钱。对金钱的贪婪竟然可以使人撕裂亲情。他是一个爱惜名誉胜过金钱的人。他最终痛苦地作出决定，宁可失去家庭，失去金钱，也不能让名誉受损。1992年，他离开郑州，只身来到北京，白手起家，二次创业。他在北京南三环的草桥村选址，恢复成立了"中华钢笔书法函授中心"。草桥村领导提供一套三居室让他使用，聘请他当荣誉村民。函授中心的教学方向作了调整，改为提供师资培训为主。1993年，中国硬笔书法协会成立，庞中华当选为主席。他向全世界的华人提出"写漂漂亮亮的中国字，做堂堂正正的中国人"的响亮口号，而他自己则首先做了这口号最忠诚的实践者。

庞中华的婚姻遭受过挫折，但他最终收获了迟到的爱情。早在80年代，庞中华和王昌芝都是河南省青年联合会的成员，经常在一起开会交流，互有好感。1993年，身为河南省歌舞剧院国家一级演员、被人称为台柱子的王昌芝，毅然结束在河南如日中天的事业，办了内退来到北京，全力帮助处于低谷中的庞中华。王昌芝是河南著名女高音歌唱家。1985年，在第一届聂耳、冼星海声乐大赛上，她从多名选手中脱颖而出，与彭丽媛、董文华分享了金、银、铜奖。1992年，她在北京举办独唱音乐会，赢得了实力派民族歌唱家的美誉。得到王昌芝的倾心支持，庞中华的人生发生了一次大转折。双方都有过失败的婚姻，对新的幸福倍加珍惜。生活很艰苦，但全家人以苦为乐。他们都是事业上的强者，性格上有很强的互补性，是名副其实的强强联合。庞喜欢静，除了写书、演讲，不爱管闲事。王昌芝成了他出色的秘书和内务总管。学校和生活上的杂事，各种发布会、研讨会的事务都由她负责。除此，她还要兼任导演、剧务和化妆。她要千方百计将庞中华最精彩的一面展现给世人。王昌芝帮助庞中华创办了北京庞体时代文化艺术发展中心，并自任总经理。

1998年，他们到马来西亚旅游，意外被当地华人社团知晓，短期旅行变成了演讲教学。12天时间，他们讲学13次。音乐与书法动静结合，让两人巧妙地融为一体，相得益彰，使热爱中华艺术的海外华人大开眼界。当地的华人报纸每天都报道他们的行踪，使他们在马国的知名度大增。

2000年，时值庞中华书法艺术生涯20周年，庞中华一直比较低调，不想操办什么活动。王昌芝对丈夫说："办艺术展不仅是为了你个人，更是为了无数硬笔书法爱好者。"看着妻子认真的样子，庞中华点头默许。经王昌芝一手操办，艺术展如期在国家博物馆成功举行，参观的人流爆满。2010年，"中华赤子情——庞中华书法艺术30周年回顾大展"在中国人民革命军事博物馆举办，盛况空前。大展对庞中华30年来的硬笔书法艺术成就作了全面的总结。观众看到丰富的作品和珍贵的实物，看到一个热情豪放、有血有肉的硬笔书法艺术家，以及作品中充满希望和人文关怀的艺术追求。作品中有作者记载心路历程的自作诗词、歌赋和小品，也有写在各类信封、明信片等上的对联、名言和诗歌，还有他用新式硬笔创作的巨幅作品。两次大型艺术展让人们见证了硬笔书法的丰富表现力和群众性。一些原来对硬笔书法存有偏见的人看后深受震撼，改变了看法。

现在，庞中华依然在办函授。他跟各地教育局合作，到各地培养硬笔书法教育的师资力量，每次讲座都有成百上千的听众。他在努力跟教育部合作，通过建立书法考级制度，把硬笔书法全面推向中小学。这也许是推动中国硬笔书法发展的最好办法。另外，庞中华还涉足了制笔业。中国每年生产上百亿支各种硬笔。全世界每五支硬笔中就有四支是中国制造，这是一个巨大的产业。他关注过海外生产的各种硬笔，发现日本、德国、美国生产的硬笔品种近两千种，质量好，笔头粗，可以用来创作大幅硬笔书法作品。于是他有意使用这种粗头硬笔写字，很快找到感觉，在两次艺术大展时，他都使用了这种粗头硬笔创作大幅作品，包括在宣纸上书写，获得了很大成功。经过多年摸索，终于得到中国制笔协会的支持，他们与香港一家公司通力合作，研制生产出设计美观、质地上乘的不同型号的多种硬笔投放市场。厂家将此种硬笔命名为"庞中华牌书法笔"，目前已成为硬笔市场的一大品牌。

出道35年，庞中华已出书400多种，发行2亿多册。如果以发行数量排名，除去领袖著作，他很可能夺冠。令他成名的第一本书，至今已发行1800万册，很多学校的学生人手一册。他编写的教材全部都是适应当时的社会需要，在出版社的促使下完成的，包括各种版本的学生字帖、青年字帖、老年字帖、幼儿字帖，不同地区的习字课本、海外华文习字课本、写字模具等等。他力求创新，不重复别人，也不重复自己。

庞中华虽已年过古稀，但依然像中青年一样充满活力。他将自己的成功归功于夫人王昌芝。他深情地说："如果没有她在我最失落的时候帮助我，真不知道现在会是什么样！"

四、立体教学

庞中华曾任中国硬笔书法协会第一届至第四届主席兼法人代表，现任中国硬笔书法协会终身名誉主席、教育部硬笔书法考级专家委员会主任、美国国际硬笔书法家联盟主席、日本硬笔书道学院名誉教授等数百项社会兼职。他最看重的是终身名誉主席一职，这等于是为他作出的终身评价。

他是硬笔书法家兼教育家。庞氏硬笔书法清新秀逸，兼善各体，自成一家，被誉为"庞体"。因审美的差异，并非所有人都喜欢庞体，但他独创的"快乐立体教学法"享誉国内外，至今未见争议。他创办的庞中华硬笔书法中心及学院迄今已培养学员200余万人，遍及海内外。综合而言，舆论称他为"中国硬笔书法第一人"，他受之无愧。自1980年以来，风靡中国的硬笔书法热潮始终和庞中华的大名连在一起。在中国书法的艺术长廊里，他为硬笔书法竖起了一座灿烂的里程碑。他博览群书，爱好广泛，是多面手。除了书法家，他还是诗人、手风琴手，等等。他对诗歌的热爱早于书法，18岁时他发表在《重庆日报》的处女作即一首诗歌。在当地质队员的岁月里，他曾写下二百多首诗。他用钢笔抄写中外名诗，也抄过艾青的《诗论》。艾青复出后，他将手抄本《诗论》拿给艾青看。艾青在轮椅上用放大镜仔细端详手抄本，在书的扉页上写下赞语："中华同志，你笔下的汉字是最美的。"接着说，"你应该是个诗人。"几年后，艾青为庞中华的第一本诗集作序：《其实，作者首先是一位诗人》。这些修养为他的立体教学法打下了基础。

20世纪80年代中期以来，庞中华多次到海外讲学、进行艺术交流，为汉字文化的推广作出了可喜可贺的贡献，在国际上为中国赢得了荣誉。1987年2月，庞中华应日本仓敷硬笔书道学院院长小川江南邀请访问日本，参加了全日本钢笔习字研修大会，发表了演讲并和日本书法界的同行进行了广泛交流。他演讲的题目是"中国当代硬笔书法的大趋势"，在日本书坛引起热烈反响。1987年8月，庞中华又应日本钢笔习字研究会会长三上秋果、理事长岩佐健彦邀请，赴日本参加该会50周年纪念活动。近年来，庞中华致力于硬笔书法的普及工作，教外国人写汉字成为他

日本硬笔书道学院院长小川江南（中）为庞中华访日举办欢迎会

的主要事业。他在多国举办了上千场讲座，颇受追捧。他在德国开办的中国孔子学院任教，用"快乐教学法"教老外练习硬笔书法，大受欢迎。由于语言翻译困难，德国听众不太理解汉字书法是怎么回事，庞中华就现场拉起手风琴，用音乐帮助德国朋友理解书法的内在韵律。在音乐伴奏下，德国学生一笔一画地学写中国字，不但要写得正确，还要规范、漂亮，好的作品更要拿出来展览，这对中国文化是极大的弘扬。他孜孜不倦地在国外传播中国书法文化。东南亚国家正在兴起"汉学热"，庞中华多次到新加坡、马来西亚等国讲学，得到这些国家教育部长的接见，受到很高的礼遇。2012年，他受联合国中文教学组和中国书会的邀请，来到纽约联合国总部，为16个国家的30名外交官授课，学员包括联合国副秘书长南威哲。他左手拉手风琴，右手演示比画，虽语言不通，但经过15个小时的培训，学员都交上了令人满意的答卷。这次授课增强了他不懂英语也能教会外国人的自信。他为联合国编写了一本汉字书写教程，该书可用中文、英文和汉语拼音进行讲解。2013年11月，伊斯坦布尔国际书展开幕，中国是本届书展主宾国，作为主宾国活动之一，庞中华应邀到伊斯坦布尔孔子学院演讲，受到土耳其文化官员和汉语学习者的欢迎。

"快乐立体教学法"最早的灵感来自钱钟书的《通感》一文，还有宗白华关于书法美学的论述。庞中华认为，书法里面的每一根线条都可以用音乐来解释。书法是无声的音乐，音乐是有声的书法。作为诠释书法的道具，手风琴演奏成为他的拿手好戏。15年的深山生活中，手风琴是他忠实的伙伴，在此期间，他积累了数以百计的乐曲。庞中华针对不同人群运用不同的乐曲教学。在给孩子们讲课时，多采用孩子喜欢的乐曲，如《读书郎》等；给年轻人讲课时，则选用《花儿与少年》《青春圆舞曲》等；给老年朋友讲课时，他又别出心裁地选取《夕阳红》之类的乐曲；到部队授课时，他会演奏《解放军进行曲》等战士喜闻乐见的歌曲。他去不同的国家，会尽量选用当地的音乐。在日本书道学院，他选用日本民歌；在莫斯科大学，他选用俄罗斯音乐；在德国演讲，他选用贝多芬的《欢乐颂》《春天来了》，分别诠释颜真卿和王羲之的书法内涵，效果奇佳。音乐是国际语言。美妙的旋律不需要讲解就能被各国人民接受。而承载了源远流长的中华文明的汉字书法则具有音乐的旋律。

庞中华利用艺术通感的特质，凭借一台手风琴、一支硬笔，把博大精深的中国书法艺术推向普通百姓，并走出国门，走向世界。

令庞中华感到忧虑的是，就在外国人竞相学写中国字的同时，国内能写一笔好字的人却越来越少。电脑的普及让硬笔书法更多地用于展览。这也可能与人们对传统文化的漠视、心态浮躁有关。对有些家长所持的"硬笔书法是小打小闹，练好毛笔字才是真本领"的态度，庞中华认为，习书要有一个循序渐进的过程，二者之间并不矛盾。练好钢笔字会更加实用，而练好毛笔字难度大，付出的时间也会更多。教育部推出硬笔书法考级标准会使孩子们在学习中少走弯路。有人问他，电脑时代，还需要写钢笔字吗？他总是回答：电脑不能代替人脑，打字不能代替手写，犹如无论多么富有营养的维生素，也不能代替大米、白面、萝卜、白菜一样。电脑普及固然好，可以提高效率，但书法不仅是书写的工具，还能培养大家耐心细致的品行，带来审美的愉悦，进而陶冶性情，这是打字所不能做到的。他鼓励坚持习字的年轻人："字是人的门面。若干年后，当别人已经提笔忘字时，你却能写一手漂亮的汉字，那将会多么荣耀！"

他执着于他的硬笔书法事业。他不喜欢张扬，不喜欢热闹。他谢绝参加宴会、笔会。除了外出讲课，他更多的时间是把自己关在书房里，读书，思考，写字。他的求知欲与少年时代无异。为避免打扰，他甚至不使用手机。与外界的所有联系全都交给夫人。他写了一首打油诗："老夫聊发少年狂，中华犹似小儿郎。每天闭门书桌前，读书写字进学堂。只怕读者耻笑我，浪得虚名真惶惶。"是自嘲，更是明志。

（本文部分内容曾发表于《时代青年》1987年第2期）

徐刚
（1945— ）
诗人、作家

徐刚：谁在门外呼喊

一、长江一芦苇

第一次见到徐刚大概是 1984 年春，在人民日报社他的办公室。之后，我写过一篇《徐刚素描》，是这样开头的：

是海岸边的烈日晒黑了他的皮肤？

他没有伟岸的身躯。也许岁月之风一时糊涂，忘记他只有 39 岁，竟无情地吹落了他头顶的许多黑发。然而，同他在一起，你仍然会感受到一种极大的魅力。

他朴素的举止，富有幽默感的谈吐，豁达的诗人情怀和对人生艺术的灼见，会使你感到朋友般的亲切，产生出由衷的敬意……

小文得到他的首肯，认为写出了他的性情。

徐刚出生在长江入海口的崇明岛。他童年的许多光阴是在芦苇荡里度过的。他喜爱芦苇，经常和伙伴们到江边的芦苇荡里玩耍。为了谋生，他还经常和母亲一起去芦苇滩里拾柴。他看惯了芦苇在春天里像绿色的波涛一样无边无际，听惯了芦苇在萧瑟的寒风中与严寒抗争的尖厉的哨音。

他在一篇散文里写道："我是在芦苇荡边长大的，我永远是他们中的一员。我不知道什么时候大海又会风云骤起。但，芦苇自有芦苇的纤纤风骨。这也就是芦苇的最宝贵处了——为着爱它的人们，它情愿变作火，烧成灰，却决不在企图吞噬它的恶浪面前低头折腰！"

他写的仅仅是芦苇吗？

芦苇给了他抒写不完的美好记忆，也给了他人生最早的启蒙。他喜爱芦苇，不止一次地在作品里歌吟芦苇。芦苇已经和他的生命融为一体。一次，他请书画家范曾为他的书斋题名。画家沉思了一会儿，欣然书写了"一苇斋"三个大字。徐刚拍案叫绝，惊喜得几乎失态。

他的童年生活十分凄苦。他刚出生 3 个月 12 天，病魔就夺去了父亲的生命，仁慈的母亲含辛茹苦地把他抚养成人。

他是靠人民助学金读完小学和初中的。

他写道："使我感到内疚的却是那一束束雪白的芦花：在先前几乎没有注意到芦花竟是白的。前几年，我在一个冬天匆匆回乡又匆匆告别，母亲送出家门时站在几根芦苇旁掉泪，回首间，我才发现：芦花竟和母亲的头发一样，是一团雪白。……芦苇要重新长出绿叶，那么，我母亲的头发还能变成青丝吗？"

他热爱母亲，他的不少作品都是呈献给母亲的真挚的颂歌。但他歌颂的又不仅仅是自己的生母。生身母亲和祖国母亲常常是血肉般连接在一起，不可分离。在《迎春，母亲的倩影》里，徐刚写道："这小小的、无声无息的迎春，这金黄的、太阳一般的迎春，这鞭打着倒春寒的迎春，多像是我风雪中走来的母亲的倩影……是我生身母亲的倩影，是我祖国母亲的倩影，在最贫瘠的土地中也要开花，在最荒凉的山野里也有芳馨。"生身母亲和祖国母亲有着同样的身世。正像贫穷的母亲仍是母亲一样，在《贺年片》里，他高呼："我要说，我爱你，祖国，贫穷的祖国也是我的祖国！"

苦涩艰辛的生活往往使人早熟。小小年纪，徐刚就想到要为母亲做事了。他曾挑过货郎担，叫卖梨膏糖。三年困难时期，他还只身一人来到武汉三镇，日干零工，夜宿街头，为的是不忍心再多吃母亲的口粮，希望能靠双手挣钱养活自己。

1962年夏天，他正在高中学习。东南沿海形势紧张。为响应祖国召唤，他自愿应征入伍。他在全校同学面前发表演说，当他说到"皮之不存，毛将焉附"时，满场掌声雷动。

他已经有了自己的追求。他不再满足于单调的生活。他要寻找崭新的、火热的生活。他酷爱诗歌。在连绵山冈的哨所里，他把构思好的小诗记在笔记本上。他的处女作最早刊登在连队的黑板报上，后来在军内的报纸上发表。

1965年，他复员回到故乡。他渴望到大学里深造。1966年春，他又来到母校参加高考复习。紧接着的是史无前例的"文化大革命"。他也像千千万万的中学生一样，当过红卫兵，以虔诚的心，自以为在做着"最伟大"的事业，然后下乡，接受贫下中农的"再教育"。他多次在作品里以痛苦的心情回忆起他在当红卫兵期间的无知和狂热。为什么要掩盖自己的过去呢？作家的品格首先应该是真诚！

1970年，在乡亲们的推荐下，他走进中国的最高学府之一北京大学学习，成为第一批工农兵大学生。

大学毕业后，他一直做《人民日报》的副刊编辑。编辑工作是繁重的、辛苦的、

《徐刚九行抒情诗》书封

默默无闻的。他记不清选发了多少无名作者的作品，而有些经他手发过处女作的人，现在已名闻遐迩。

他并没有因为工作繁忙而停止创作。他把大部分的节假日和夜晚的宝贵时间都用来写作。艾青说他"写了那么多的作品，所依靠的是文思敏捷，依靠的是不知疲倦的勤奋。他不断地和时间赛跑"。

二、诗坛怪人

1984年是中国诗坛值得庆幸的一年。这一年有众多的诗歌刊物创刊，有众多的诗集出版。在众多的个人诗集中，有一本印数竟多达6.4万册！这是近年来少见的盛况，是徐刚创造了这个纪录。诗集出版后，许多书店很快销售一空。这是徐刚的第7本诗集：《抒情诗一百首》。除此之外，他还出版了一部受到海内外读者赞誉的诗论集《诗海泛舟》和5本散文集，分别是《沧海歌》《雨后》《小草》《摇篮集》《秋天的雕像》。

他是中国唯一用长诗形式为鲁迅立传的作者。他的《播种者》荣获1979—1980年全国中青年诗人优秀诗歌奖。他的不少作品还相继在《十月》《解放军文艺》《雨花》《海燕》等多种刊物上获奖。日本早稻田大学的著名学者芦田孝昭教授有研究徐刚诗歌的专著发表，英国剑桥大学及法国研究中国文学的戴斯拜阿夫人等一直在关心、研究他的作品。

他是诗人，又是散文家。他是先写诗而后写散文的。他的诗有着朴素的散文美，而他的散文则深蕴诗意。他认为："散文与诗，从构思、立意，一直到捕捉形象、直抒胸臆、以情动人这些方面，是并无二致的，它们之间的区别只是在于：散文可以不受押韵、节奏的制约，从而可以写得更从容、更自然、更富有变化。"他孜孜不倦地追求散文的诗意美。

读过《秋天的雕像》的朋友们会感觉到，这本书有三分之二的篇章称之为散文诗是当之无愧的。收入该集之一的《泰山拾絮》最早发表在《十月》上。发表后，作者和编辑部都收到不少读者来信。有的青年读者在给编辑部的信中说："我们喜欢读这样的作品，希望贵刊以后提倡徐刚式的散文！"——这是一种空想呢还是一种预言？那是要由历史来作结论的。

是哪些因素使他赢得了众多的读者？

短短几句话很难说清,但有一点是任何读过他的作品的人都可以感受到的:他的作品确能给人以美的享受。美,首先来源于真。以情动人,又非一览无余。优美的意境冲击着你的情感,使你不得不为之联想、为之深思。他从来不写那些轻飘飘的东西。思想苍白的作品不可能打动人。音韵铿锵的阳刚之美是他作品的主调,但其中也不乏细腻婉约的阴柔之美。

读过泰戈尔的《新月集》后,他曾写下这样的文字:

我的母亲对我说:奶是血变的。

那么,我就是喝我母亲的血长大的。

我恨自己多么健忘,竟记不起在母亲怀里吃奶的情景了。但,我从我女儿身上看到了自己——用出全身的力气吮着,自己从不客气,母亲从不吝啬。

母亲需要的是什么回报呢?——牙牙学语时,一声"妈妈"便会满足到流泪的程度!……

——《像新月一样美丽、明朗、深远》

这是什么体裁呢?是散文,同时又是诗,又是文论。如果文论都用这样的笔调写,还愁没有读者吗?后来,我看到香港的一家报纸这样评论:"诗论看来是要用诗笔写,才能不枯燥。过去,艾青证明了这一点,如今,徐刚步其后尘,再一次令人信服它。"

从内心深深地感激徐刚。除了艺术的审美享受,是他,唤醒了我正在泯灭的童心。从泰戈尔老人和徐刚的身上,我看到了童心的重要。

"要使自己的诗不衰老,首先要让心灵不衰老!"

他办公桌后边有一个书架,书架上端摆满了他从黄山、白城挖来的形状各异的树根。我笑着说:"想不到你还是个树根艺术的爱好者!"

他笑着回答:"我爱它们的朴实、自然!"

这使我联想到他对人生的追求、对艺术的追求。

他的散文虽讲究构思和意境,但在形式上却显得越来越自然、朴素。这是艺术美的较高境界。好像是信手拈来即成文章,其实是心灵的流露、情愫的凝聚,他比过去更讲究含蓄了。

有人称他为诗坛怪人。说他怪,那是因为他有时确实很怪。他潜心于自己的追求,不为时髦所动。他几乎没有顺利的时候,也确实有人希望他沉沦,但,他顽强地抗争着,不知道什么时候又会冒出使人侧目的新作。他的心灵因为重压而坚实,他在困难面前也从不掩盖自己的性格,他的谈笑有时是含泪的。他不怕孤独,但又渴望着友情与爱。

笔者有幸造访一苇斋,先睹了徐刚尚未出版的《一苇斋随想录》。这是一部可以与纪伯伦的《沙与沫》媲美的格言体散文诗集。我的心潮被作者谈论人生与艺术的灼见和优美的文笔所掀动。我问:"何时问世?"徐刚的回答怪怪的:"我还没有写完,也许这是一部永远也写不完的书。"

他写作的领域在不断扩大。继《艾青传》之后,他又以燃烧着的激情撰写《范曾传》。他有时一夜写完一章,翌日拿给范曾看。范曾惊叹:"我只知道有一个画家范曾,可以不打草稿将画一遍画成;如今见识了一位作家,同样可以不打草稿将文章一遍写成!"这是惺惺相惜之言。《范曾传》先在大型文学刊物《啄木鸟》刊出,后由出版社出版,立即引起轰动。读者通过徐刚带火的诗笔,一览被日本人誉为"鬼才画家"的范曾的心路历程与风采。当然,此作也引起美术界某些人士的不快,因为范曾是一个颇具争议的画家,见仁见智,情理之中。

写完《范曾传》,徐刚接着用三个月写成长篇小说《走出屏风的年代》,由春风文艺出版社出版。第二部已有构思,只是苦于没时间去写。

他幽默地说:"真不知道我为何选择了写诗这个职业。我应该去贩牛仔裤、当足球守门员或围棋手。围棋的胜负全靠自己,任何人干预不了,也指挥不了。"

徐刚的人缘极好。有一次,我与同伴去徐刚办公室,徐刚留我们吃午饭。他没有去报社食堂,因为人多要排队。他给报社大门传达室的哥们儿打个电话,不一会儿,买好的牛肉、炸鱼、烧饼等快餐便被送到办公室。这颇令我与同伴吃惊。一个知名诗人竟与下层的人员有如此亲密的交往!他没有忘记自己是农民的后代,一直以此身份与人交往,以此身份劳作。三个人吃饭的一幕更令我终生难忘。缺少餐具,怎么办?他把平时用的筷子、勺子分给我与同伴,自己则用手指当餐具,旁若无人,吃得津津有味。

三、"绿色圣经"

1989年4月初,我与同伴去北京出差。某个晚上,我们抽空去一苇斋造访。

几年不见,徐刚依然十分热情。适逢《人民文学》编辑韩作荣及夫人也在场。他是来向徐刚取稿子的。《人民文学》第5期拟办一期散文专号,约徐刚写了一组文化人物。韩作荣夫妇告辞。我问起徐刚近年的生活。我知道他已于1985年调入《中国作家》杂志社，任编辑部副主任。

　　他说，去年去广州《当代人报》工作了一年，回京后脱离了单位，在家搞创作，计划两年内完成 6 部关于生态环境的报告文学。已完成《伐木者，醒来》《江河并非万古流》两部。他没有想到，《伐木者，醒来》发表后在中国刮起一阵旋风。这本书被人称为"绿色圣经"，连续几个月畅销，引起了全社会的强烈反响。著名评论家李炳银说："在我们的作家中，难得有人像徐刚这样十几年里为了人类的利益，为了一部意在使世人启蒙解惑的书，远离世俗，博集资料，输入学理，磨杵成针。"林业部为此召开座谈会。他被誉为我国环境文学的首倡者与奠基人。《伐木者，醒来》的影响之大远远超出了书的本身，它改变了人们的思想观念和生活方式，冲击了人类渐渐被贪婪和欲望熏染得近乎麻木的心灵。林业人认为，是《伐木者，醒来》让他们开始改变林业工作思路。徐刚说，这句话是送给他的最高荣誉。从肆意砍伐、毁坏森林，到遍及全民的种树、护树，人们的思想意识在作家的呐喊声中发生了天翻地覆的变化。

　　有人将徐刚的《伐木者，醒来》与美国著名女作家蕾切尔·卡逊的环保名著《寂静的春天》相提并论，说他是中国的卡逊。《寂静的春天》揭露由于剧毒农药 DDT 的滥用，春天变得寂静无声。作品一经发表，引发了世界范围内群众性的环境保护运动。《伐木者，醒来》对中国环境发出的棒喝之声以及所起的警醒作用，丝毫不亚于《寂静的春天》当年在美国的影响。

　　我问，什么原因使您对环保和生态产生兴趣？他说，对环境的兴趣是天生的，这跟我从小就生活在崇明岛有关。我是喝长江水长大的，也可以说我的血脉就是长江最小的支流。真正的写作转向——诗歌、散文停下，写环境，是 1987 年。1986 年，中国有一些事情令人触目惊心。1986 年，中国的土地、耕地减少得非常之快，减少了 1000 多万亩。我是从报纸上得到这个消息的。大兴安岭的森林大火引发我关于森林的思考。以前，我们很少关心土地、森林，觉得这些话题离我们比较远。于是我想到，如果我们的森林和耕地这样减少下去，以后将会怎样？我们的后代会怎样？中国有句老话："但存方寸地，留与子孙耕。"这是我们的老祖宗留下来的，哪怕留下一方、一寸的土地，让我们子孙后代可以去耕种。这句话告诉我们，人类社会无论到了什么时候，都得要有地可耕，这是我们的立足之地，也就是家园之地。我们的家园之地必须是有耕地的，有森林的，有河流的。有了想法，就开始东奔西跑搜集资料。光看资料不行啊，我向单位请了一个月的创作假，到武夷山、天目山、海南原始森林及几个大林区去采访。剪裁并组合这些关于森林的采访，就写成了《伐木者，醒来》。

《江河并非万古流》发表后，水利部准备召开座谈会，让他发表水利建设方面的意见。他说，他对三峡工程非常恼火。如果发言，会首先谈三峡工程。他对评论界颇感失望，认为评论家没有起到引导创作的作用。他拿起台湾出版的《范曾传》给我看，印得十分精美。这是《范曾传》的第三个版本，大陆已有两家出版社出版过，但印得都不如台湾。

临别，他赠我和同伴每人一本《徐刚九行抒情诗》。这是第二版，印数为1.8万册。依然是令人羡慕的印数。当诗人们都在叹息出书难的时候，徐刚的诗集却在再版、重印，多让人嫉妒啊。全是九行，也许是为新诗的格律化作出的尝试？270余首诗，每一首都是一团火。也有写环境的，如《黄河抒情诗之五》：

　　黄河边上，有人把树木砍伐了，

　　砍伐者靠砍伐而致富，

　　贫瘠的，是养育着世间万物的母亲的胸脯……

　　黄河，假如她的爱不是属于两岸的

　　小草、羊羔和飘着炊烟的房屋，

　　她尽可以悄悄地干涸……

　　然而，她泛滥了，那是因为她的愤怒，

　　——不知道怎样才能使砍伐者和砍伐的工具

　　真正地粉身碎骨！

四、异域归来

泊居巴黎三年，只因一个电话，徐刚归来了。听到夫人重病在身的消息，他随即便买了机票，回到北京便做起精心呵护妻子与女儿的宅男，每天奔走于医院与寓所之间。几个月过去，妻子的病情日渐好转，上小学的女儿也茁壮成长。徐刚的人缘极好。朋友听说他回来，排着队似的登门看望。聚在一起免不了听他神聊三年的见闻，直听得一个个目瞪口呆。老兄韩作荣建议：何不把泊居域外三年中的所见、所闻、所感形成文字，以让更多的人分享？

此建议正中徐刚下怀。经过几个月的夜耕，一部饱含着美与丑、诗与思，感人至深的新移民文学作品《梦巴黎》横空出世。洋洋20万言，《人民文学》破天荒将它同一期刊出，引发阅读热潮。本期杂志零售量大增。杂志"编者的话"由韩作荣执笔：

　　《梦巴黎》是徐刚泊居巴黎三年归来后的第一部作品。

　　作为非虚构文学，读者会发现这些流离于域外的人物和你很近，会听到语言的呼吸，感觉铅字间骨骼的坚实与血液的搏动。这是人的文学，以近于残酷的真实，揭示了海外华人的生存状态与心理空间。……当人的本性迷失，灵魂逃离躯体，追寻的唯一向度，只能是"根之所在、叶之所归"的家园。

　　作品的高度，还在于作家洞悉人作为"类"的存在，所面临的恐惧与孤独。目睹豪华的城市成为肉体、大麻和病毒的集散地，人，敢不敢正视心灵的空洞里墨一样的浓黑？又到哪里去寻找安宁？透过文字，你会听到作家无声的呐喊，其良知的焦灼与叹息。

　　作品颇有意味处，是那些似乎随意道来的"闲笔"，见微而知著，于漫不经心中呈现了事物的质感。

　　梦是骇人的，可早晨是鲜活的。只要人能从梦中醒来。

接着，单行本出版，同样热销。书的封面画选自徐刚在法国绘制的表现主义作品，与书的内容相得益彰。徐刚写了华夏游子光怪陆离、五光十色的巴黎梦：街头打工者的辛酸之梦，流徙者的孤独之梦，广场画家的苦涩之梦，名模的哀怨之梦，女留学生的绝望之梦，温州人开进巴黎打拼天下的希望之梦……作品不但披露了大量鲜为人知的新移民的生活情景，而且从近乎冷酷的真实中，多视角、深层次地探寻流徙者们隐秘的精神和灵魂世界，容纳和渗透着中西文化、艺术、历史、哲学的深刻内涵。这是一部高品位的非虚构文学大作。

如果说《伐木者，醒来》被誉为环境文学的开山之作，那么，《梦巴黎》则成了新移民文学的终结之作，因为书中的信息量之大和思想之深刻，很难再有出其右者。

1993年9月，利用在京参加中国报刊业发展成就博览会的机会，我去一苇斋拜访几年未见的徐刚。徐刚十分高兴。他说见到我老朋友们全都见齐了。他在我的题词本上写下"风雨故人"，个中信息颇耐品味。他签赠新著《梦巴黎》，也兴奋地说起坊间的好评。他说，虽然中国作协还保留着他的工作岗位，他十分感激，但他为自己立下的神圣使命又使他无法去享受这个"铁饭碗"，只有靠稿费为生。他

王幅明在徐刚寓所（1993年）

用稿费保证夫人及女儿的必需费用。《梦巴黎》完稿，徐刚又开始了新的奔走。他计划中的6部曲，才完成了2部。他要到生活在荒漠中的人群中去，与他们面对面交流。他深知，只有掌握基层的第一手资料，才能写出真实的环境现状。我为老兄的担当和坚韧深表敬意，也为他全家祝福。

作为不领薪水的作家，徐刚精心分配着支出。他将稿费的三分之一做采访经费。他认为，稿费是读者给的，既然是读者给的，就要取之于民用之于民。走遍祖国山川大地采访，他从未找过任何单位，包括支持他的各级环保机构报销过费用，也不找朋友赞助。事实上有许多机构和朋友非常愿意资助他，因为他从事的创作有益于国家的环保事业。徐刚说："用别人的钱，用国家的钱，心里不踏实。"

为写《中国风沙线》，徐刚去过河西走廊荒漠化的古浪县八步沙3次。那里的6位治沙农民是他至今难以忘怀的朋友。他们自愿组织起来，靠家里卖鸡、卖羊凑起来的钱治理荒漠。农民告诉作家，这里称作八步沙，是因为100年前这里只有8个沙丘，更多的是万亩良田，而百年之后的八步沙则成了一片荒滩。如果再不治理，这里的父老乡亲就会背井离乡。在这里，虽然条件艰苦，可信念却执着。老人去世了，儿子又顶上来。多年后徐刚再到那里时，3万亩荒漠变为绿洲。但农民们的治沙行动并没有停止，他们又承包了两万亩荒滩。

徐刚用自己的稿费跋涉于山川，得到了林业及环保部门的尊敬和支持。他走到哪里，这些部门都会为他提供方便。他从这些关爱中汲取的力量，远远超过自身的得失。他从未感受到孤独和无助。他曾孤身一人三次考察东北防护林，为取得第一手资料、体验当地人文环境而不遗余力。为了表彰他对人与自然关系所作出的杰出贡献，国家环保总局授予他"环境使者"的称号，使他成为获此殊荣的唯一作家。

20年来，徐刚在人与自然方面的环境文学创作广受瞩目。继《伐木者，醒来》之后，他的《中国风沙线》《中国：另一种危机》《绿色宣言》《倾听大地》《守望家园》《地球传》《长江传》等陆续出版，风行天下。

五、文化源头在山水之中

2008年1月，在北京国际会展中心全国图书订货会上，我与徐刚不期而遇。我在会场散发的节目单上看到，1月10日上午，福建教育出版社要举办作家徐刚"《大山水》主题报告会"。报告会将展示作家近年来的环境文学创作动态和现实行动及对环境问题尤其是水环境的最新心得和深层思考。太难得了，我决定参加这个报告会。

《大山水》主题报告会

"大地三部曲"之《大山水》由福建教育出版社出版，这是徐刚在环境文学领域闭关数年之后的爆发之作。全书点数了帕米尔高原、青藏高原、横断山脉这些崇山峻岭与四围堪称地球上最壮观最神奇的复杂水系的互生关系，着墨于山与水、水与人的关系；呈现了神山圣水流变对人文的绝对影响，终笔于对日渐恶化的水环境的忧思。

我来到一号楼最高层的报告会场地。徐刚看到我，我们双手紧握。我又看到他因惊喜而展露无遗的温馨微笑。我们短暂交谈。他赠我刚刚出版的40万字的《大山水》。此书装帧大气，封面画和题签均出自徐刚之手。他自称只是"书法爱好者""绘画爱好者"，其作品同样受到关注。

徐刚说，他写这本书最早的创作冲动来自关于创世的神话传说。东方创世说与西方创世说十分相似，都起源于一场洪水。《大山水》的书名则取自他2000年秋在帕米尔高原写的一首诗："跌落江河奔流惆怅，不知道该怎样言说源头，大山水、大寂寞、大荒凉。"他认为，我们的文化在大山大水之中。流动在大山大水之中的文化，才是有源头的有生命的文化。大自然是人类生存发展的根本依托，大山水流淌出来的决不仅仅是养育中华民族的江河水，它源源不断流淌出传说和神话，流淌出中华上下几千年丰硕的文化，更流淌出我们民族文明的传承。作为一个作家，这20多年，他写森林、沙漠、江河和土地、人与自然，最后发现一切的文学艺术创造的源泉都在山水中、土壤中。不花这20多年的时间是体会不到的。

由徐刚担纲总策划和特邀主持人的凤凰大型公益电视行动《中国江河水》于2007年11月开拍。这部纪录片意在唤起人们对母亲河的关注，全面反映长江全流域现状。摄制组以崇明岛为起点，溯江而上，对长江进行全景式报道。该片共计100余集，边拍边播。它与《大山水》主旨相通，或可视为《大山水》另一种形式的版本。

这是他与凤凰卫视的第二次合作。2000年，他曾以嘉宾主持的身份参加凤凰卫视"穿越风沙线"摄制组的全程拍摄，3个多月间行走了北方13个省、市、自治区。当时他说了一句令观众难忘的话："什么叫爱国主义？使我们这片土地上的风沙线不再往前推进，那就是爱国主义。"

《中国江河水》不仅讲述了中国江河水的源远流长，还以恢宏的气度、广阔的视野展现江河湖泊千百年来形成的自然风光和历史文化，并透过东北、华北、西北防护林沿线一口井、一户人、一个村庄，讲述着江河两岸人民建设家园、美化家园、保卫家园的动人故事。节目从2008年1月1日开始播出，12月31日结束，历时整整一年。片中反复出现的那句"关注风沙线就是关注中国的生命线"给了广大观众巨大的触动。2010年11月，"第一届全国环境监测专业技术人员大比武"暨"绿色中国年度人物"颁奖晚会在北京隆重举行。凤凰卫视《中国江河水》节目组荣获2008年度"绿色中国年度人物奖"。

徐刚的作品屡屡获奖：中国图书奖、首届徐迟报告文学奖、首届中国环境文学奖、第四届冰心文学奖等。2010年9月，《中国作家》主办的2010年度"郭沫若散文奖"揭晓，徐刚的《江河八卷》荣获大奖。

2011年1月，《徐刚环境文学选》（4卷本）由福建教育出版社出版。这是徐刚从事环境题材写作20多年间几百万字作品的精选本，包括《大地备忘录》《枯荣家园梦》《江海咏叹调》《落叶碎片集》。他的作品被誉为"小百科全书式的著作"。

徐刚的传记写作也未停笔。2011年8月，共一百多万字、三卷本的《辛亥百年祭》由作家出版社推出。

2012年，徐刚第三次与凤凰卫视合作，担任大型生态纪录片《大地寻梦》嘉宾主持。《大地寻梦》拍摄团队采用随拍随播的方式，对中国林业状况展开有史以来最全面、最深入的调查和纪录。节目于2012年1月开始，每周六在凤凰卫视中文台播出一集，全年共播出52集。全片分为两大部分，前半部分主题为《又见大森林》，以保护森林和林业改革中的人和事为主要内容；后半部分《又探风沙线》，以防沙治沙为重点，以重访10年前《穿越风沙线》的人物和地点为主题，纪录10年之间"三北"生态状况的巨大变化。徐刚将再度与凤凰卫视合作的缘分比喻成"森林在冥冥之中的召唤"，他说："生灵草木的繁茂，也昭示着我们的民族将更加富强、更加绿色、更加和谐。"

英国伟大的历史学家汤因比去世前写的最后一本书名叫"人类与大地母亲"。

他在书中提出一个问题："谁在门外呼喊？"

呼喊是无声的、超声的，很多人听不到，富有大爱之心的智者徐刚听到了。这是大地母亲的声音。他不但听到，并且在用勇敢和担当去回应。他用大量的数据、资料、事实和激情写成几百万字的著作，用呐喊唤醒沉睡的人们：不要做大地母亲的不肖子孙。我们大家要共同行动，保卫地球、保卫家园、保卫绿色。

有人称徐刚为独行侠。他是少有的以笔为旗的作家，十足的文化贵族。他并不说教，只用冷酷的事实说话。用环境文学一词很难概括其著作的丰厚内涵。他的著作是诗、散文、历史、哲学、思辨与科普的化合体，其诗意与理性贯穿始终，激情四射，震撼人心，促人自省。

他是一个侠骨柔肠的中国男人。也许接受过太多的阳光照射，他的头顶头发全谢，但四周的鹤发却倒垂着，异常美丽。它们像写满深奥文字的经幡，在蓝天下迎风起舞。

（本文部分内容曾发表于《散文选刊》1985 年第 5 期）

孙皓晖
（1949—　）
学者、作家

孙皓晖：矢志为大秦还魂

一、南海听涛

两千多年前，中国文明史上发生过一个影响深远的重大事件：华夏民族结束了松散的分封式的邦联政体，变成一个高度统一的中央集权帝国。这个帝国不仅统一了各诸侯国的版图，更重要的是统一了文字、交通、度量衡等诸多文明形态，成为一个真正意义上的大一统国家，彻底改变了华夏民族的历史命运。两千多年后，中国成为世界文明古国中唯一的文明传承没有中断的国家，世界大国中唯一的历经数千年沧桑而始终保持大一统文明形态、疆域稳定的国家。这个帝国便是无人不知的秦帝国。秦虽利泽后世，但两千多年来，它一直背负"暴秦"的恶名。人们对秦的评价始终跳不出当年被灭六国贵族遗民的立场，亦跳不出自汉武帝实行"独尊儒术"以来独霸话语权的儒家史观。

20世纪末叶，一位秦人的后代以"赳赳老秦"改天换地的气概，矢志为长期遭遇扭曲和误解的大秦还魂。

在一个越来越注重实际和功利的社会，竟有这样一位荣获过国务院首批特殊津贴的专家，只为赢得充足时间完成一部大书的写作，宁愿辞掉大学教职，不拿分文工资，全靠稿酬谋生；远离熟人众多应酬不暇的西安，蛰居南国海口之一隅，潜心著述，默默耕耘十余载。显然，这是一个十分冒险的选择。大著即便完成，谁能保证一定成功？他一定知道，世界上被埋没的作家大有人在。他甘愿拿后半生的命运来搏一回。

这位学者，即西北大学法律系原业务副主任孙皓晖教授。他创作的巨著是长达五百万言的历史小说《大秦帝国》。当代中国尚有为实现崇高理想如此执着的知识分子，此乃国之大幸也。

由于工作关系，笔者有幸结识了学者作家孙皓晖。2004年9月，我受命担任河南文艺出版社社长。未料，我上任后收到本社作者的第一封信，竟然是孙皓晖致出版社要求解除出版合同的函件。接着，又收到了律师函，内容大同小异。函件中提出解约的主要原因是出版社违背合同第五条"乙方如需对作品进行删节，应征得甲方同意并书面认可"的约定，"在作者强烈抗议下仍一意孤行地恶改、错改书稿"。作者去信、多次电话交涉，出版社又一直不予答复。我们通了电话，我承诺改正错误，但仍解决不了问题。孙皓晖坚持解约。我感到事态严重，只有去一趟海南了。

渐渐得知，孙皓晖与出版社的裂痕已久，按照原合同，第四部书稿早已到了交付期，但他迟迟不交。我虽刚到文艺社，但对《大秦帝国》并不陌生。因为此书第一部《黑色裂变》2001年由河南文艺出版社出版后，获得了本年度"河南省优秀图书"一等奖，而我正是评委之一。评委们对这部书的高度评价给我留下了很深的印象。读这部书有热血沸腾之感。它迫使你一口气读下去，欲罢不能。读完全书，心潮又久久不能平静。它让你对大秦的先贤们肃然起敬，为有这样的祖先而骄傲。他们的名字大都耳熟能详，但当他们活生生的血肉之躯呈现在你眼前时，你又会感到几分陌生。《黑色裂变》让我们目睹了秦国由弱变强的历程，也让我们对商鞅、秦孝公变法强国的历史性贡献有了真切的了解。他们是中华民族应该永远铭记的英雄。这样一部可遇不可求的好书如果在我的任期内丢掉，岂不是罪过！

12月11日，我与河南出版集团管委会副主任王成法及我社图书策划部主任杨吉哲同行，飞往海口，专程拜访孙皓晖，探讨就《大秦帝国》一书继续合作事宜。

我们在西海岸海鲜大排档露天餐馆用晚餐。我们一边吃着海鲜、喝着啤酒，一边聊天，一直聊到凌晨2时，颇为投机。说是聊天，实际上是一个有主题的沙龙，所谈内容都与《大秦帝国》有关。主讲人孙皓晖，对话人王成法，我与杨吉哲是倾听者，只是偶尔插话。孙皓晖谈他的创作理念，妙语连珠，遗憾的是我当时未带笔记本，未能将妙语记下。王成法是《大秦帝国》的知音。出版集团成立前，他任河南省新闻出版局图书管理处处长。每年的图书选题论证、优秀图书奖评选，都由他组织。他熟知《大秦帝国》，且有独到的理解，将它与我省杰出人物画家李伯安表现藏族宗教精神的巨幅作品相提并论，认为两者异曲同工。我当面向孙皓晖坦然承认出版社的过错，请他相信，我们会全力以赴做好后续工作。

身边是深不可测的墨蓝色的海水，浪涛翻滚，像在倾听我们交谈，又像在为孙先生心中的波澜作诠释。

翌日上午，我们去孙先生府上拜访，参观他的书房，话题依然是《大秦帝国》。一间宽敞的书房，藏书有数千册，有不少古典书和工具书。看来，他把西安的家当

孙皓晖与夫人马丹

都搬来了。他离开西安已7年，因为辞职，学校分配新房时已把他排除在外。在这个纯粹的学者之家，孙夫人马丹是全职太太，平日去市场采购、做一日三餐，并承担收发、打印和一些秘书类的工作。孙皓晖是幸运者，遇到一个小他18岁、温柔纯情的江南女性。马丹的父亲是化学教授，她本人毕业于冶金学院建筑专业，原在西安城建局下的一家公司工作。为了支持孙皓晖，她毅然辞去工作来到海口，甘心做全职太太。为了不让丈夫分心，她甚至放弃了生育的机会。下午，由杨吉哲与孙先生就合作细节单独协商。之后，我们共同研究，达成了继续合作的意向，待回到郑州后在网上进行合同的修改。13日，我们启程返回郑州。这是一次纯粹的工作访问，年终将至，工作繁忙，我们无暇观景。马丹驾车送我们到机场。

因为杨吉哲工作头绪多，出版合同未及时写出，事情有了微妙变化，孙皓晖对合作又产生了动摇。他委托北京的代理人给我打电话，探讨解除合同的可能性。我一口回绝。不放弃出版权是我的原则，即便诉诸法律。看我态度坚决，代理人提出了第二方案：与发行实力较强的出版社合作出版。这个方案我即刻同意。我理解作者的苦衷。书的发行量大小，不仅影响读者群的多寡，更影响作者的收益，更何况是靠稿酬生存的作者。依我的理解，成功的出版应该是作者、读者与出版方的三赢。我十分清楚河南文艺社当时的发行能力，发展壮大又非一日之功。我猜想这或许是作者信不过的重要原因。他提出三个社让我选择：三联、春风文艺、长江文艺。我选择了后者，因为长江文艺社的周百义社长是河南人，我熟识，而且他是我尊敬的出版家。

二、独爱《战国策》

我们来到武汉，与周百义签署了合作出版合同；又与北京一家文化公司签署了三家合作发行的合同。

《大秦帝国》第四部交稿，进入紧张有序的编辑出版流程。

2005年8月31日，在北京国际图书博览会召开之际，两家出版社、合作发行的文化公司及新浪网读书频道在北京新世纪饭店联合召开了新版《大秦帝国》及网站开通发布会，首都及全国各地数十家媒体参加并报道了发布会盛况。《大秦帝国》前三部作了修订，一至四部同时推出；重新设计了红色基调的封面，以便与原版黑色基调的封面相区别。

中断了两年之久，《大秦帝国》又成为读书界的热门话题。

由文化公司安排，我和责编许华伟入住北纬四十度大酒店。这是位于海淀区长椿桥路一家开业不久的四星级酒店，条件很好，没有单间，全是家庭似的套房。孙皓晖应文化公司之邀，亲任《大秦帝国》电视剧第一部的编剧，在此打磨剧本，已居住了一段时间。连续多日，白天，我和许华伟去会展中心参加书博会的活动；晚上，则来到孙皓晖的房间神聊。我不失时机地向他请教。他对中国原生文明作出这样的解释：（1）全面法治社会。（2）确立了中华民族的生存框架（国家、郡、县三级管理，至今不变，且为西方国家仿效）。（3）求变图存。大秦帝国的核心精神是强势生存，这与达尔文进化论的精神一致。他认为儒家的政治是复辟，守旧，阻碍国家的发展。我说，大家都说寻根，但寻什么根，什么才是根，很多人并不清晰，大秦就是根。他十分赞成。他说，儒家的《三字经》宣扬"人之初，性本善"。性善还需要法律吗？人性有善和恶两面。法律起源的依据是人性恶。因为恶才需要法律。荀子的性恶说是秦朝制定法律的基础。他希望我能写一组战国人物的散文诗，并拟出了名单。我说，任务太沉重，毫无准备，难以胜任。他也希望我能深入研究关于大秦的话题，适当时候做一次对话。

某日晚，他电话请来中国人民大学哲学院教授、博士生导师牛宏宝一起喝茶聊天。牛教授也是陕西人，曾是他在西北大学时的同事。两人学问旗鼓相当。这是一次难得的高水平学术对话。聆听和提问者除了我、许华伟，还有来京参会的《海南日报》文体记者蔡葩等人。这次我作了笔记，记下了他们谈话的要点。

我问："孙先生是什么时间萌发写《大秦帝国》的想法的？"

孙："大概在90年代初。我本来是搞经济法研究的，写过一部80万字的《金色的农业帝国——中国经济法制史》，但至今尚未出版。在写这部书的过程中我对秦史产生了强烈的兴趣，想写一部全面表现秦国崛起的书。我觉得能承载巨大思想容量的文学作品的影响力肯定比理论著作大。最终，我选择了文学的方式。'9·11'事件后，有个网友说，全世界只有美国人和中国人具有天下意识。此话有一定道理。中国人的天下意识源于先秦。《金色的农业帝国——中国经济法制史》是从比较中国神话和希腊神话的差异展开的。中国神话都以人为原型，西方神话则全是虚构，现实世界中没有的。

"历史小说是当前最有前途的体裁。中国有强大的史学传统，这个传统从未断裂。站在当代文明的角度，中国古代每一段的历史都值得重写。春秋战国、三国时期、隋之前的魏晋南北朝，写出来价值都不在《大秦帝国》之下。当代历史小说的弊端是缺乏历史高度和深度，缺少脊梁骨的东西。我比较看重《金瓯缺》，它的成功之处是写出了一种精神。写南宋时期的抗金，写岳飞，写军营，都非常真实。徐兴业有历史功底。第一部印象极深，细节刻画很成功。书名本身就有很好的立意。《李自成》的立意低于《金瓯缺》，从阶级斗争的角度来写，缺乏思想高度。二月河的小说我喜欢看，有评书的意味，市井化，很好看，但缺少精神高度，标为落霞系列，实际上没有表现出来。我不喜欢《白门柳》，里面写到柳如是。有人曾建议我写，我不愿写。王安石值得写。列宁说过：'王安石是中国11世纪时的改革家。'《张居正》有立意，但缺少高度。张居正的用人之道不错，为何不用海瑞？用循吏不用廉吏？我写《大秦帝国》，创作理念十分清晰，一以贯之。"

他的话令我吃惊。他对目前有影响的历史小说不但都读过，且都有自己清晰的评判。他对《大秦帝国》充满自信，自信来自清晰的历史观。他自觉站立在思想的制高点上。

牛宏宝说："古代有两部书，一部《战国策》，一部《世说新语》，一直诱惑着文人。宋以后，文人的案头都放着《世说新语》，真气、放诞、率真。《战国策》体现的是古代士的成分，与儒家的士有很大的不同。天下意识是战国时形成的，后来的士追仰又一直不可企及。儒家在五四运动以后彻底破产。《世说新语》是宋以后文人的梦想。"

孙皓晖接过话头："我不喜欢《世说新语》，喜欢《战国策》，喜欢醍醐灌顶的东西。儒家从诞生起就是有原罪的。董仲舒三次上书，一直强调儒家的教化功能。"他转而向牛提问："中国有没有你推崇的思想家？"

牛："没有。孔子只下断言，对提供的理论没有论证。西方的柏拉图有论证，层层剥茧。"

孙："《商君书》是有论证性的。"

牛："可以把书分为两类，案头看的，躺在床上看的。中国的书大都是可以躺在床上看的，从来不让你判断，即使有对现实的批判，也都是局部的。从来没有一本书总结中国的廷议制度。"

孙："因为没有言论自由，才有廷议制度。忘记了中国的根！廷议制度是思想萎缩之后才有的制度。"

牛："士可以分为两大类：战国时期的士和后来的士。"

孙："战国文化是空前的，今天仍在启迪着人们的行为规范。如果用当今的高度去找缺陷，它是不民主的、专制的。战国是产生思想家的时代，现在产生不了思想家。"

由于喝了不少的茶，大家都很兴奋，一直聊到凌晨。

一个突出的感受：这位独爱《战国策》的当今士人有着强烈的战国士的遗风。他不仅自己传承战国士，还要做春秋战国的传教士。

三、高平访古

2007年6月13日，我与许华伟陪同孙皓晖，由郑州经焦作去山西高平市，访问长平古战场遗址。高平，战国时称长平。1993年5月撤销高平县，设立高平市。高平境内历史遗迹甚多。发生在战国时期的长平之战，是中国古代史上规模最大、战况最为惨烈的著名战例之一。长平之战40年后，秦始皇统一中国。《史记》《资治通鉴》等史书对此战虽有记载，但都是一笔带过，语焉不详。历朝历代对长平之战的遗址有所考证，但均无具体成果，更没发现一处成规模的尸骨坑。1995年，高平市永录村村民李珠孩在自家梨园里锄地时意外揭开了谜底，沉睡了两千多年的长平古战场终于重见天日。

高平市丹朱岭旅游开发公司打算把古战场遗址开发成旅游线路。这家公司老总李随旺是《大秦帝国》的粉丝。他在网上发现了孙皓晖的博客，便留言邀请孙皓晖去高平看看，帮助策划旅游开发。孙先生说，访问长平古战场遗址是他的一个梦想。《大秦帝国》第三部《金戈铁马》全面描写了长平之战。他是依据诸多文献和史学家的踏勘资料，加以历史逻辑的推理与艺术想象写出的，并未到过实地考察。去高平，是孙先生的梦想，也是我与许华伟的梦想。我们有幸与孙先生一起，共同实现了这个梦想。

当日下午，公司副总李建平在高速公路出口处迎候我们。然后，我们入住友谊宾馆。蒙蒙细雨中，我们将城区几家书店逛了个遍。市书店售有多部河南文艺版的图书，席殊书屋有售《大秦帝国》。晚上，李总请客。他专门请了高平长平之战的热心研究者李玉振、李俊杰父子作陪。李玉振已76岁，是老兽医，退休后成了考古迷，乐此不疲。儿子追随父亲，更加痴迷，几乎每逢双休日都要下乡收集资料，研究地名沿革。他发现有70多个地名与长平之战有关，历史文物随处可见。父子俩研究成果丰硕，已成为当地民间考古名人。李老先生带来一本影集，内容全是父子俩的考古藏品照片。席间的主要话题皆围绕这本影集。老先生说他有两大发现，一是发现一具干尸，胸前有中箭痕迹，他怀疑是赵括尸体；二是在民间购得一把出土长剑，他认为是古赵国军剑。众人皆称奇。

饭菜都是当地口味，其中一道被称为长平名吃的烧豆腐——"吃白起"给人的印象尤深，民间又称白起豆腐。其做法特别：将豆腐切成二寸见方、一寸厚薄的小块，然后用铁制"火筷"将豆腐夹住悬在火头上翻来覆去地烘烤成金黄色，另外用蒜泥、姜末配豆腐渣搅拌成糊状作佐料；最后用特制的砂锅放上水在慢火上将烤黄的豆腐煮热，边蘸佐料边吃。其皮黄肉白，内松外筋，口味辣而不辛，清香利口。民间有诗流传："千刀万剐白起肉，火烧水煮煎个透。白起脑浆为佐料，意为赵卒报冤仇。"此诗便是对这道菜的诠释。此菜相传始于长平之战之后，千百年来，一直负有盛名，是当地酒席宴上不可或缺的食品。长平为战国赵地，白起坑杀赵军40万人，当地人痛恨白起，所以有此传说。

但是，孙先生只尝了尝，没有吃完。据孙先生后来的说法，这一小吃在外地的山西饭馆里看不到，更听不到"吃白起"这个名称。山西史学研究机构也曾有公开文章，主张应该清楚地认识到秦统一中国是一种进步文明对中国的统一，不能站在褊狭的地域立场上去研究战国后期的统一战争。孙先生自己也曾经多次在讲演中提到这一理念；在陕西的诸多讲演中，他也清晰地主张应抛弃"历史自大"的地方主义，从世界精神遗产的意义上审视秦帝国时代。这种种理念，也许是孙先生对"吃白起"未曾流露的评价——这是一种展现了褊狭的地方主义历史价值观的小吃，应予改进。

说起遗址开发，李总说公司有此想法，但尚未拿到项目开发权，正在争取。现有的线路很简单，是政府下面的旅游公司经营的，远未形成气候。孙先生把他为遗址开发写的构想交给李总，李总连声称谢。孙先生认为，长平大战是兵法运用的最高典型，在世界战争史上占有重要地位，古战场遗址值得大规模开发，但要以正确的历史观作先导才有意义。长平属于上党。秦国争夺上党是从战略需要出发的。当时有人断言，如果秦占领上党、太原，就等于占有天下的一半，由此可以立足上党，置三晋于死地，灭齐、楚于一旦。长平之战，赵军45万将士全军覆没，"秦卒死者过半"，无论战胜国还是战败国，都付出了惨重的代价。此战对日趋衰落的赵国来说是元气大伤、无法挽回，而对方兴未艾的秦国来说，则利大于弊。由于秦国长平之战大获全胜，从而取得了统一六国的制胜权。赵国从此一蹶不振，逐渐走向衰亡。从加速中国历史发展进程而言，长平之战有其历史性的贡献。如果开发点只着力于展示"杀降"一面，陷入"暴秦"的道德评价，其开发的意义就会大打折扣。

餐后，我与华伟来到孙先生房间，分析目前市场走势，探讨下一步《大秦帝国》的运作方案，一直议到凌晨1时。

14日上午，我们由李总和李老先生陪同，踏访古战场遗址。第一站先到谷口村。谷口初名杀谷，后改名哭头、省冤谷，民国时改为现名。相传，长平之战后期，白起将大批赵军降卒坑杀在这个山谷里，所以老百姓把此地称为杀谷。该村内有白起台，相传白起曾在此调兵遣将，攻杀赵军。大战之后，这

考察长平古战场（上图）　左起：王幅明、李玉振、孙皓晖、许华伟。
电视剧《大秦帝国》发布会（下图）　左起：卢勇、侯勇、孙飞虎、孙皓晖、黄健中、高圆圆、王志飞。

里夜间常闻鬼哭狼嚎，人们又把此地叫做哭头。唐玄宗做潞州别驾时，一次路过高平，听了白起坑赵的传闻，看到白骨惨相，遂命县令收殓遗骸，在村中修建骷髅庙一座，并让和尚来这里做道场，超度亡灵。从此，将杀谷改为省冤谷。我们沿途看了骷髅庙、箭头村、三军村、长平驿遗址、永录村。永录村建有"长平之战古战场——永录遗址展示厅"，对外开放。厅内主要展示当年发现的尸骨坑。由于资金不足，本地接受了一家日本企业的捐助。日本人为何捐助此项目？谁也说不明白，但给人心头带来一片阴影。沿途地名均有明显的古战场痕迹，如：箭头村是秦军包围赵卒的中心地段之一，曾有农民在地里挖到战国时的戈头、箭头等兵器，故得名；三军村又名参军村、参村，相传长平之战时秦国的三军司令部曾先后驻扎于此，为纪念这一史实，故命名为三军村。

随后，我们顺路去了赵国故都邯郸，参观丛台遗址；又在安阳停留，看了殷墟。这两个地方，都有不少战国故事。孙先生对此行颇为满意，笑称我们是"战国三地游"。

回到郑州，出版集团领导宴请孙皓晖，并郑重表态，集团决定成立《大秦帝国》项目组，全力做好该书的发行及后续开发。

四、看校样泪眼蒙眬

周百义到长江出版集团任职后，长江文艺社的主要领导变动频繁，3年内变动了两次，《大秦帝国》的发行受到一定影响。而我社一直将《大秦帝国》列入"社长工程"，由我直接负责。社里成立了项目组，许华伟为项目人，赋予许华伟一定特权，倾全社之力，做好这一品牌。经过两年多的合作，孙皓晖对我们的工作给予首肯，有意让河南文艺社独家操作。可这话我们不好说。两家出版社是合作伙伴，相处一直很好。我在社内提出向长江社学习，还请周百义到社内作过报告。

2007年，长江文艺社新社长刘学明上任。时值《大秦帝国》五、六卷已完稿，全套书已进入出版流程。11月30日，合作三方约定，在郑州讨论下一阶段的合作模式。令我没有想到的是，刘社长十分大度，在孙先生和北京文化公司提出终止目前的合作时，他表示尊重大家的意见。但他又说，回去后还要给集团领导汇报。孙皓晖说，他会直接打电话说明情况，不会让刘社长为难。收回《大秦帝国》版权，打造独有品牌，也是前不久改制的中原出版传媒集团领导的要求。12月3日，我与孙皓晖签订了新的图书出版合同，同时签订了解除两份原合同的确认函。我社预支作者200万元版税。这创造了河南文艺社的历史纪录。这个数字大约是销售5万套简装书作者可以得到的税后版税。对此，我们心有疑虑。孙先生明白我的担心，主动提出在合同里写明，如合同期满，销售未达到5万套，合同继续生效。这是他站在出版社的角度提出的，以规避可能出现的风险。而经过我们的努力，至2010年底两年多时间里实际的销售已突破了10万套。

2008年2月下旬，我与许华伟一起去南方。不想节外生枝，长江文艺社提出，若要解除合同，则尚未结算的孙先生的20余万元版税就不能支付了；同时，两社之间的结算，我们还要支付一大笔"补偿费"。也就是说，若要出版权成立，我们和孙先生眼下都得蒙受相当大的损失。我社方面，目标上下统一，我与许华伟更不动摇，还好说；可孙先生呢？本来他已经长期没有固定工资了，哪能放弃如此大一笔版税？显然，此事有些难办。许华伟提出，先给孙先生打电话，实话实说，看孙先生自己的意见。结果，孙先生在电话里几乎没有什么犹豫，立即同意放弃剩余版税，让我们签合同。后来，孙先生自己说，他对《大秦帝国》的社会需求与市场前途有充分的信心，一大笔钱固然重要，但全套书的顺畅出版更重要。

对此，当时的我们虽然依旧有顾虑，但在总体上与孙先生是同步的。处理了有关《大秦帝国》原合同的善后事宜，《大秦帝国》的出版权全部回到了河南文艺出版社。但同时，我社承担了不菲的经济代价。许华伟说："王社长，《大秦帝国》成本很高呀，如果发行弄不好，做失败了，我们俩就是河南文艺社的罪人啊。"我说："是的。我们只有背水一战了，只能成功，不能失败！"

3月初，孙皓晖来郑州，审看五、六卷的校样。这次孙先生逗留时间较长，使我有机会多次陪同，一起去吃他情有独钟的合记烩面，还陪他看了古商城遗址、城隍庙和百年德化街等古迹。某日晚间，我们有一次长聊。巨大的工程即将竣工，小酒下肚，颇多感慨。他向我详细诉说了《大秦帝国》的创作经过。

孙皓晖与笔者同岁，都是共和国同龄人。他小我一个月。孙皓晖1949年11月出生于陕西省三原县西阳镇一个村庄。他的家乡就在战国时期的古郑国渠畔。少年时代他常听老辈讲述与秦汉有关的传说。老人们讲的故事使他先于课本知道了秦。中学毕业后，他做过乡政府、县委、地委公务员。在咸阳地委宣传部工作时，他还特意到郑国渠首即今日泾惠渠首认真访问过，拍下了不少照片，萌发过写郑国渠的计划，后来看到有人已经写过，方才作罢。那时，他没有想到十多年后他会写大秦帝国的兴衰史，修建郑国渠仅仅是这部交响乐中的一串音符。高考制度恢复后，他于70年代后期就读于陕西师范大学政教系政治教育专业，后在省委党校上研究生班，研究《资本论》。两年后毕业，他参加省里组织的四人写作组，与省高级法院的三位专家一起，进入刚刚兴起的经济法学研究领域。1982年初，他们在《中国社会科学》发表了长篇论文《论经济法调整对象》，提出了一种新思维的研究方法，在法学界引起反响。随即，孙皓晖代表四个作者应邀参加了国务院召开的"全国第一次经济法工作会议"。此后，他调进了西北政法大学，任经济法教研室（系建制）副主任。

1983年底，他去北京参加法科学研讨会，讨论科学与政治的关联，写下了论文《论法制对科学的推动》。后又参加杭州一个座谈会，他的《法人制度出现对社会发展的推动》的发言，引发高层人员的关注。其中一句话"中国改革离开法治，就等于猴子掰苞米"惊动了媒体，被多篇报道引用。1987年，他调入刚刚恢复法律系的西北大学，任法律系分管教学和科研的副主任，成为该系经济法专业的奠基人之一。授课之余，他全力以赴梳理资料，开始《金色的农业帝国——中国经济法制史》的写作。1988年春，他被评为副教授。1990年，他被评为首批享受国务院特殊津贴专家。

他在经济法界是自立学派的人物。他主编过教材《经济法学原理》，还开创了当时颇为新颖的知识产权法课程。他在写作过程中对秦帝国有了新的理解，发现春秋战国时期是文学界尚待开采的一座金矿。

他投入《大秦帝国》的创作，源于80年代兴起的改革大潮。当时流行两个文化思潮，都对中国文明持批判立场：一是《河殇》为代表的黄色文明不如蓝色文明论；二是《丑陋的中国人》为代表的中国文化酱缸论。这两种观点他都不赞同，但又无法批驳。他强烈感觉到春秋战国时期变革图存的大潮与眼前的改革大潮有某种契合。他找到了古典法制之源：秦是中国五千年文明史上唯一的古典法治社会。他突然产生一种天将降大任于是人的意识。他意识到，之前所做的一切事情，都像是在为他即将要做的一件大事做前期准备和铺垫。

90年代初，孙皓晖开始构思《大秦帝国》136集文学剧本，1993年动笔，1998年竣工。第一部26集，全是业余时间写的。西安电影制片厂关注这个剧本，决定拍摄，还报到省委宣传部，定为"五个一"工程，终因资金不足、筹集困难等原因搁浅。1996年春节，分管文教的副省长到西北大学给3位教授拜年，孙皓晖是其中之一。他听了孙的汇报，当场表态支持，通知校方给予孙两年的创作假。剧本完工后，孙皓晖萌发了一个更大的想法：写长篇小说。他意识到，现有剧本远远不能再现战国时代的真实风貌。孙皓晖认为，自己的理论功底强于文学功底。正是理论功底帮了自己。如果没有法学研究的经历和现代法学素养，自己就无法解析古典法治的历史内涵，也很难写好商鞅变法等重大事件。

海南一家大企业欲向文化产业转型，当时有一个《郑和下西洋》的电视剧项目邀请孙皓晖当项目策划兼编剧。因此项目，他有机会去了一趟海南，从此他便爱上海南。这里清静，每人各干其事，互不干扰，是写作的天然良港。他决心留在海南，完成他的大任。他毅然办了辞职的手续，把藏书和家当全都运到海口。这期间，河南文艺社的老编辑蓝纪先打过电话，询问他写作进度，并给予鼓励，表示可以分部出版，写出一部出版一部。从1998年孙皓晖定居海口，潜心写作长篇历史小说《大秦帝国》第一部，到2008年全套书出版，历时11年，加上写文学剧本的5年，整整16年。后来媒体称他"16年磨一剑"。

《大秦帝国》与以往写先秦的作品有四点明显不同：（1）独有的文明史理念和精神高度。（2）写历史重要阶段发展的全过程。以往的作品多写零碎的人物或事件，与时代割裂。（3）挖掘了先秦时代"变法强国""变革图存"的内涵，与当代的时代精神高度契合。（4）对文明根源的审视和呈现。

全书写完，他有全身失重的感觉。他在书桌前一坐就头疼，此状态持续两个多月才逐渐消失。为写《大秦帝国》，孙皓晖几乎耗尽了全部的心血。十多年间，他的精神一直处于亢奋的状态。现在，他在宾馆静读校样，依然热血沸腾，读到伤心处，禁不住泪眼蒙眬。

全套大著即将问世，他第一个要感谢的人是爱妻。爱妻为了他的事业作出了许多牺牲，对他倔强的性格总是给予默默的包容。我想到"一个成功男人的背后"这句箴言。他们的组合可作雄辩的印证。我甚至妄作臆测：孙皓晖笔下的某个血性奇女子，其灵感或许来自马丹的身影？

临别，为祝贺《大秦帝国》竣工出版，我写了一首诗赠送孙先生：

千古历史任评说，孙君最爱《战国策》。
二十寒暑不寻常，五百万言城一座。
黄钟大吕颂大秦，荡气回肠唱浩歌。
强势生存文明源，先贤精魂照山河。

五、朝阳与落霞

2008年4月下旬，在郑州举办的第18届全国图书博览会上，500万字、共6部11卷的长篇历史小说《大秦帝国》全套推出，成为豫版图书的夺目亮点；河南文艺出版社与新浪网联合策划举办的"朝阳与落霞：华夏文明的历史命运——关于《大秦帝国》与'落霞'系列的巅峰论坛"，更是吸引了全国数十家媒体的聚焦报道，被内行人誉为营销活动的精彩案例。

河南文艺出版社曾因出版二月河的《康熙大帝》《乾隆皇帝》而闻名，此次再因出版孙皓晖的《大秦帝国》备受关注。为引导读者对二月河、孙皓晖两位作家的著作做深度解读，由此感受中华民族历史文化的血脉，探寻中华民族的文明之源，也为4月26日在郑州开幕的18届书博会加温，我社和新浪网读书频道共同策划了这次活动。想法最早来自总编辑单占生和新浪网的毕建伟在北京的一次思想碰撞，并立即得到双方首肯。后由许华伟和孙皓晖共同拟定了活动的提纲。

活动为何在南阳而非郑州举办？主要原因是尊重二月河先生的意见。我在电话中把此次活动的想法告诉二月河后，他十分支持，但提出最好在南阳举办。随之，我和许华伟专程去了南阳，把对话提纲交给二月河，又去南阳师院落实具体事宜。

2008年4月25日下午2点20分至4点半,"朝阳与落霞:二月河、孙皓晖'秦清对话'"在南阳师范学院学术礼堂举办。中央电视台的陈斌担任主持人。这是一次生动活泼、高水平的学术对话。现场气氛活跃、高涨。南阳师院中文系师生和来自全国各地媒体的数百人聆听和见证了这次学术盛事。

两位作家就巨著的诞生、帝国与帝王、阴谋与阳谋、戏说与虚构、短命与长寿、上升与下落等话题展开了精彩的交锋。二月河用"君住长江头,我住长江尾"一句古诗,巧妙地形容《大秦帝国》与"落霞"系列之间的关系。他认为康熙、雍正、乾隆三个是一组,叫做"回光返照组"。整个历史就是一个抛物线,秦王朝可以看作是抛物线刚上抛的时候,产生激烈的、灿烂的火花;到了康熙、雍正、乾隆时期,抛物线开始下落。下落也是美丽的,给人一种流星般的灿烂的曲线美。孙皓晖表示,写作《大秦帝国》,首先基于一个情感。他说,秦国历史被淹没的时间太长,扭曲变形太大。一个极端是秦始皇的"暴政"。这个时代更激发我们探索的欲望,这段历史在年轻人的心目中很神圣,是一个值得探索的时代。两位的巨著,他们最喜欢对方作品中的哪些人物?孙皓晖说他最喜欢《康熙大帝》,认为这部书写得最有想象力。二月河说他最喜欢秦始皇,认为他气派大;从宏观的雄才大略和实力而言,没有人能比得过他。

主持人请我为"秦清对话"作总结陈词。

我说:"……我想通过这次机会介绍一下孙皓晖先生,因为二月河先生已经大名鼎鼎。过去有老话,南阳自古多名士,二月河先生就是南阳当代杰出的名士!他不仅是我们南阳的名片,也是河南的名片、中国文化界的名片。孙先生因为他的书没有全套推出,只是一部分读者熟悉。我想借此机会简单介绍一下。孙皓晖先生也是我们非常尊敬的一位作家。他是西北大学法学系的副主任、教授。他在研究先秦法治史时萌发了创作《大秦帝国》长篇小说的冲动。为了集中精力创作这部著作,他辞去教学工作,一分钱工资不拿,做了一个自由创作者,潜心在海南写作十多年。过去我们知道巴金先生、傅雷先生是不拿国家工资的作家、翻译家,孙先生也是一位不拿国家工资靠稿费为生的作家。他主要是为集中精力、潜心写作这部书。应该说他把后半生的主要精力都放在这部大书的写作上了……"

据新浪网读书频道主编陈诗莹介绍,他们到北京以外如此远的地方进行实况直播,还是第一次。而直播现场又创造了新的"第一":当时新浪网在线观看视频的全球观众高达4万人,由于同时在线的网友太多,服务器承受不了,突然中断了几分钟，画面只有声音，没有图像。工作人员发现后才作了技术处理。事后，新浪网高层对读书频道的这次活动给予了肯定和表彰。

"秦清对话"取得了巨大的成功，二月河诙谐，孙皓晖庄重，二人有庄有谐，相得益彰。他们令人折服的学者风范及深邃思想都给与会者留下了深刻的印象。令我感到惊异的是，二月河对秦的评价与孙皓晖有不少相近之处。会后安排记者去卧龙岗采风，但不少记者出于敬业精神，为了及时发稿都放弃了参观。晚饭时，孙皓晖夫妇对我的即席讲话表示了首肯。马丹说，去海口时，很少见你讲话，今天一听，想不到讲得这么好！我说，你过奖了。

26日上午翻看郑州报纸，发现关于"秦清对话"的报道铺天盖地。多家报纸用了整版。《大河报》《东方今报》《郑州晚报》等报纸都从新浪网摘编了"对话实录"。有些细心的记者在对话现场发现了有趣的细节，用了《"光脚"与"烟斗"的交流》的小标题。文中说："二月河衬衫长裤，脚蹬皮鞋却没穿袜子，对话时操一口地道的南阳话，谈吐不失诙谐幽默；孙皓晖则着白色夹克，戴近视眼镜，手中把玩一支精致的烟斗却并不吸烟，讲着不太流利的普通话，让人感觉到他的学者气度。"（见该日《东方今报》）上午是书博会开幕式，媒体的轰炸性报道使《大秦帝国》先声夺人。两天内，在全国发表的关于《大秦帝国》的消息和文章多达百篇。当日下午，河南文艺出版社在国际会展中心主会场举行了《大秦帝国》新书发布会。孙皓晖与到场的全国30多家媒体见面，并介绍了他的创作理念。之后，媒体又从不同角度报道了《大秦帝国》的出版情况。27日至28日，孙皓晖连续两次在出版社展台签售，气氛热烈，场面感人。购书者上至80多岁的老太太，下至10多岁的小姑娘。还有一个女出租车司机，特意为上中学的儿子买了一套。印刷厂刚刚装订完毕，提供给展台的一百余套精、平两个版本的图书（平装定价369元，精装定价880元）全价一售而空（这是书博会全场唯一不打折的图书），可见《大秦帝国》的超高人气。

29日上午，为使我社全体员工加深对《大秦帝国》内涵的理解，以便做好后续的发行，我们特请孙皓晖来到社内，作了关于《大秦帝国》创作理念的学术报告，并与大家互动，回答了大家的提问。之后，员工排队让孙皓晖在《大秦帝国》书上签名，持续近一个小时。

午餐前，他来到我的办公室稍坐。我请他在我的留言本上题词，他写道："幅明兄任职河南文艺出版社社长以来，以《大秦帝国》为标志，将河南社锻铸为能将大型海船推向深海的深水码头，这是河南文艺社的王幅明时代！孙皓晖。2008年4

月29日。"合作只有3年多，就赢得孙先生如此鼓励和褒奖，令我深感欣慰。我深知这是友情和鼓励，清醒意识到目前只是有了一个良好的开端。大型海轮已经进入深海，它到底能航行多远仍然是未知数。严峻的考验还在后面呢。我相信"事在人为"这句千古箴言。数日后，统计出《大秦帝国》的首批订货达到13000余套，码洋500余万。本次书博会取得了河南文艺出版社建社以来单书订货和整体订货的双重最好成绩，可谓首战告捷。

5月2日晨，起床后我草就俚诗一首，以贺二月河、孙皓晖"秦清对话"成功举办，在孙皓晖夫妇离郑前，写出赠给孙先生。诗曰：

宛城学子喜气洋，众聆秦清大讲堂。
朝阳落霞一江系，庄谐畅论兴与亡。
文明正源战国溯，民族复兴靠铜墙。
名士风范两师表，妙语天惊总难忘。

我不通音律，只能自称俚诗。自己一而再地献丑，并非刻意为之，胸中有言涌动，不发不畅也。

六、说不尽的大秦帝国

为扩大《大秦帝国》在社会各界的影响，2008年9月到12月初，孙皓晖、许华伟及社内宣传和发行人员一行在广州、深圳、珠海、

孙皓晖给王幅明的题词

王幅明赠孙皓晖书法

西安、郑州等地做了一系列与读者交流的活动。每到一地，都少不了孙皓晖的大型讲座或与书店员工和读者的座谈，主题只有一个：大秦帝国与中国原生文明。

12月上旬，孙皓晖在郑州与我们共商2009年出版典藏版及首发式事宜，并参加由大河报社、《领导科学》杂志社、河南文艺出版社联合主办的"大秦帝国的兴衰与政治智慧"研讨会。研讨会于12月14日在河南省社科联举行。来自省会各界的专家从不同的方面研讨了《大秦帝国》蕴含的政治智慧以及对现代的借鉴意义。研讨会上，孙皓晖语出惊人，提出官员应该虚心学习秦始皇的"事功"精神。"国家忠臣越多，这个国家就灭亡得越快。"他说，他写《大秦帝国》，最值得自豪的是对政治智慧的充分表现，换句话说就是权力运行的法则和艺术，这是中国原生文明最核心的社会成果。总结起来，大秦帝国有三个基本点，即"事功""奉法""阳谋"，这三点值得当代所有官员虚心学习。"事功"就是做事。现在的很多官员很浮躁，满门心思搞关系，哪有时间办事？"奉法"就是遵守法纪，而忠臣只忠于主子、皇帝，放到今天来说，就是只忠于上级领导，他们的共同缺点就是不遵守法度，这样的忠臣越多，社会就越乱。秦国为什么会出现大文明？因为羁绊较少，社会崇尚"阳谋"。孙皓晖认为，阳谋和阴谋相对，是政治是否健康的标志，一个国家崇尚阳谋还是阴谋，关乎这个国家的兴亡。

我们一起策划了《大秦帝国》典藏版图书的出版和发行。自公元前221年到公元2009年，秦统一中国2230周年，这是一个具有深刻文明意义的历史年份。两千余年来，中国没有以任何形式纪念过这一文明转折点。以呈现新版文学著作与召开研讨会的方式纪念秦统一中国，可以说是河南文艺出版社的创新。我们推出的统一典藏版图书具有独特的宣传视角与收藏意义，只制作2230套，绝版发行，每一套都是唯一的，均有作者和出版者签名。我要求许华伟尽量找到不褪色的笔墨，以保证存放久远。经过咨询，他买了进口的派克签字笔和特制的笔芯。4月17至18日，是令人难忘的两天。我们4人一早便来到瑞光印刷厂，坐在一个流水作业台前，轮流签名。每人的题词各不相同。孙皓晖的"中国文明正源"几个大字力透纸背，我与单占生、许华伟分别题了"饮水思源""梦回大秦"和"利泽长久"。为在两天内签完2230套书，每天都到深夜才收工。说不劳累是瞎扯，但心情极为舒畅。也许过了若干年，后人会理解我们的良苦用心。

2009年4月21日，中国作家协会创研部、《文艺报》、中国现代文学馆、河南文艺出版社、河南省文艺评论家协会、陕西省作家协会联合在北京中国现代文学馆举行"纪念秦统一中国文明2230年，历史小说《大秦帝国》典藏版首发式暨作品研讨会"，由中国现代文学馆常务副馆长李荣胜主持。中国作协副主席陈建功为研讨会发来了贺信，认为《大秦帝国》虽为小说，却体现出作家深厚的文化积累和深邃的历史见解。《大秦帝国》恢宏雄健，通过对政治家秦始皇和改革家商鞅的形象塑造，寄托了作家对历史的思考与发现。二月河看好《大秦帝国》。他在书面发言中说，基于《大秦帝国》所蕴含的丰富的文化含量、所立足的文明史的创作高度，完全可以说，这是一部经得住时间考验的作品。雷达、胡平、范咏戈、雷涛、周明、黄健中、谢有顺、何向阳、吕先富、孟繁华、李国平、牛宏宝、孙皓晖等先后发言，李荣胜作总结性讲话。胡平认为《大秦帝国》是一部照亮历史的作品。孟繁华说，与其说这是一个研讨会，不如说是一个向孙皓晖致敬的仪式。这确实是力透纸背、才华横溢的一部大书。它以宏大的历史意识为历史溯本清源。现在有红学、有儒学，以后很可能有秦学。雷涛说，这是一部在《史记》面前能够站立起来的作品。谢有顺认为，《大秦帝国》是为野生的中国立传。这部作品站立起来一批雄浑坚定、神采飞扬的人。在晦暗的历史布景里，他们站立在我们面前，形象生动饱满，在大争之世的血气、精神，都写出来了。作者通过这部小说，完成了与一种文明的深度对话。纪念秦统一中国文明，这是有史以来第一次。我代表出版方作了《饮水思源，江山永固》的发言。

在首发式上，河南文艺出版社将收藏证编号为0001号的《大秦帝国》典藏版捐赠给中国现代文学馆。0002和0003号当场被参会的学人认购收藏。专家认为，除去典藏版《大秦帝国》的主题收藏价值，它的版本价值也不可低估，它的装帧设计和印装水平是当今文学图书出版所能达到的高度的一个见证。

2009年4月25日，在济南开幕的第十九届全国书博会上，《大秦帝国》典藏版正式亮相。这是《大秦帝国》的第五个版本。这一版本的主要特点有：用纯实木木箱包装；内文用高档纯质纸印制，清晰典雅；全书六部十一卷之外，附有作者和图书出版者亲笔签名的典藏版纪念册、典藏版图书藏书票、商鞅和秦始皇纪念币各一枚、秦统一全国四十八郡图和古今地名对照表。至2013年，典藏版已全部售出。

2009年9月22日，我与许华伟同去西安。西安的书法家为孙皓晖办公室写了多幅与大秦有关的书法。孙皓晖为我们播放了即将开播的电视剧《大秦帝国》第一部《裂变》的片断，每集片尾均有"小说《大秦帝国》已由河南文艺出版社出版"的字样。晚餐巧遇著名旅游文化专家魏小安教授。魏小安说，《大秦帝国》他已读过三遍，第一遍看故事，第二遍看文化，第三遍想旅游开发。他是对照历史年表来看故事的，认为《大秦帝国》大事不虚，小事不拘。这8个字的经典评价得到了孙先生的认可。魏小安说他去过灵渠，但没有人给他讲明白为何开发灵渠。看了《大秦帝国》，他明白了。他认为如果没有郑国渠、都江堰和灵渠三条渠，就不会有大秦帝国。郑国渠让关中变成粮仓，都江堰让蜀地成为粮仓，灵渠打通了到岭南的通道。他认为，《大秦帝国》的问世使当代中国终于有了一部真正可以称为史诗的作品。这是极有见地的高端读者。由此类推，《大秦帝国》一定拥有许多个像魏小安教授一样的高端读者，这样的读者让孙皓晖感到欣慰。马丹告诉我，在西安居住太热闹，今天这个请讲话，明天那个请吃饭，孙先生几乎写不成东西。10月下旬，他们还要回到海口去，完成《中国原生文明启示录》，明年春天再回西安。

这一年，西北大学成立了秦文明研究院，特聘孙皓晖为院长、教授。2015年，西北大学将研究院更名为"中国文明史研究院"，还新建了一栋秦式风格的办公平房，仍然是孙先生的学术阵地。

2009年12月18日起，电视剧《大秦帝国》第一部《裂变》在陕西、福建、河北、河南四家卫视首轮播出，掀起收视热潮。其实，电视剧已经拍出3年，全国卫视虽未播出，但版权已售海外，海外播出后迅速传遍网络。这是一部少见的未播先红的电视剧，一部传承真正的历史精神、写实主义和浪漫主义相结合、让人荡气回肠的电视剧。海内外网友们给予热评，不吝使用极端赞美的语言，有人称它为同类历史剧的巅峰之作。该剧荣获了第25届中国电视金鹰奖优秀电视剧奖。

该剧的非凡影响还体现在奇书《任是无情也动人——〈大秦帝国〉之商君·珍藏版》上。这是出版史上罕见的一部书。编选设计及自费印制者均为电视剧《大秦帝国》飞版商君的几位超级粉丝。50位收藏者名单和单本的收藏证书印在每本书的正文之后。我有幸收到赠书并被列入50位收藏者名单。

2010年1月，《说不尽的大秦帝国（一）》出版。该书收录了有关《大秦帝国》小说及电视剧的评论，编剧、导演及主演的倾情演绎，二月河与孙皓晖"秦清对话"的全记录，出版人谈巨著一波三折的出版历程等宝贵文献。2010年9月，许华伟著《〈大秦帝国〉编辑手记》出版。这是一部别具特色的编辑学专著。它写出了一部历史文学巨著的编辑出版历程，弥足珍贵。全书分为解析篇、出版篇、营销篇、影响篇、营销日志五章，可使读者深入了解《大秦帝国》的价值取向、艺术成就和社会影响，以及"出版奇迹"是如何创造的。2011年7月，李衍柱著《〈大秦帝国〉论稿》出版。

它是国内外第一部系统全面评析《大秦帝国》的文学批评专著。作者以世界文明史的视角，运用美学的和历史的方法，原创性地分析了小说的创新性、审美性及它特有的悲剧品格和现实意义，具体指出了作品的亮点和不足。全书从六个层面在批评与创作互动中阐明：《大秦帝国》的出现是中国文学走向大发展大繁荣的可喜征兆，是中国新世纪文艺复兴的绿色信号。孟繁华的预言已见端倪。

2012年1月，孙皓晖同时推出两部学术著作《中国原生文明启示录》（三卷本）、《中国文明正源新论》。同年2月《光明日报》的好书榜上，《中国原生文明启示录》位居榜首。《中国原生文明启示录》是史论作品。作者首次提出中国原生文明的概念，书写中国前3000年文明史，细致梳理了秦帝国之前中国历史的七大历史性跨越，总结出中华民族五大生存经验。作者直面争议，推崇法家，批判儒家文化霸权，认为儒家独尊之后的中国文明失去了此前的创造力，明确指出：中国文明的强大与不朽，不在变形的末端，而在雄厚的原生时代。

2012年5月，全新修订版《大秦帝国》出版。2013年9月，电视剧《大秦帝国》第二部《纵横》在央视一套黄金时段播出。2013年12月，第八届中国作家富豪榜发布，孙皓晖以455万元荣登该榜第20位，引发广泛关注。2014年，《大秦帝国》入选中央国家机关年度推荐书目。2014年9月，《大秦帝国》的全新版本——《大秦帝国点评本》出版。该版本由著名评论家谢有顺、胡传吉点评，并新增了插图和注释，为读者多角度诠释《大秦帝国》的奥妙与深意。10月，中国共产党十八届四中全会召开，专题研究部署全面推进依法治国。会议期间，央视重新播出描写商鞅变法的电视剧《大秦帝国》第一部《裂变》。2015年1月，《大秦帝国》精粹缩写本出版。缩写本由11卷本变为3卷本。孙皓晖坦言，缩写本并非个别章节的精简，而是整体结构的调整。"希望这部缩写本能做沧海之微木、补天之彩石，为我们的文明复兴尽匹夫之责。"当然，推出缩写版，也是为了满足一些喜欢快节奏阅读的读者的需要，让更多读者了解这本小说。

孙皓晖说，他有一个夙愿：完成小说《马背诸侯》，再现秦人如何由牧马部落成为诸侯国的漫长历史，使读者对小秦到大秦的发展有一个完整的了解。若有余力，他想写一部中西比较文明史，找出中国原生文明在世界文明史上的位置。

《大秦帝国》出版以来获得了诸多荣誉，包括第一部《黑色裂变》2007年获中宣部第十届"五个一工程"入选作品奖；但始终伴随着争议和质疑。质疑者认为作家美化暴秦，贬低儒家；支持者认为作品从未美化，只是写出了人物的复杂性。最终该书与茅盾文学奖擦肩而过。孙皓晖以平静的态度看待这一切。他认为,《大秦帝国》是一部精神本位的作品,并非为评奖而写。它以文学的方式为大秦正名,解读中国原生文明的正源。鉴于两千多年的历史迷雾,任何质疑和反对都是正常的。"我不赞成这些质疑的理念,但我赞成百家争鸣的氛围。"

令人欣喜的是,越来越多的人已经成为或正在成为《大秦帝国》的知音。

魂兮归来!

孙皓晖为20多年的付出感到骄傲。他坚信中国原生文明长久的生命力。

后记

这是一组现当代文化名人群像。

"名人"一词，近些年用得过多，近乎泛滥。一些人挤着当名人，另一些货真价实的大师反而显得落寞了。起初我为本书起的书名是"跨越两个世纪的中国士人"，两个世纪指已经远去的20世纪和正在经历的21世纪。在我的心目中，"士人"较"名人"更接近我想表达的意旨。后经过斟酌，确定采用现在的书名。

士人是中国古代文化人、知识分子的统称，既是国家政治参与者，又是传统文化的传承者。他们是古代中国独有的特殊阶层，是创建中华文明的精英群体。士人是雅文化的主体，同时又主张雅俗共赏。在美学层面，崇雅斥俗是其普遍性格。"人瘦尚可肥，士俗不可医。"苏轼的诗句具有极强的代表性。

说起知识分子，社会上总拿它与学历画等号。这样的看法有失公允，忽视了自学同样可以获取知识的客观现实，特别在人文学科。笔者选人，不以学历高低、学术职务大小和知名度为唯一尺度；而看主人公有无真才实学，在精神和学术层面有无超越时空之点，有无令笔者倾心仰望之处。

全是追忆与印象，只能称为侧影。有的可称为回忆录，有的则近似评传，因人而异，不拘一格。用文化人物随笔通称或更确切。传主都是真正意义上的文化人，都具有独立人格、担当意识、上下求索和淡泊名利的士人情怀。他们的意识里传承着前贤的血脉，具有自觉以天下为己任的襟怀。一言以蔽之：古风犹存。因此，他们创造性的文化成果和求索精神已经或正在超越时空，成为当今和后世文化人的精神财富。

现当代文化名人成千上万，为何只写书中的35人？这与作者与传主的因缘有关，某种意义而言，也与局限性有关。河南籍的名人在本书中占有较大比重。笔者大半生从事期刊和图书出版工作，接触过不少文化界人士，或组稿，或采访，或志趣相投成为友人，因而积累了一些资料。此前，因为刊物需要，仅写出其中一部分，其他的则无暇写出。如今有了可自由支配的时间，旧梦重温，便产生出时不我待的使命感。在《天堂书屋随笔》出版之后，这部书稿便列入日程。大部分内容为新写。一些发表过的旧作，收入时作了适当增补。需要特别说明两点：其一，我所接触的文化名人中值得一写的尚有许多，最初列出的题目有40多个，限于本书篇幅，只能就此打住，其余的留待以后再写。其二，金无足赤，人无完人，书中人物并非完美无缺；我侧重写出他们一生的主要方面和在某一领域的突出贡献。

除去新写的几篇，书中文章大都在刊物发表过，其中约有三分之一在《名人传记》发表，有的文章在《时代青年》《报告文学》《散文选刊》《时代报告》《莽原》《诗歌月刊》《老人春秋》《草原》《鹿鸣》《翠苑》《大河诗歌》《书法导报》等报刊发表（有些是全文发表，有些则因版面所限发表时压缩了部分内容）。一些文章发表后获得好评。为方便读者阅读，部分文章在收入本书时题名做了改动。谨向这些刊物致谢！

孙皓晖先生与石楠女士都是我十分尊敬的作家，他们的时间都异常宝贵，孙先生尚有未完成的文学和学术工程，石楠大姐患有眼疾，却都不吝赐序，给予笔者以温馨的鼓励。谨向他们深深地鞠躬致谢！

王幅明
2015年深秋于郑州天堂书屋